“十二五”高等学校电子商务专业规划教材编委会名单

"十二五"高等学校电子商务专业规划教材

电子商务导论

李　琪　主编

中国铁道出版社
CHINA RAILWAY PUBLISHING HOUSE

内容简介

本书共分三篇 12 章，分别从理论篇、技术篇到应用篇系统地介绍了电子商务基本理论与知识、电子商务基本技术和电子商务基本应用。本书阐述了电子商务的基本内涵和外延，勾画出电子商务专业的基本理论知识和应用知识的轮廓，反映出电子商务是一门综合性、交叉性的新型边缘学科，电子商务专业是典型的复合型专业。

本书可以作为电子商务专业的本科教材，也可以作为专科生和研究生的参考书，以及经济、管理、信息类等专业学习电子商务知识的参考书。

图书在版编目（CIP）数据

电子商务导论 / 李琪主编. —北京:中国铁道出版社，2012.8（2019.1重印）

“十二五”高等学校电子商务专业规划教材

ISBN 978-7-113-13890-5

Ⅰ. ①电… Ⅱ. ①李… Ⅲ. ①电子商务—高等学校—教材 Ⅳ. ①F713.36

中国版本图书馆 CIP 数据核字（2011）第 235972 号

书　　名：电子商务导论

作　　者：李　琪　主编

策　　划：刘宪兰

责任编辑：王占清　徐盼欣

封面设计：一克米工作室

编辑助理：巨　凤

责任印制：郭向伟

出版发行：中国铁道出版社（100054，北京市西城区右安门西街 8 号）

网　　址：http://www.tdpress.com/51eds/

印　　刷：北京虎彩文化传播有限公司

版　　次：2012 年 8 月第 1 版　　2019 年 1 月第 5 次印刷

开　　本：787mm×1092mm　1/16　**印张：**20　**字数：**471 千

印　　数：5 501~6 000册

书　　号：ISBN 978-7-113-13890-5

定　　价：36.00 元

总 序

2011 年，我国电子商务的发展进入一个崭新的阶段。随着国家有关电子商务政策、法规等的相继颁布，电子商务行业开始从以往的市场推动、企业自主发展为主逐步演变和上升为国家战略新兴产业，并在政府、产业、高校、研究和应用五路纵队的合力推动下，其应用从东部扩展到中部、再到西部；新模式、新概念从企业扩展到行业、再到产业；B2B、B2C、团购、移动的发展规模迅猛增长；支付、物流、信用、综合服务、人才培养等环境和生态支撑条件发生着革命性的变化……所有这一切，都极大地促进了中国电子商务的全方位发展。

2005 年，国务院办公厅发布的《关于加快电子商务发展的若干意见》（国办发〔2005〕2 号）文件从国家经济社会发展的战略高度提出了推动中国电子商务发展的大政方针。2011 年 3 月，国家发改委、商务部等五部门联合发布了《关于开展国家电子商务示范城市创建工作的指导意见》并提出，通过创建国家电子商务示范城市，来推动电子商务在重点区域和特色领域的创新应用，推广典型经验，形成示范效应，带动电子商务健康快速发展。2011 年 4 月 6 日，工信部、科技部、财政部等五部委也联合印发了《关于加快推进信息化与工业化深度融合的若干意见》，意见中提出，推动信息化带动工业化，工业化促进信息化，并强调发展电子商务的重要性。

在这一新形势下，为满足国家电子商务示范城市建设、两化深度融合等电子商务发展趋势对培养大批电子商务复合型专业人才——尤其是大批应用型人才的需求，组织编写与时俱进的电子商务系列教材就成为当前较为迫切和至关重要的任务。因此，我们把编写这套"'十二五'高等学校电子商务专业规划教材"的构想，定为我们新形势下的工作目标之一。

为了促进目标的实现，本套教材得到了国家信息化专家咨询委员会专家们的支持和悉心指导，得到了高等学校电子商务教学指导委员会相关专家的鼎力支持和积极参与，成立了教材编委会。在编委会的组织和领导下，选择并组织了一批优秀的中青年学者和骨干教师担任系列规划教材中各本教材的第一作者，同时遴选其他优秀中青年教师参编，以规范、有序地开展编写工作。

本套规划教材参照电子商务专业最新的培养目标和计划，内容涵盖电子商务的核心课程及重点选修课；读者对象以应用型人才为主，包括高等学校电子商务及经管类专业的本科生及高职高专院校相关专业学生，以及对电子商务感兴趣的工作人员。

本套规划教材内容主要包括电子商务导论、电子商务经济学、电子商务网站开发、电子商务网页设计、电子商务安全、电子支付与结算、电子商务物流、电子商务管理、电子商务营销、电子商务客户关系管理、电子商务案例分析、电子商务创业与实训、移动商务、网络贸易、电子商务法律与案例、电子商务服务、电子商务系统分析与设计等。其主要特点包括：①为新形势下顺应电子商务发展的新需求而设计——整套教材的内容衔接合理、大纲设计完善、内容组织具有新意；②内容涵盖电子商务基础、电子商务支撑体系、电子商务服务和应用三大层面，知识体系符合电子商务专业的培养目标；③突出对应用型人才培养的特色，从书目的选取、到大纲的制定，再到具体编写过程都强调以学生“易理解、易操作”为原则，在编写中较多地采用了案例讨论、实验指导等方法；④在内容逻辑、形式和体例上力求科学、合理、严密和完整，使之系统化和实用化。

自该套规划教材编写工作启动以来，在编委会各位专家、各本教材第一作者以及参编人员的共同努力下，在中国铁道出版社的支持下，本套教材将陆续面世。在此，我们对参与各项工作和在该项工作中给予支持的各位领导、专家、老师老师和朋友们表示最衷心的感谢！

我们深知，虽然我们对本套规划教材的组织和编写倾注了最大努力，但离读者对我们的期望仍有距离，在此，也衷心希望各位读者不吝赐教，促使本套教材真正成为受读者欢迎的精品教材！

“十二五”高等学校电子商务专业规划教材编委会

2011-08-11

前言

在现代经济社会中电子商务正发挥着越来越大的作用，展现出无比强大的生命力。在2008年以来的金融危机和全球经济衰退中，电子商务却逆势上扬呈现出大规模和快速增长的态势。许多新的商务模式、方式、新的技术以及法律、规章不断涌现；学术理论界也在不断地总结和探究电子商务的知识、规律；教育界更是积极地推进着电子商务教育事业的大发展。

面向我国电子商务高等教育的实际需要，尤其是大量的二本院校的教学需要，编者把握电子商务理论与实践发展的新动向，认真仔细地对2008年春由全国高等学校电子商务专业教学指导委员会研制出版的《电子商务专业本科知识体系》的原则和核心内容进行研究，组织在电子商务领域有多年教学经验和较强科研、实践能力的多所高校专家、学者群策群力，紧密合作，参考大量已有教材，吸收新的知识、科研成果和案例，历经一年完成了本书的编写工作。

本书的主要特点是：按四个方面总揽电子商务系统；在介绍电子商务理论时，准确把握基本概念和知识范畴；在介绍电子商务的发展动态时，注意把握电子商务的演进、发展趋势和基本情况分析，对新兴电子商务的特征，如：移动性、虚拟性、个性化、极端数据、社会性等给予必要的关注；在介绍技术时，强调亲身体验和动手实验来掌握基本技术；在介绍电子商务实践时，按主要行业归纳国内外电子商务发展的总体状况和典型案例。每章都有章首案例、本章小结和复习思考题，有利于学生从感性到理性，从"树木到森林"，从学习到练习的完整体验和"知行一体化"教学过程的实现。

我们的编写团队是：主编李琪教授，负责全书大纲的制定、优秀编者的遴选和书稿的定稿，并负责第一篇（1～4章）的组织编写和审稿；副主编彭丽芳教授负责第二篇（5～7章）的组织编写和审稿；副主编张国友教授负责第三篇（8～12章）的组织编写和审稿。

各章编写分工是：第 1 章 李琪，第 2 章 彭丽芳，第 3 章 张国友，第 4 章 张仙锋，第 5 章 张爱莉， 第 6 章 汪永华、陈丽能，第 7 章 赵鲲鹏，第 8 章 阮燕雅、柳杨，第 9 章 张爱莉，第 10 章 王立华，第 11 章 张越，第 12 章 王小宁。作为学术秘书，崔睿博士做了大量工作。

我们感谢中国铁道出版社的领导和编辑们！感谢为本书的出版作出贡献和努力的所有专家、学者、教师和学生！

限于编者水平，本书不足之处在所难免，望广大读者不吝赐教。

主编 李琪

2012 年 5 月 26 日

目录

第1章 电子商务基本知识

引例　农村电子商务正集中爆发

农村电子商务正处于集中爆发阶段。“在J省S镇、y市y村、S省Q县等地，农村电子商务区域生态正在“以点带面”的态势涌现，农户+公司+网络的模式正在广泛蔓延，改变着传统农业经济和产业，改变着当地人的生产生活方式。”阿里巴巴集团副总裁如此表示。

我国农村网民规模的持续增长，是农村电子商务跨越发展的基础。根据CNNIC的统计报告，2010年我国农村网民规模达到1.25亿，占整体网民的27.3%，同比增长16.9%。在农村网民增长的基础上，全国各地不断涌现出农村网商创业的星星之火，通过网络销售农产品和特色商品，开辟了一条全新的致富道路。特别是2009年下半年以来，农村网商创业的热情更加高涨，由农民个体扩展到了村、镇、县。

来自y市y村的某村民说，得益于义乌小商品城的独特货源优势，y市y村已经成为全国日用品电商的聚集地，集聚了2 000多家网商，形成了完整的产业链，全村网商的年营业额也是一路创下新高，2009年达到了8亿元，2010年跃升到20亿元。

而第三方电子商务平台特别是国内最大的网络零售平台淘宝网正悄然成为农村网商创业的核心驱动力。当然，一些新的电子商务平台也崭露头角，如福建南安的兰田村推出的农村信息化综合服务平台“世纪之村”。“世纪之村”农村信息化综合服务平台于2008年正式运行，以“面向三农、服务民生”为宗旨，具有电子村务、电子商务、农村信息服务三大功能，包含27大模块，500多项使用功能，是一个农民用得起、懂得用、爱使用的生产、生活信息化工具，被誉为推进新农村信息化建设的“兰田模式”。目前该平台在福建、湖北、江西、新疆、广西等省份推广使用，建立了2万多个信息点，发布村务公开信息186万多条，农产品生产、供求信息870多万条，月交易额上亿元，提供就业岗位4万多个，开创了全新的“智慧新农村”发展模式。

请思考以下问题：

1. 制约农村电子商务发展的瓶颈主要是什么？
2. “兰田模式”是否可以推广复制？

1.1　学习与研究电子商务的目的、内容与方法

在学习和了解电子商务学科的基本知识、基本技术和基本应用之前，有必要首先了解学习与研究电子商务的目的、内容与方法。

1.1.1　学习与研究电子商务的目的

通过对电子商务领域教学、科研和实践的总结与探索，我们认为，学习和研究电子商务的主要目的有以下四个方面：

① 探索电子商务产生与发展的规律。

② 培养具有信息技术与商务知识和技能的复合型人才。

③ 为电子商务实践发展提供指导和参考。

④ 通过促进电子商务在各行各业的应用与普及，大幅度提升企业、行业和区域经济的竞争力，提高社会的经济效益和经济水平，促进人类社会可持续发展。

1.1.2 电子商务的研究内容

电子商务的研究内容主要包括电子商务基本理论、电子商务技术及其发展、电子商务法律法规和电子商务应用与创新等。

1. 电子商务基本理论

电子商务的基本理论包括电子商务的历史变迁，电子商务的基本概念，电子商务的发展环境与基础条件，电子商务的运行机理、地位作用、动力和演变规律，电子商务经济学、电子商务管理学等。

2. 电子商务技术及其发展

计算机网络等信息技术的发展为电子商务的发展提供了最有力的技术支持和保障。电子商务的技术主要包括商务网站建设技术（通信技术、计算机技术、网络技术）、电子商务安全技术、电子商务支付技术和电子商务物流技术四方面。

3. 电子商务法律法规

电子商务的迅猛发展对整个国民经济有巨大的推进作用，与此同时，法律法规也面临着前所未有的挑战，我们必须建立新的和调整原有的法律法规以保障和适应电子商务的发展。及时制定并出台相应的法律法规，鼓励并引导电子商务沿着健康轨道发展，成为当前世界各国立法工作的一项重要任务。

4. 电子商务应用与创新

电子商务作为一种新型的、先进的生产力，为人类社会的发展带来了不可估量的推动作用。电子商务的应用已经惠及社会的各个方面，政府、行业、企业乃至人们日常生活都在应用电子商务。

1.1.3 学习与研究电子商务的方法

1. 经济学的方法

电子商务的核心是商务活动，是先进的生产力，其基本研究方法来自于经济学的分析方法。而在经济学的分析方法中主要从两大方面来考虑，即一般经济学方法和政治经济学方法。

1）一般经济学方法

一般经济学方法主要是比较分析法、实证分析法和规范分析法等。

① 比较分析法是通过收集经济活动中相关现象的数据，根据一定的标准把彼此有某种联系的事物加以对照，从而确定异同的研究方法。在对不同区域、不同国家的经济现象（如电子商务）作相关分析、对比分析时，只有在对该事物的各个方面进行比较后，才能把握事物之间的内在联系，认识事物的本质；也才能找出差距，进而分析原因，提出改进或发展的对策、建议。

② 实证分析法具有两个明显的特点：一是通过对事实的观察、分析并以此为依据建立和检验各种理论；二是在事实领域之外，运用逻辑和数学知识构建模型用于检验。实证分析的具体方法包括社会调查的方法、历史分析的方法、逻辑分析的方法。

③ 规范分析法是用已有的理论和标准来分析现实事物的方法。

2）政治经济学方法

政治经济学研究的是生产力与生产关系、经济基础和上层建筑之间关系。由于电子商务是新的和先进的生产力，它要获得很好的发展，必然会要求生产关系和上层建筑都发生必要和充分的改变，尤其是像我国这样的发展中国家，由计划经济向市场经济转变过程中，更需要从这一角度去推动我国电子商务的理论研究和实践发展。

2. 管理学的方法

电子商务活动大多是以经济组织为单位的组织间、组织与个人间、个人与个人间的行为，是以经济为导向、以网络技术为支撑、通过经济组织实施的有机整体。所以，在电子商务研究中大量应用着管理学的方法。在这里，我们主要强调采用系统组织管理、行为管理等方法来分析电子商务项目、组织、行为和效率等。

1）系统组织管理

系统组织管理是应用系统理论的原理，全面分析和研究企业和其他组织的管理活动和管理过程，它重视对组织结构和模式的分析，并建立起系统模型以便于分析。系统组织管理的方法是 F. E. Kast、J. E. Rosenzweig 和 R. A. Johnson 等美国管理学家在一般系统理论的基础上建立起来的。它的理论要点有：

① 企业是由人、物资、机器和其他资源在一定的目标下组成的一体化系统，它的成长和发展同时受到这些组成要素的影响，在这些要素的相互关系中，人是主体，其他要素则是被动的。

② 企业作为一个系统，是由许多子系统组成的、开放的社会技术系统。企业内部的子系统主要包括目标和准则子系统、技术子系统、社会心理子系统、组织结构子系统、外界因素子系统。

③ 运用系统观点来考察管理的基本职能，可以提高组织的整体效率，使管理人员不至于只重视某些与自己有关的特殊职能而忽视了大目标，也不至于忽视自己在组织中的地位与作用。

2）行为管理（activity based management，ABM）

在一个组织中，高级管理层首要的职责之一就是要确保企业最大化地利用信息和资源，这一点在今天尤为关键。ABM 作为一种管理方法，以确定商业处理过程之中的损耗并创造降低成本的机会为目标。ABM 关注于商业行为的特性来不断地改善产品和服务的价值，同时为产品和服务的交付实现利益的最大化。ABM 通过系统性地检查处理过程中的每一个行为并寻找其中最小价值的行为来实现这些目标。

3. 技术的方法

电子商务是由强大的信息技术支撑的虚拟空间中的商务活动。从信息技术的角度对电子商务进行分析是电子商务研究的方法之一。信息技术是当今人类技术发展最快、发明最多、应用最广的技术之一，是独立应用、组合应用和渗透应用最普遍的技术。从信息技术的角度来看，主要应从两个方面来研究电子商务：

① 网络技术的研究和创新应用，如第二代 Internet 技术、第三代移动通信技术等。

② 网络系统与商务活动的结合，如 IP 电话、短信息、智能卡、物联网、移动商务技术等。这些技术为电子商务的发展不断提供强大的技术支持。

4. 综合分析与归纳的方法

在电子商务的研究中，应该在进行经济、管理、技术和法规等多个层面的分析之后，进行综合分析与归纳，从整体上更好地把握电子商务的要义。

1.1.4　电子商务学习引导

电子商务是由经济学、管理学、工学、法学等相关学科的专业知识交叉融合而形成的新的学科专业。对于电子商务本科专业的学习，应差异化其培养目标，侧重于某一基本方向，参照专业知识体系，有选择性地进行学习和研究，学以致用。

1. 电子商务专业人才培养目标

考虑到电子商务专业背景学科的交叉融合性和专业知识技能的复合创新性，以及就业市场的广阔多样性和开设本专业的不同高校的类别优势性，对电子商务本科专业应该采取一个专业多个方向的方式来满足不同类型高校的培养需要。目前，我国电子商务本科专业可以归纳为两大基本方向：电子商务经管类方向和电子商务工程类方向。它们各自在经济管理知识与技能体系和信息技术知识与技能体系方面有所侧重。以下是电子商务本科专业的培养目标和两个基本方向的差异化专业方向培养目标：

我国现阶段电子商务本科专业的培养目标是："面向世界、面向未来、面向现代化"，为国家培养德、智、体、美、劳全面发展的，具备现代经济、管理理论和信息技术等多种知识和电子商务综合技能的，能从事网络环境中企业、事业和社会的商贸购销商务管理或商务技术支持等现代化商务实践、研究和教学等工作的复合型、专门化人才。

电子商务本科专业经管类方向的培养目标是：在电子商务本科专业培养目标的基础上侧重掌握现代经济科学、管理科学的基本原理与商务活动的知识与技能，较好地掌握网络化计算机技术和信息化商务技术的基本技能与方法，能够较好地利用电子信息技术从事商业、贸易和营销管理等的实践或研究、教学等工作的复合型、专门化人才。

电子商务本科专业工程类方向的培养目标是：在电子商务本科专业培养目标的基础上侧重计算机科学、网络通信和信息处理技术等的基本理论和实践技能，较好地掌握现代经济与管理的知识与方法，能熟练应用计算机网络和信息技术，从事电子商务系统的规划、分析、设计、开发、管理和评价等的实践或研究、教学等工作的复合型、专门化人才。

2. 电子商务专业知识体系

电子商务专业知识体系是电子商务专业教育的核心，它在高校本科通识教育的基础上，将本专业人才培养所需要的专业基础知识和专业知识按照学科类别、知识层次、课堂教学与实践教学等多方面进行横向和纵向的划分和描述。

这里所描述的电子商务专业教育的知识体系建立在大学本科通识教育和综合教育的基础上，因此一些作为本科阶段必须掌握的基本概念和基本知识（如大学计算机基础、管理学基础等）不再纳入专业教育的知识体系部分。

电子商务专业的知识体系给出了电子商务专业的整体知识框架及其结构，是电子商务专业学科所需知识的汇集。

电子商务专业知识体系依据专业学科分类和知识内容分解形成知识领域、知识模块、知识单元和知识点四个层次的树状结构分布。

知识领域代表与电子商务专业密切相关的学科领域方向，一共划分为四大知识领域。与管理学科相关的统称电子商务管理知识领域，与经济学科相关的统称电子商务经济知识领域，与计算机与信息技术相关的统称电子商务技术知识领域，另外涉及电子商务基本概念、法律法规、标准体系、发展战略等的其他综合内容都统一归入电子商务综合知识领域。每一个知识领域由若干知识模块组成。

知识模块是针对电子商务专业基本要求，在知识领域范围内对专业整体知识的一种分解，描述一个特定的学科子领域方向。例如，电子商务技术知识领域所涉及的知识模块包括相关的网络技术、数据管理技术、系统分析与设计方法、系统开发技术、安全技术和物流信息技术六个学科子领域方向。每一个知识模块由若干知识单元组成。

知识单元是知识模块中的一个单元内容，描述该知识模块中的一个具体分支或知识章节，是专业知识体系中的基本教学或实践单位。每一个知识单元由若干个相关知识点组成。

知识单元分为核心知识单元、可选知识单元、自定义知识单元三类：

① 核心知识单元：本专业所有学科方向知识内容的公共部分。

② 可选知识单元：侧重于一个学科方向的知识内容。

③ 自定义知识单元：各个高校根据自身的学科优势方向和专业人才培养目标，按照一定的要求建立起来的知识单元。

知识点是整个知识体系结构描述中主要用于课堂教学的最小单位，代表所属知识单元中的一个相对独立含义的学习内容。

技能点是整个知识体系结构描述中主要用于实践实训的最小单位，代表所属知识单元中的一个相对独立含义的实践内容。

本书主要介绍的是电子商务的基本内容，涉及电子商务综合、电子商务经济、电子商务管理和电子商务技术四大领域的11个知识模块。主要参照《普通高等学校电子商务本科专业知识体系（试行）》，归纳形成本书相关的知识模块与知识单元列表（见表1-1）。所有章节可以分成必修和选修部分，读者可以根据课程内容对选修部分的知识点进行选择性学习，同时结合实践教学的经验，在表中对各个章节给出了必修或者选修的建议。

表1-1 本书相关的知识模块与知识单元列表

<table>
<tr><th>章　名</th><th>知识领域</th><th>知识模块</th><th>知识单元</th><th>类别</th></tr>
<tr><td>电子商务基本知识</td><td rowspan="5">电子商务综合</td><td rowspan="2">电子商务知识体系概述</td><td>电子商务知识体系基础
电子商务支撑环境</td><td rowspan="6">必修</td></tr>
<tr><td>电子商务架构与范式</td><td>电子商务知识体系基础</td></tr>
<tr><td rowspan="2">电子商务法规</td><td>电子商务法规</td><td>电子商务法相关立法
电子商务相关法律法规</td></tr>
<tr><td>电子商务标准与规范</td><td>电子商务技术标准与规范
电子商务管理标准与规范</td></tr>
<tr><td>电子商务链分析</td><td>电子商务服务</td><td>电子商务服务概述
电子商务应用模型实践</td></tr>
<tr><td rowspan="2">电子商务支付</td><td>电子商务经济</td><td>网络金融与财务</td><td>电子支付
电子支付实践</td></tr>
<tr><td>电子商务技术</td><td>网络贸易</td><td>网络贸易实务</td><td>选修</td></tr>
</table>

续表

章名	知识领域	知识模块	知识单元	类别
电子商务安全	电子商务管理	安全管理	安全管理原理 安全管理体系 安全风险管理	选修
	电子商务技术	安全技术	加密技术基础 数字签名与身份认证 入侵检测与防御 电子商务安全机制	必修
电子商务与物流	电子商务管理	物流管理	电子商务物流基础 电子商务物流运作模式 电子商务物流信息系统	
	电子商务技术	物流信息技术	条形码技术 电子标签与射频技术（RFID） 全球定位系统（GPS） 地理信息系统（GIS） 物流信息技术实践	选修
商贸业电子商务	电子商务经济	网络贸易	网络贸易管理实践	必修
金融业电子商务		网络金融与财务	网络金融基础 网络银行 网络证券 网络保险	
旅游、中介、服务电子商务	电子商务综合	电子商务服务	电子商务服务业应用实践	
	电子商务经济	电子商务经济	电子商务管理实践	
生产领域电子商务			电子商务管理实践	选修
移动电子商务	电子商务综合	电子商务服务	电子商务服务业应用实践	必修
	电子商务经济	电子商务经济	电子商务管理实践	
	电子商务技术	安全技术	移动安全	选修

1.2　电子商务的产生与发展

下面从人类商务史的宏观角度、企业信息化的微观角度、生产力发展的角度分析电子商务产生与发展的过程，简单介绍电子商务的发展现状。

1.2.1　电子商务的产生

我们从宏观、微观和生产力三个视角来探讨电子商务的产生与发展。

1．宏观视角

从宏观上看，电子商务的产生是由商务的发展与信息技术的进步两个动力驱动的，如图 1-1 所示。

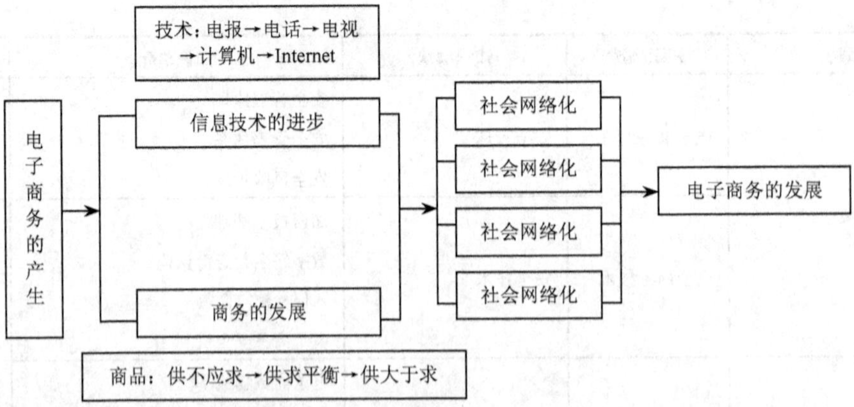

图 1-1 电子商务的产生与发展

商务是指以商品交换为核心的经济事务的总和。或者说，商务是指商业和与其相关的事务。随着人类社会商品生产、流通、交换与消费的发展，供求关系不断发生着变化，商务活动的主动权就从生产者转移到流通环节，最终由消费者所决定。而传统商务的劳动工具往往是低效率和昂贵的，商务活动者必然会寻求新的、高效率、低成本的新工具、新方式。

信息技术的进步主要指信息通信工具的进步，它从人类对电报的发明和使用开始，到电话、电视、电子计算机、计算机网络，这些通信方式的变革对电子商务的发展产生了巨大的影响。

为了更具体地说明电子商务的产生发展过程，可以将人类的商务活动归纳为三个阶段：自然力商务阶段、机械力商务阶段和电子（力）商务阶段。

1）自然力商务阶段

自然力商务阶段是指主要靠人力、牲畜力等为载体来进行商务活动的阶段。它是从人类早期的商品生产、流通、交换和消费开始的。这种方式可以说是典型的少、慢、费，即商品少、速度慢、费用高。但在工业革命以前也只能如此。

2）机械力商务阶段

随着蒸汽机的发明及工业革命的到来，人们逐步将以机械为动力的车、船、飞机等作为交通工具和商务工具。在商务活动中，人们首先通过机械工具实现人的运动，通过语言、文字实现信息交流，再通过实物货币进行商品买卖，确定产权转移，最后才是商品的实物交割、货物移交、运输、入库等活动。总而言之，在商务劳动中，人员的流动、纸介质单据的流动与管理、货币的流动与管理、实物商品的流动等都需要以机械为动力的交通工具来支持，需要花费大量的人力、财力和物力，需要占用大量的时间，还会造成一系列的连锁反应，如交通拥挤——我国每年举行的各种大型商品订货会少则几千人，多则十几万人，常常使某些城市、交通干线拥挤、阻塞，污染严重——许多订货会场、批发市场、道路沿线遍地狼藉、垃圾成堆。

3）电子（力）商务阶段

① 早期电子商务。我们把从电报的商务应用开始到计算机出现前的电子商务称为早期电子商务。从电子商务的发展历史看，早期的电子商务有七种主要工具：电报、电话、传真、广播、电视、电子支付卡和电子信用卡系统。在此，我们对这其中几种主要的电

子商务工具作一个历史的回顾：

a．电报（1844 年开始）。早期的电报只能传递一般音频信号，后来发展的电报还可以传递文字、照片、图表等。随着社会的进步发展，传统电报在速率和效率上不能满足日益增长的文件往来的需要，特别是不能满足办公室自动化的发展，已逐渐退出市场，取而代之的是互联网上的智能用户电报（teletex）。智能用户电报是在具有某些智能处理功能的用户终端之间，经公用电信网，以标准化速率自动传送和交换文本的一种电信业务。从本质上说，智能用户电报是基于计算机的文本编辑、字处理技术与通信技术相结合的产物。

b．电话（1876 年开始）。电话因其采用语音通信，实现了即时双向交流，因而从它诞生以来就迅速发展成为一种广泛使用的电子商务工具，甚至到今天仍是最重要的电子商务工具之一。在非标准的交易活动中，通过电话要比通过信函更容易进行商务沟通和谈判。尤其是移动电话的大量使用，给人们的商务沟通带来了更大的便利。

然而，在许多情况下，电话仅是为书面的交易合同或者是为产品实际送交做准备。早期的电话通信局限于两人之间的声音交流，现今用可视电话进行可视商务对话已经成为现实。由于技术和经济的原因，以及对个人或家庭隐私权等因素的考虑，可视电话业务的发展相对迟缓，目前可视电话和可视会议发展仍有很大的局限性。

c．电视（20 世纪 30 年代开始）。电视是一种利用电磁信号将视频信号和声频信号同步传递和接收的系统，利用电视接收机，人们可以获取大量多媒体信息。据统计，当今全球共有 10 亿多台电视机，在发达国家中，平均每两人一台电视机，在发展中国家，约平均每七人拥有一台电视机。越来越多的家庭电视机与有线电视相连，电视广告和电视直销在商务活动中越来越重要。然而，消费者还必须通过电话认购。换句话说，电视是一种“单通道”的通信方式，消费者不能在电视上主动寻求出售的货物或者与卖家谈判交易条件。除此之外，在电视节目中插播广告的成本相当高。

由电报、电话、传真、ATM、信用卡和电视带来的商业交易在历史的发展过程中日益受到重视，同时，这些媒介在经济方面的重要性日益增长。由于不同的电子商务工具都有其优缺点，所以目前人们互为补充地使用着这些电子工具进行商务贸易活动。这些通信工具对电子商务的发展产生了巨大的影响和推动。

② 近代电子商务（1946 年开始）。1946 年人类发明了电子计算机，计算机首先是在军事、科技、教育等领域中被使用。从 20 世纪 50 年代起，计算机在商务领域里获得了广泛的使用，计算机的 COBOL 语言等作为商用语言发挥了非常重要的作用，电子数据处理在计算的应用中占据了主导地位。20 世纪 60 年代，人们就开始用计算机处理电报报文、发送商务文件。20 世纪 70 年代，人们开始采用电子数据交换作为企业间电子商务的应用技术，对国际间、国家内的贸易单证进行标准化处理，从而大幅度地提高了贸易的效率，降低了贸易费用，减少了纸张等物质的消耗。

EDI（electronic data interchange，电子数据交换）在 20 世纪 60 年代末期产生于美国，当时的贸易商们在使用计算机处理各类商务文件的时候发现，由人工输入到一台计算机中的数据 70%是来源于另一台计算机输出的文件，由于过多的人为因素，影响了数据的准确性和工作效率的提高。于是，人们开始尝试在贸易伙伴之间的计算机上使数据自动交换，于是 EDI 应运而生。

EDI 是将业务文件按一个公认的标准从一台计算机传输到另一台计算机的电子传输方法。由于 EDI 大大减少了纸张票据，因此，人们也形象地称之为“无纸贸易”或“无纸交易”。

③ 当代电子商务（20世纪90年代以来）。随着Internet被广泛应用于商业贸易的活动，电子商务开始获得飞速发展，并迅速成为20世纪90年代初期美国、加拿大等发达国家的一种崭新的企业经营方式。20世纪90年代中期后，Internet迅速走向普及化，逐步从大学、科研机构走向企业和百姓家庭，其功能也已从早期的共享发展成为信息交换。以直接面对消费者的网络直销模式而闻名的美国戴尔（Dell）公司1998年5月的在线销售额就已高达500万美元，该公司2000年在线收入占总收入的一半，达到150亿美元。另一个网络新贵亚马逊（Amazon.com）网上书店的营业收入从1996年的1 580万美元猛增到1998年的4亿美元，2010年亚马逊的营业收入达到342亿美元。全球知名的eBay公司是互联网上最大的个人对个人（C2C）的拍卖网站，1998年第一季度的销售额就达1亿美元，2011年eBay公司电子商务销售额超过50亿美元，旗下PayPal销售额超过35亿美元。面对电子商务如此迅猛的发展趋势，2010年全球网络购物交易额超过8 000亿美元，预计2014年底全球网络购物交易额将超过10 000亿美元。

根据有关资料统计，从信息通信工具发展速度来看，从零部发展到5 000万部，电话用了38年的时间，电视用了13年时间，而Internet则仅用了四年时间（从1993年到1997年）。更有统计资料称，一般而言，每三个网民中有一个具有网上购物的可能。据新华社电国际电信联盟公布的统计数据显示，截至2010年底，全球网民数量已达20.8亿，即全球存在着一个约有七亿消费者的虚拟市场。

2. 微观视角

从企业信息化角度看，电子商务的发生与发展过程可用表1-2来表示。

表1-2　企业信息化的四个阶段

阶　段	特　征	代表系统
第一阶段	生产信息化	CAD、CAM等
第二阶段	初级管理信息化	AIS、EDP（进、销、存管理）等
第三阶段	高级管理信息化	MIS、DSS等
第四阶段	商务信息化	E-commerce、E-business等电子商务新阶段

可将表1-2中的四个阶段归纳为企业信息化的发生与发展主要经历了生产信息化、管理信息化和商务信息化的过程，以及相对应的初级、中级和高级信息化三个阶段：

1）初级信息化阶段

① 初级生产信息化。在产品设计、制造中应用计算机辅助设计（CAD）或计算机辅助制造（CAM），在生产过程自动化中使用可编程控制器（PLC）或分布式控制系统（DCS）等控制技术及自动检测（ACAT）技术。

② 初级管理信息化。在企业信息管理、日常办公或生产计划调度等方面开始使用办公自动化系统（OA）、计算机辅助工艺编制（CAPP）系统的部分功能模块，初步实现以财务管理为核心的企业人、财、物、产、供、销的计算机辅助管理。

③ 初级商务信息化。建立企业自己的网站，进行网上信息发布和产品宣传。

2）中级信息化阶段

① 中级生产信息化。进入计算机辅助制造集成阶段。制造业加工过程实现计算机数

字控制（CNC）和柔性加工制造（FMS），开始实现主要工艺过程的分布式控制（DCS）和柔性控制（FCS），在 CAD、CNC、FMS、DCS、FCS 等信息技术应用方面有更大进展。

② 中级管理信息化。进入到管理信息集成阶段，基本实现制造资源管理 MRP-Ⅱ、企业资源计划（ERP）的主要功能，开始探讨实施供应链管理（SCM）及客户关系管理（CRM）。

③ 中级商务信息化。运用网站的互动功能，初步实现网上询价、网上采购、网上营销等非支付型电子商务。往往在企业中级信息化阶段都包含了信息资源开发利用，在企业内部进行信息资源规划与整合，建立起企业级数据库、信息资源库，实现信息共享；初步实现计算机辅助决策，为企业领导提供决策支持。

3）高级信息化阶段

① 高度生产信息化。在设计、生产等领域普遍使用 CAD/CAM、DCS/FCS，全面实现生产过程的自动化和最优智能控制，进行跨地域、跨时空的网上协同设计和制造，即虚拟制造。

② 高度管理信息化。在实现 ERP 的基础上，进入知识管理阶段。实施企业供应链管理（SCM）、客户关系管理（CRM），全面实现管理方式的网络化。

③ 高级商务信息化。实行 B2B、B2C 完全方式的电子商务，将网上订货与企业内部 ERP 结合，通过网络营销和网上支付，实现零库存。全程实现商务运营的电子化。

企业高级信息化阶段的信息资源开发利用，将实现价值链的全面优化，建立基于标准化的信息开放系统，实现完全的信息流通和共享，做到管理决策的智能化。

3. 生产力视角

从生产力角度分析电子商务的发生与发展，主要是从商务劳动的工具、商务劳动的对象和商务劳动者的技能三个方面来对商务劳动进行历史进程的变迁分析和归纳（见表 1-3）。

表 1-3　商务劳动生产力发展的历史进程

生产要素	历史发展进程
商务劳动的工具	手工商务—机械商务—电子商务（电报、电话、电视、计算机、互联网等）
商务劳动的对象	简单实物商品流通、交换 复杂实物商品流通、交换 商品信息化加工、流通、交换
商务劳动者的技能	普通商务技能 高级商务+信息技术技能复合

1）从商务劳动工具的发展过程看

商务劳动经历了从手工商务到机械商务、再到电子商务（电报、电话、电视、计算机、互联网等）的发展过程。按马克思主义的观点，划分人类历史的标志不应该只看此阶段生产了什么，而应该看此阶段是用什么工具开展生产。所以，我们可以用手工、机械和电子工具作为人类商务劳动（活动）阶段划分的依据。显而易见，从手工方式到机械方式再到电子方式，是两次工具革命的质的变化，从而形成了从手工商务到机械商务再到电子商务的两次革命性变革。

2）从商务劳动对象的发展过程看

人类的商品生产是从简单实物商品到复杂实物商品和非实物商品的发展过程，因此商品的流通、交换（乃至消费）也是从简单实物商品到复杂实物商品和非实物商品的发展过程。而所谓商品信息化，则是指将商品（以工业消费品为例）的各种特征、属性信息化，即用一组数据，如大类、品名、规格、型号、单价、厂家、品牌、使用说明、使用期限等来描述该商品，还可以用图形、图像、声音等多媒体形式来补充描述。这样，当人们获得这些信息时，就如同在柜台前看到了这些商品一样。例如，旅游业是信息密集型和信息依托性产业，这一特点决定了信息技术与旅游业之间的深层次互动关系。因此，旅游电子商务就显现出充分的活力和广阔的发展空间。而商品信息化加工、流通和交换只有在经济社会信息化水平达到一定程度，电子商务的环境基本成熟的情况下，才能较好地得以实现。

19 世纪工业革命后，通过标准化的生产形成社会化的分工，促使制造业从手工作坊走向社会化大生产的时代。社会化大生产极大地丰富了商品的供应，降低了成本，由此带来了人类文明的一次飞跃。随着全社会生产水平的提高，标准化的通用型产品越来越无法满足个性化需求，人们期望能快速便捷地得到“符合自己品位”的商品。正是市场需求的变革要求制造业由大规模标准化生产转向大规模敏捷定制。

所谓大规模敏捷定制，是强调快速敏捷地满足客户个性化的需求，同时保持大规模生产的低成本优势。信息技术和生产技术的高速发展为实现大规模敏捷定制提供了可能。在 20 世纪后期，制造业实现了由大规模标准化生产走向大规模敏捷定制的飞跃，最典型的案例当属 Dell 模式。Dell 公司充分利用信息技术实现了大规模敏捷定制，从而一举奠定了全球 PC 霸主的地位。

3）从商务劳动者的技能看

传统商务（包括手工商务和机械商务）劳动的劳动者只要能掌握商务技能就可以从事商务劳动，但是对于电子商务劳动者来说，仅仅掌握商务技能是不够的，他们必须掌握商务技能和商务信息化技能，否则将无法从事电子商务劳动。

1.2.2 电子商务在发达国家的发展

2000 年初，全球手机用户数量仅为 5 亿，网民数量为 2.5 亿。之后，手机用户和网民数量迅猛攀升，国际电信联盟最新公布的统计数据显示，截至 2010 年底，全球网民数量已达 20.8 亿，手机用户数量已达 52.8 亿，全球网民中有 57%来自发展中国家。Goldman Sachs 的一组数据显示，2010 年全球电子商务规模为 5 725 亿美元，平均增速为 19.4%；预计到 2013 年全球电子商务销售额将接近万亿美元，达到 9 630 亿美元。2010 年美国电子商务占全球交易额比例为 29%，欧洲达到 34%。全球将有 1/3 的国际贸易将以电子商务的形式来完成。

2010 年全球固定宽带用户已达到 5.55 亿，而移动宽带用户更是飙升至 9.4 亿。荷兰电信部门发布的市场监测报告显示，截至 2009 年底，荷兰互联网宽带用户已超过 600 万户，荷兰已超过丹麦成为全球宽带普及率最高的国家。中国互联网普及率已攀升至 31.8%，高于世界平均水平。

英国市场调研公司 Digital TV Research 2011 年的报告称，2016 年全球数字电视机家庭数量将达到 11.9 亿个，覆盖 80%的家庭。相比之下，2010 年全球数字电视机的普及率是 42.5%。这个预测是以该公司对 73 个国家的预测为基础的。到 2016 年，全球将有 33 个国家完全普及数字电视机。而在 2010 年 12 月，只有芬兰一个国家完全普及了数字电视机。2010 年中国已成为全球数字电视家庭用户最多的国家。到 2016 年，中国数字电视家庭数量将占全世界的 1/4，其次是美国和印度。

iResearch 艾瑞咨询整理 Capgemini、RBS 和 Efma 联合发布的《2011 年全球支付报告》时发现，2013 年全球电子支付交易额预计将达到 1.6 万亿美元，是 2010 年交易金额的近两倍。该报告显示，全球电子支付的交易量将由 2010 年的 179 亿笔增长至 2013 年的 303 亿笔，年均增长率近 20%；移动支付的交易量将由 2010 年的 45.89 亿笔增长至 2013 年的 152.84 亿笔，年均增长率高达 50%。

以欧美为首的发达国家，仍然是电子商务主力军，中国等发展中国家电子商务异军突起，日益成为国际电子商务市场的重要力量。B2B 电子商务仍占主导地位，B2C、G2C、G2B、C2C 等电子商务发展迅猛，呈现多元发展态势。以大型骨干企业为龙头的行业电子商务是 B2B 主流力量，第三方电子商务平台成为中小企业电子商务应用的成功模式之一。

在发达国家，随着电子商务技术的日渐成熟，网络交易也逐渐成为潮流，基于电子商务应用而推出的金融电子化解决方案、信息安全方案，成为目前国际信息技术市场竞争的主流。下面介绍美国和欧盟的电子商务发展情况。

1．美国

美国是世界上最发达的国家之一，也是世界上电子商务活动发展得最早的国家之一。美国在 20 世纪 90 年代中期开始了电子商务的革命，到 1999 年电子商务开始迅猛发展，伴随着 Internet 的急剧扩张，电子商务迅速席卷了美国社会的每一个角落，成为美国经济发展的一大特点。特别是 2000 年以来，美国电子商务营业收入保持着平均每季度增长 28%的高速度。但近两年来，随着美国经济发展的减速，在线消费的增速减缓。美国著名的高科技市场研究机构 Forrester Research 报告称，2010 年美国电子商务销售额增长了 12.6%（至 1 760 亿美元），预测在今后五年内，这一销售额年度增长率将保持在 10%左右，预计 2015 年时的美国电子商务销售额将达到 2 790 亿美元，将占到整个社会消费品零售总额的 11%。根据 Internet World Stats 统计，截至 2010 年 6 月，美国互联网用户数已经超过 2.39 亿，普及率达到 77.3%。

美国作为全球最大的电子商务市场，制造业的电子商务最为突出，随后为批发贸易，而零售电子商务也发展较快。美国 B2B 电子商务占据了整体电子商务市场的 90%以上，其中制造业电子商务更是超过了 50%，并且电子商务在美国制造业中渗透比例近 40%，可见美国电子商务在制造业中的重要作用。批发业是美国电子商务众领域中仅次于制造业的部分，在整体电子商务中比例超过了 30%。美国批发业电子商务主要依靠 EDI 系统实现。整个美国批发业电子商务中，耐用品占电子商务销售的 47.4%，日用品（非耐用品）占电子商务销售额的 52.6%。虽然近年陷于严重的经济危机，但基于美国国内良好的信息基础设施和人们对电子商务的认可，众多零售网站都推出了各式各样的创新来使得网络购物用户更加忠诚，近年来零售电子商务还是呈整体上升的趋势。

根据 eMarketer 在 2008 年 5 月推出的一份名为《美国零售业电子商务》（*US Retail E-Commerce*）的行业统计与数据分析报告，美国电子商务零售额（除旅游业）将在 2008 年达到 1 460 亿美元，比 2007 年增加 14.3%（见图 1-2）。

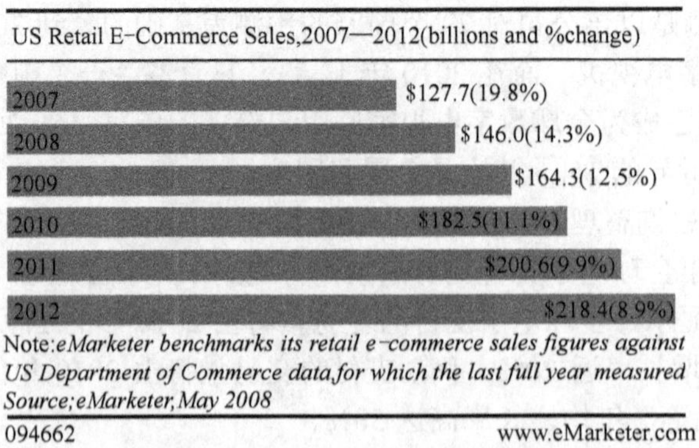

图 1-2　2007—2012 年美国零售业电子商务发展

从 2007 年到 2012 年，美国电子商务零售额将保持平均每年 11.3%的稳定增长率。网上零售商继续增加，消费者在线购物踊跃，预计到 2012 年，美国网上零售商和消费者的数量分别将达到 1.582 亿人（见图 1-3）和 1.41 亿人（见图 1-4）。

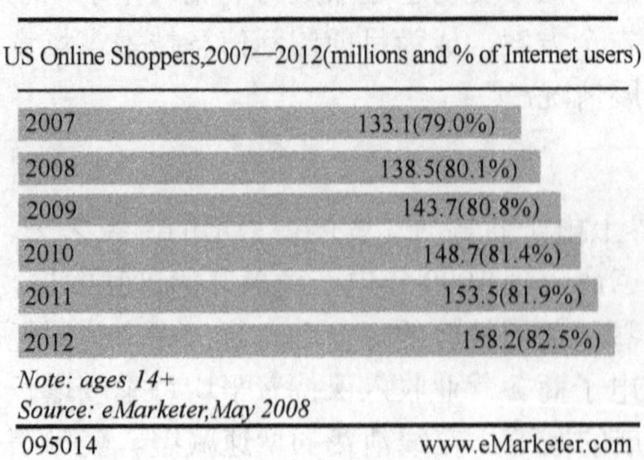

图 1-3　2007—2012 年美国网上零售商数量变化

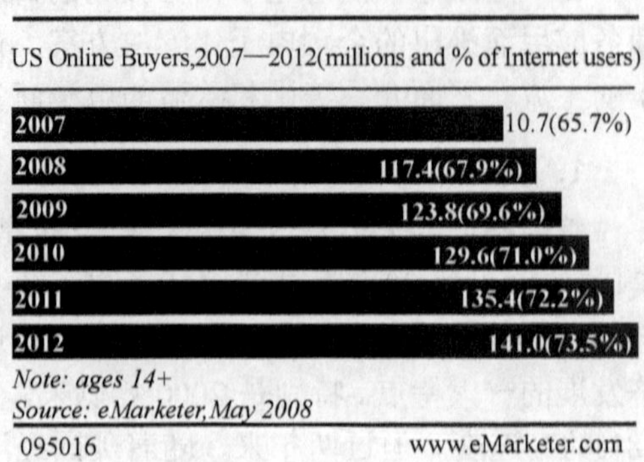

图 1-4　2007—2012 年美国网上消费者数量变化

2011 年，美国移动电子商务市场销售增长 91.4%（到 67 亿美元），强劲的增长将持续至 2015 年，销售额将达到 310 亿美元。越来越多的智能手机用户、更大规模的用户会逐渐习惯于网络零售商提供的移动站点和 APP 带来的移动购物体验。eMarketer 对近几年美国移动电子商务市场的销售量以及服务商的数量进行了预测，如图 1-5 和图 1-6 所示。

美国对电子商务实行税收优惠，一直主张永久性地对电子商务禁止征收关税。早在 1997 年就公布了 Internet-Tax-Zone（Internet 免税区）政策，政策规定在全球范围内，通过 Internet 购销的商品不加税，包括关税和商业税。

2．欧盟

面对 Internet 的迅速发展，欧洲委员会于 1997 年发表了《欧洲电子商务设想》，对欧洲在制定有关电子商务的统一政策方面产生积极影响。进入 21 世纪以来，在国家和企业的重视下，欧盟地区的企业电子商务也取得了较快的发展。2003 年 11 月欧委会发布的《电子商务指令》应用情况的评估报告指出，欧盟电子商务，包括在线市场、B2B、B2C、在线财务等都有较快发展。美国著名的高科技市场研究机构 Forrester Research 报告中预测欧盟电子商务 2010 年后五年的年平均增幅将达到 10%左右，预计 2015 年时，欧盟的电子商务销售收入将从 2010 年的 810 亿欧元增加到 1 340 亿欧元。

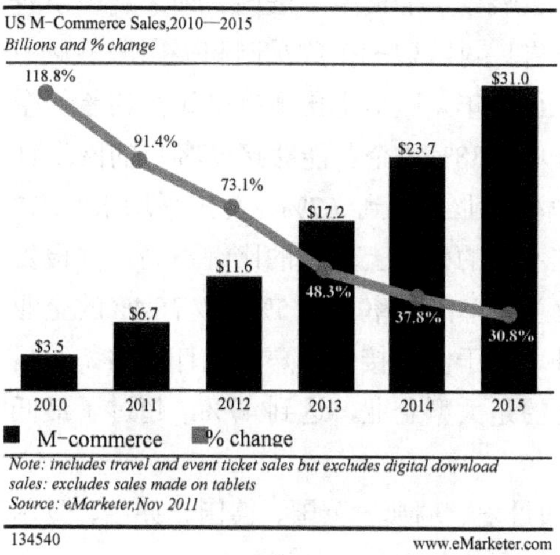

图 1-5　2010—2015 年美国移动电子商务发展

US Mobile Shoppers,2010—2015

	2010	2011	2012	2013	2014	2015
Mobile shoppers(millions)	**39.5**	**55.9**	**72.8**	**87.6**	**99.4**	**111.7**
—% of mobile phone users	18.0%	25.0%	32.0%	38.0%	42.5%	47.0%
Smartphone shoppers(millions)	**29.7**	**52.0**	**68.6**	**83.3**	**94.8**	**107.1**
—% of smartphone users	50.0%	59.0%	66.0%	71.5%	73.5%	74.5%
—% of mobile shoppers	75.2%	93.1%	94.3%	95.1%	95.3%	95.9%

Note: ages 14+
Source: eMarketer,Nov 2012
134541　　www.eMarketer.com

图 1-6　2010—2015 年美国移动服务商数量变化

从整体上来看，整个欧洲对电子商务所持的态度可分为两个阶段：

第一个阶段，1997 年之前，对电子商务发展持谨慎态度。

第二个阶段，1997 年下半年之后，欧盟认识到了电子商务蕴藏的巨大经济潜力。

近年来，越来越多的企业通过网络进行广告宣传、客户服务等电子商务活动。英国、法国、德国占据了欧盟电子商务市场的主导地位，占全部网上销售的 72%。2007 年，有 80%的欧盟互联网用户在网上购买了产品或服务。其中，84%的网上购物者通过宽带上网。预计，2012 年欧盟的网上购物者将在网上消费 1 450 亿欧元，欧盟网上零售占全部零售额的 4.9%。

欧盟在对待电子商务的税收政策方面显得相对保守，倾向于制定较为严格的监察和管理措施，在免征关税问题上也较为慎重。欧盟规定所有通过 Internet 购买商品及接受服务的消费者必须交纳增值税，即使是向国外供货商订货也不例外。欧盟最高执行官强调，欧盟不准备针对电子商务活动增加新的税种，但也不希望为电子商务免除现有的税赋。电子商务活动必须履行纳税的义务，否则将会导致不公平竞争。

当今，欧盟电子商务发展呈现出以下三个特点：

① 信息通信技术基础加强。特别是西欧发达的高福利国家，其互联网普及率相当高，甚至接近饱和状态。就企业接入宽带而言，欧盟有 63%的企业使用宽带，而且前景看好。宽带接入率增长迅速，其中斯堪的纳维亚半岛的接入率最高，如瑞典为 83%，芬兰为 81%。个人的宽带接入率由 2006 年的 30%增长为 2007 年的 45%。

② 企业上网销售的比例随公司的规模而增长。2004 年，下订单的大企业占 20%，中型企业占 19%，小企业占 12%。2006 年以来，欧盟国家约有 2/3 的中小企业在网上寻找合适的供应商，在线开展询价、采购/销售确认等电子商务活动，其中，均有 10%的中小企业已将公司的 ICT 系统与其供应商或大客户联网。根据欧盟电子商务报告（2006），在利用互联网下订单方面，50%以上的荷兰、芬兰大企业采用率都超过 10%，40%以上的波兰、芬兰、捷克中小企业采用率也超过 10%；在利用互联网接收订单方面，20%以

上的芬兰、法国、英国大企业采用率超过 10%，20%以上的波兰、法国、匈牙利中小企业采用率也超过 10%。《2008 年欧洲电子商务报告》对欧盟七个成员国和美国服务业中的零售行业的调研结果显示（见图 1-7）：截至 2007 年，欧盟七国所有受调查的零售企业中，55%的企业已经实现了供应商的在线下订单，38%的企业能够接受客户的网上订单，其中供应商在线下单的实现比率最高的是中型企业，达到 67%，高出平均水平 12 个百分点，最低的微型企业也超过了 50%；存在不足的是网上销售的比例不高，据报告统计，高达 56%的零售企业网上销售订单占企业总订单的比率不到 5%，仅有 4%的企业网上销售订单占总订单的比率超过了 50%。另外，对于实现接受客户网上订单的调研显示，欧盟七国总体的实现比率为 38%，其中最高的是大型企业，达到 47%，超过了最低的小型企业（24%）23 个百分点。

③ 在世界企业电子商务应用中，欧盟国家如丹麦、瑞典、英国、德国、芬兰、爱尔兰、挪威、比利时、奥地利等，都排在电子商务应用的前列。

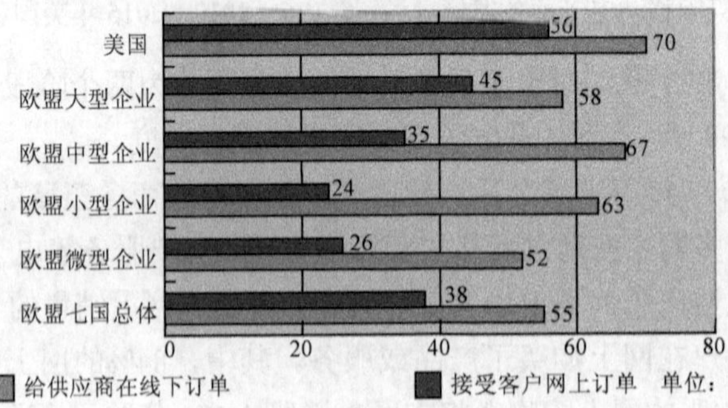

图 1-7　欧盟七国与美国零售企业网络订单情况对比

说明：微型企业指员工人数在 1~9 人的企业，小型企业指员工人数在 10~49 人的企业，中型企业指员工人数在 50~249 人的企业，大企业指员工人数在 250 人以上的企业。

1.2.3　电子商务在中国的发展

电子商务在国内经过 10 多年的发展，现已进入初级稳步发展阶段，电子商务已成为国家发展、社会活动以及人们生活中不可分割的重要组成部分。中国电子商务的发展可以从以下事实得到印证：

1. 中国政府和有关部门重视电子商务发展

中国政府从不同角度对电子商务进行鼓励和支持，先后发布了一些加快我国电子商务发展的相关通知和办法等，包括《国务院办公厅关于加快电子商务发展的若干意见》、《国家发展改革委办公厅关于组织实施电子商务专项的通知》、《电子认证服务密码管理办法》、《中华人民共和国电子签名法》、《关于加强行业信用评价试点管理工作的通知》、《电子商务发展“十一五”规划》、《电子商务发展“十二五”规划》等。

电子商务协会和中国人民银行等有关部门也非常重视电子商务市场的规范，相继颁布出台了《网上交易平台服务自律规范》、《支付清算组织管理办法（征求意见稿）》、《国家电子商务标准体系（草案）》、《电子支付指引（第一号）》、《非金融机构支付服务管理办法》等。

2．中国电子商务的发展潜力

这几年的最新数据可以表明电子商务在中国快速发展的巨大潜力和良好势头。

① 据 CNNIC（中国互联网络信息中心）的统计，截至 2011 年底，中国网民规模达到 5.13 亿，全年新增网民 5 580 万；互联网普及率较上年底提升四个百分点，达到 38.3%。中国手机网民规模达到 3.56 亿，同比增长 17.5%，与前几年相比，中国的整体网民规模增长进入平台期。截至 2011 年 12 月底，我国 IPv4 地址数量为 3.30 亿，拥有 IPv6 地址 9 398 块/32[①]。国际出口带宽为 1 389 529 Mbit/s，较 2010 年同期上涨 26.4%。图 1-8 列出了 CNNIC 统计的 2004－2011 年的中国网民规模与普及率。

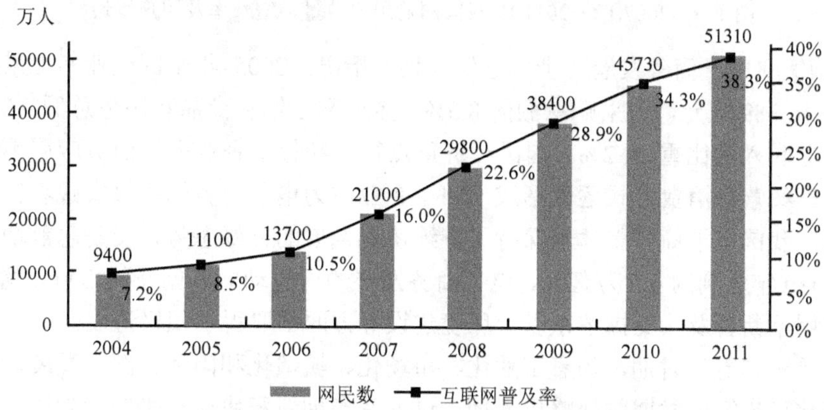

图 1-8　2004—2011 年中国网民规模与互联网普及率

② 据 CNNIC 的统计，截至 2011 年 12 月底，我国域名总数为 775 万个，其中.CN 域名数止跌回升，达到 353 万个，较 2011 年 6 月上涨 0.7%。中国网站总数经历 2010 年的大幅下降之后，目前也稳步回升至 230 万个，较 2010 年底增长 20%；中国网页数量为 866 亿个，比 2010 年同期增长 44.3%。

③ 电子商务类应用稳步发展，网络购物、网上支付、网上银行和在线旅行预订等应用的用户规模全面增长。截至 2011 年 12 月底，我国网络购物用户规模达到 1.94 亿人，网络购物使用率提升至 37.8%，如图 1-9 所示。与 2010 年相比，网购用户增长 3 344 万人，增长率为 20.8%。网上支付、网上银行使用率也增长至 32.5%和 32.4%。另外，团购成为全年增长第二快的网络服务，用户年增速高达 244.8%，用户规模达到 6 465 万，使用率提升至 12.6%。截至 2011 年 12 月底，我国旅行预订用户达到 4 207 万人，用户年增长 16.5%，用户渗透率提升至 8.2%，网民使用旅行预订服务的深度持续增加。

④ 中国正在推动全球数字电视市场的增长。据英国市场研究公司 Digital TV Research 发表的研究报告称，中国在 2010 年已成为全球数字电视家庭用户最多的国家；到 2016 年，中国数字电视家庭数量将占全世界的 1/4，其次是美国和印度；2016 年全球配备数字电视的家庭数量将比 2010 年增长一倍。

① /32 为 IP 计数方法。一块/32 含有地址数为 $2^{(128-32)}$ 个。

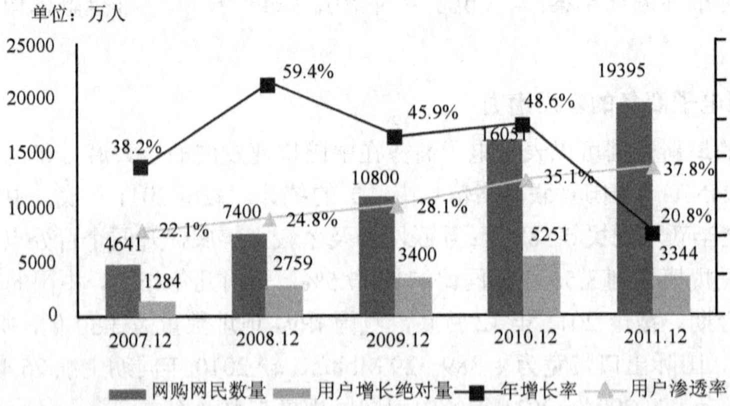

图 1-9　2007.12—2011.12 我国网购用户数量、增长率及用户渗透率

⑤ 国家《电子商务发展“十一五”规划》指出：2005 年全国企业网上采购商品和服务达到 16 889 亿元，占采购总额的 8.5%；企业网上销售商品和服务总额 9 095 亿元，占主营业务收入的比重近 2%。国民经济重点行业和骨干企业电子商务应用不断深化，网络化生产经营与消费方式逐渐形成，中小企业成为电子商务的积极实践者。在“十一五”期间，我国电子商务整体上保持了持续快速发展的良好态势，交易总额增长了将近 2.5 倍，2010 年达到约 4.5 万亿元，电子商务发展的内生动力和创新能力日益增强，在各领域的应用不断普及，支撑体系以及环境建设等方面都取得了积极进展。

进入“十二五”时期，随着工业化、市场化、城镇化和国际化深入发展，我国电子商务发展将迎来突破发展的战略机遇期，进入密集创新和快速扩张的新阶段。电子商务“十二五”发展规划提出了“十二五”时期的发展目标：到 2015 年我国电子商务应用将进一步普及深化，交易额翻两番，突破 18 万亿元，其中企业间电子商务交易规模超过 15 万亿元，大型企业的网络化供应链协同能力基本建立，部分行业龙头企业的全球化商务协同能力初步形成，经常性应用电子商务的中小企业达到中小企业总数的 60%以上。网络零售交易额突破 3 万亿元，占社会销售品零售总额比例超过 9%。

3．中国网络交易发展迅速

近年来，随着信息技术的发展，互联网已经越来越紧密地融入企业的生产和经营，人们的工作、学习和生活中，新的经营模式和营销渠道改变着人们的各种传统与习惯，电子商务应用、实践，以及所提供的现代化服务已广泛渗透到人们生活的方方面面。

其中，网上支付系统迅速发展壮大，为电子商务的兴旺发达打下了坚实的基础。艾瑞咨询的统计数据显示，2011 年中国支付行业互联网支付业务交易规模达到 22 038 亿元，同比增长 118.1%，图 1-10 显示了 2006—2015 年中国支付行业互联网支付业务交易规模。市场格局方面，支付宝以 49.0%的市场份额大幅领先于其他支付企业，财付通和银联在线分列第二位和第三位。多项监管法规相继颁布，第三方支付行业全面进入监管时代。截至 2011 年底，101 家支付企业已相继获得支付业务许可，第三方支付迎来了包括互联网支付企业、移动支付企业、预付卡企业、银行卡收单企业在内的更多的运营主体，中国第三方支付行业迎来发展的黄金时代。

注 1：数据按央行对支付七块主要业务的划分为依据，只统计了规模以上企业“互联网支付业务”的交易规模，并不包含“货币汇兑”、“银行卡收单”和“移动电话支付”等业务的交易规模；
注 2：互联网支付业务，是指客户通过台式计算机、便携式计算机等设备，依托互联网发起有商务交易背景的支付指令，实现货币资金转移的行为；
注 3：交易规模，是指用户通过支付交易平台进行交易活动所发生的资金总额，包括交易（含账户支付和网关支付两种方式）和账户间转账（仅单向转入或转出计算）所发生的资金总额，但不包括为账户充值和账户提现所发生的资金总额；
注 4：艾瑞根据最新掌握的市场情况，对历史数据进行修正。

Source：综合企业及专家访谈，根据艾瑞统计模型核算得出。

©2012.1iResearch Inc.　　www.jresearch.com.cn

图 1-10　2006—2015 年中国支付行业互联网支付业务交易规模

2011 年中国电子商务市场整体交易规模达到 7.0 万亿元，同比增长 46.4%。预计未来 3～5 年内，中国电子商务市场仍将维持稳定的增长态势，平均增速超过 35%，2015 年将达到 26.5 万亿元，如图 1-11 所示。2011 年电子商务市场细分行业结构中，B2B 电子商务交易额占比 86.6%，较 2010 年略降 1.7 个百分点，其中，中小企业 B2B 电子商务交易规模占比最高，为 48.9%，比 2010 年下降 3.9 个百分点；规模以上企业 B2B 交易规模占比 37.7%，比 2010 年提高 2.2 个百分点；网络购物交易规模占比由 2010 年的 10.4% 上升至 2011 年的 11.0%。

艾瑞咨询最近统计数据显示，中国网络购物市场发展非常迅速，2011 年中国网络购物市场交易规模达 7 735.6 亿元，较 2010 年增长 67.8%。图 1-12 显示了 2006—2015 年中国网络购物市场的交易规模。2011 年中国网络购物市场交易规模占社会消费品零售总额的比重将从 2010 年的 2.9%增至 4.3%，2012 年这一比重将突破 5%。中国网络购物市场中，B2C 市场增长迅猛，2011 年中国网购市场中 B2C 交易规模达 1 791.1 亿元，占中国整体网络购物市场交易规模的比重为 23.2%，B2C 市场中平台式 B2C 交易规模为 955

亿元，占 B2C 市场交易规模的比重为 53.3%，已经超过自主销售式 B2C，并且平台式 B2C 将继续保持高增速增长。

图 1-11　2008—2015 年中国电子商务市场交易规模

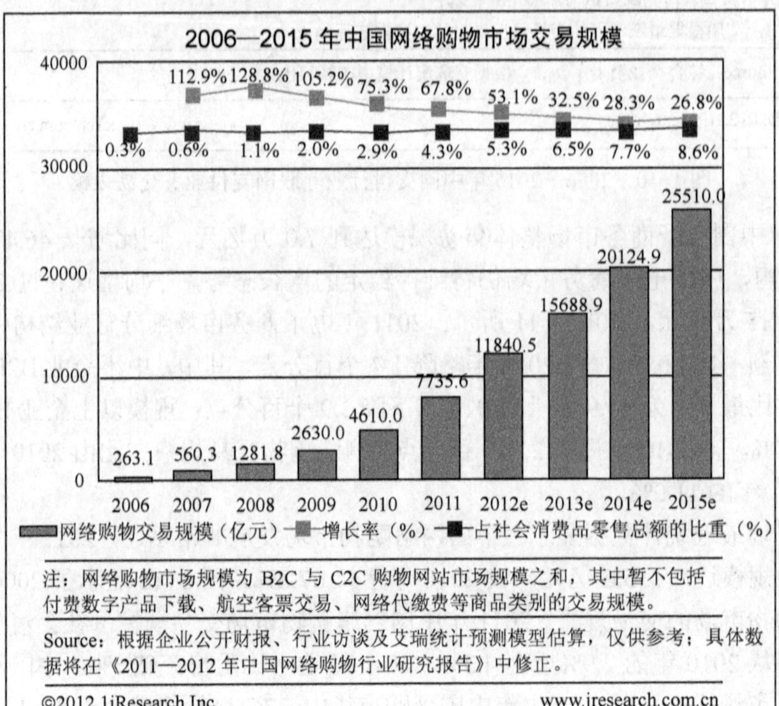

图 1-12　2006—2015 年中国网络购物市场交易规模

C2C 市场格局稳定，B2C 市场竞争愈加激烈。从 C2C 市场来看，淘宝网一家独大，市场份额占到九成以上；拍拍网次之，占比为 9.0%，C2C 市场整体发展变化不大，格局稳定。从 B2C 市场来看，淘宝商城凭借自身平台优势和双十一、双十二等节日优惠活动取得快速发展，全年在含平台式 B2C 市场中占比过半，达 53.3%；京东商城在自主销售为主的 B2C 市场保持领先优势，2011 年交易额突破 300 亿元，占比 36.8%。淘宝商城、QQ 网购、京东商城、亚马逊和当当网等平台式购物网站融合了 C2C 和 B2C 的主要优势，结合了中小网站和商家的商品资源优势和大平台庞大的用户资源优势，使得平台和商家（网站）共同实现了跨越式增长。

2011 年中小企业 B2B 电子商务的交易规模达 3.4 万亿，同比增长 35.7%，营收规模为 131.0 亿，同比增长 35.1%。图 1-13 显示了 2007—2015 年中国中小企业 B2B 电子商务市场营收规模。受市场环境的影响，尽管市场规模增速都有所提高，但同比增速均出现不同程度的下滑。在市场主体方面，TOP8 运营商合计市场份额为 74.8%，其中阿里巴巴仍然处于行业垄断地位，占 48.9%，环球资源、慧聪网、中国制造网、敦煌网分别占到市场营收规模的 11.1%、3.5%、3.4%、3.3%。未来，中小企业 B2B 电子商务行业细分市场将成为新的增长亮点，“深而精”的 B2B 业务模式更加注重为中小企业量身定制个性化服务。

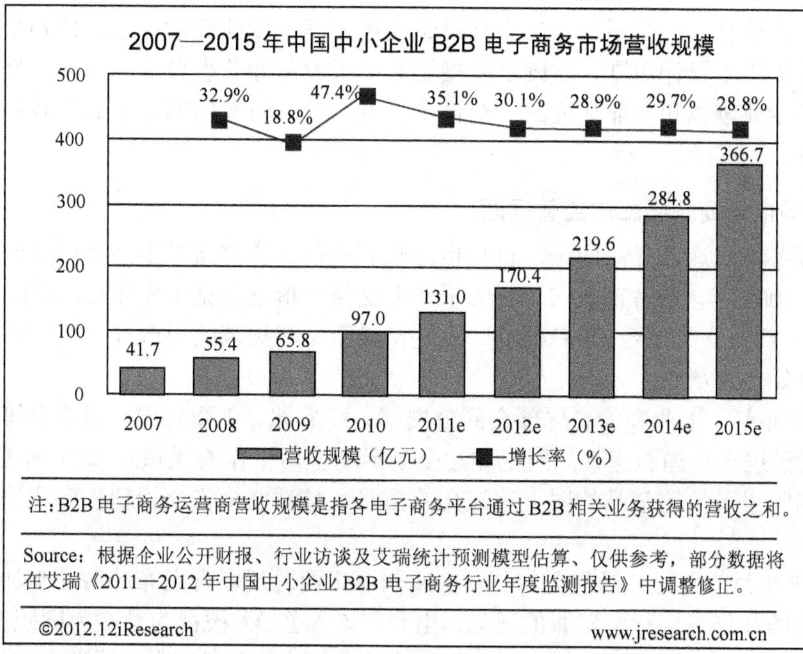

图 1-13　2007—2015 年中国中小企业 B2B 电子商务市场营收规模

这种情况说明，中国网络购物市场已经形成一种自驱动、自增长的态势，在近几年内中国的网络购物仍将保持高增长速度。

4. 电子商务的研究和教育受到高度重视

随着电子商务在我国的迅速发展，政府、行业和企业对电子商务的重视程度不断提高，我国高校电子商务人才培养的任务也不断加重。电子商务是研究如何利用互联网络技术和信息处理技术使商务过程发生深刻变化的学科，也是一门处于发展时期、并不断把人们对它的关注和研究引向纵深领域的学科。电子商务专业是适应社会经济发展的需要而产生的新兴的学科专业。在电子商务的理论研究和教学实践过程中，国内外的专家和学者们在专业教育课程体系、知识结构、技能培养、电子商务的理论与技术发展对电子商务专业教育的促进等方面取得了许多的研究成果。这些成果对提高高等学校电子商务专业的教学与实践的水平正在发挥着越来越大的作用。对电子商务的理论、实践和教育的研究也得到相关部门的支持与关注。

① 2005 年 6 月，教育部、商务部联合发布《教育部商务部关于推动有关高等学校进一步加强电子商务理论与实践研究的通知》，强调了要加强电子商务理论研究、促进产学研结合、推动电子商务应用实践和提高电子商务教育水平；同时两部联合启动了由国内多所高等院校承担的“电子商务促进与推广工程项目”。

② 2006 年 1 月，教育部公布了 2006—2010 年高等学校有关科类教学指导委员会。全社会对电子商务人才在数量和质量方面的需求对电子商务的教育提出了更高的要求，教育部高等院校电子商务专业教学指导委员会的成立体现了国家教育部门对电子商务的教育和学科建设的重视。

面对着电子商务的飞速发展以及电子商务教育体系的不断完善，2008 年初，教育部高等学校电子商务专业教学指导委员会发布了《普通高等学校电子商务本科专业知识体系》（试行）。这套知识体系的提出为高等学校电子商务专业教学计划、特别是核心课程体系的设计提供了设计原则。它既是教指委对电子商务专业教育的一个指导性文件，也是电子商务专业规范和专业认证的一个评价标准，标志着我国的电子商务教育迈上了一个新的台阶。

5. 中国电子商务面临的监管问题

电子商务在迅速发展的同时，自身也面临着诚信、货物质量不高等诸多问题。针对这些情况，2007 年，商务部发布了《关于网上交易的指导意见（暂行）》，2011 年发布了《第三方电子商务交易平台服务规范》，这些指导意见和规范的出台标志着国家对电子商务的监管开始趋向严格。

2008 年 4 月，工业和信息化部会同公安部、商务部、工商总局、银监会等七部门联合发出《关于进一步加强违禁品网上非法交易活动整治工作的通知》，集中清理毒品、枪支弹药和窃听设备等违禁品的网上违法交易信息，整顿网络安全管理秩序和违禁品生产经营秩序。

2009 年 4 月，央行、银监会、公安部和国家工商总局联合发布的《关于加强银行卡安全管理预防和打击银行卡犯罪的通知》出台。该《通知》被视为是在为牌照发放预热。

2010 年 6 月 21 日，中国人民银行出台了《非金融机构支付服务管理办法》，要求第三方支付公司必须在 2011 年 9 月 1 日前申请取得《支付业务许可证》，且全国性公司注册资本最低为 1 亿元。该《办法》的出台意在规范当前发展迅猛的第三方支付行业，对于行业规范发展将起到引导作用。

近些年来，我国电子商务的发展速度很快，这些通知以及法规的出台有望填补我国电子商务领域的监管空白。

6. 我国电子商务的发展趋势

综观国际和我国电子商务的发展现状，尽管存在不少问题，但其良好的发展趋势是不可阻挡的，可以预见，未来电子商务会得到更深远的发展，我国电子商务将伴随国际电子商务的发展而发展，也将基于自身的政治、经济和时代特征表现出独特的发展特色。

1）国际化趋势

我国近年来先后建设了中美、中欧、中韩、中日、东盟等众多双语网站；各省 CA 认证中心普遍建立，中国金融认证中心（CFCA）电子证书发放量已突破百万；网上银行的技术和服务水平基本赶上世界发达国家，安全性逐步提高，功能日趋完善，客户数量和业务量快速提高。这些都为我国电子商务企业进入世界市场奠定了坚实的基础。但我国电子商务在走向世界的同时也面临着世界电子商务的挑战。互联网超越时间、空间限制的优势，能够有效地打破国家和地区之间各种有形和无形的障碍，这对促进各个国家和地区对外经济、技术、资金、信息等的交流将起到革命性的作用。电子商务将有力地刺激对外贸易。因此，我国电子商务企业将随着国际电子商务环境的规范和完善逐步走向世界。一方面，我国企业可以同发达国家企业站在同一起跑线上，将我国在市场经济轨道上的后发劣势转变为后发优势，而电子商务对我国的中小企业开拓国际市场、利用国外各种资源是个千载难逢的时机；另一方面，国外电子商务企业将努力开拓我国市场。自从我国加入 WTO，国外电子商务企业的进入障碍逐步消除，这也给我国电子商务的发展带来了挑战。

2）纵深化趋势

电子商务广泛深入地渗透到生产、流通、消费等各个领域，改变着传统经营管理模式和生产组织形态；电子商务与产业发展的深度融合形成了以电子商务为代表的现代服务业的快速发展，形成了制造业服务化、服务业产品化的多产业深度融合。我国电子商务的基础设施将日益完善，良好的网络平台、运行和支撑环境逐步趋向规范。企业发展电子商务的深度进一步拓展。图像通信网、多媒体通信网络将建成使用，通信网、广播电视网和计算机通信网的相互渗透、互相兼容并逐步整合成为全世界统一的信息通信网络潮流；高速宽带互联网将扮演越来越重要的角色，制约我国电子商务发展的网络瓶颈问题有望逐步得到解决。个人对电子商务的应用将从目前点对点的直线方式向多点的智能式发展。

3）个性化趋势

个性化定制信息需求发展强劲，个性化商品的深度参与成为必然。互联网的出现、发展和普及本身就是对传统秩序型经济社会组织中个人需求的一种解放，它使个性的张扬和创造力的发挥有了一个可以施展的平台，也使消费者主权的实现有了更有效的技术基础。个性化定制信息需求和个性化商品需求将成为发展方向，个人的偏好与商品的设计和制造过程将更好地融合。对面向个人消费者的电子商务活动来说，提供多样化的、比传统商业更个性化的服务是发展的关键因素。企业会将自己特殊的优势和自己的特有资源，融合进电子商务的运作方式，借助电子商务的特点，形成过去可能想象不到、也难以预测未来的一些更新颖、多样化的电子商务模式。

4）专业化趋势

面向消费者的垂直型网站和专业化网站前景看好，面向行业的专业电子商务平台发展潜力很大。要满足消费者个性化的需求，提供专业化的产品和专业水准的服务至关重要。今后若干年内，我国网上个性化消费的主力仍将是以中高收入水平的人群为主，他们的购买力强，受教育程度高，消费个性化需求比较强烈。所以相对而言，提供一条龙服务的垂直型网站及某类产品和服务的专业网站发展潜力更大。对于企业客户，以大的行为为依托的 B2B 专业电子商务平台前景看好。

5）区域化优势

立足我国国情，采取有重点的区域化战略是有效扩大网上营销规模和效益的必然途径，区域化优势是就我国独特的国情条件而言的。我国是一个人口众多、幅员辽阔的大国，社会群体在收入、观念、文化等很多方面都有不同的特点。我国虽然总体上仍是一个收入比较低的发展中国家，但地区经济发展的不平衡所反映出来的经济发展的阶段性、收入结构的层次性十分明显。可以预见，一段时间内，我国上网人口仍将以大、中城市和沿海经济发达地区的人群为主。B2B 电子商务模式的区域性特征非常明显，以这种模式为主的电子商务企业在资源规划、配送体系建设、市场推广等方面都必然充分考虑这一现实，采取有重点的区域化战略，才能最有效地扩大网上营销的规模和效益。

6）融合化趋势

电子商务网站最初的全面开花必然走向新的融合。一是同类网站之间的合并。目前大量的网站定位相同或相近，业务内容相似，激烈竞争的结果只能是少数企业胜出，处于弱势状态的网站被淘汰或合并。二是同类别网站之间互补性的兼并。那些处于领先地位的电子商务企业在资源、品牌、客户规模等诸方面虽然有很大优势，但毕竟是相对而言的，与国外著名电子商务企业相比还有很大差距。这些具备良好基础和发展前景的网站在扩张的过程中必然采取收购策略，主要的模式是互补性收购。三是战略联盟。由于个性化、专业化是电子商务发展的两大趋势，每个网站在资源的有限性和客户需求的全方位性方面，将使不同类型的网站最终以战略联盟的形式进行协作。

7）移动化趋势

移动电子商务是指通过移动通信网络进行数据传输，并且利用移动终端开展各种商业经营活动的一种新的电子商务模式。移动电子商务是对传统电子商务的有益补充，其最大特点是“随时随地”和“个性化”，应用范围很广，从移动支付、无线客户关系管理，到通过无线移动设备实现的各种商品和服务的在线选购和支付，以及金融交易和其他银行业务等，都属于移动电子商务的范畴。随着移动通信系统由 2.5G 向 3G 的发展，无线通信产品将为人们提供速率高达 2 Mbit/s 的宽带多媒体业务，支持高质量的语音、分组数据、多媒体业务和多用户速率通信，这将彻底改变人们的通信和生活方式，进一步促进全方位的移动电子商务得以实现和广泛开展，同时拥有移动终端的庞大用户人群也将促进移动电子商务逐渐兴盛。

8）精准化趋势

如果说 Google 和百度提供的是第一代大众型、开放性的搜索服务，那么未来基于电子商务需求的精准商务搜索将会成为一种趋势。电子商务的极端数据也对数据检索的效率提出了更高的要求，数据库的海量数据检索和海量数据挖掘功能日益重要。对此，包括百度在内的诸多公司推出了“搜索版的电子商务模式”。目前这方面还处于一种探索和尝试阶段，但是可以相信未来若把精准的电子商务搜索技术和其他电子商务服务所需模块结合起来，这一模式会取得巨大成功。

1.3　电子商务的概念、分类与特征

在了解了电子商务学习与研究的目的、内容、方法以及电子商务产生和发展的过程之后，有必要深入了解电子商务的概念、分类及其特征。本节首先从学者、专家、政府以及企业的视角对电子商务的概念进行了介绍，并从多个角度对电子商务进行了分类，最后介绍了电子商务的一些特征。

1.3.1　电子商务的概念

电子商务（electronic commerce，EC）包含两个方面的内容，一是电子方式，二是商贸活动。一般来说电子商务是指利用电子信息网络等电子化手段进行的商务活动，是指商务活动的电子化、网络化。与电子商务紧密相关的电子业务其英文为 electronic business（EB），它还包括政府机构、企事业单位各种内部业务的电子化，以及各单位、各部门之间的网际交流。

在对电子商务的概念进行研究和归纳时，各国学者、专家、政府和企业界给出了既有相似之处又有区别的定义或见解。

1．学者、专家们的观点

在对电子商务的理论研究中，国内外学者、专家从不同的角度提出了自己的见解，较有代表性的主要为：

1）国外学者、专家的观点

① 美国的 Emmelhainz 博士在其专著《EDI 全面管理指南》中，从功能角度把 electronic commerce（EC）定义为：通过电子方式，并在网络基础上实现信息、物资的商业交换活动。

② 加拿大专家 Jenkins 和 Lancashire 在《电子商务手册》中从应用角度定义 EC 为数据（资料）电子装配线（electronic assembly line of data）的横向集成。

③ 美国 NIIT 负责人 John Longenecker 从营销角度把 EC 定义为电子化的购销市场，即电子化的商品购买和服务市场。

2）中国学者、专家的观点

① 中国专家王可研究员从过程角度定义 EC 为：在计算机与通信网络基础上，利用电子工具实现商业交换和行政作业的全过程。在电子商务原理方面，王可研究员针对工业时代著名的“零库存”（just in time）生产原理，提出了信息化时代的电子商务信息管理原理：把需要的信息在正需要的时刻送到正需要的地点，以消除时间的浪费。王可认为，如果说在工业化时代，“零库存”是企业生存和发展的“天条”，那么，在信息化时代，“电子商务”信息管理原理则是信息化时代企业生存和发展必须遵守的“天条”，是新时代的生意经。

② 中国企业家王新华认为，从本质上讲，电子商务是一组电子工具在商务过程中的应用，这些工具主要包括电子数据交换（EDI）、电子邮件（E-mail）、电子公告系统（BBS）、条码（barcode）、图像处理、智能卡等。而应用的前提和基础是完善的现代通信网络和人们思想意识的提高以及管理体制的转变。

③ 本书从内在要素角度对电子商务进行分析和定义。首先将电子商务划分为广义和狭义的电子商务。广义的电子商务定义为：使用各种电子工具从事商务劳动或活动。这些电子工具包括从初级的电报、电话、广播、电视、传真到计算机、计算机网络，再到NII（国家信息基础结构——信息高速公路）、GII（全球信息基础结构）和 Internet 等现代系统。而商务活动是从泛商品（实物与非实物，商品与商品化的生产要素等）的需求活动到泛商品的合理、合法的消费除去典型的生产过程后的所有活动。狭义电子商务定义为：主要利用 Internet 从事商务劳动或活动。电子商务是在技术、经济高度发达的现代社会里，掌握信息技术和商务规则的人，系统化地运用电子工具，高效率、低成本地从事以商品交换为中心的各种活动的总称。这个分析突出了电子商务的前提、中心、重点、目的和标准，指出它应达到的水平和效果，是对电子商务更严格和体现时代要求的定义。它从系统的观点出发，强调人在系统中的中心地位，将环境与人、人与工具、人与劳动对象有机地联系起来，用系统的目标、系统的组成来定义电子商务，从而使它具有生产力定义的性质。

2．政府对电子商务的观点

1）国际组织的观点

① 联合国国际贸易程序简化工作组对电子商务的定义为：采用电子形式开展商务活动，包括在线供应商、客户、政府及其参与方之间通过任何电子工具（如 EDI 电子数据交换、Web 技术、电子邮件等）共享非结构或结构化商务信息，并管理和完成在商务活动、管理活动和消费活动中的各种交易。

② 全球信息基础设施委员会（GIIC）电子商务工作委员会对电子商务的定义为：电子商务是运用信息技术作为通信手段的经济活动，通过这种方式人们可以对带有经济价值的产品和服务进行宣传、购买和结算。

③ OECD 对电子商务的定义为：企业、家庭、个人、政府以及其他公共或私人机构之间通过以计算机为媒介的网络进行的产品或服务的买卖活动。买卖的产品或服务是通过网络安排的，至于支付和产品或服务的最终交付则既可以在网上完成，也可以在网下完成。

④ UN 统计局对电子商务的定义为：许多国家已经选择将通过互联网或其他电子方式进行的货物或服务的所有权转让的业务处理方式即为电子商务。对其的补充定义为：货物或服务的所有权的转让包括三个步骤：下订单，支付，递送货物或服务。电子商务可以定义为仅包括以上的第一步，或者是第一步和第二步，或者上述的所有三个步骤都经由互联网或其他的电子手段完成。

⑤ 美国普查局对电子商务的定义为：电子商务是商品和服务的价值在以计算机为媒介的网络上出售。当买卖双方在网上达成了商品或服务的所有权或使用权的转让协议时，一个电子商务的事务就完成了。启动一个电子商务事务的决定性因素是网上协议的达成，而与支付与否无关。

2）国家政府的观点

① 美国政府在其《全球电子商务纲要》中指出：电子商务是通过 Internet 进行的各项商务活动，包括广告、交易、支付、服务等活动。

② 中国政府的观点：电子商务代表着未来贸易发展的方向。

3．企业的观点

作为企业来说，最具代表性的就是 IBM（国际通用机器公司）对电子商务的定义。IBM 公司对电子商务的定义是：电子商务是在 Internet 的广阔联系与传统信息技术的丰富资源相结合的背景下，应运而生的一种在互联网上展开的互相关联的动态商务活动。

IBM 认为，电子商务不仅包括了在线商品的交换，而且还应包括对客户的服务和商业伙伴之间的合作。

1.3.2 电子商务的分类

我们可以从不同角度对电子商务进行分类（见表 1-4）。

表 1-4 基于不同标准的电子商务基本分类

分类标准	分类
按照商业活动的运行方式	完全电子商务，不完全电子商务
按照开展电子交易的范围	本地电子商务，远程国内电子商务，全球电子商务
按照交易对象	有形商品，数字商品，服务商品
按照参与主体	B2B，B2C，C2C，C2B，B2G，U2B，M2B，H2B 等
按照应用平台	专用网（如 EDT），因特网（Internet），内联网（Intranet），电话网（固定电话和移动电话），电视网，三网合一
按照是否在线支付	在线支付型，非在线支付型
按照电子商务交易阶段	交易前，交易中，交易后

下面对表 1-4 中的不同分类进行具体说明。

1．按照商业活动的运行方式划分

1）完全电子商务

完全电子商务是指交易过程中的信息流、资金流、物流、商流四个流都可以在网上完成，商品或者服务的整个商务过程都可以在网络上实现的电子商务。完全电子商务使交易双方完全超越了地理界限，深入挖掘世界各个市场的商业资源，充分体现了电子商务相对传统商业模式无可比拟的优越性。例如，许多数字商品的网上交易就是完全电子商务。

2）不完全电子商务

不完全电子商务是指以上四个流并非都是在网上完成，或者说完整的交易过程并不能都依靠电子商务方式来实现的商务。一般来说只要在电子商务过程中的四流中有一个流没有在网上实现的，我们都认为它是不完全电子商务。比如，采取离线支付方式、实物物流系统的电子商务都可以被认为是不完全电子商务。

2．按照开展电子交易的范围来划分

1）本地电子商务

本地电子商务是利用本城市或地区内的信息资源实现电子商务的活动。本地电子商务地域范围有限，它利用局域网、Intranet、Internet 等将下列系统连接在一起：① 参加交易各方的电子商务交易系统，包括买卖双方和相关的第三方；② 银行金融机构和保险公司的电子信息系统；③ 物流单位的信息系统；④ 税务、工商及检验检疫部门的信息系统。本地电子商务是开展远程国内电子商务和全球电子商务的基础体系。

2）远程国内电子商务

远程国内电子商务是指本国范围内进行的网上电子交易系统。其交易范围比较广，对网络软硬件要求也相应较高。它要求国内的电子商务发展程度普遍要高，要求在全国范围内实现交易、支付、物流等方面的电子化、自动化，并要求电子商务的从业人员具有相应的技术能力和电子商务知识。

3）全球电子商务

全球电子商务是指在世界范围内进行的电子商务活动，不同国家的电子商务交易方通过网络进行贸易活动，其涉及有关各方的信息系统复杂程度远远超过前两者。这些相关系统包括：①交易双方的信息系统；②海关及检验检疫信息系统；③银行和保险信息系统；④税务信息系统；⑤国际物流组织信息系统。全球电子商务是电子商务发展的高级阶段，它要求电子商务系统安全、准确、及时。它是未来国际贸易的主流趋势，具有很大的潜力，中国应该积极参与制定全球统一的电子商务标准和电子商务贸易协定，使中国电子商务和全球电子商务都得到顺利发展。

3．按照交易对象来划分

1）有形商品电子商务

有形商品电子商务是指将实物商品的交易尽可能通过网络来完成，这是电子商务的一个重要部分，也是传统商务与电子商务相互交叉的最大部分。与数字商品电子商务和服务商品电子商务相比，有形商品电子商务具有一个明显的特点，就是它与物流过程紧密结合在一起。并且随着有形商品电子商务的不断发展，传统的物流过程也要得到重组、优化，以更加适应信息时代电子商务条件下对有形商品储存、调配、运输的特殊要求。在有形商品电子商务的流程中，物流、资金流、信息流、商流四流界限分明，各成体系又相互结合，形成流畅的商品流通的全过程。

2）数字商品电子商务

数字商品电子商务是指通过网络传输数字商品，达成交易的电子商务形式。在数字商品交易过程中，没有实物商品流通过程，因此也就没有商品的储存、包装和运输费用。在传统的商贸中，数字商品一般都有实物载体，比如磁带、光盘、纸张等，从而增加了数字商品的储存、包装、运输等成本，大大降低了数字商品的交易效率。事实上，诸如文字知识、音像、文化商品、计算机软件等数字化商品都可以通过网络进行传输，这也是电子商务变革传统商务过程甚至生产和消费过程的重要方面。

3）服务商品电子商务

服务商品电子商务的交易对象是服务商品。服务商品电子商务提供的也是无形商品，但和数字商品电子商务不同的是，有的服务商品电子商务流程中也有实物部分，也可能有物流过程，比如邮政电子商务等。

4．按照参与主体来划分

1）企业对企业电子商务交易模式（B2B）

B2B是指企业之间进行的电子商务活动，这种模式最早是以企业通过专用网或增值网采用EDI方式进行的商务活动。目前这种模式仍是电子商务的主流。随着中国国内市场竞争日益激烈，商业环境不断完善，越来越多的企业采用这一模式。

B2B 模式又可以划分为 B2B2B 模式和 B2B2C 模式两种。B2B2B 即企业-企业-企业电子商务模式，其以 B2B 模式为基础，在常规的 B2B 模式中增加了一个代理中间商环节，这一环节将企业分散执行的销售功能集中地由代理中间商完成，降低了生产企业的销售负担，代理中间商本身也有赢利空间。而 B2B2C 模式却是从 B2C 模式中发展而来，零售的特点使商家的配送工作十分繁重，而消费者又不愿意为低价格的商品支付相对高额的配送费用，在这种情况下把经销商作为销售渠道的下游引进，既可以减轻配送费用，降低成本，又可以减少库存。

2）企业对消费者电子商务交易模式（B2C）

B2C 是指企业对消费者之间进行的电子商务活动。这种模式主要是借助于网上销售模式。这种模式的电子商务近年发展较快，特别是企业的网页对于广大消费者并不需要统一标准的单据传输，只涉及信用卡、电子货币和电子钱包，且网上搜索浏览功能和多媒体界面使消费者更容易寻找商品。

3）消费者对消费者电子商务交易模式（C2C）

C2C 模式中，商品直接由消费者出售给消费者，这一思想主要来源于传统的跳蚤市场，它主要是消费者之间的自由交易，交易商品大多是日常用品，也包括住房、汽车等旧货商品或服务。

4）消费者对企业电子商务交易模式（C2B）

C2B 模式的核心是通过聚合为数庞大的用户形成一个强大的采购集团，以此来改变 B2C 模式中用户一对一出价的弱势地位，使之享受到以大批发商的价格买单件商品的利益。C2B 的商业模式有两种，一是团购，二是个性化。团购，就是集合众多用户需求形成统一的购买团体，从而享受事先与商家定好的优惠的批发价格，其收益主要来源于广告及佣金。其中团购分为基于价格的团购和基于产品的团购两个发展阶段。而个性化定制则是 C2B 发展的更高阶段。

5）企业对政府电子商务交易模式（B2G）

B2G 是指企业与政府机构之间进行的电子商务活动。政府将采购清单在网上公布，通过网上竞价方式进行招标，而企业可以通过网上投标。这种方式有利于政府节省费用，提高政府办公的公开性和透明度。这种商务活动覆盖企业与政府组织之间的各项事务。例如，企业与政府之间进行的各种手续的报批；政府通过因特网发布采购清单，企业以电子化方式响应；政府在网上以电子交换方式来完成对企业和电子交易的征税等。B2G 成为政府机关政务公开的手段和方法（与电子政府、电子政务相联系）。

6）学校对企业电子商务交易模式（U2B）

U2B 是指学校通过网上对学校内的基础建设、设备等进行招投标采购或者公开采购。这样可以提高效率，减少选择成本，防止腐败漏洞等。

7）军队对企业电子商务交易模式（M2B）

M2B 是指军事机构通过网上进行设备的采购、后勤管理等活动。

8）医院对企业电子商务交易模式（H2B）

H2B 指医院通过网络公开对医疗器材、医药产品、基础建设等进行招投标、网上采购等。

5. 按照应用平台来划分

1）基于专用网的电子商务

就是利用EDI网络进行电子交易。EDI是按照一个公认的标准和协议，将商务活动中涉及的文件标准化和格式化，通过计算机网络，在贸易伙伴的计算机网络系统之间进行点对点的贸易、商务数据交换和自动处理。EDI主要应用于企业与企业、企业与批发商、批发商与零售商之间的批发业务。EDI电子商务在20世纪90年代已得到了较大的发展，技术上也较为成熟。但是，由于EDI技术的应用对企业在管理、资金和技术上有较高的要求，因此在发展中国家的一般企业尚不太普及。

2）基于Internet的电子商务

就是利用Internet进行电子交易。在因特网上可以进行各种形式的电子商务业务，由于它涉及的领域广泛，发展速度快，因此成为目前电子商务的主要形式。

3）内联网络电子商务（Intranet）

是指在一个大型企业的内部或一个行业内开展的电子商务活动，形成一个电子商务活动链，可以大大提高工作效率，降低业务成本。

4）电话网电子商务

电话网也是早期的电子商务活动的类型。电话网可以分为固定电话网络和移动电话网络，特别是利用移动电话网络开展商务活动已成为电子商务新的发展方向。移动电子商务不仅能提供Internet上的直接购物，而且还是一种全新的销售与促销渠道。它全面支持移动Internet业务，可实现通信、信息、媒体和娱乐服务的电子支付。与传统的电子商务相比，移动电子商务具有更多的独特优势，最特别的当属“随时随地”和“个性化”。移动电子商务能完全根据消费者的个性化需求和喜好定制，设备选择以及提供服务与信息的方式也完全由用户自己控制，服务付费也可通过多种方式进行：可直接转入银行、用户电话账单或者在专用预付账户上实时借记，以满足不同需求。移动商务在用户的消费信用问题上显然拥有一定的优势：手机号码的唯一性确保用户身份得以保证，也就是确定了信用认证的基础。而利用固定电话网，传统企业可以通过电话采访、电视的广告节目等达到推销企业和产品的目的。

电信网、电视网和计算机网从业务类型、服务范围、网络结构和线路等方面都存在许多不同之处，但三种网络间的界限也必将越来越模糊，三种网络共同构造信息高速公路的网络基础设施已成为必然趋势。

6. 按照是否在线支付划分

1）在线支付型

在线支付型是指货币可以通过网上银行、第三方认证等模式，使交易双方的货币支付通过网络就可完成。

2）非在线支付型

非在线支付型是指货币交易不能通过网络进行的，必须通过传统方式进行。

7. 按照电子商务交易阶段划分

1）交易前电子商务

交易前电子商务是将电子商务信息分类上网和组合查询，如用电子邮件查询商品的信息，沟通交易双方或多方等活动。

2）交易中电子商务

交易中电子商务主要指支持达成交易的电子商务系统，其功能是对各种业务文件或单证进行网上传递。它要保证数据交换的准确性和单证记录的不可更改性；完成网上的谈判、签约等商务活动。

3）交易后电子商务

交易后电子商务主要是指交易后进行服务的电子商务系统，涉及银行、金融机构、售后维修和物流配送等。

8．国外学者对电子商务的分类模式

① 国外学者 Michacl Rappa 对 Internet 上的商务模式进行了归类分析，辨识出了九种基本形式的商务模式，包括经纪模式、广告模式、信息中间人模式、商人模式、制造商模式、会员模式、社区模式、订阅模式和效用模式。

② Paul Bambury 从新的商务模式与旧经济中的商务模式的差异角度出发，将 Internet 商务分为两个大的类型：移植的真实世界的商务模式（transplanted real-world business model，简称为移植模式）和 Internet 与生俱来的商务模式（native Internet business model，简称为禀赋模式）。这里的“商务”包括与交易相关的所有以物易物、交换、交互和活动。

9．其他分类模式

① 附属模式与独立模式。很多商务模式（如注册模式、免费模式、交换模式等）都是无法单独使用的，需要与其他商务模式相结合才能有效（在商业利益上），这些模式称为附属模式（auxiliary e-Business model）；与此相对应，那些可单独使用的商务模式称为独立模式（independent e-Business model），例如门户网站、数字产品及其交付模式、采购模式、拍卖模式等。

② 从服务类型看，电子商务主要分为网上交易和网上信息服务。网上交易的主要目标是实现市场、订货、支付和运送等各个商贸环节在网上的完成和运行。网上信息服务主要提供新闻、电子邮件、网站搜索、分类信息（主要有商业信息、财经信息、科学教育、图书杂志、音乐电视电影等形式）、分类广告、专业数据库检索、人才招聘等服务。网上信息服务的提供商通常称为 ICP。ICP 按服务对象和提供的信息内容分为网上媒体运营商、数据库运营商、信息咨询商、信息发布代理商。

③ 视具体应用范围的不同，可以将电子商务划分为市场应用、企业应用和协同应用三大类型。但是，不应该将电子商务的应用局限于商务活动的局部领域（如网站电子商务或网络营销），因为商务活动的一体化必然要求电子商务的一体化。商务活动的实质是资源的交易和整合。交易和整合是商务活动的两个侧面。每一笔交易都伴随着一次新的资源整合，交易和整合的目标是价值提升或价值最大化。交易和整合大致有三种形式，一是市场，二是企业，三是协同。市场是一种交易形式，企业也是一种交易形式（当然更加复杂），而介于市场和企业之间的“协同”性商务组织（如战略联盟、虚拟企业、外包等）则是一种正在蓬勃兴起的交易形式。

1.3.3　电子商务的特征

电子商务的基本特征如表 1-5 所示。

表 1-5　电子商务基本特征

基 本 特 征	具体特点及其简略解释
全球性	以 Internet 作为其交易载体，没有明显的地域界限，面对的是全球性大市场
商务性	提供买卖交易的服务、手段和机会。企业利用它可扩展市场，增加客户数量
低成本	没有店面租金成本，没有专门的销售人员，没有商品库存压力，很低的行销成本
电子化	书写电子化，传递数据化。同时，便于收集客户信息
服务性	互联网的应用使得企业能自动处理商务过程，能为客户提供完整服务
协调性	商务活动本身就是一种协调过程，它需要客户与公司内部、生产商、批发商、零售商间的协调。在电子商务环境中，它更要求银行、配送中心、通信部门、技术服务等多个部门的通力协作，往往电子商务的全过程是一气呵成的
集成性	电子商务能够规范事务处理的工作流程，将人工操作和电子信息处理集成为一个不可分割的整体，这样不仅能提高人力和物力的利用效率，而且可以提高系统运行的严密性
可扩展性	网民数量的增多要求电子商务系统能够有与其相适应的可扩展性
安全性	在电子商务中，安全性是一个至关重要的核心问题，它要求网络能提供一种端到端的安全解决方案，如加密机制、签名机制、安全管理、存取控制、防火墙、防病毒保护等，这与传统的商务活动有着很大的不同
便捷性	电子商务改善了企业内部信息的传递和沟通，可以及时从市场上快速获取信息和交易机会
快速性	由于国际互联网是用光速传递信息的，因而电子商务的经济活动可以用接近实时的速度进行
机会均等性	中小企业可以和大企业一样通过网络及时掌握市场供求状况和各种数据资料，共同在网上竞争，创造更多的网上就业机会和盈利机会
自由性和开放性	同一信息系统的人是互相平等的，每个人都可以匿名的方式加入网上洽谈、报价、询价、签订合同甚至支付等
移动性（泛在性）	在移动通信方式下，用户可以在任何时间、任何地点进行移动商务，这个特性对于用户的某些特定需求非常有价值
虚拟性	用户通过网络就可以不受时空限制地完成商品选取、交易磋商、订单签订和电子支付，使整个交易过程电子化、数字化、虚拟化，利用虚拟的交易方式打破了传统企业间的组织结构，在组织形式上出现了虚拟的商店和企业
极端数据	数据形式变得日益多样，如多媒体数据、异地数据、异构数据等，这类新出现的数据形式可能是远程的、可移动的、数量巨大的，对数据检索的效率提出了更高的要求，数据库的海量数据检索和海量数据挖掘功能日益重要
个性化	信息技术和数据挖掘技术推动了个性化服务的应用与发展，包括三个方面的内容：需求的个性化定制、信息的个性化定制和对个性化商品的需要
社会性	电子商务的发展和应用是一个社会性的系统工程，除了依托有关技术和各个系统的协同处理来保障交易过程的顺利完成外，还涉及很多社会性的问题，如商品和资金的流传方式变革，法律的认可和保障，政府部门的支持和统一管理，公众对网上购物的热情和认可等。只有将这些问题都协调处理好，才能将电子商务潜在的优越性转变为现实的生产力

1．全球性

电子商务突破地域界限，利用网络工具使世界各地的商业资源得到有效利用，互联网几乎遍及全世界的各个角落，用户只需上网就可以方便地与贸易伙伴传递商业信息和文件，将自己的商品与服务带到全世界。电子商务塑造了一个真正意义上的全球市场。相比而言，传统市场在时间、空间和流通上都有种种有形或无形的障碍。电子商务的全球性给企业带来了机遇和挑战。在空前激烈的国际竞争中，要求企业重新审视自己的发展战略，必须意识到 Internet 的国际性和对经济发展的重要性，以全球经营的战略目光迎接挑战，把握机会。全球性指由于电子商务是在国际互联网络环境下，把整个世界变成了“地球村”，所以其经济活动可以扩展到全球范围内进行，把空间因素和地理距离的制约降低到最小限度，不再受国家地域的限制，因而具有全球性。

2．商务性

电子商务最基本的特征是商务性。通过万维网信息连接数据库，企业可以记录下每次的访问、销售、购买形式和购货动态，以及客户对产品的偏爱，这样企业就可以通过统计这些数据获知客户购买心理，确定市场划分及营销对策。

3．低成本性

电子商务没有店铺成本，没有专门的销售人员，没有库存压力，这也是电子商务交易优于传统商务的突出特征之一。低成本对交易双方都是十分有利的，在具体实践中，尽管电子商务的模式有很多，但最终都体现了低成本这一优势，这也是电子商务被称为先进生产力的原因之一。

4．电子化

无论是电子货币、电子提单、还是作为商品的软件，就其物理层面看，都是 0、1 的数据形式，没有任何具体含义，当且仅当它代表某个信息时，才代表着一定的价值。也就是说，电子商务中的经济资源并不是以其传统的物化形式出现，而是被虚拟为多种数据形式的符号。这种虚拟的信息资源给商家的商业信用提出了更高的要求。由于计算机处理、存储和 Internet 上传输的都是表示一定信息的电磁信号，于是以 Internet 为载体，计算机处理为表征的电子商务双方的谈判记录、使用的资金，甚至标的本身都是数据化、信息化的。

5．服务性

电子商务区别于传统商务的特色在很大程度上在于它的服务性。开展电子商务活动的企业、组织和个人可以充分利用电子网络的优势向内部和外部提供电子化的无时间、空间限制的信息服务。

6．协调性

电子商务的迅速简便和友好界面可以反馈用户信息，决策者通过它可以获得高价值的商业情报并且一体化方案。电子商务可以有效地促进现代物流活动和金融支付实现一元化管理。这种一体化管理使得供应链中的各个公司联系更加紧密，减少物流的重复环节，缩短物流流动的时间，从而提高现代物流的效率和效果。同时，电子商务的标准化使包括编码、工具、设施等均符合国际标准，这是经济全球化、国际化商务活动协调互通的需要。

7．集成性

电子商务对事务处理有整体性和统一性，它能规范事务处理的工作流程，将人工操作和电子信息处理集成为一个不可分割的整体。集成性提高了人力和物力的利用效率。网络使企业可以自动处理商务过程，不再像以往那样强调公司内部分工。企业在万维网上可进行客户服务，使消费者更加便利。电子商务经济活动的领域打破了传统的各个产业、各个行业之间的经营界限，扩展到了涉及制造业、流通业、服务业、信息产业等领域的相互融通与合作，因而具有综合性特点。

8．可扩展性

对于电子商务来说，稳定的系统都是可扩展的，如果在高峰状态下不能及时扩展，必然将导致大量客户的流失，因而可扩展性是十分重要的。随着计算机和网络技术的快速发展，作为其应用的电子商务无论在规模上还是形式上都有了巨大的发展，不断贴合技术特征的电子商务交易方式有力地推动经济的发展，包括从简单的信息传输到构建数字化交易平台，从初始的 E - mail 身份认证到数字签名。电子商务交易形式的高速发展要求相应的法律法规更加完善、配套，以适应并规范其发展。

9．安全性

安全性是电子商务必须考虑的核心问题。国际上许多公司都联合开展了安全电子交易的技术标准和方案研究，出台了 SET（安全电子交易）和 SSL（安全套接层）等协议标准，使企业能够建立一种安全的电子商务环境。

10．便捷性

电子商务是 Internet 应用的最高层次，从售前服务到售后支持的各个环节均实现电子化、自动化，给当前的商务活动提供了极大的便捷。企业可以通过网络发布和寻找交易机会，通过电子单证交易、电子商务跟踪货物、电子资金转账等手段完成整个交易过程，给经济活动带来了极大的便利。

11．快速性

由于国际互联网是用光速传递信息的，因而电子商务的经济活动可以用接近实时的速度进行。这种快速性是任何传统商务活动都不可比拟的。

12．机会均等性

Internet 在技术层面上绝对不存在中央控制问题，网络的应用实现了信息共享，给大、中、小企业带来机遇和挑战，且机会均等。中小企业可以和大企业一样通过网络对原材料、市场、期货、汇率等诸多因素进行深入、全面、准确和快捷的分析预测和判断，轻松进行制造、营销、管理，从而有效地参与竞争。

13．自由性和开放性

就电子商务的概念来讲，当代的电子商务是基于 Internet 的，而 Internet 的最大特征就是开放和自由。在 Internet 上，进入同一信息系统的人是互相平等的，每个人都有可能隐藏自己的用户标识和计算机地址，通过假名、匿名的方式加入网上洽谈、报价、询价、签订合同甚至支付等。由于交易对象的全球性，交易各方有可能来自不同的国度，这对交易各方的网络伦理规范提出了较高的标准。

14．移动性（泛在性）

在移动通信方式下，用户可以在任何时间、任何地点进行移动商务。这个特性对于用户的某些特定需求非常有价值，比如用户需要实时关注股票价格、拍卖信息等。对于时间和位置敏感的行业，如金融业和旅游业，也能从该特性中获得巨大的收益。

15．虚拟性

与电视、报纸等媒介不一样，在 Internet 中计算机与计算机之间、客户机与服务器之间能够不受时空限制地实现信息的双向传输，从而实现信息的快速交换。这种交互性使商务活动能够在不同地点的人与人之间非面对面地进行，完成过去在实体市场中无法完成的交易。用户通过网络就可以完成商品选取、交易磋商、订单签订和电子支付，使整个交易过程电子化、数字化、虚拟化。虚拟的交易方式打破了传统企业间的组织结构，并且在组织形式上出现了虚拟的商店和企业，同时也促进了一些技术的发展，如虚拟现实是人们通过计算机对复杂数据进行可视化操作与交互的一种全新方式，已在城市规划、医学、娱乐、教育、军事模拟等多个行业中得到了应用。但电子商务的虚拟性也会带来一些问题，主要包括由于非面对面交易而产生的网上欺诈、抵赖等行为。

16．极端数据

所谓极端数据（extreme data）是指数据形式变得日益多样，比如多媒体数据、异地数据、异构数据等，这与之前以关系数据库为代表的二维的、规范的结构化数据是不同的，它融入了很多其他的元素，比如声音、图像、语言信息等一些面向对象的东西。国际上一般将这些新出现的数据形式称为极端数据，这类数据必须采用最新的管理技术和设备，以及最新的技术技能。极端数据使得数据来源可能涉及全球各个国家，从而具有远程、可移动、数量巨大的特征，这就对数据检索的效率提出了更高的要求，数据库的海量数据检索和海量数据挖掘功能日益重要。

17．个性化

信息技术和数据挖掘技术推动了个性化服务的应用与发展，主要包括三方面的内容：一是需求的个性化定制，由于自身条件的不同，客户对商品和服务的需求也不尽相同，因此如何及时了解客户的个性化需求是首要任务；二是信息的个性化定制，互联网为个性化信息定制提供了可能，这也预示着巨大的商机；三是对个性化商品的需要，特别是技术含量高的大型商品，消费者不再只是被动地接受，商家也不仅仅是提供多样化的选择范围，消费者可以把自身的偏好加入到商家对商品的设计和制造过程中。

18．社会性

电子商务活动涉及企业、政府、消费者、中介组织的多方参与，因此电子商务的发展和应用是一个社会性的系统工程，除了依托有关技术和各个系统的协同处理来保障交易过程的顺利完成外，还涉及很多社会性的问题，如商品和资金的流传方式变革、法律的认可和保障、政府部门的支持和统一管理、公众对网上购物的热情和认可等。只有将这些问题都协调处理好，才能将电子商务潜在的优越性转变为现实的生产力。

1.4　电子商务的环境

电子商务在处于一定的环境下才能顺利和更好地开展，离开了外部环境的支持，电子商务不可能独立生存与发展。可以从以下三个方面讨论电子商务环境：社会环境、技术环境、管理环境（见图 1-14）。

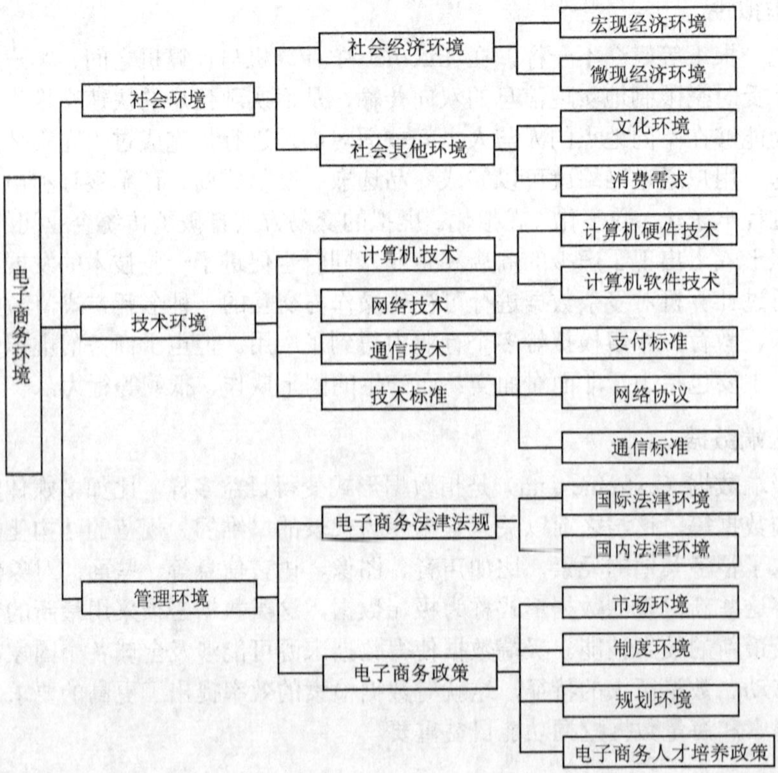

图 1-14　电子商务环境

电子商务是一种社会活动，繁荣的经济、进步的文化、巨大的消费需求都为电子商务的发展搭建了巨大的舞台。因此社会环境对电子商务的发展起到了巨大的支持作用。就基础设施等硬件条件而言，技术环境主要包括信息技术和各种标准。此外，电子商务的管理环境建设问题也是一个焦点问题，从适用的法律、法规、政策到规划等方面都需要做大量的工作，而这些法律、政策、规划所构成的电子商务发展的管理环境，对于电子商务发展起到了支持、规范、指导和保障作用。

1.4.1　社会环境

1. 社会经济环境

电子商务的社会经济环境可以从宏观和微观两个层面来考察。宏观经济环境主要指国民经济总体状况、经济体制、产业状况、就业状况等宏观经济总体状况和物流、信用、支付等支撑环境。微观经济状况主要指企业内部环境。

1）宏观经济环境

① 宏观经济总体状况。宏观经济是指站在国家的整体角度对经济的总量和结构进行的分析和把握，是制定国家社会经济发展的基础，也是开展电子商务活动的基础。宏观经济总体状况主要由 GDP 总量、人口总量、经济增长率、人均 GDP 总量及人均增长率等指标来衡量。目前，经济向国际化、全球化方向发展，迫切需要电子商务为其提供国际化的平台，而全球化则为电子商务高效率、低成本的从事以商品交换为中心的全球化经济事务活动提供了盈利空间。

电子商务市场是一个竞争占主导地位的市场，宽松的准入条件和低成本扩张使其极具竞争性，而电子商务的发展又呈现出日新月异的特征。因此，应当为电子商务营造一个市场经济的氛围，用价格机制、竞争机制和供求机制来自发调节电子商务的发展，使电子商务在市场经济机制中更好地得到发展。

当然，并不是说否定国家和政府干预的作用，而是应当将政府干预纳入市场经济的调控范围内，以法律手段为主，注重宏观调控，从指令性管理向指导性管理转变。随着近几年电子商务的迅猛发展，信息产业在产业结构中的位置日益突出，对经济贡献越来越大，而传统的产业结构对电子商务的制约也日益突出，因此对传统产业结构的调整势在必行。总体的产业结构支持或制约着电子商务的发展规模和速度，同时电子商务的发展又推动了传统产业结构的变革，这就是电子商务发展与产业结构演进的相互关系。

电子商务是新兴的高效率、高发展的产业，它具有吸引人才的多方面优势。因此，从产业间的就业人口分布来看，大量的人才正在流向电子商务领域，传统的就业人口分布格局也会发生相应变化。现在，产业间的人才布局发展呈现出高素质人才流向第四产业（信息产业）的趋势，而包括第四产业在内的各产业的复合型高级人才正在流向电子商务，如网络证券等。

今天，在全球范围内，各国经济和产业结构均呈现出“工业型经济”向“服务型经济”转型的趋势，发展现代服务业的迫切性和重要程度日益显现，新技术、新业态和新（增长）方式已成为现代服务业发展的重要表征。我国自改革开放以来，经济持续发展，经济实力大幅度提高，促进了我国信息产业的迅速发展，而信息产业的发展，又带动了我国信息服务业的发展。尤其是随着网络技术的推广应用，一个电子信息服务的网络热潮正在兴起，重大信息工程建设取得新的进展。如“金桥工程”已开通运行，并正在积极扩大业务；“金卡工程”蓬勃发展，试点城市从首批的 12 个扩展到 40 多个，智能 IC 卡已发卡 80 亿张，移动支付和社会保障卡等多功能卡应用有所突破，国家金卡工程物联网应用联盟应运而生；金税工程已全面展开，国税总局从 1997 年就开始在全国 350 个城市、3 500 个县全面推广应用，将建立起全国四级计算机稽核网络系统。这些信息工程的实施，带动了相关电子信息产品的发展。此外，我国经济的持续稳定发展，为整个工业经济向知识经济的转化创造了良好的条件。网络购物和网上支付正引起人们的普遍关注，这为今后电子商务发展奠定了基础。

在标准建设方面，商务部已经启动了“电子商务应用标准建设与发展研究项目”，积极探索构架中国电子商务的标准体系；科技部、中国标准研究院、中国标准协会、中国物品编码中心、中国电子商务协会等也在积极探索；有关电子商务安全认证标准已经初步形成，但有关电子商务安全认证的市场还需要进一步管理和整顿。但总体来看，电子商务流程中的相关标准规范依然缺乏，电子商务技术标准难以统一。很多企业在没有行业标准的情况下，自行建立企业、产品以及物流等代码，既浪费了资源，又阻碍了企业间信息流和物流的畅通。因此，我国应在电子商务综合服务平台的研究、开发和实践中，建立一套符合中国国情、又与国际接轨的电子商务标准和规范。

② 电子商务支撑环境。

a. 物流环境。物流作为商务过程中的重要环节，担负着原材料提供商与产品生产商之间，以及商家与顾客之间的实物配送服务，高效的物流体系是电子商务优势得以充分发挥的保证。物流专业化、社会化进程在结构调整中明显加快：2011 年全年社会物流总额达 158.4 万亿元，物流业增加值约为 3 万亿元，同比分别增长 12%和 14%；全国社会物流总费用 8.4 万亿元，同比增长 18.5%，增幅比上年提高 1.8 个百分点；2011 年，我国物流业发展环境受到广泛关注，国家支持物流业发展的政策集中出台，为物流业健康发展提供了良好的政策环境和社会环境；同时，工业物流整合速度加快，商贸物流整合趋势明显。2011 年我国网络购物总额达 7 735.6 亿元，全年快递业务量 36.73 亿件，电子商务企业开始进入物流快递领域，物流快递企业也积极试水电子商务。物流企业整合提升步伐加快，物流企业市场集中度进一步提高；代表我国物流业发展最高水平的 5A 级物流企业已经达到 98 家，物流企业核心群体初步形成；2011 年 1 月至 11 月，全国重点物流企业主营业务收入同比增长 26.3%，2011 年度 50 强物流企业主营业务收入共达 5 927 亿元，同比增长 31.5%。

b. 信用环境。市场经济是信用化的商品经济，信用是市场经济的基础和生命线。电子商务作为一种商业活动，信用环境是其存在和发展的基础。我国尚处于信用制度建立的初级阶段，信用基础较薄弱，目前存在的主要问题包括：市场化运作模式虽已初露端倪但运作不规范，未形成有效的行政管理机制；从事征信行业的队伍总体素质和水平偏低，行业自律尚未形成等。面对这些问题，我国政府、组织和企业等各方已经做出了一些成绩，以推动我国信用环境的建设。

2006 年，上海、浙江、北京、天津、江苏、重庆、湖南、深圳、宁波、汕头等城市都建立了统一的信用信息的共享平台。此外，北京市、福建省、浙江省开通了企业信用信息系统。

为了保证电子商务交易安全，我国全面推行了电子认证服务。截至 2010 年 5 月，全国已有 30 多家电子认证机构获得了工业和信息化部颁发的服务许可证，市场上有效电子认证证书持有量达到 11 423 482 张，并且每年还在以 50%以上的速率增长。应用对象涉及工商、税务、海关、商贸、质监、药检等政府部门和城市网上交易的企事业单位，应用的项目涉及工商年检、网上报税、网上采购、网上交易、网上支付等。

2006 年 1 月和 7 月，全国集中统一的企业和个人信用信息基础数据库分别建成。这两个数据库的正式运行，大大改善了我国的信用环境。按照世界银行集团《全球商业环境报告》中的指标衡量，我国企业和个人信用信息基础数据库的建成，使我国的信用信息指数从 2005 年的 3 上升到了 4，而亚洲地区的平均水平是 1.9，经合组织成员国的平均水平是 5，美国的指数是 6。我国获得信贷容易程度在世界各国中的排名也因此前进了 16 名。截至 2011 年 7 月底，全国统一的企业和个人信用信息基础数据库（又称企业和个人征信系统）已经为 7.9 亿自然人和 1 790 多万户企业建立了信用档案。其中，有信贷记录的自然人和企业分别达到 2.5 亿人和 820 多万户。

电子商务信用体系的建立是一个综合性的任务，涉及意识、技术和法律等问题，需要各方共同努力来实现。首先，社会各方面要大力引导，创建一个具有良好信用意识的社会环境。其次，建立和完善电子商务认证中心，这是改善电子商务信用环境的最基本的技术手段，是电子商务活动正常进行的必要保障。再者，制定相关法律和制度，以利于营造良好的信用氛围。最后，建立社会信用评价制度和体系，为电子商务交易提供资讯服务，将社会信用评价制度和体系应用到社会生活的各方面，促进企业和个人努力提高信用，自觉避免有损信用的事件发生，如企业融资信用和个人消费信用等。

c. 支付环境。电子支付是电子商务活动的关键环节，没有良好的网上支付环境，网上客户只能采用网上订货、网上结算付款的方式，只能实现初级阶段的电子商务，这就使得电子商务高效率、低成本的优越性难以发挥，使得电子商务的发展和应用受到严重阻碍。因此，只有通过安全、快捷的实现电子支付才能实现电子商务交易的顺利进行。

我国电子支付市场规模逐步扩大，教育、航空、国际贸易、电子政务、金融、保险、公用事业缴费等领域的电子支付已经比较普遍；作为电子商务核心的支付环节正在加速电子化，网上支付、移动支付、电话支付等多种支付形式不断推出；网上支付比例渐增，成为消费者网上购物的首选付款方式；随着手机用户的增加，移动支付将成为一个全新的经济增长点。

艾瑞咨询的统计数据显示：2011 年中国支付行业互联网支付业务交易规模达到 22 038 亿元，同比增长 118.1%；市场格局方面，支付宝、财付通和银联在线占据了互联网支付的大半江山。多项监管法规相继颁布，第三方支付行业全面进入监管时代。截至 2011 年底，101 家支付企业已相继获得支付业务许可。

面对成长如此快速的市场，各大银行纷纷采用各种新推出的信息技术和业务创新模式进入电子支付领域。信用卡、电话银行、自助银行、网络银行相继出现，适应了电子商务的发展和支付服务市场细分要求，逐步成为中国零售支付体系的重要组成部分。而网络银行、手机银行的建设和网上服务手段的升级与完善，则是各大银行当前首选的创新模式。对于电子支付的安全问题，我国银行业均采用全国领先的计算机网络和电子通信技术开发系统，中国人民银行对跨行的网上支付清算系统的数字证书也提出了试行的管理办法，且各家银行均采用了多种网上支付安全措施来保障其清算和支付系统内部的稳定性和安全性。

由于电子支付是在开放的互联网上实现的，信息可能被攻击和窃取，电子支付面临一些问题：第一，立法不完善。对新出现的现代支付服务的立法严重滞后，对现在迅速发展的第三方支付、新兴的移动支付等还没有相关的法律法规出台；立法层次较低，法律效力不高；金融法律体系内部及与其他法律体系之间的统一性和协调性不够；网上银行、网上证券和网上保险之间已经没有明显的界限，这对我国分别立法模式提出了新的挑战。第二，第三方支付的风险、第三方支付的合法地位、道德与诚信问题，以及第三方支付的行业标准问题。

面对这些问题，应：第一，鼓励与促进专门从事网络支付的第三方支付平台的发展，而就第三方公司本身而言，要注重的不只是价格，还有服务质量和品牌意识。第二，加强对第三方电子支付的监管。包括市场准入监管和业务范围监管，明确监管单位，并通过建立保证金和准备金机制降低风险。第三，加快制定电子支付的相关标准，包括数字证书的统一标准、第三方支付手续费的标准、对存放在第三方机构的交易资金管理标准、第三方信用评价的标准、电子货币的管理标准和 B2B 电子支付的标准。第四，加强网上银行的管理。通过引进国际化的管理咨询服务提高竞争力，加强银行内部技术服务和基础设施建设的同时，关注外部环境的建设，包括强化网上银行立法，保持监管的真实性和可靠性，做好信用立法工作，加快和继续完善人民银行的征信系统建设，并在各个支付环节充分发挥个人和企业征信信息的作用；要推动信用中介机构的发展。

2）微观经济环境

电子商务发展的微观经济环境以从事电子商务活动的个体为考察环境。这些个体可以是机构、企业或个体，其中最为重要的是企业组织。

从某种意义上来说，电子商务是一场革命，它带来了企业内部环境及其运营模式的革命性变革，促使企业的产品生产标准化、内部管理信息化、组织结构扁平化以及人才结构知识化。

首先，企业的信息化程度是电子商务运行的基础。企业成功实施电子商务必须加强内部信息化建设，首先要构建网络基础设施，完成办公自动化系统的建设，积极利用自己的网站或第三方平台来宣传推广企业产品和服务；还应加强电子商务的增值系统建设，应用企业资源管理计划（ERP）、客户关系管理（CRM）、供应链管理系统（SCM）、业务流程重组（BPR）等电子商务增值系统，以整合企业资源，提高管理效率，优化业务流程，加强企业在知识结构、供应链、库存、生产流程、客户关系、财务、人力资源和高层决策方面的创新。大企业信息化投资不断加强，电子商务稳步发展，2007 年，在开展电子商务的信息化 500 强企业中，电子商务销售比率为 31.03%，采购比率为 33.99%，销售订单比率为 35.73%，采购订单比率为 36.45%。而越来越多的中小企业借助阿里巴巴等第三方电子商务服务平台实现电子商务应用，与“自建网站”相比，“平台应用”的方式将日益突出，成为中小企业电子商务应用的主流方式。

第二，新兴电子商务的个性化特征呼唤企业实现产品的标准化生产。在电子商务中，企业带给消费者的不仅是便捷、高效的服务，而且应该是个性化的服务。它要求企业在完善物流系统的同时，更要注重产品的标准化生产，尤其是零部件的标准化生产，这样才可以保证企业能够在最短的时间里，根据消费者所提出的个性化消费需求，提供相应的个性化产品和服务。从这个意义上来讲，电子商务时代的企业竞争首先就是标准的竞争，谁掌握了制定标准的主导权，谁就占据了市场竞争的制高点。

第三，实现企业内部组织结构的扁平化改造是发展电子商务的必然要求。现代信息技术的普遍使用，大大提高了企业内部信息流的速度和质量，从而使得企业根本无须再像在传统商业模式下那样设立许多中间组织环节，层级化的组织结构为扁平化的组织结构所取代成为一种必然。

第四，实现企业人才结构的知识化调整升级，是发展电子商务的本质要求。电子商务的蓬勃发展使知识型人才缺乏，有待补充。电子商务是信息现代化与商务的有机结合，需要大量的掌握现代信息技术的现代商贸理论与实务的复合型人才。企业应引进电子商务专业人才、加强企业员工培训，不断促进企业人才结构的知识化调整与升级，以适应电子商务的发展需要。此外，国家应该鼓励教育部门向学生普及网络知识，在有条件的学校，特别是一些大专院校经济、贸易、计算机等专业院系开设电子商务专业，培养高素质的复合型人才，以适应社会的需要。

2. 社会其他环境

社会其他环境包括文化环境和消费需求两个方面，从人们的主观意识角度来分析电子商务的环境。

1）文化环境

一种新的商务模式的推广，需要与当地文化环境相兼容，需要消费者消费观念与消费习俗的支撑。中国人奉行中庸之道，性格较为内敛，在电子商务应用上，企业和消费者的交易或消费习惯较为保守，更倾向于可见到实物的、体验式的消费，对于虚拟的网络购物（或交易）存有很多顾虑；在传统的商业模式下，消费者通过逛商场、去超市和跳蚤市场购物，不仅仅是一种经济消费行为，很多时候更是一种文化消费行为——这已经成为他们生活方式的一部分；在中国文化和传统商务中发挥重要作用的人与人之间的

“关系”与电子商务的相关规则难以有效兼容，给我国电子商务的发展带来了新的障碍。因此，电子商务要获得普遍性的文化认同，需要一个渐进的过程。文化进步将对电子商务的发展起着巨大的推动作用。随着消费者收入水平的提高，消费者的观念发生变化，旧的习惯逐渐被打破，生活模式发生改变，对电子商务这种降低成本、提高效率的购物方式逐渐开始接受。在借鉴发达国家电子商务发展的先进经验的同时，要立足本国文化，积极探索基于我国传统文化的电子商务发展模式，同时采取多种措施，引导新的消费观念，增强企业和消费者对电子商务的应用意识。

2）消费需求

人类社会进入信息时代的标志就是信息日益成为影响社会、经济等各方面的重要力量。对生产者来说，必须取得并确定与生产有关的商品市场、原材料等生产要素市场的各种信息，及时了解掌握一定的法规制度和标准，围绕生产前的准备和生产后的销售，处理大量的商务活动。目前，我国经济经过改革开放以来的多年发展，进入了买方市场、需求导向阶段。我国的消费现状是：我国经济运行中存在着有效需求不足、结构性生产过剩等突出问题，消费在经济增长中所占比重偏低；居民收入增速放缓、城乡差距拉大；虽然金融机构几次下调存贷款利率，城乡居民储蓄余额却不断增加；银行存贷差不断扩大；受全球性生产过剩、价格下跌的影响，我国外贸出口形势严峻，进口大幅增长，国内消费市场面临的外部冲击加大；供大于求的产品越来越多。所以，企业若按原来的产销思维和方法，就会越来越难以顺利完成商品经济活动，越来越难以取得良好的经济效益。事实证明，在越来越激烈的竞争面前，企业作为商品的生产者和提供者，对电子商务的需求也越来越大。对消费者来说，最理想的情形应该是需求时就能购买。要实现这个目标，最重要的是必须要有一个能够方便获得有关信息的途径。为了获得信息，我国年年都要组织各种大型产品定购会，不仅耗费大量的人力、物力、财力，占用大量的时间，而且带来交通拥挤、城市污染等连锁后果。同时，由于信息传递途径不畅，消费者获取信息不及时，常造成一些商品在一些地区严重滞销，而在另一些地区紧俏甚至脱销的局面，造成不经济消费。因此，电子商务恰好能迎合消费者更好获取信息、坚持理性消费的需求。比如，利用电子商务检索商品种类，利用电子商务进行商品优劣比较，利用电子商务进行商品的采购、结算，利用电子商务获得售后服务等。

1.4.2　技术环境

电子商务是一种技术含量较高的商务活动，计算机网络等相关技术的发展为电子商务的发展提供了最有力的技术支持和保障，而广义的信息技术和其技术标准则从更基础和广泛的层面上对电子商务给予了支持和保障。

1. 计算机技术

1）计算机硬件技术

根据计算机性能的不同，计算机可以分成超级计算机、大型计算机、小型计算机和微型机算机。不管是超级计算机还是微型机算机，计算机的基本结构仍然沿用冯·诺依曼提出的设计思想，即有五个基本部分组成：存储器、运算器、控制器、输入设备和输出设备。其中，运算器、存储器和控制器是计算机的主要组成部分，称为主机，而各种输入设备和输出设备称为计算机的外围设备，简称外设。

2）计算机软件技术

计算机软件又称计算机程序件技术，由系统软件和应用软件组成。可以把系统软件看成由计算机来使用的软件，而把应用软件看成由用户来使用的软件。系统软件中最主要的是操作系统（operating system，OS）。操作系统是控制应用程序执行的程序，并充当应用程序和计算机硬件之间的接口。它提供的功能包括输入/输出管理、存储器管理、文件管理和进程管理。目前常用的操作系统有 Microsoft Windows 系列、UNIX 以及 Linux 等。应用软件首要任务就是满足终端用户的需要，因此其种类是非常多的。常用的应用软件开发语言有 C/ C + +、Java 等。

2. 网络技术

在电子商务的应用中，计算机网络作为基础设施，将分散在各地的计算机系统连接起来，使得计算机之间的通信在商务活动中发挥着重要作用。计算机网络是计算机技术和通信技术相结合的产物。计算机之间的通信是计算机网络能够实现资源共享的基础，而资源共享则是开发建设计算机网络的主要目的。网络中的资源（主机、大容量硬盘、高速打印机及数据等）由网络操作系统统一管理，网络操作系统为用户提供了操作网络、共享资源的统一接口。与当初人们建立计算机网络的初衷不同的是，在当今的计算机网络中，通信方面的应用要多于共享硬件资源方面的应用。计算机网络的分类标准很多，比如按网络的交换方式、拓扑结构、物理链路的类型及数据传输速率分类，但这些只给出了网络的某一方面的特征，并不能刻画网络的本质。事实上，一般按照设计和优化的地理范围和区域加以区分，将计算机网络分为局域网（local area network，LAN）、广域网（wide area network，WAN）和互联网等。

在电子商务的应用中主要的技术还有 Intranet 技术、Extranet 技术、Web 技术和网络计算技术（网络管理技术、网络互联与路由技术、交换技术、网络分段与分层技术）等。

3. 通信技术

通信技术是指在通信设备之间进行信息传输的技术。通信的方法和手段多种多样，但都必须依靠数据技术。数据通信就是将数据信号加到数据传输信道上进行传输，并在接收点将原始发送数据正确地恢复过来的过程。数据通信系统的构成如图 1-15 所示。

图 1-15　数据通信系统

通信技术包括公用电话交换网络技术（PSTN）、公用分组交换网络技术（PS-DN）、数字数据网络技术（DDN）、综合数字业务网络技术（ISDN）、甚小口径卫星地面技术（VAST）、帧中继网络技术（FRN）、数字移动通信网络技术等。

4. 技术标准

计算机网络要实现多台计算机和通信设备之间的数据交换，实际上是一个很复杂的技术过程。为了能顺利和准确地进行数据交换，需要制定能使各种设备都可以接受的一定的规则，这组规则和规定就是标准。标准是网络中两台计算机之间进行通信必须遵循的一组规则，它规定了通信过程中的各种操作，使通信的每一个步骤都按照这组操作规则进行。

1）支付标准

这一标准规定电子支付命令的签发与接收、身份认证手续、接收银行对发送方支付命令的执行、电子支付当事人的权利和义务及责任的承担等。这一标准有安全电子交易协议（SET）和安全套接层协议（SSL）等。安全电子交易协议为通过开放网络进行信用卡结算信息的安全传输制定了技术标准，为基于信用卡进行的电子化交易的应用提供了安全保障。安全套接层协议（SSL）向基于 TCP/ IP 的客户机/服务器应用程序提供了客户端和服务器端的验证、数据完整性（即信息保密性）等安全措施。该协议已成为事实上的工业标准，并被广泛应用于 Internet/ Intranet 的服务器产品和客户端产品中。

2）网络协议

网络协议是一种用于网络之间相互通信的技术标准，是一门公认并必须遵循执行的"共同语言"。网络协议所要解决的问题很多，诸如不同设备、不同链路、不同信息、不同网络、不同应用系统之间按什么方式传递信息等。网络协议是目前世界上最流行的数据通信领域协议簇，用它可以连接局域网和广域网以实现远距离通信。其中最著名的是传输控制协议（transmission control protocol）TCP 和因特网协议（Internet protocol）IP。在网络协议中，IP 是主要的网络层协议，除了网间的路由选择外，IP 还提供数据报文的分段、分组以及差错报告。TCP 为其上层协议提供全双工的、应答和流量控制服务。

3）通信标准

在不同的网络之间，由于网络条件、设备、环境、用途的不同，协议的内容也不同。迄今为止，常用的通信协议标准主要有以下三类：

① 公用数据通信网协议——X 系列协议。此协议是由国际电报电话咨询委员会（Consultative Committee for International Telegraph and Telephone，CCITT）组织推荐的，广泛应用于广域网（WAN）和城域网（MAN）上的协议标准。

② 局域数字通信网 802.X 系列协议。该协议是美国电气和电子工程师协会（Institute of Electrical and Electronic Engineer，IEEE）下属的 802 委员会推出的一系列针对局域网协议标准和专用的报文数据交换协议。

③ 专用的报文数据交换协议。此协议它是在前者的基础之上，为了适应一类特殊行业的报文数据交换而制定的网络通信协议标准。它是对报文数据交换双方数据传递代码规则和格式的详细约定。

1.4.3 管理环境

1. 电子商务法律

1）国际法律环境

国际上关于协调电子商务交易的法规主要由各国际组织发起并制定，由各成员国共同遵守和执行。其中，最具代表性和普遍性的是联合国贸易法委员会 1996 年 6 月 14 日颁布的《电子商务示范法》及世界贸易组织关于电子商务的规定。

电子商务作为一个新生事物，世界各国还处于摸索阶段，立法相对滞后，有关的法律规范框架都还正在构建之中。从发达国家目前的立法动向来看，基本上是从战略发展的角度来规范和建立电子商务立法规则。目前，许多发达国家纷纷制定法律法规、起草电子商务基本框架、签署双边协定、发表白皮书等。其目的都是为了争取制定电子商务国际规则的立法权。

美国是 Internet 的发源地，在电子商务立法方面比其他国家相对要深入一些。美国财政部于 1996 年下半年颁布了《全球电子商务税收政策解析》白皮书，提出不倡导对电子商务征收任何新的税收。美国政府在 1997 年 1 月公布了《全球电子商务框架》白皮书，提出了发展电子商务的一般规则、面临的问题和相关建议。 1998 年 4 月美国商务部发表了《崛起的数字经济》，呼吁建立规范的 Internet 电子商务法律框架。1998 年 6 月 23 日美国通过了“反 Internet 税”，禁止对新的 Internet 和 Internet 服务征收税费。2000 年 6 月，美国国会众议员以 426 票对 4 票的压倒性优势通过《电子签名法》，使得电子签名与书面签名具有同等法律效力。

英国贸工部于 1998 年 10 月发表了《网络的利益——英国电子商务发展规划》，阐述了英国政府的电子商务方针和政策。其他如澳大利亚、日本、新加坡等国也都提出了自己的涉及电子商务法律建设的发展框架。

2）国内法律环境

与美国、欧盟等西方国家相比，我国的电子商务立法相对落后。存在的主要问题包括：立法层次普遍较低；电子商务法与网络立法界限不清；分别立法现象、法律重复建设现象严重；现行法律的修订相对滞后；大多针对表层问题，在深层问题上缺乏相应法规的规范等。

现代电子商务应用在我国的出现时间虽然不久，但它的发展速度非常迅速，使得立法工作远远跟不上我国电子商务发展，制约了电子商务的发展。从电子商务的实践来看，由于没有相关的法律法规约束，电子商务中出现的各种纠纷，必将影响电子商务的健康发展。虽然《中华人民共和国合同法》首次明确了电子合同的合法地位，但是有关电子合同的描述还相当简单，缺乏详细的具体内容，操作起来比较困难。而电子商务在体系、组织、模式、法律、管理、技术上的不成熟，给电子商务立法带来了许多问题。

我国专家认为，在立法模式上，可以采用两种模式。第一种模式是从立法到基本法分两步走，即先从个别法律入手，如修改合同法、贸易法中有关电子商务实施中关于书面文件、签字、证据力等的规定，到时机成熟时，再起草电子商务法或电子贸易法；第二种模式是由点到面的方式，从基本法到专门法。由于电子商务的使用是从不同部门开始的，在时机不成熟时先分别修改这些部门的法规，但部门与部门之间的规定不能违背基本法规定。与此同时，在各点的不断实践中逐步开展连点成面的统一立法。

可喜的是我国电子商务的立法从 2003 年以来已经有了显著的进步。2003 年 2 月《广东省电子交易条例》开始实施；2005 年 4 月 1 日《中华人民共和国电子签名法》正式实施；信息产业部于 2005 年 4 月 1 日起发布了《电子认证服务管理办法》，与《中华人民共和国电子签名法》配套同步实施。中国人民银行出台的《非金融机构支付服务管理办法》于 2010 年 9 月 1 日起施行，对第三方支付行业进行规范与监管，对整个非金融行业未来格局的发展具有深远的影响。

2．电子商务政策

电子商务政策对电子商务的规范发展具有深远的意义。具体来说，主要包括以下几个方面：

1）市场环境

电子商务作为一种新型商务模式，要求必须有良好的市场环境，包括适宜的社会环境、竞争环境、管理环境和服务环境。国家应做好宣传、知识普及、制定投资政策等工作。譬如，在通信网络方面国家投资可占较大比例，在计算机网络建设方面国家投资就应该较小，对电子商务应用则主要给予法律、法规上的指导，帮助企业解决新问题，原则上不宜进行较大投资。因此，政府必须强调市场化原则，发挥工商企业尤其是中小企业在电子商务发展中的主导作用，鼓励多元化投资，尽量减少政府的干预。

2）制度环境

电子商务发展需要适宜的制度环境，为此政府必须建立和完善税收、电子支付系统、知识产权保护、信息安全、个人隐私和电信技术标准等方面的政策。美国财政部于 1996 年下半年颁布了《全球电子商务税收政策解析》白皮书，提出不倡导对电子商务征收任何新的税收。2000 年 6 月，美国国会众议员以 426 票对 4 票的压倒性优势通过《电子签名法》，使得电子签名与书面签名具有同等法律效力。这些都是美国政府为创造良好制度环境所采取的重要举措。

就我国而言，电子商务税收政策的制定应遵循国际上公认的电子商务税收的几条最基本原则，即为促进新型的电子商务的发展，网上交易的税率至少应低于实体商品交易的税率；网上税收手续应简便易行，便于税收部门管理和征收；网上税收应当具有高度的透明性，有利于 Internet 用户的了解和查询；对在 Internet 上进行的电子商务的课税应与国际税收的基本原则相一致，避免不一致的税收管辖权和双重课税。

3）规划环境

规划环境也对电子商务的高速发展起到了一定支持作用。按照规划的主体，可以将电子商务规划分为政府规划、行业组织规划和企业规划。政府规划主要是一个国家的中央政府或地方政府规划电子商务的发展为电子商务制定一个总体的方案，避免在电子商务建设过程中的低效率、违规操作、重复建设等现象的出现。行业组织的电子商务规划主要是对电子商务在某一行业中的发展所依据的规范性参考，一般由行业性组织做出，行业成员自觉遵守。

企业规划是企业根据自身状况，所处行业特征及其他外部因素而制定的中长期的电子商务发展战略的规划。企业可依据这些规划，适时检查，调整经营行为，减少经营上的失误，取得最好的经营效果。

4）电子商务人才培养政策

电子商务的开展是商务管理、商务活动、商务理论与现代电子工具的有机结合。无论是从事电子商务管理，还是从事电子商务活动的人，都必须是掌握商务理论与实务及电子工具应用的复合型人才。而我国目前所缺乏的正是这样的复合型人才。因此，政府应制定相应的政策，推进我国电子商务人才培养的开展。2006 年，国家教育部成立了电子商务专业本科教学指导委员会，制定了电子商务专业教学体系，从多学科综合角度为人才培养奠定了基础。现在，相关部门还制定电子商务人才培养总体规划，大中专院校设置电子商务专业，在岗人员电子商务技能培训等。

总之，电子商务环境是社会环境、技术环境和管理环境相互融合交织的产物。

本章小结

本章从五个方面对电子商务的基本知识进行了介绍。它们是：① 学习与研究电子商务的目的、内容和方法；② 电子商务的产生与发展；③ 电子商务的概念和定义；④ 电子商务的分类及特征；⑤ 电子商务的环境条件。学习和研究电子商务的目的在于把握电子商务的规律，并用其指导和开展电子商务或相关工作。电子商务是从人力商务、机械商务到电子商务渐进、演变、发展而来的，它源于传统商务，高于传统商务，是对传统商务的更新、改造和创新。它相对于传统商务具有很大的优势，但也不能完全取代传统商务中那些不可替代和具有比较优势的部分，它与传统商务应该是优势互补、相得益彰的关系。从电子商务的劳动工具、劳动对象和劳动者的技能和素质看，电子商务相对于传统商务具有革命性的变化，可以称为第三次产业革命。从电子商务的分类中可以看到，按不同的标准对电子商务分类可以发现电子商务在不同的领域、对象、主体中的发展状况、效果和优势。电子商务的发展需要有与之相适应的多方面环境，包括商务环境、信用环境、技术环境、法律环境和支付环境等。

本章习题

1. 电子商务的发生与发展的脉络是什么？
2. 电子商务的目的、本质和特征是什么？
3. 电子商务发展的主要环境是什么？
4. 电子商务对个人、组织、国家和人类世界都有哪些作用？
5. 你认为电子商务是先进生产力吗？为什么？
6. 你认为我国电子商务的发展前景如何？

第2章 电子商务架构与范式

引例　阿里巴巴

阿里巴巴是全球B2B电子商务的著名品牌，是目前全球最大的商务交流社区和网上交易市场。其曾两次被哈佛大学商学院选为MBA案例，在美国学术界掀起研究热潮，连续四次被美国权威财经杂志《福布斯》选为全球最佳B2B站点之一，多次被相关机构评为全球最受欢迎的B2B网站、中国商务类优秀网站、中国百家优秀网站、中国最佳贸易网，被国内外媒体、硅谷和国外风险投资家誉为与Yahoo、Amazon、eBay、AOL比肩的五大互联网商务流派代表之一，确立了公司在全球商人交易网站领域内的绝对领先位置。取决于"良好的定位，稳固的结构，优秀的服务"，阿里巴巴如今已成为全球首家拥有210万商人的电子商务网站，成为全球商人网络推广的首选网站，被商人们评为"最受欢迎的B2B网站"，杰出的成绩使阿里巴巴受到各界人士的关注。"倾听客户的声音，满足客户的需求"是阿里巴巴生存与发展的根基，根据相关的调查显示：阿里巴巴的网上会员近五成是通过口碑相传得知并使用阿里巴巴的，各行业会员通过阿里巴巴商务平台双方达成合作者占总会员比率近五成。在产品与服务方面，阿里巴巴公司为中国优秀的出口型生产企业提供在全球市场的"中国供应商"专业推广服务。中国供应商是依托世界级的网上贸易社区，顺应国际采购商网上商务运作的趋势，推荐中国优秀的出口商品供应商，获取更多更有价值的国际订单。阿里巴巴所取得的成功，离不开科学合理的电子商务架构和独特的运营模式。

① 设企业站点。阿里巴巴有能力提供从低端到高端的站点解决方案，使企业在成长过程中获得收益，更大的优势在于制作商品交易市场型的站点。阿里巴巴只是替商品交易市场做一个外观主页，然后将其链接在自己的分类目录下。交易市场有了一个站点，实际上这和阿里巴巴的站点是同一个站点，这就提高了被检索到的机会。

② 站点推广。对于网站的媒体定位一直十分模糊，它应该是广播式，还是特定用户检索式？企业站点设计公司存在一个很大的问题，即没有对应的推广能力。中小企业存在很强烈的营销愿望，而这一愿望没有转化为现实的原因是没有较成熟的推广。阿里巴巴的站点推广应运而生，且站点推广的收入占公司总收入的一半还多。

③ 诚信通。网络可能是虚拟的，但贸易本身必须是真实的。信用分析是企业的日常工作。"诚信通"作为一项服务不难理解。可以在"诚信通"上出示第三方对其的评估，企业在阿里巴巴的交易记录也有据可循。阿里巴巴通过"诚信通"来解决企业的信用问题。

④ 贸易通。贸易通是阿里巴巴网站新推出的一项服务，定义的是从企业的每一次日常交易中抽取佣金。"贸易通"可以理解为是一种订单管理软件，通过短消息捆绑按次计费。这一服务所面临的价格敏感性很小，而且存在一个很大的数量。"贸易通"延伸了企业软件托管的思路。

⑤ 专做信息流，汇聚大量的市场供求信息。2005年马云曾阐述以下观点：中国电子商务将经历三个阶段：信息流、资金流和物流，目前还停留在信息流阶段。交易平台在技术上虽然不难，但没有人使用，企业对在线交易基本上还没有需求，因此做在线交易意义不大。这是阿里巴巴最大的特点，就是做今天能做到的事，循序渐进地发展电子商务。

2.1　电子商务架构

本节首先从宏观上建立了电子商务一般架构，然后从基于经济管理和基于信息技术的视角分别进行深入探讨。

2.1.1　电子商务一般架构

在传统商务过程中，任何一笔交易都包含“四流”，即信息流、资金流、物流和商流。信息流既包括商品信息的提供、促销营销、技术支持、售后服务等内容，也包括诸如询价单、报价单、付款通知单、转账通知单等商业贸易单证，还包括交易方的支付能力、支付信誉、中介信誉等；资金流主要是指资金的转移过程，包括付款、转账、兑换等过程；物流主要是指商品和服务的配送和传输渠道；通过信息的传递、资金的流通和商品的时空转移，最终完成商品(包括有形商品和无形商品)特定权利(全部的或部分的所有权)的让渡，即商流的实现。这就是传统“四流说”中的信息流、资金流、物流和商流。交易就是围绕信息流、资金流、物流、商流等展开的，图 2-1 展示了传统商务的基本框架。

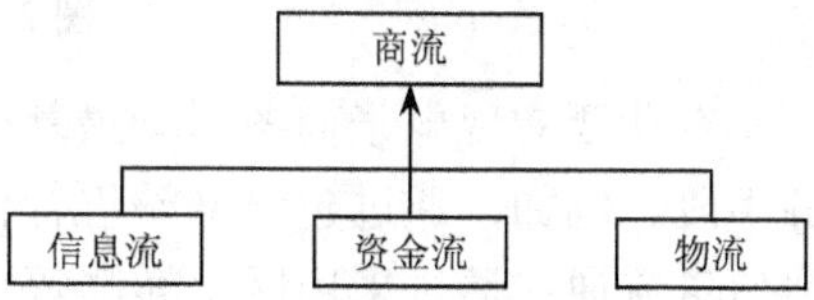

图 2-1　传统商务的基本框架

图 2-1 表明，“四流”密不可分，相互作用，既是独立存在的单一系列，又是一个组合体。其中，商流是动机和目的，资金流是条件，信息流是手段，物流是终结和归宿。没有商流一般不可能发生物流、资金流和信息流。反过来，没有物流、资金流和信息流的匹配和支撑，商流也不可能达到目的。

电子商务作为基于信息技术的商务活动，其顺利实现自然也需要各个经济要素的共同作用，众多电子商务的解决方案和措施都是为顺利实现这些要素流的高效配置而设计的。实践表明，商务是人（自然人或法人）的活动，离不开市场主体。市场主体在进行交易过程中，由于客观存在的信息不对称等原因，交易各方之间需要互相提供信任，以保证其他各流的顺利实现，这在电子商务环境下尤其重要。在整个电子商务实施过程中，市场主体的参与(人员流)和市场主体之间相互提供信用（信用流），则是有效完成交易的根本保障。因此，只有信息流、资金流和物流在人员流与信用流的保驾护航下全部有效完成，才能保证电子商务商流的顺利实现，才能称得上完整的电子商务活动。基于此，可以将传统的“四流”拓展为“六流”，强调信用流和人员流的作用，以便更全面、更深入、更符合实际地探讨电子商务的基本规律。

根据电子商务的实现机理，结合电子商务的“六流”体系，可以将电子商务的一般架构表示为图 2-2。该架构从感性层面上给出了电子商务的总体轮廓，使我们从整体上对电子商务有了较为清晰的认识，可以用“5F+2S+1P”来描述。

六流中，商流是交易的核心，是电子商务的最终目的，处于最高端。实施电子商务就是为了顺利实现五流（5F）畅通，即实现信息流、资金流、物流、信用流和人员流的畅通，最终实现商流。其中，物流和资金流分别代表使用价值和价值的转移，人员流反映出市场主体在电子商务活动中的必要角色。电子商务使得交易的时间和空间大大扩展，信息流和信用流自然就成为最重要的要素，信息流对整个电子商务活动起着监控作用，信用流则是交易各环节得以实现的根本保证。因此，物流、资金流、人员流、信息流及信用流的有机结合方能确保商品所有权的让渡与转移，标志着交易达成的商流才得以实现。电子商务的应用是信息流、资金流、物流、人员流、信用流和商流的高度整合。

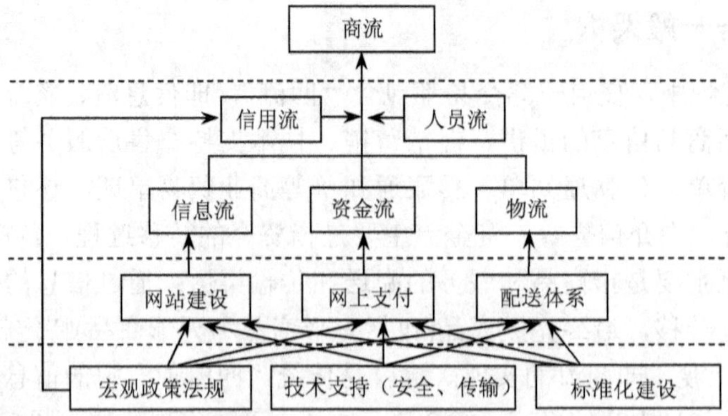

图 2-2　电子商务的一般架构

企业要实现电子商务活动最基础的信息流、资金流和物流，必须通过一定的电子商务手段。例如，通过建设网站进行信息的发布、传输和交流，沟通各相关市场主体，实现信息流通；通过采用网上转账等电子支付手段，帮助权利出让方获得商品价值，实现资金流通；通过配送体系等方式，完成商品实体的空间转移，帮助权利受让方获得商品或服务的使用价值，即物流的畅通等。

这些电子商务手段的实现，需要具备现实的基础环境。电子商务基础环境可以用"2S+1P"表示，位于最底层，共同支持电子商务活动的开展。2S 分别表示安全（Safety）和标准化建设（Standardization），P 表示政策法规（Policy）。它们作为支持条件，构成电子商务的基础环境要素，为信息流、资金流和物流的畅通打下基础，同时宏观政策法规也为信用流提供了外部环境。

"5F +2S +1P"八个要素的共同作用保证了电子商务中商流的顺利实现，同时也构成了电子商务的一般架构。发展电子商务应从这八个要素着手，提高企业竞争力。

2.1.2　基于经济管理的架构

电子商务的应用丰富多样，包括网上直销、在线银行、电子政务、电子采购、在线出版、移动商务等。为实现这些应用，电子商务企业必须有与之匹配的信息、基础设施和支持服务体系。从经济管理的视角来看，应该充分理解电子商务应用和其他电子商务组成部分之间的关系，通过计划、组织、激励、制定战略等管理手段，组织好人、公共政策、市场营销和广告、支持服务及业务伙伴这五个独立的领域及其相互关系，并通过底层基础设施的技术支持，建立电子商务的支撑体系，如图 2-3 所示。

图 2-3 中，位于中间层次的各领域内容说明如下：

① 人。在电子商务应用最终实现的过程中处于不同地位的买方、卖方、中间商、服务商，信息系统人员、管理者及任何其他参与者共同构成了一个重要的支持领域。

② 公共政策。公共政策层包括政府围绕电子商务的税收制度、信息的定价、信息访问的收费、信息传输成本、隐私等问题制定的政策以及约束电子商务活动进行的法律法规，是电子商务活动能否顺利开展的政策基础。公共政策层中由政府和行业权威机构制定的技术标准是信息发布、传递的基础，是网络上信息一致性的保证。这两者构成了电子商务活动的宏观环境。

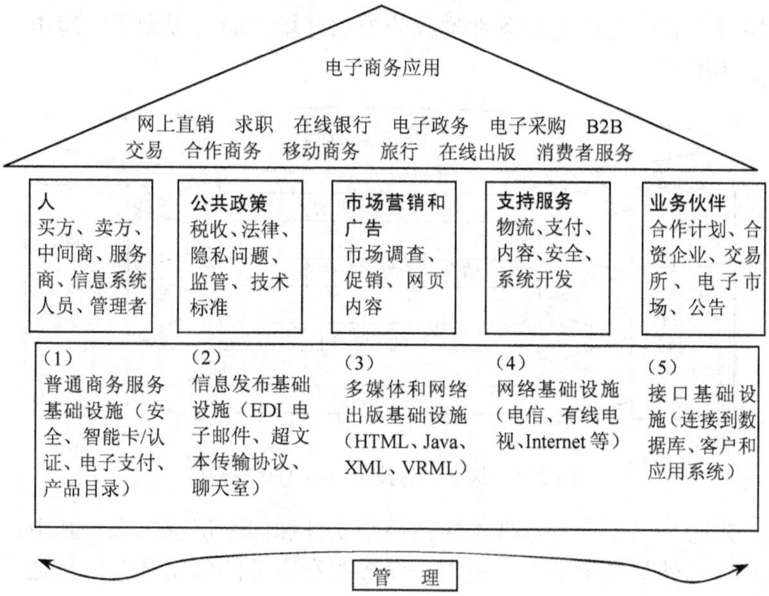

图 2-3　基于经济管理的电子商务架构

③ 市场营销和广告。和其他企业一样，电子商务常常需要市场营销和广告的支持，尤其在巨大的互联网市场中，买方和卖方通常互不相识，竞争更加激烈，企业必须同时采用传统和新型的营销手段及广告策略来吸引顾客访问自己的网站，包括广泛的市场调查、各种促销策略及能够吸引顾客的网页内容等。

④ 支持服务。电子商务需要大量的支持服务才能实现最终的应用。一个完整的电子商务应用离不开网站内容创建、电子商务系统开发等软件设施，离不开和资金流动有关的支付服务、商品交易中必需的物流服务，更离不开电子商务应用过程中保证交易信息安全、迅速地传递和交易有效性的安全服务等。

⑤ 业务伙伴。在电子商务中经常出现合资、交易及各种类型的业务合作，这些业务合作经常发生在整条供应链上。例如，企业与供应商、顾客和其他伙伴之间的交易。

在五大领域的中间层之下的最底层，是电子商务的基础设施，是由电子商务所运用的软件、硬件和网络系统构成的，包括普通商务服务基础设施、信息发布基础设施、多媒体和网络出版基础设施、网络基础设施、接口基础设施等。

图 2-3 中最下方的双箭头表示电子商务的管理在应用、基础设施和支柱三者间起协调作用，这就意味着企业需要规划、组织、激励和制定战略。电子商务管理以信息技术为基础，在公共政策的指导下，同电子商务供应链上的业务伙伴合作，组织企业内外部人员及交易各方通过网络市场营销和广告等营销策略抓住商机，以各项支持服务支撑整个交易过程而实现电子商务应用，必要时还须利用电子商务模式和战略重组业务流程。

2.1.3　基于信息技术的架构

从电子商务的定义可以看出，电子商务是指交易当事人或参与人利用计算机技术和网络技术等现代信息技术所进行的各类商务活动，信息技术是电子商务实现的一个必备基础因素。基于信息技术的电子商务架构，不仅指出完整的电子商务体系体现于全面的电子商务应用并需要一定的支撑条件构成的外部环境，而且强调了实现电子商务的技术基础，如图 2-4 所示。

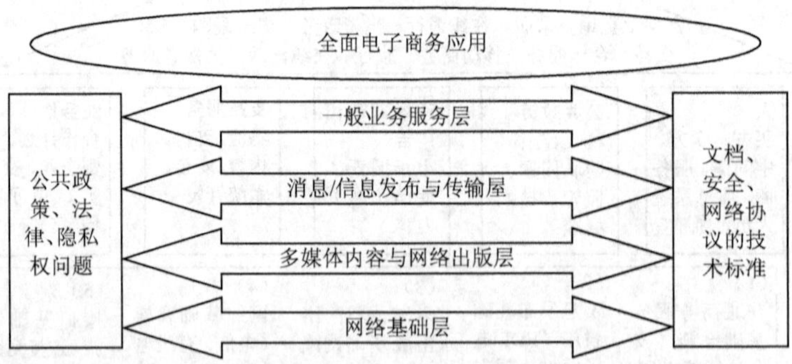

图 2-4　基于信息技术的电子商务架构

从总体上来看，电子商务框架结构由两个支柱和四个层次构成。其中，两个支柱构成电子商务必备的外部支撑条件，是电子商务顺利应用的坚实基础，包括公共政策、法律、隐私等问题及文档、安全、网络协议的技术标准两方面内容。

公共政策与法律法规是电子商务健康发展的基本保障。公共政策是指政府制定的促进电子商务发展的宏观政策，包括互联网络的市场准入管理、内容管理、电信及互联网络收费标准、电子商务的税收政策。法律维系着商务活动的正常运作，对市场的稳定发展起到了很好的制约和规范作用。法律制定的成功与否直接关系到电子商务活动能否顺利开展。电子商务的法律法规涵盖了知识产权保护、电子合同、数字签名、网络犯罪等诸多方面。

技术标准定义了用户接口、传输协议、信息发布标准等技术细节。它是信息发布、传递的基础，是网络信息一致性的保证。为了保证商务活动数据或单证能被不同国家、行业贸易伙伴的计算机识别处理，一定要有数据、格式的一致性约定。我国电子商务技术应用标准包含了四个方面：EDI 标准、商品编码（HS）、通信网络标准和其他相关的标准。如何保障电子商务活动的安全，一直是电子商务能否正常开展的核心问题。作为一个安全的电子商务系统，首先必须有一个安全、可靠的通信网络，以保证交易信息安全、迅速地传递；其次必须保证数据库服务器的绝对安全，防止网络黑客闯入盗取信息防范及计算机病毒。为此必须制定一系列安全标准，如安全套接协议（SSL）、安全 HTTP 协议、安全电子交易协议（SET）等，并采用数字签名和数字认证、防火墙等比较成熟的安全手段。

中间基于信息技术的四个层面，构成了电子商务的基础设施环境，包括网络基础层、多媒体内容与网络出版层、信息/消息发布与传输层、一般业务服务层，依次代表电子商务顺利实施的各级技术及应用层面。

1. 网络基础层

网络基础层是基于信息技术的电子商务框架的底层，是一切内容出版、信息传输、业务服务和各项电子商务应用的物质前提。网络基础层提供了商务信息传输的基本线路设施。网络基础设施包括电信网、有线电视、无线电视和因特网等，这些网络形成高速传输系统，即通常所称的“信息高速公路”。数据信息整合压缩后，可以通过电话线或无线电波来进行传送，主要包括远程通信网（telecom）、有线电视网（cable TV）、无线通信网（wireless）和因特网（Internet）。远程通信网包括公用交换电话网（PSTN）、公用数据网（PDN）、综合业务数据网（ISDN）等；无线通信网包括移动通信系统、微波通信系统和卫星通信系统；因特网上的计算机网络，由主干网、城域网、局域网等层层搭建而成。

应用最为普遍的因特网所包括的主要硬件设备有：数字交换机、路由器（router）、集线器（hub）、调制解调器（modem）、IP 电话设备、有线电视机顶盒（set top box）等。经营计算机网络服务的是 Internet 服务提供商（Internet service provider，ISP），它包括 Internet 的接入服务（Internet access provider，IAP）和平台服务（Internet presence provider，IPP）。

2．多媒体内容与网络出版层

有了网络基础设施，信息就具备了传输的通路，可是信息存在的形式多种多样，有文字有声音还有图像，而机器（以电子计算机为主）只能识别简单的代码语言，怎样使这些信息表现出来呢？这就需要进行各项信息内容的“出版”（publication）。目前，最常用的工具包括超文本置标语言（hypertext markup language，HTML）、Java 语言和万维网（world wide Web，WWW）等。HTML 可以将文本、图形、图像、声音、动画等多媒体项目集中于一体，组织得易于检索和富有表现力并予以发表。Java 是一种功能强大的网络编程语言，能够方便地使这些传播适用于各种网络（如有线、无线、光纤、卫星通信等）、各种设备（如 PC、工作站、各种大中型计算机等）和各种操作系统（如 Windows、Linux、UNIX）。万维网则是信息内容的展示台，是制作产品并将其出版的一个配发中心。

3．消息/信息发布与传输层

具备了基本的传输网络和出版环境，信息就可以进行无障碍传输了。然而，信息的发布、传输形式并不是单一的，不同的场合、不同的要求需要采用不同的方式，这就构成了信息/消息发布与传输层。Internet 上的信息传播工具提供了两种主要的交流方式：一种是非格式化的数据交流，如我们用电子邮件（E-mail）和文件传输服务（file transfer protocol，FTP）来传递消息，它主要是面向人的；另一种是格式化的数据交流，如电子数据交换（electronic data interchange，EDI）系统就是典型代表，它传递和处理信息可以是自动化的，无须人的干涉，也就是面向机器的，商务贸易中的订单、发票、装运单等都比较适合格式化的数据交流。超文本传输协议（HTTP）是 Internet 上通用的消息传播工具，它以统一的显示方式，在多种环境下显示非格式化的多媒体信息。目前，大量的因特网用户在各种终端和操作系统下通过 HTTP 使用统一资源定位器（uniform resource locator，URL）查找所需要的信息。

开展电子商务根本上是为了完成商务目的，而商务活动必须满足原始性、真实性、及时性等要求，因此不仅要保证信息及时传递到达目的地，同时还必须保证信息是原始的，即没有被截留、修改或复制。在信息/消息发布与传输层，信息/消息必须在各种通信设备、介质和网络间畅行无阻并精确流通。

4．一般业务服务层

为了保证交易顺利完成，所有的企业、个人在商务活动中都需要接受一些基本的服务，主要包括安全传输的方法、买卖双方合法性的认证、电子支付工具和商品目录服务等。

Internet 是一个开放的环境，开放扩大了选择集合，同时也增加了受干扰概率。为了保证商务活动的持续进行，必须保证交易安全有效地进行，即保证传递信息的保密性、真实性、完整性和不可抵赖性。进行一笔网上交易时，买方发出一笔电子付款（以电子支票或电子现金形式），并随之发出一个付款通知给卖方，当卖方通过金融机构对这笔付款进行认证并接受，同时发出货物，这笔交易才算完成。为了使在线付款能够成功，并确保相关信息的安全传递，付款服务的基础设施必须建立起完善的认证体系，运用具有加密及身份鉴别的技术方法，为安全电子商务提供服务。目前的做法是采用信息加密技术（非对称密钥加密、对称密钥加密等）、安全认证技术（数字签名、数字证书、CA 认证等）和安全交易协议（SET、SSL 等）提供端到端的安全保障。商品目录服务是将信息妥善组织，使之能方便地增、删、改，并建立标准的商品目录/价格表。目录服务还支持市场调研、咨询服务、商品购买指南等，是电子交易的基础，是客户关系解决方案的一部分。

在两个支撑条件所构成的宏观环境下，基于信息技术的四个层面构筑成了电子商务基础设施环境，为全面电子商务应用提供了有利条件，保证了各类电子商务应用，如在线营销广告、在线购物、电子采购、远程金融服务、供应链管理、企业资源计划、客户关系管理等各种实际的信息系统，以及在此基础上开展企业的知识管理、竞争情报活动。而企业的供应商、经销商、合作伙伴及消费者、政府部门等参与电子互动的主体也是在这个层面上和企业产生各种互动。

电子商务是集信息、技术、服务和商品交易为一体的综合性虚拟市场，其应用的表现形式各不相同，其应用的领域也将不断扩大。应该注意的是，电子商务是政策、科技和商业利益结合在一起的系统工程。“整合”的概念对电子商务十分重要，分析问题时，将电子商务的各方面分解开来，并不意味着电子商务是它们的简单相加。实际中，只有将这些相关方面整合起来，电子商务才能达到应有的效果，才能更好地为社会服务，发挥电子商务的巨大作用。

2.2 电子商务业务流程

2.2.1 电子商务的业务流程概述

业务流程（business process，BP）是为达到特定的目标、组织或个人进行的一系列有序的、逻辑相关的活动的集合。活动的内容、方式、责任等也都必须有明确的安排和界定，以使不同活动在不同岗位角色之间进行转手交接成为可能。

电子商务业务流程（electronic business process，EBP）指通过计算机技术、网络通信技术和信息技术而进行的一系列商务活动的有序集合。对于企业组织而言，电子商务业务流程就是企业输入所需资源，以用户需求为中心，为用户提供满意的产品或服务，从而实现企业目标的一系列电子商务相关活动。

电子商务是以计算机网络平台为基础，在信息技术和计算机相关技术的支持下从事商务活动，尽管与传统的商务不同，面向交易的狭义电子商务业务流程却与传统商务有很多相似之处，也是从寻找和发现用户开始，企业利用计算机网络平台发布和搜索产品、合作、投标等商业信息，然后进行身份认证和产品认证并进行交易。对于用户来讲，整套商务流程都是在一个网站完成，即所谓的“一站式”服务。由于商务运作的环境不同，电子商务业务流程有其自身的特征。

1. 电子商务的一般业务流程

作为商务（交易）活动的特殊形式，电子商务交易也需要经历传统的过程。虽然电子商务可以有不同的类型，包括 B2B、B2C 及 C2C，其具体流程也有一定的差别，但本质是相同的，一般业务流程可以分为四个阶段，如图 2-5 所示。

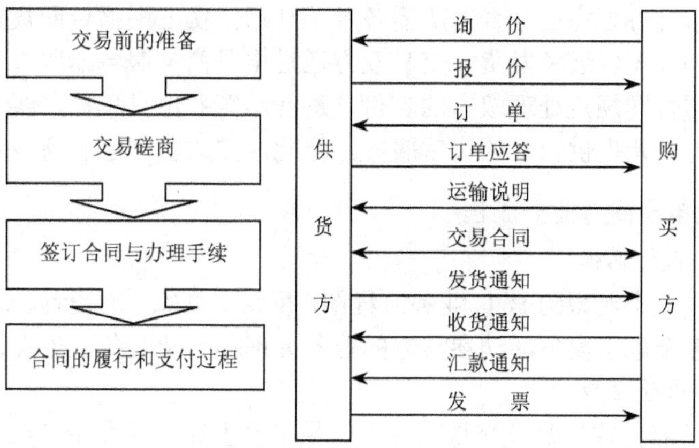

图 2-5　电子商务一般业务流程

1）交易前的准备

这一阶段主要是参加交易各方进行交易前的各项准备活动。买方根据自己的需求制定购买计划，准备资金，利用互联网和各种电子商务网站进行货源市场调查和分析，了解各卖方所在地的贸易政策，寻找自己满意的商品和卖方，确定购买商品的种类、数量、规格、价格、购货地点和交易方式等。卖方根据自己的产品，进行全面的市场调查和市场分析，利用互联网和各种电子商务网站发布产品信息和广告，利用网络上丰富的信息资源了解市场和竞争对手的变化，制定相应的销售策略，扩大贸易范围和市场占有份额。其他参加交易的各方如银行、商检、保险、运输等中介、服务和监管机构为交易的完成提供各种服务，在买卖双方之间起桥梁作用。

2）交易磋商

当产品的买卖双方了解了彼此的供需信息后，具体的产品交易磋商过程就开始了。在传统的技术条件下，交易磋商过程往往都是贸易单证的传递过程，为了以法律文件的形式确定磋商结果以监督双方的执行，双方还必须要以书面形式签订商贸合同。这些文件均反映了商品交易双方的价格意向、营销策略管理要求及详细的商品供需信息，但这种书面传递的方式往往费时费力，特别是在贸易磋商回合较多的情况下更是如此。

在电子商务环境下，整个商业磋商过程可以在网络平台上利用各种信息工具完成。传统的商业磋商中的单证信息交换，在电子商务中演变为记录和文件在网络中的传递过程。买卖双方在交易中的权利和义务，所购产品的种类、数量、价格、交货地点、交货期限、交易方式和运输方式、违约和索赔等合同条款都可以用电子交易合同进行全面详细的规定，而且交易双方都可以通过磋商日志或文件来约束商贸行为和执行磋商结果。

3）签订合同与办理手续

磋商过程完成后，为了以法律文件的形式确定磋商结果以监督双方的执行，可以利用电子数据交换或者数字签名等方式进行签约。各种各样的电子商务系统和专用数据交换协议、数字签名电子安全手段等则保证了网络信息传递的准确性和安全可靠性。在合同开始履行之前买卖双方可能需要和银行、海关系统、商检系统、保险公司、税务系统和运输公司等交易相关各方办理各种手续，利用电子商务网络平台与相关各方进行各种电子票据和电子单证的交换。

4）合同的履行和支付过程

从交易双方办理完履行合同所需各种手续后，卖方根据合同规定备货、组货，将商品交付给运输公司包装和发货，交易双方通过电子商务服务器跟踪发出的货物，银行和金融机构按照合同规定处理双方的支付，进行结算并出具单据，买方收到所购产品后进行签收，卖方开始提供相应的售后服务。至此，完成整个电子商务业务流程。

2．典型电子商务业务流程

1）B2C 业务流程

图 2-6 是一个典型的 B2C 业务流程图，反映了商家、消费者、认证中心、网上银行、物流公司等多个电子商务活动参与方的业务处理环节及业务员处理逻辑过程。

2）B2B 业务流程

B2B 电子商务首先要求交易双方在交易平台上注册并登录，买方根据需求搜索相关产品信息，当找到满意产品时通过交易平台与卖方磋商，当双方达成协议后签订合同，此后进入交货和支付环节，交易结束。图 2-7 是一个简化了参与方的企业间电子商务采购流程。

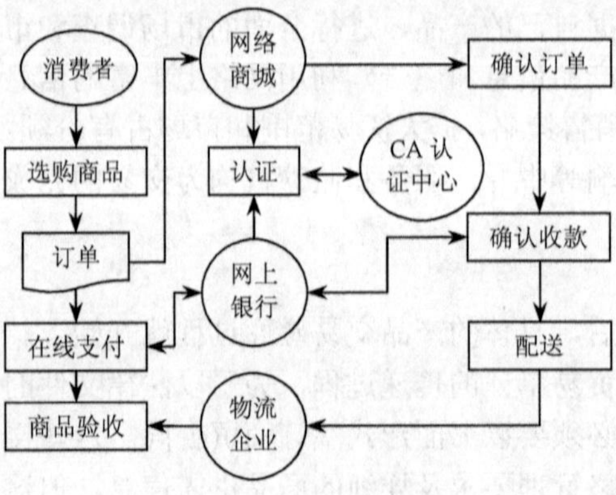

图 2-6　B2C 业务流程

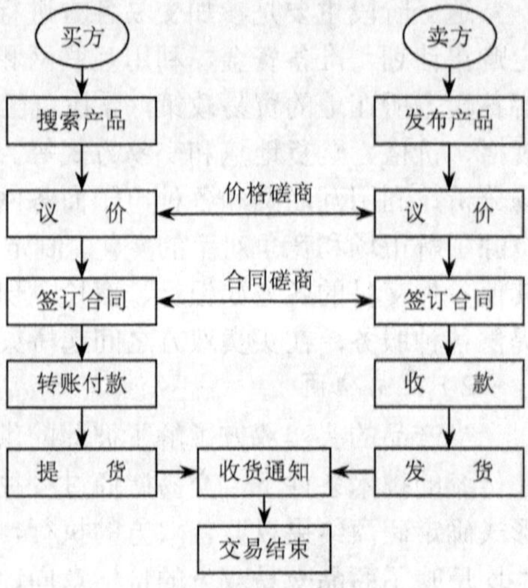

图 2-7　B2B 业务流程

3）C2C 业务流程

C2C 电子商务是指消费者与消费者之间的电子商务，这一类的网站又称拍卖网站。图 2-8 表述了网络拍卖过程中竞拍和拍卖两方的基本活动。

在电子商务时代，电子工具和网络通信技术的应用有效促进了信息流、资金流、物流这三流的有机结合，保证了商流的顺利实现。在电子商务活动中，信息流便捷、快速、实时，客观上要求资金流可靠、安全、准确，物流快速、同步和顺畅。否则，电子商务无法真正实现。可以说，信息流是电子商务的首要标志和特征，资金流是电子商务的实现手段和方式，物流是电子商务的物质基础和完成。成熟完善的电子商务不仅通过快捷便利的信息流来表现，而且需要发达安全的资金流来支持，同时更需要综合可靠的物流来完成。

2.2.2　电子商务的信息流程

一般而言，人们对于信息流的理解主要是指信息发送方与信息接收方之间的交流，主要包括信息的收集、处理、存储、检索、利用及反馈的过程。电子商务信息流是指电子商务信息通过计算机网络途径进行传输的运动过程，是对企业电子商务经营活动状态的直接反映，它包括电子商务信息的产生、搜集、传播、运用和反馈的过程。信息流程贯穿于电子商务交易前的准备、贸易磋商、合同与执行、支付与清算等环节。由于电子商务最基本的特征就是信息在互联网上流动的同时驱动资金流和物流，因此信息流在电子商务的活动过程中占据了主要地位，成为了资金流和物流的先导和基础。

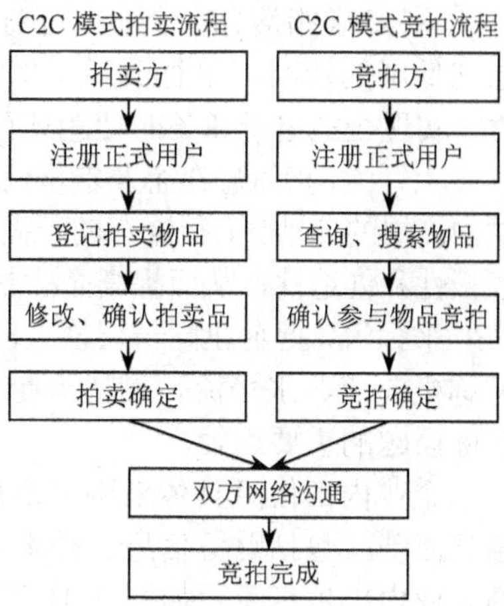

图 2-8　C2C 拍卖业务流程图

1．电子商务信息的特点

① 数字化：在电子商务环境下，各种信息几乎都是依托于计算机技术、网络技术和通信技术以数字的形态在网络上自由流动，其外在的表现形式就是二进制的数字代码。

② 全球化：在电子商务环境中，企业打破了时间和空间的限制，信息通过网络在全球范围内进行高效的流动，使得企业能够共享全球市场。

③ 直接化：通过各种网络技术、通信技术及虚拟技术进行交流，大大减少了信息在企业与用户之间流动的环节，使得信息交流更加直接和准确。

④ 标准化：电子商务的各种数字化信息能够在网络中自由流动的前提条件就是有一套标准技术规范的支持。从目前的实际情况来看，信息的标准化问题成为了制约电子商务发展的瓶颈。

⑤ 透明化：企业电子商务活动中的信息发布、信息检索、交易洽谈、签订协议、支付结算等整个信息流程都在网上公开进行，信息的流动在各个环节的透明度非常高，这就大大减少了信息不对称和信息不完全所带来的各种福利损失。

2．电子商务企业内部信息流程

以网络为基础的电子商务给传统的企业组织形式带来了猛烈的冲击。它打破了传统职能部门依赖于分工与协作完成整个任务的过程，而形成了并行工作的思想。企业的业务单元不再是封闭式的金字塔式层次结构，而是网络状的相互沟通、相互学习的网状结构。原来各业务单元之间的界限被打破，重新组成了直接为客户服务的工作组。工作组直接与市场接轨，以市场的最终效果衡量自己的生产流程的组织状况，以及各组织单元之间协作的程度。这已经发展成为电子商务环境下的一种新的管理模式。

在企业建立了自己的内联网后，企业内的信息流动发生了变化。内联网的建立使得企业的信息流可以在企业的各个部门、各个组织之间自由的流动，形成了一种以数据库为中心的放射流。就信息的传递方向来看，有下行流、上行流和平行流三种，如图 2-9 所示。

下行流，指信息在企业电子商务运作中由高层向低层的流动。下行流对于保持企业的整体性、实现企业电子商务的功能具有决定性作用。

上行流，指信息在企业电子商务运作中由低层向高层的流动。上行流有助于提高企业员工的积极性和创造性，从而提高企业整体运作效率。

平行流，指企业同一层次之间的信息交流，又称横向流、水平流，是协调企业行为、解决实际问题的重要途径。

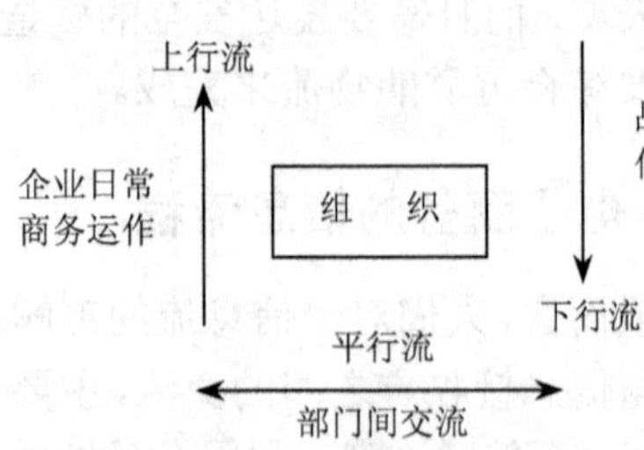

图 2-9　企业内部信息流程

企业内部信息具体来讲主要是指企业在制造产品和提供服务时所涉及的企业内部的信息流动，包括财务信息、技术开发信息、市场信息、销售信息及服务信息等。一般制造企业内部信息流程如图 2-10 所示。

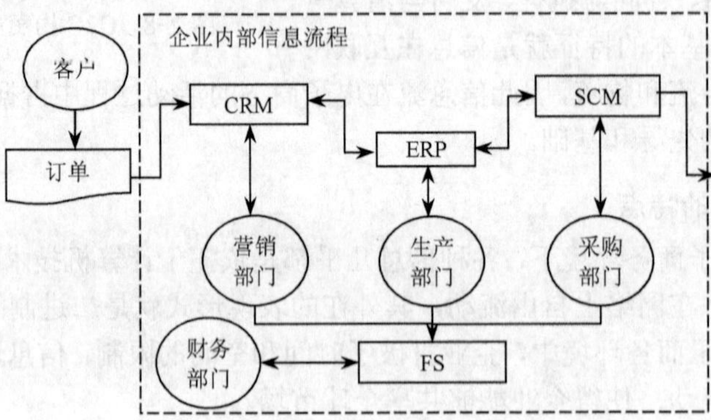

图 2-10　制造企业内部信息流程

3. 电子商务外部信息流程

传统的信息流管理系统主要关注企业内部的信息流，而忽略了外部信息流对于企业的影响。随着电子商务时代的来临，企业外部信息流成为企业信息流重要组成部分。对企业电子商务有较大影响的外部信息流主要有以下三个方面：

1）合作信息流

合作信息流主要是指企业与企业之间信息的交流和沟通。随着全球经济的不断发展，企业的竞争格局发生了根本的变化，已经从单个企业的竞争发展成为整个供应链的竞争，越来越多的企业关注通过电子商务加强与战略合作伙伴的信息共享，主要的信息流程如图 2-11 所示。

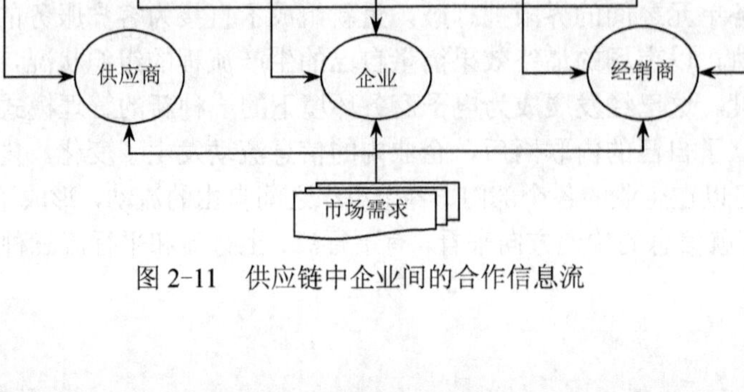

图 2-11　供应链中企业间的合作信息流

EDI 是合作信息流的方式之一。它是建立在完善的计算机处理和通信网络基础之上，不仅能够实现标准数据从一个计算机系统到另一个计算机系统的传输，而且其系统内部的计算机能够对所传输的信息进行自动识别和处理，无须人工干预。但是，EDI 系统的构建需要各合作伙伴投入大量的人力、物力和财力，这对许多中小型企业来说是可望而不可即的。

Internet 的迅猛发展使得企业构建外联网也可以实现与合作伙伴的信息交流。而且企业由于构建外联网的成本低、效率高，外联网已经成为企业电子商务合作信息流的主流载体。

2）客户信息流

在以客户为中心的电子商务时代，任何企业都应十分重视疏通与客户的联系渠道，加强与客户的信息沟通。因此，客户信息流是企业电子商务外部信息流的重要组成部分，如图 2-12 所示。目前客户信息流主要有三个层次：通过 Internet 进行网上检索、导购和促销，这种信息流一般是单向的，实质上完成的是广告功能；信息流伴随着资金流，并有物流的支持，实现企业与客户之间直接通过网络完成营销的全过程；跟踪客户与客户保持良性接触关系。

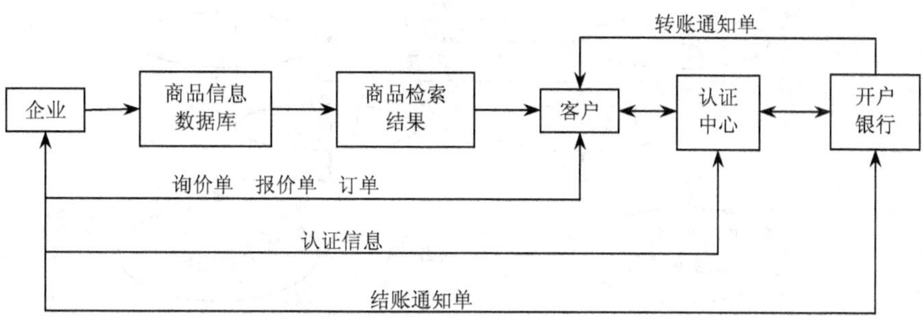

图 2-12　企业与客户之间的信息流

电子商务交易除了商家到消费者的直销模式，还有通过网络商品交易中心（即虚拟网络市场）进行商品交易的模式。目前，网络中介交易市场主要有三种类型，即专门为企业间提供交易场所的 B2B 中心、为企业与消费者提供交易场所的商务网站和消费者与消费者之间进行交易的拍卖（C2C）网站。在这些交易过程中，信息流主要通过中介服务网站——第三方信息平台传递，消费者同供货方并没有直接联系，因此具有不同的特点，如图 2-13 所示。

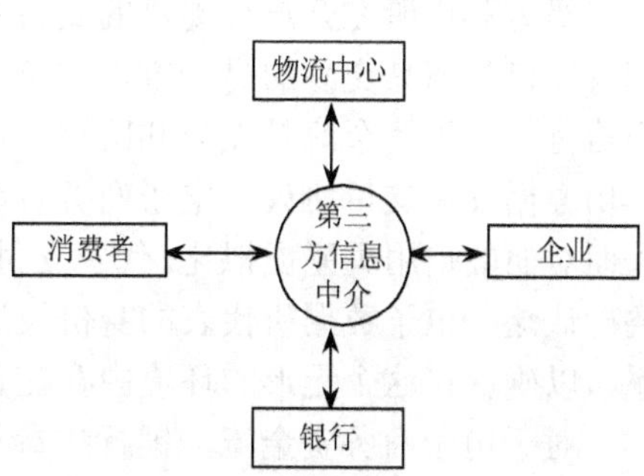

图 2-13　包含第三方信息中介的信息流程

在包含第三方信息中介的交易过程中，消费者、企业、物流中心和银行均通过第三方信息中介发生信息交互，信息流程大大简化。第三方信息中介在电子商务中发挥了越来越重要的作用。

3）竞争信息流

竞争信息流主要包括竞争者信息流和竞争环境信息流两部分。一方面，技术的融合使得原来功能单一的产品集成化，行业之间的服务界限趋于模糊，从而使企业所面临的竞争对手模糊、不确定；另一方面，经济的全球化和网络化使得企业的运作不再受到时空的限制，企业总是面临来自全球的竞争，所以企业面临来自竞争对手的威胁系数在不断增加。因此，企业应时刻关注竞争对手，弄清谁是直接竞争对手，谁是间接竞争对手，并且对竞争对手进行信息跟踪和分析研究，制定出适时的电子商务竞争战略。

2.2.3 电子商务的资金流程

资金流是电子商务的关键环节，也是电子商务得以顺利发展的基础条件。没有符合要求的电子支付流程和手段，电子商务就无法实现网上交易。现在网上支付系统由于其支付网络的开放性、支付参与者的广泛性、支付业务的复杂性等特性，比传统支付系统显得更为复杂。电子商务的资金流系统应该是融购物流程、支付工具、安全技术、认证体系、信用体系及现在的金融体系为一体的综合大系统。电子商务的资金基本流程如图 2-14 所示。

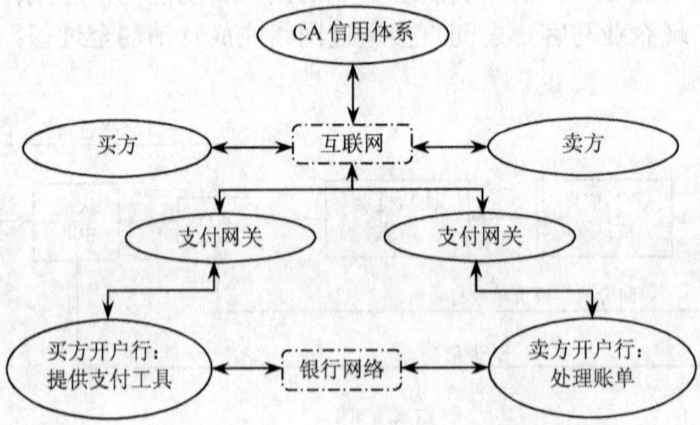

图 2-14 电子商务资金基本流程图

买方利用所在开户行提供的支付工具发起支付，是支付体系运作的起点。卖方则是拥有债权的商品交易的另一方，它可以根据买方发起的支付指令向金融体系请求获取货币给付。由于资金流是在公共网络上进行传输，必须采取先进可行的安全技术，各个主体均遵循安全支付协议。电子商务资金流将支付工具、支付过程无形化的同时，也将原来面对面的信用关系虚拟化。代表支付结算关系的参与者仅仅是网络中的某些电子数据，要确认这些电子数据所代表的身份及这些身份的真实有效性，这就需要建立 CA 认证体系，以确保在这个无形的环境中存在真实的信用体系，这是网上支付得以进行的基石。

对于电子商务资金流，银行的参与是必需的，网上支付体系必须借助银行的支付工具、支付体系及金融专用网才能得以最终实现。开户行是指交易方在其中拥有账户的银行，开户行在为交易方提供支付工具的同时提供银行信用。支付网关是公用网和金融专用网之间的接口，支付信息必须通过支付网关才能进入银行支付系统，进而完成支付的授权和获取。支付网关的建设关系到支付结算的安全及银行自身的安全。金融专用网则是银行内部及银行之间进行通信的网络，具有较高的安全性，包括中国国家现代化支付系统、人民银行电子联行系统、工商银行电子汇兑系统、银行卡授权系统等。

2.2.4 电子商务的商品流程

电子商务发展初期，人们对于电子商务过程的认识往往只是局限于信息流、资金流的电子化、网络化，而忽略了实物商品流的电子化过程。随着电子商务的进一步推广和应用，物流的重要性对于涉及实体商品的电子商务活动的影响日益明显。

电子商务的商品流程是信息化、现代化、社会化和多层次的物流系统。该系统主要针对电子商务企业的需求，采用网络化的计算机技术和现代化的硬件设备、软件系统及先进的管理手段，严格地进行一系列分类、编配、整理、分工和配货等理货工作，定时、定点、定量地交给没有范围限制的各类用户，满足其对于商品的需求，基本流程如图 2-15 所示。

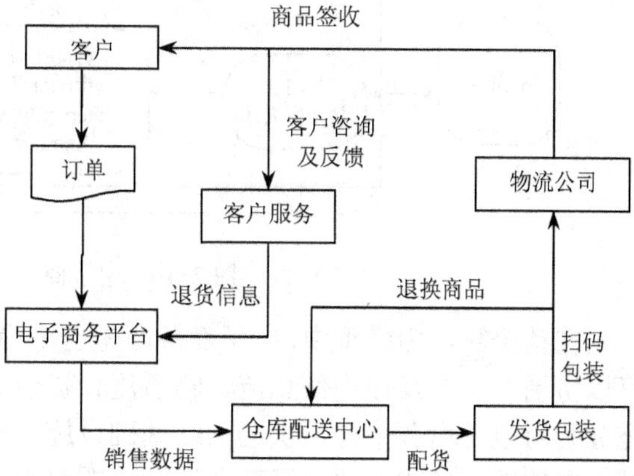

图 2-15　电子商务商品基本流程

现代社会用户对于商品的需求已不仅仅只满足于其使用价值本身，优质的服务已经成为必然的要求。通过新型的电子商务物流系统，可以使传统的商品流通环节中的物流和配送方式更容易信息化、自动化、社会化、智能化、合理化和简单化，在降低库存成本的同时提高物流的效率，加速资金的周转，使企业在更低的成本下完成高效的商品营销。

配送中心依据销售订单进行配货，配货结束在配货单上签字确认后交给发货包装中心。发货包装中心接到配货中心交给的物品后依据销售订单号在 ERP 系统上进行扫描，扫描时核对销售单的数量和尺码大小，如有差异通知配送中心进行更改。打印一式五联发货单据，在发货单据上签字确认连同发票一起装箱，之后交给物流公司，物流公司人员进行交接并按照要求将商品送达客户并交由客户签收。

客户需要的物品发货后应由专门的客服人员确认客户是否收到货品，反馈客户所提出的疑问、建议、投拆及退换货信息，并将信息记录到数据库。配送中心依据退换货数据接收物流公司送回的客户退换货物品。

2.3　电子商务基本范式

本节从社会化大生产的视角建立了电子商务的总体范式，并分别介绍了生产领域、流通领域和消费领域的电子商务范式。

2.3.1　电子商务的总体范式

电子商务是一种新兴且强大的生产力，其快捷的交易速度、便捷的交易方式、广阔的交易范围和低廉的交易成本引起了企业的广泛关注，帮助企业实现了产供销一体化，从而能够快速响应市场变化，提升企业核心竞争力。电子商务的生产力特征主要表现在三个方面：首先，电子商务是一种以信息技术和互联网络为应用基础的新的商业模式，因此在电子商务中强调充分利用 Internet、Intranet 和 Extranet 等高效率、低成本的劳动工具。其次，电子商务是一个社会系统，它的中心必然是人。电子工具的系统化应用也只能是人，电子商务中的劳动者是能够掌握信息技术使用技能和现代商务技能的复合型人才。再次，劳动对象已不再是传统商务中的实物商品、纸介质资料文档等，而是虚拟化的商品信息，对信息化商品的采集、储存、加工、传输等。根据电子商务的生产力特征，从深层次的生产力含义出发，得到电子商务的生产力模型，如图 2-16 所示。

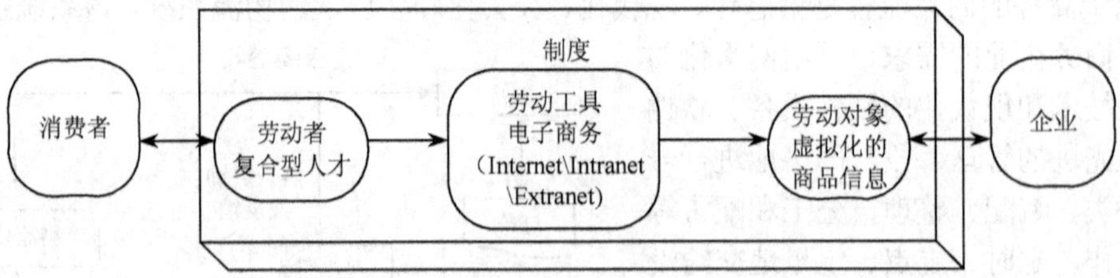

图 2-16　电子商务的生产力模型

在整个生产力模型中，电子商务即是一个为企业和消费者提供网上交易洽谈的平台，可以协调、整合及促进信息流、物质流、资金流有序、关联及高效流动。企业、商家可充分利用电子商务平台提供的网络基础设施、支付平台、安全平台、管理平台等共享资源，有效地、低成本地开展商业活动，在整个过程中同时要受到相关制度的约束。从电子商务的生产力模型中可以看出：

1）电子商务是先进的生产力

电子商务的三个生产力因素：劳动工具、劳动对象和劳动者，它们各自的内涵在新的经济环境下已经发生了质的变化，代表了先进的生产力。

2）电子商务的核心是商务

任何一个企业的核心都是商务，不管是传统商务还是电子商务，其本质是营销，电子商务的本质就是网络营销，营销的核心是如何扩大销售和降低购销成本。在电子商务的生产力模型中，电子商务处于企业和消费者之间，企业通过电子商务来扩大销售和降低成本，其本质是交易，是商务的实现。

3）电子商务实践主张消费者主权

电子商务的本质是充分挖掘消费者的现实需求及潜在需求,企业通过运用这种先进的生产力来满足消费者日益增长的需求。在电子商务的应用过程中，必须以消费者为主体，以消费者的需求为导向，运用先进的工具快速、准确地满足消费者的需求。

电子商务作为一种先进生产力，渗透到社会化大生产的生产、流通和消费环境中。电子商务围绕这三个环节展开，形成了以生产环节、流通环节和消费环节为主体的网络，这个网络能够为商家、消费者和政府等主体提供快速、有效的通信和交流平台，呈现出电子商务总体范式，如图 2-17 所示。

在图 2-17 中，整个电子商务网络的组织方式随着规模大小和延伸范围可以分为三种：近距离的局域网、中等距离的城域网、远距离的广域网。若干商品生产局域网连接起来，就构成了商品生产城域网；若干商品生产城域网连接起来，就构成了更大范围的商品生产广域网，流通和消费环节中的电子商务网络亦是如此，也就是说，社会化大生产的各环节可以利用任意一种组网方式来开展电子商务。与此同时，还需要有金融支持机构和宏观调控机构形成的商业银行广域网和检测调控广域网来保障各环节目标的顺利实现。社会化大生产各领域通过各环节的不同网络、相关机构网络间的相互连接，把网络各要素与商务活动各环节结合起来，形成畅通的信息网络，充分实现数据交换、支付结算和商品配送等功能。

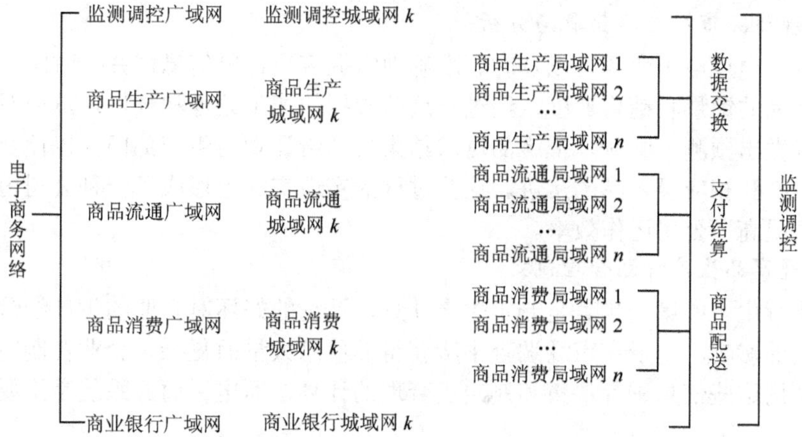

图 2-17　电子商务总体范式

由于商品的生产、流通和消费阶段各自具备自身的特点，因此处于不同阶段的电子商务运作模式也会有所不同。下面分别对生产领域的电子商务范式、流通领域的电子商务范式和消费领域的电子商务范式进行介绍。

2.3.2　生产领域的电子商务范式

商品生产网是电子商务在生产领域中应用的表现。企业在进行商品的生产过程中，都要完成大量的商务活动。企业要通过以商品生产为中心的商品经济活动，形成高效、合理的商品生产网，才能获得相应的经济效益。在整个商品生产网中，企业通过应用电子商务，实现从商品市场咨询、生产合同签订、原材料采购到产成品销售的全过程的电子化，从而形成了生产领域的电子商务范式，如图 2-18 所示。

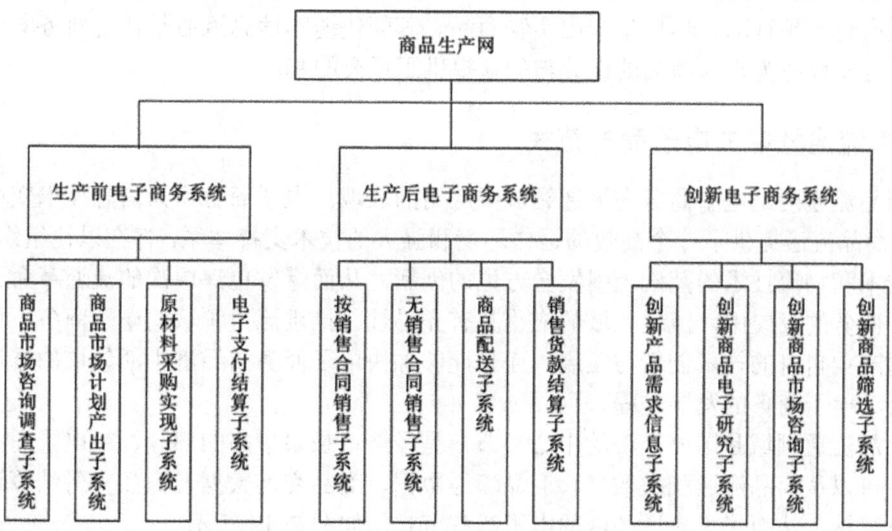

图 2-18　生产领域的电子商务范式

生产领域的电子商务范式体现了商品生产网的功能，主要包括以下几个方面：

1）实现商品市场信息获取与分析

生产企业通过电子商务可以及时、准确地掌握客户订单信息，并按时间、地点、客户统计出产品的销量和销售速度，经过对这些数据的加工处理和分析，从而对市场前景和产品需求做出预测，同时，把产品需求结果反馈给计划与生产部门，以便及早安排某种产品的生产和相应投入品的购进。这些过程的实现实际上形成了一种公司内部的协同作业，大大提高了公司运作效率。

2）实现商品生产计划合理制定

企业进行生产的第一步就是制定生产计划，计划的好坏对企业的生产经营有着最为直接和重大的影响。由于在市场调查中所获得的信息大量而复杂，企业在制定生产计划时要充分利用这些信息进行决策和制定出合理的计划，而电子商务系统是重要的决策工具之一。

3）实现企业电子化采购

电子商务可以帮助企业的采购行为实现电子化、信息化和无纸化。通过上网查询点击，企业可以轻松地找到原材料的生产商和供应商，供需双方可以通过在线联系和在线交易完成采购，避免经过中间流通环节出现的问题，也节省了企业的采购成本，提高了整个采购环节的服务效率。

4）实现产成品的电子销售

电子商务有助于优化企业产品销售。企业可通过网上广告、网上订货、网上交易及电子支付等手段，大大地突破传统商品销售范围和消费者群体的限制。生产企业通过电子商务直接交易避开了某些传统的商品流通环境，因而更加直接、高效和自由化。

5）实现未来商品的电子设计与创新

当生产企业获得了市场的未来需求信息后，可以利用电子工具先行进行未来商品的研制，然后向采购商进行宣传，或者通过电子商务向社会进行宣传，如果市场反响热烈，即可采取进一步行动，尽快生产出实物商品。其间快速的信息流通是传统商务所无法实现的，电子商务为未来商品的设计与创新提供了重要的基础。

2.3.3 流通领域的电子商务范式

商品流通网是电子商务在流通领域中应用的表现。电子商务作为信息技术变革的产物，为商品流通提供了一个高效的运作环境和强大的技术支持体系，将在以往组织技术、营销技术和物流技术的基础上引发全方位的创新，从而爆发更深层次的流通革命。在整个电子商务的发展中，流通领域的应用具有先导性。推进流通领域的电子商务不仅有助于流通产业自身的技术创新与发展，而且能够加快电子商务向经济生活领域的渗透和扩散，带动电子商务的发展进程。

商品流通领域是国民经济的中心环节，是经济增长率最高的部分，对电子商务的需求目标可以从商品流通相关数据、商品流通数据、商品交换数据及商品支付结算这四个方面来表达，从而形成流通领域的电子商务范式，如图 2-19 所示。

流通领域的电子商务范式体现了商品流通网的功能，主要包括以下几个方面：

1）商品流通相关数据子系统

政策法规、商品检验、生产能力计划、需求统计及新产品市场预测是和商品流通相关数据系统密切相关的几个方面。通过企业信息化建设，利用管理信息系统可以实现对企业日常生产运作的自动化管理。MRP、ERP 等信息化软件的运用可以实现企业根据生产能力和市场需求进行合理的安排生产活动。

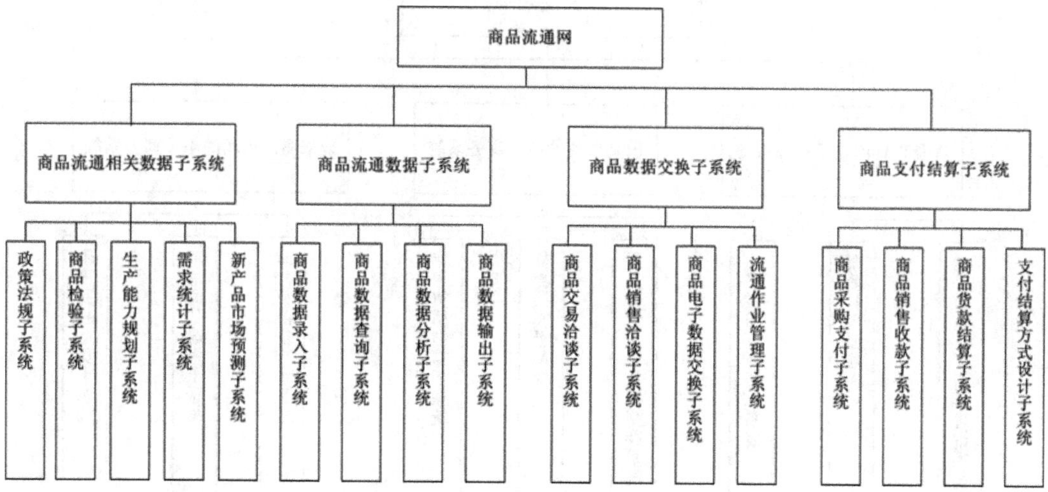

图 2-19　流通领域的电子商务范式

2）商品流通数据子系统

商品流通数据子系统包括商品数据录入、查询、统计、分析和输出。数据录入、查询和输出是商品流通数据系统最基本的功能。市场状况瞬息万变，商品流通数据系统必须能够对市场动态信息进行实时跟踪统计，并对收集到的信息进行实时分析处理，为企业管理层提供决策支持。

3）商品数据交换子系统

商品数据交换子系统用于企业不同安全级别的网络之间进行安全采集、传输数据问题，同时提供多种数据库、文件的采集和交换，能够满足多种应用场景需求的一套成熟的解决方案。

4）商品支付结算子系统

商品支付结算子系统具有方便、快捷、高效、经济的优势，它可以根据不同的客户需求提供不同的结算方式。随着网上银行的兴起和发展，我国的商品支付结算体系建设已经初具规模，人们的消费观念随之改变，越来越多的人选择网上银行进行转账支付来完成交易。

2.3.4　消费领域的电子商务范式

商品生产、流通最终是为消费者服务的，如果没有消费者的认可和购买，商品生产和流通就失去了目标和意义。企业利用互联网络等为消费者提供商品或服务，这种购物方式的最大特征为消费者主导性，购物意愿掌握在消费者手中。从消费者的角度来看，理想的局面应该是因时、因地适度消费，从时间上来看，就是需要时才购买，过时则出卖。消费者市场因此可以分为现货消费市场、旧货消费市场和未来商品消费市场。而电子商务可以充分利用自身优势面向三个市场在消费领域发挥重要作用。电子商务首先可以实现对现货市场的模拟、虚拟，实现现货交易；其次可以进入旧货市场，实现信息化全天候旧货市场经销；最后可以实现新商品市场模拟，对新产品的开发起到积极的引导作用。因此，消费领域的电子商务范式如图 2-20 所示。

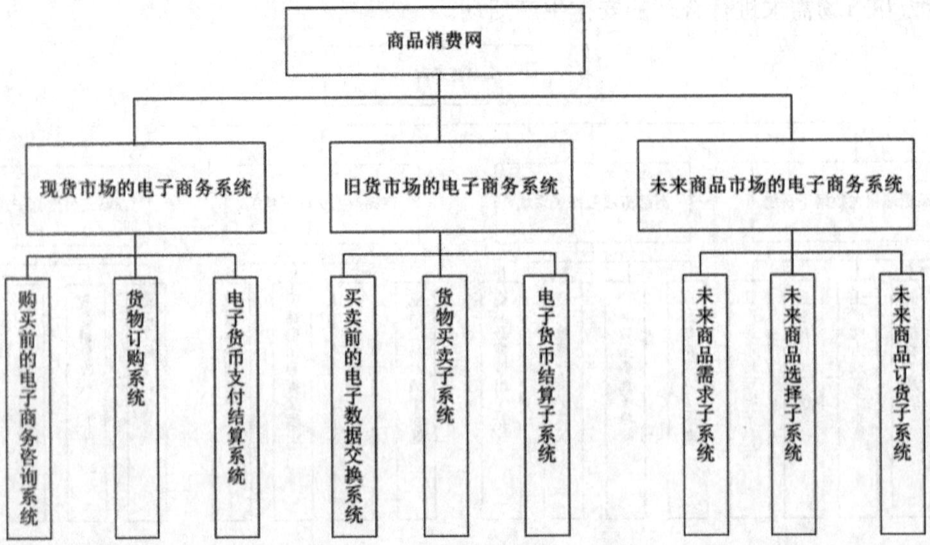

图 2-20　消费领域的电子商务范式

1）现货消费市场

电子商务市场天生就是大市场、大贸易、大流通的产物，它要求统一、开放、竞争和有序的环境，而不是条块分割、地方分割和各自独立的市场。它必须在统一标准、统一规范的条件下进行公开、公平的交易，才能真正起到电子商务的作用。而现有的现货市场几乎都是互相隔离的，其所有制和经营方式各不相同，主观和客观上都对电子商务活动的开展形成了障碍。需要冲破这些障碍，让企业选择接入网络，从而打破现货市场条块分割的局面，形成电子化的统一大市场。

2）旧货消费市场

由于地理位置、交通条件和商品定价等多种原因使得旧货市场的建设和发展受到许多限制，因此要提高旧货流通的电子商务应用水平，积极发展网上服务平台与实体店面相结合的经营模式，引导电子商务平台开展旧货交易服务，规范和促进网上销售，促进居民便利消费，推动旧货市场物流配送专业化、信息化、网络化发展，引导有实力的企业参与旧货物流服务。

3）未来商品消费市场

在信息时代，借助电子商务组建未来需求市场是可行的。“未来商品”的理念激发了消费者的主观能动性，懂得自己就是商品生产设计者的道理，积极参与对未来商品的建设活动并主动关心未来商品生产。首先，消费者将自己对未来商品的需求方便地传递给未来市场信息库或未来商品市场，而不受具体物理条件的约束。然后，着眼于未来商品的企业可以从需求信息库中获取未来商品信息，筛选有用的信息并构造商品模型，将其结果返回未来商品信息库中。通过消费者评议、政府和管理部门的监测之后，企业确定最终商品需求并组织生产。未来商品消费市场是典型的以消费者为导向的市场。如上所述，未来商品市场的电子商务系统应包括需求、选择和订货三个方面。

本章小结

电子商务是“电子”和“商务”的有机结合，即电子商务是指交易当事人或参与人利用计算机技术和网络技术等现代信息技术所进行的各类商务活动。本章从电子商务活动的本质出发，介绍了电子商务架构、电子商务流程和电子商务基本范式。第一节从宏观上探讨电子商务的架构，首先通过考察电子商务活动中的经济要素，建立了电子商务的一般架构；然后从基于经济管理和基于信息技术的视角分别探讨了电子商务架构，对全方位理解电子商务具有重要的意义。第二节介绍电子商务流程，基于微观的视角考察电子商务活动的具体流程，并以电子商务活动中最基础的要素为依据，将其细化为信息流程、资金流程和商品流程，深入剖析有别于传统商务活动的电子商务交易活动。第三节引入电子商务的生产力模型，将电子商务置于社会化大生产领域，建立电子商务的总体范式并分别介绍生产领域、流通领域和消费领域的电子商务范式。

本章习题

1. 从“流”的角度简述电子商务的一般架构。
2. 从经济管理和信息技术的角度分别描述电子商务的架构，并分析其异同。
3. 结合具体事例，谈谈你的一次电子商务体验流程，并从信息流、资金流和商品流三个角度深入分析。
4. 为什么说“电子商务是新的先进生产力”？它在社会化大生产中是如何组织的？
5. 分别谈谈生产领域、流通领域和消费领域的电子商务范式。这三个领域是互相独立还是相互联系的呢？

第3章 电子商务法规

引例 淘宝“十月围城”：“蚂蚁”PK“大象”电子商务转型阵痛

2011年10月17日下午，杭州，阿里巴巴B2B总部七层，“光明顶”会议室。

阿里巴巴集团董事局主席马云的脸上，还有些疲惫，声音则有些沙哑：“有点时差”。

当天上午11点多，马云才走下从美国返回的飞机，这已是他今年第二次从美国匆匆返回。

在媒体沟通会上，马云再次坚称“原则绝不退让”，但他同时也坦言，在新规的沟通方法和方式上存在问题，需要全面反思。

当日，针对中小卖家对淘宝商城新规的争议，淘宝商城调整了新规的执行办法，并宣布阿里巴巴将投入18亿元扶持淘宝商城卖家。

而同时，在“反淘宝联盟”聚集的YY语音频道上，仍有部分卖家聚集，发表观点，继续抗议。

1．新规“惹祸”，小卖家“逼宫”淘宝

这场备受关注的“围攻”事件始自10月11日。

当天晚上，韩都衣舍、欧莎、七格格、优衣库等淘宝商城的大卖家，突然发现自家店里涌进了成百上千的“买家”。

“买家”们迅速拍下商品，付款或选择“货到付款”。商家还没来得及高兴销量大增，就发现刚刚付款的“亲”已经在“申请退款”了，同时，在评价区则出现了大量0或1分的差评，商家的信用被大幅拉低，而退货率则直线上升，正常的生意几乎无法进行。此后几天，事态持续蔓延，参与这种“购买”行为的队伍和被攻击的商家都在持续扩大。

淘宝商城数据显示，截至10月15日，共有112名商家受到恶拍攻击。10月11日—15日，与正常情况下相比，淘宝商城每日交易额从1 900多万飙升至4 869万元，但支付宝付款率则从56%猛降至0.8%，退款加投诉从7%锐升至96%。

10月10日，淘宝商城推出的2012年度商家招商续签及规则调整公告，被认为是这次攻击的“导火索”。按照这份公告，从2012年起，淘宝商城进驻商家的技术服务年费将从以往的6 000元提高至3万元和6万元两个档次，当年销售额达到36万元～120万元时（数额因销售品类不同而不同），这部分费用将予以返还；商家的违约保证金数额也全线提高，由以往的1万元涨至5万元、10万元、15万元不等（冻结在支付宝中，如商家达到一定程度的违约行为，将扣除部分保证金，用以对消费者进行先行赔付）。

公告显示缴费截止时间为2011年12月26日，也就是说，进驻淘宝商城的所有商家须在年底前拿出比以往多10多万元的资金。

在有些小卖家看来，这是相当难以承受的。有卖家表示，一次性沉淀10多万元的资金，会极大影响资金流动。有卖家则表示提价是“突然行为”，他们根本来不及筹备资金。

有小卖家更直言这是一种“过河拆桥”的行为，“淘宝商城刚创立时靠大量小卖家抬高了人气和销售额，现在又要提高资金门槛把我们排挤出去，这种行为无法容忍。”

“没想到出来后引起这么大的反响。不看规则的全貌，就来攻击我们，我们觉得很委屈。”淘宝商城总裁Z说，“年费是否涨了，商家的经营成本是否提高了，根据设计的返还政策，最后还看商家自己。”

以服装商家为例，淘宝商城给出了返还全部服务年费的标准：服务能力达到4.6分，

年度交易额达到 120 万元。在 Z 看来，对于一个企业化运作的商家来说，这些都是最基本的标准。

不过，一些小卖家并不认可这一说法，在他们看来，淘宝商城所给出经营规模额度，并不容易达到。

易观国际分析师 C 表示，每次淘宝修改规则都会引起震荡，而近年来利益的受害者一直都是中小卖家。这次规则变化，应当看做淘宝放弃中小卖家，集中优势资源哺育大卖家的开始。

12 日，淘宝商城给出了解决方案：淘宝网将为刚开始创业的诚信商家提供“淘宝商城店铺一键转移淘宝网”功能，保留历史交易记录和信用记录。

不过，争端并未停止。在“反淘宝联盟”聚集的 YY 语音频道 34158 中，聚集人数一路高涨至 5 万多人，被攻击的店铺也不断增加，“聚划算”、“直通车”等也被列为攻击目标。

在事件的演进中，商务部的介入也引起了各方些许心理的变化。15 日，商务部网站发布消息，称希望淘宝商城采取积极行动回应中小商户合理要求，同时也强调相关企业和个人必须循合法途径表达诉求。

此后，16 日凌晨“反淘宝联盟”暂停部分活动。

2. 商城“不妥协”，但调整新规执行办法

“我在自己的手上写了四五个‘忍’字，提醒自己：要忍住，别发脾气。”在 17 日沟通会发言的一开头，马云就这么说。

“我最难过的是这个礼拜。”马云说，自己“在飞机上听到一首歌：伤害你最深的人，往往是你最爱的人”。

“攻击者中有一些是别有用心的人。”Z 介绍说，通过技术定位及筛选，此次参与恶拍事件的人员总数为 5 599，仅占聚众人群总数的 11%。此外，在此次聚众管理人员中，已有 17 人的身份确认，其中近半在淘宝商城并没有店铺，而在淘宝商城上有店的都曾因为售假等各种违规行为被商城处罚过。

马云表示：商家闹事也是不无道理的，我们的想法是对的，但方法可能需要更加完善，要对方式方法的不足，进行全面反思。

作为“反思”的结果，淘宝商城宣布了对商家的扶持措施，包括年费、保证金、贷款担保、增加投入、转入淘宝经营等。

对于淘宝商城借此赶出小卖家的说法，Z 强调“绝没有意思通过新规赶人走”。马云说，经过测算，真正受到新规影响的是 5 万多商家的 5%，约有 2 500 家，而其中真正参与攻击的商家约有 400 家。“这 12 年来，阿里巴巴的发展与中国小企业的发展荣辱与共，我深以为傲。”

在 Z 看来，这次事件源于对淘宝商城和淘宝网（C2C）这两个品牌的定位发生了一些混淆。“淘宝网从来都是创业者的乐园，永远都是中小卖家从无到有的乐园。而淘宝商城在阿里巴巴集团的定位上，从开始就是一个 B2C 平台，商城必须是一个真正的企业化经营的场所。”

对于改规则是为了上市 IPO 的说法，马云也明确表示：“今年明年都不会上市，淘宝商城绝不会单独上市。”

随着淘宝商城 17 日宣布的扶持措施，事态有一定的平息，但并未彻底停息。从 18 日夜间的情况看，“反淘宝联盟”所在的 YY 语音频道还聚集了 1 万人左右。

部分小卖家表示理解。有卖家说，到了这个时候，大家都退一步才是合理的方式。也有卖家表示，合理的涨价我们都能接受，请给我们一些时间来缓冲。但仍有一些卖家表示这是缓兵之计，要发动微博等坚持下来。

还有卖家表示，倡导推行广泛且真实有效的听证制度，建立由电商平台、网商与政府职能部门三方共同参与的行业定价机制。

中国社会科学院信息化研究中心秘书长 J 评价说，从目前看来，问题正在向着解决的方向发展。但是从长远看来，问题并未根本解决，只有为小微企业推出适合其发展的政策和模式，才能真正推动小微企业的发展。

3．折射中国电子商务发展转型之“痛”

在相关专家看来，此次淘宝商城新规事件折射出中国电子商务的转型之痛。

中国电子商务已走过了十多年的历程，保持着持续增长态势。截至 2010 年底，我国 B2B 企业已达 9 200 家，B2C 与其他电商模式企业数已达 15 800 家，而个人网店已达到 1 350 万家。

中国电子商务市场持续增长，截至 2010 年底市场交易额已逾 4.5 万亿元。据预测，到 2015 年，电子商务平台的交易规模将增长 5～10 倍。

J 认为，如果将来大小企业、商户能在电商平台各行其道，找到适合自己发展的商业模式，“那么这次‘小卖家’围攻‘大卖家’就是我国电子商务领域转型的‘阵痛’”。

“小微企业、商户也应转变观念。”J 说，拒绝转型，对小微企业的长远发展是不利的。“因小而美”才是小微企业最合适的路。

淘宝“伤城”似乎在一定程度上给其他竞争者提供了机会，各家纷纷开始了“抢商”行动，向中小卖家抛出橄榄枝。

QQ 商城就在首页上挂出了“QQ 商城招商火热进行中”的标识，并将“具有其他电商平台运营经验的优秀商户”列为可以申请绿色通道快速流程的商家条件，并表示将提供过亿元的营销资源支持。

14 日，当当网在微博上承诺，短期内不会提高平台商家的收费标准。品聚网进行的全国招商会，也打出了“救市电商平台，愿为中小电商投入一切”的旗号。

在大成律师事务所合伙人 W 律师看来，淘宝商城新规的修改，从商业战略来讲有其合理性，但作为占有市场优势地位的平台商，在出台规定时，也应关注和平衡各方利益。

对于小卖家的攻击行为，W 表示，从法律上讲这是不妥的，对第三方的攻击及诋毁导致其受损，需承担民事责任。此外，由于还带有一定的组织性，所以也不排除触犯刑法的可能性。

W 分析，正常沟通渠道和救济措施的失位、迟缓及对于当下法治环境的不信任，也是造成此次小卖家攻击事件的原因之一。

当然，此次事件也暴露了网购领域相关法律法规的缺失。W 表示，目前，我国有关网购的规范，多是双方约定，强制性的很少。

相关专家表示，无论是平台商，还是卖家，以及相关政府管理部门，都应从此次事件中吸取教训，积累经验，避免类似事件的再度发生。利益各方相互尊重，应该是第一步。

18 日晚，有管理员在回答“是否要继续搞活动”的提问时，明确表示：暂时不搞活动，要走正规的渠道，跟淘宝对话，不能再用激烈的方式，否则大家会更说我们是暴民。

讨论：请补充完整“十月围城”事件的前因后果及其他相关情节信息。请问从经济、管理、技术的视角，该事件反映了电子商务哪些特性？特别地，该事件暴露了哪些深刻的法律问题？该事件对于中国电子商务的发展有什么影响？

3.1 电子商务法概述

首先在这一部分介绍一些电子商务法的基本理论，以方便大家从整体上把握电子商务法规。

3.1.1 电子商务法的内涵和作用

电子商务法是调整电子商务交易及其引发的相关问题的法律规范的总和。它调整电子商务活动中所产生的社会关系，或者说调整电子商务交易及其形成的商事法律关系。电子商务应当遵循传统商业的一般规则。电子商务法主要研究商业行为在因特网环境下的特殊问题。

具体说，电子商务法是调整电子商务交易中涉及的买卖双方的关系，还有为买卖双方交易提供中介服务的可能存在的第三方交易平台企业、提供支付结算服务的银行、提供物流服务的物流企业、对于电子商务进行宏观调控与监管的政府等这些所有主体之间的关系的。这些主体之间的关系，主要还是靠传统的民法、商法、经济法、行政法、刑法来调整。当出现这些传统法律调整不了的特殊问题的时候，就需要修改、补充传统法律，或者制定新的法律。

电子商务法总体上属于私法范畴，又包含一些具有行政管理性质的规范，具有公法与私法相结合的性质。电子商务法律规范总体属于商法范畴，是公法干预下的私法，它是以任意性规范为基础的，同时有许多强制性规范，甚至在有些规范中更多的是强制性规范而不是任意性规范。

电子商务法具有国际性、技术性、安全性、开放性、协作性、程序性、复合型等特征。

电子商务法能为电子商务的健康、快速发展创造良好的法律环境，保障网络交易安全，弥补现有法律的缺陷和不足，鼓励利用现代信息技术开展交易活动。

3.1.2 电子商务立法的思路选择

从立法学的角度看，电子商务的立法可以有两条途径：

第一，先分别立法，即首先解决电子商务发展过程中遇到的现实问题，制定单行法规，如电子合同规则、电子支付规则、电子提单规则、电子商务税收征收办法、网络广告规则等，待时机成熟后，再进行综合立法。这种方法的优点是能够及时解决电子商务发展过程中的具体问题，并能够在实践中不断积累经验，逐步提出比较完善的综合立法的思路。这种方法的缺点是缺乏宏观思考，全局性不足，各单行法规很难实现统一性和一体性。而且，很容易沿袭传统的按行业和部门归属立法的弊端。

第二，先着手综合立法，形成我国电子商务立法的综合思路，出台电子商务基本法，然后对各个具体问题制定单行规则。对于电子商务这样一个发展十分迅速的新生事物，其立法应当反映现实并服务于现实，这是理所当然的，但立法超前性的指导意义也是非常重要的。“先综合立法后分别立法”的思路有利于从宏观上把握电子商务这一新事物的发展趋势，有利于统一电子商务活动中关键问题的看法。基本法制定出来，指导实践，规范实践，但不要限制实践的发展。如果立法不适应了，还可以修正。而且，由于电子商务所依赖的信息技术发展迅速，所制定的单行法规也需要经常修改和变动。这种修改和变动，如果没有综合的思路和统一的目标，很可能会产生诸多自身的问题和相互矛盾的问题。

联合国采用了第二种立法思路。1996 年首先出台了《电子商业示范法》，这是一部电子商务的综合性示范法；2001 年出台了《电子签名示范法》，专门解决电子商务的核心问题——电子签名；2005 年又通过了《联合国国际合同使用电子通信公约》，旨在推广电子签名在电子合同中的应用。而我国主要采取了第一种立法思路，这是根据我国立法环境尚有待于进一步完善的实际情况而做出的选择。在实际运作中，我国从电子商务运作的关键问题入手，首先解决了电子签名的法律效力这一电子商务的核心问题，进而考虑了认证服务的规范问题。后续的问题，如电子合同问题、网上交易规范问题、商务数据保护问题等，目前正在逐步考虑之中。

3.1.3 电子商务立法指导思想与原则

电子商务法属于商法范畴，商法存在的基础和必要性是确保交易安全。同样，电子商务立法的主要目的也应当是交易安全的保护。具体地说，电子商务立法旨在为电子商务提供一套透明的、稳定的、有效的行为规则，以便在线经营者有一个稳定和安全的预期，在公平的条件下开展竞争；同时，电子商务立法旨在为电子商务提供一个和谐统一的法律环境，以维护交易安全，保护消费者权益，保护知识产权，保护个人隐私。当然，在制定强制性规范的同时，也应当为当事人自治留有余地，或者鼓励在电子商务领域行业自治和当事人自治，鼓励商界探索新的规则，使限制性的规定建立在维护交易安全合理的基础上。

从上述指导思想出发，提出我国电子商务立法应采纳的五个基本原则。

1. 与国际电子商务规范接轨原则

电子商务是无地域界限或超国界的商业方式，因此比传统商业活动更需要采取统一规则。在这方面，联合国贸易法委员会《电子商业示范法》率先确立了一些基本原则，为电子商务立法基本原则统一奠定了基础。事实上，之后许多国家立法均采纳了示范法的基本原则。因此，我国电子商务立法也应当尽量与联合国《电子商业示范法》保持一致，以利于我国电子商务规范与世界接轨。与此同时，吸收其他国际组织和发达国家成熟的立法经验，既可以避免走弯路，同时也可以减少摩擦和规则冲突，使我国电子商务立法一开始就融入全球电子商务大环境中。

2. 技术中立原则

技术中立原则是指政府或立法机构对于各种有关电子商务的技术、软件、媒体等采取中立的态度，由实际从事电子商务者或提供信息服务中介商自己根据技术发展选择新的和与国际社会接轨的技术，政府应当不偏不倚，鼓励新技术的采用和推广。只有这样才能建立开放的、全球性的电子商务运行的法制环境。

电子商务法旨在提供必不可少的程序和原则，以利于在各种不同情况下使用现代技术记录和传递信息。但是，在电子商务法的起草过程中不应偏重任何技术手段。例如，电子商务法不应当确定一种相当于任何一种书面文件的计算机技术等同物；相反，电子商务法只需要提出书面形式要求中的基本作用，把其作为标准。任何数据电文，不管采用什么技术，一旦达到这些标准，即可与起着相同作用的相应书面文件一样，得到同等程度的法律认可。

技术中立原则还意味着，电子商务立法必须考虑信息技术的高速发展趋势，为新技术的采纳留有余地，或者不应排斥新技术的采纳，以适应电子技术和电子商务模式的新发展。

3．促进交易原则

促进交易原则可以从两个角度来理解。

从政策的角度理解即是采取适当的鼓励措施，促进电子商务交易形式的普及和运用。电子商务需要法律规制，电子商务也需要政府管制，但是，所有这些强制性规制只是为了给电子商务创造一个良好的法律环境和制度保障。尤其是电子商务还是一种新生事物，许多规范尚需要探索和实践，国家应当鼓励商界自觉探索。在市场准入方面，应当降低市场准入门槛，但是应当规范交易行为；在税收方面应鼓励企业采取电子商务，同时积极寻找课税的新途径和新方法。

从法律规范的角度，促进原则表现为尽可能地为当事人自治和行业自治原则留有余地，在交易某些领域的法律规范仍然强调引导性、任意性，为当事人全面表达与实现自己的意愿预留充分的空间；在法律实施领域坚持私法自治原则，只要现行法律没有禁止的，就是允许的或者不视为违法，只要法律没有强制规定，那么当事人之间的安排就是合法的。这种态度有利于商家不断地探索电子商务运行的经验和习惯，有利于形成成熟的行为规范。可以说，促进交易是任意性规范的法理基础之一。

4．安全原则

商法的基本目标是保障商事交易安全，而电子商务法更是如此。电子商务是在虚拟的环境中运行的，在线交易给人们带来效率的同时，也带来不安全因素。因为在线交易是全球性的、非面对面的交易，是以电子信息或数据通信为手段的，这里不仅有传统法律环境下的不安全，如对方丧失履约能力，而且存在特有的风险，比如交易当事人是否真实存在、资信如何等。因此，电子商务法具有特有保障其交易安全的规范，如数字签名、身份认证制度等。

安全原则也是电子商务立法中的强制性规范立法的基础。在民商事交易领域，法律之所以存在对主体资格、契约形式、契约效力等的强制性规范，其目的就是为了保障交易安全。例如，对认证程序和认证机构的强制性规定、对网上交易格式条款的监督、对网上广告的监督、对缔结过程的提示义务的规定等强制性规定均是为了保护交易的安全和公平。

5．保护消费者权益原则

电子商务的繁荣最终要依赖消费者的参与，如果在电子商务活动中，消费者的利益得不到保护，就不可能有持续发展的电子商务。而且，电子商务是在虚拟环境（网络环境）下运行的，其交易环境的非透明度、交易过程的非直接性、交易手段的非纸质性等特征，不仅增加了消费者受损害的机会，而且会导致消费者的不信任。为此，世界各国普遍把保障交易安全、增加消费者的信任作为发展电子商务首先要解决的问题。对网络交易的消费者权益维护除了适用传统的消费者保护法外，还要针对网上交易的特点对消费者实施特殊的保护。因此，除了制定专门的针对网上消费者权益保护的特殊法外，还应在网上交易的各个环节的规定中注重保护消费者的利益。

3.1.4　电子商务法律体系

电子商务法并非改变或完全推翻原有的法律规则和体系，而只是改变某些方面或者增加一些新规则。因此，电子商务法仍然应当放在传统法律框架中加以解决，在传统法不能解决或不能保障交易安全时，需要制定新的法律、法规来解决新问题。因此，电子商务法律环境包括整个法律体系。但是，通常人们在讲电子商务法律体系时，并不涉及整个法律环境，而只涉及在网络环境下诞生的与电子商务和网络经营者有直接关系的法律领域。

关于电子商务法的法律体系，首先应当明确的是，电子商务法只是部门法意义上的称谓，它应当包括许多子类，这些子类共同构成一个完整的体系，以调整电子商务及其有关的法律关系或法律行为。这个体系构架主要取决于一国的立法模式和设计。我国采取什么样的立法模式，到目前为止还不甚明朗。杨坚争等学者认为理想的电子商务立法体系至少应当包括以下门类的法律：

1．网络服务和网络管制立法

电子商务是网络环境中运行的，离不开网络工具，同时所有的网络经营者均向消费者或社会提供相同的服务——信息发布、传输、贮存等，因此网站建设和运营不仅关系着整个电子商务运行“基础设施”的建设，而且本身也是电子商务的重要组成部分。因此，有关网站设立、网络安全管制、网络技术或信息服务合同责任、侵权责任等，需要新的法律调整，此类规范构成电子商务的基础性法律规范。

2．电子商务主体立法和市场管制立法

电子商务的主体部分是现实中的企业或新设的在线企业利用网络开展的商务活动，因此，有关在线经营活动开展的条件、主体公示要求或在线企业的管制、在线企业商业行为的控制、法律责任等，也成为网络环境下必须解决的法律问题。这也就需要专门的立法规范。

3．电子商务交易法

电子商务最突出的特征是交易信息无纸化、电子化、网络化，而传统以书面合同为基础的合同法难以解决以数据电文为基础的交易规范。因此，必须制定有关电子合同方面的规范，除了确立《合同法》有关数据电文的法律效力外，更重要的是确立电子签名、数字认证等安全措施，使电子合同具有可操作性、安全运行特征；同时该法应对电子合同履行中引起的特殊问题作出规范，如电子支付和货物配送等引起的法律责任和风险问题。

4．在线电子支付立法

网络普及，特别是电子支付与商务活动融合在一起不仅对电子商务有着重要的意义，而且它使人类社会能够彻底实现支付电子化、网络化、无纸化。在这种层出不穷的新的

电子支付推行过程中，不仅要对新型的支付法律关系中各方当事人的权利义务作出界定，而且还要针对电子货币的发行、网上银行的管制等制定相应法律。

5. 网上商业行为的规制

广告、拍卖、证券等属于特殊的商事领域，法律给予特别的规范和调整，当这些商务移植到网上进行时，如何进行规范和调整便成为一个新问题。为此，需要有专门的法律规范网上广告、网上拍卖、网上证券交易等特殊商业行为。同时，在网络环境下，不正当商事行为、侵犯他人商业利益的行为也需要特殊规范。

6. 电子商务税收立法

任何营业行为均要向国家交纳税收，电子商务也不例外。但是，在电子商务中，不仅仅有计税手段变化的问题，而且有要不要征税、征收什么税、如何征收等问题。目前，国际社会和国内对此还没有统一的说法，但是将来电子税收仍然需要制定新的规则调整。

7. 消费者权益保护立法

电子商务是远距离的、非面对面的交易，不仅涉及传统有形货物的买卖，而且涉及信息产品贸易和信息服务，如何规范在线企业的信息披露制度、保护消费者的知情权、保障网上销售产品质量和售后服务等均成为法律需要解决的新问题。这就需要增补消费者权益保护法或者制定新的适应网上消费特点的消费者权益保护法。

8. 网上商业数据的利用规范与个人隐私的保护立法

网络环境为商家收集、分析、利用客户资料和商业信息提供了方便，为防止商家滥用商业数据，保护消费者隐私，需要针对网上商业数据的保护制定专门立法，以规范网上商业数据的征集与利用。对消费者个人资料的保护也是广义上消费者权益保护的一个组成部分。

9. 电子商务争议解决机制

电子商务在法律适用、管辖权、争议解决方式等方面仍然适用传统法律。但是，电子商务环境和手段的特殊性在许多方面又改变了传统法律规则，因此需要新的规则。同时，为了寻求在网络环境下更加有效、迅速的争议解决办法，世界各国也在探索替代性的争议解决机制，这些又构成了电子商务中的特殊程序法。

电子商务法律环境建设至少涉及上述九个方面的新规范、新规则，至于采取什么方式立法需要立法者根据情况选择。这九个方面基本上构成电子商务法的核心内容。

3.2 国际电子商务法规

自20世纪90年代中期以来，电子商务的迅速推行，促使世界各国制定适合并促进电子商务发展的规范。综观全球，电子商务立法速度之快，范围之广，是其他领域的立法行动所不能比拟的。

3.2.1 国际电子商务立法概述

电子商务法律问题是国内法问题，同时也是国际法问题，而且主要是国际法问题。

在网络空间，国界几乎不复存在。目前，各国对此都在进行研究，而且在短短的时间内，便出现了为电子商务保驾护航的法律法规——电子商务示范法。示范法在它成为强制性法律之前，是可供各国选择适用的法律。但是，通过一定的法律程序，为各国所接受和采用而具有法律拘束力时，便成为普遍的国际法。

电子商务已被普遍认为是 21 世纪初全球经济最大增长点之一。电子商务的跨越式发展，也给现行国际法律体系带来了新的挑战。电子商务立法已成为目前国际关注的重点。尽快在全球范围内营造良好的电子商务法律环境已成为国际社会的共识。电子商务的立法问题得到了有关国际性、地区性组织和许多国家政府的高度重视，从联合国的贸易委员会、世贸组织部长级会议、欧盟、世界电信联盟这些国际组织到美国、日本等发达国家，都对电子商务的立法很重视，都在不同范围不同程度上通过了相应的电子商务的立法工作。

3.2.2　联合国贸法会的电子商务立法过程

联合国及其国际组织出台了一系列有关电子商务方面的立法规范。联合国探讨电子商务的法律问题始于 20 世纪 80 年代。

1982 年在联合国贸法会第 15 届会议正式提出计算机记录的法律价值问题；1985 年 12 月 11 日贸法会向联合国提交《自动数据处理方面的法律建议》，被联合国大会通过，揭开电子商务国际立法的序幕。

第 17 次会议，将计算机自动数据处理在国际贸易流通中所引起的法律问题作为优先项目列入其工作计划。开始对电子商务立法工作进行全面研究，并将自动数据处理（ADP）定为大会报告的总标题之一。

第 18 届会议，贸法会正式提出《计算机记录的法律价值》报告，以期解决法庭诉讼程序中使用计算机可读数据作为证据的问题，开始了电子商务立法的第一步，突破了电子商务在签字、书写形式和认证方法的传统法律障碍。

1990 年贸法会提出《对利用电子方法拟定合同所涉法律问题的初步研究》报告，用“电子数据交换”替代了以前的“自动数据交换”，使电子商务概念正式出现在联合国大会的总结标题中。

1991 年开始，贸法会下设的国际支付工作组（现改名为数据交换工作组）开始电子商务的法律工作，在审查了电子商务广泛使用引起的法律问题后，提出了有必要在 EDI 领域制定世界性统一法。

1992 年贸法会制定了《国际资金支付示范法》，该法则是在电子商务立法方面的实质性项目，它旨在推动国际电子支付的广泛应用。

1993 年 10 月，贸法会召开了第 26 届大会，全面审议了世界上第一个电子商务统一法草案——《电子数据交换及贸易数据通信有关手段法律方面的统一规则草案》，形成国际 EDI 法律基础。

1994 年第 27 届大会上，又提出了该草案的修改条文。会议指出：鉴于世界上许多国家对电子商务已有明文规定，不同法系的法律不可能很快协调完善。为适应当前国际上对电子商务统一法的迫切要求，统一法应采取较灵活的“示范法”（Model Law）形式。

第 28 届大会通过《电子数据交换电子商务及有关的数据传递手段法律事项示范法草案》。

1996 年贸法会第 29 届大会上，认为上述草案通过后的两年间，国际贸易形势发生很大变化，一种在开放式计算机网络基础上的开放式数据交换受到更广泛的欢迎，决定统一法标题中不再使用“电子数据交换（EDI）”字样，而代之以“电子商务”（Electronic Commerce），并将《电子数据交换电子商务及有关的数据传递手段法律事项示范法草案》名称改为《电子商务示范法草案》。

1996 年 6 月，联合国国际贸易法委员会通过《电子商务示范法》，并于 12 月 16 日由联合国第 51 次大会通过。

1998 年以来，贸法会开始重点制定数字签名和认证许可法律模型。因为数字签名技术和有关法律的适用，一直是电子市场中与身份验证相关和与交易认证有关的中心问题。

2000 年 2 月，海牙国际私法会议《民商事管辖权和外国判决公约》关于电子商务工作组会议召开，就电子商务对传统管辖权规则的影响等问题初步交换了意见，讨论是否修改公约条款以适应电子商务的发展。

2001 年 7 月 5 日，联合国贸法会第 34 届会议上通过了《数字签名统一规则》，并正式命名为《电子签名示范法》。

3.2.3 《电子商务示范法》的内容与特色

1.《电子商务示范法》的内容

《电子商务示范法》的目的主要在于促成和便利电子商务的应用，并且为基于纸面的文件与基于计算机信息的应用者提供同等的法律待遇，这对于促进经济与国际贸易的有效进行是必不可少的。应用电子商务的国家，通过将《电子商务示范法》规定的程序纳入其国内法，可以创造媒介中立的环境。为了促进国际贸易法的协调与统一，《电子商务示范法》排除了由于不适当或不统一的法律对国际贸易的不必要障碍。总之，《电子商务示范法》是适应当事人之间因使用计算机或其他现代技术，引起贸易通信方式上的较大变化而起草的。它旨在为一些国家对因使用计算机或其他现代信息技术而涉及的某些商事关系领域的法律进行评估时树立模板，以建立一个新的法律环境。

贸法会历时五年制定的《电子商务示范法》，实际上就是一部关于数据电文效力的法律制度，它主要就数据电文概念、书面功能等价标准、法律效力、发送与接收，及其归属等基本问题作了规定。这些都是电子商务法的最基本的制度，其核心是对数据电文法律地位的确认。只有保障了数据电文的有效使用，各种电子商务活动才能广泛开展。

《电子商务示范法》由两大部分组成：一是电子商务法律的总原则，二是电子商务的特定领域。总原则部分是《电子商务示范法》的核心，共分为三章 15 条。第一章为一般条款，内容包括适用范围、定义解释、合同协议的改动等四个条款；第二章为对数据电文的适用法律要求，内容包括对电文的法律承认、书面形式、签字原件、数据电文的可接受性和证据、数据电文的留存；第三章为数据电文的传播，内容包括合同的订立和有效性共三个条款，以及当事人各方对数据电文的承认，数据电文的归属确认，收讫、发出和收到的时间、地点等共五个条款。电子商务的特定领域部分有一章两个条款，在此章中仅对涉及货物运输中使用的电子商务做出了规定。

电子商务本质上是国际性的商事活动，因而调整电子商务的法律规范，必须以全球解决方案为其最终目标。联合国贸法会所制定的《电子商务示范法》和《电子签名示范法》正是向着这一方向努力的成果。

2.《电子商务示范法》的特色

1）包含大量的除外条款

在《电子商务示范法》的第 6、7、8、11、12、15 等条款中都有“本条款的规定不适用于以下情形……”的字样。这样使得援引联合国《电子商务示范法》作为参考制定法律的国家，可以在其适用范围上利用这些除外规定做出有利于本国所需要的限制。如第 6 条的规定：“法律有书面形式要求时，信息资料只要是被采用的，就是符合书面的要求，但各国仍然可以另行规定哪些情况下的信息资料是不被承认具有书面要求的。”之所以制定这些除外条款，是希望有助于各国按照自己的需求尽快引进联合国的《电子商务示范法》，并能维护该示范法的基本精神。

2）采用了功能等同的处理原则

《电子商务示范法》在制定过程中并不是按照传统方式，将以计算机为基础的文件等同于任何种类的书面文件，而是筛选出法律对书面形式的要求，将信息资料与之对比，只要信息资料符合书面的要求，就赋予该信息资料与书面文件同等的法律效力。特别需要说明的是，在《电子商务示范法》的第 6～8 条中关于“书面”、“签名”和“原本”这几项是采用功能相等的处理原则，而其他条款则没有采用这种方式。

3）合同的方式

《电子商务示范法》在制定过程中，对于大部分使用电子传输方式所引起的法律困难，认为可以以合同方式解决。《电子商务示范法》的第一部分第三章就可供当事人用做订立合同的基础，也可当做合同条款疏漏的补充条款，还可以作为当事人没有事先约定的电子合同的基本准则。

总之，《电子商务示范法》的出台，确实使电子商务的一些法律问题得到了很好的解决，“它是供各国评价涉及计算机技术或其他现代通信技术的商务关系中本国法律和管理的某些方面并使之现代化的参照范本，还可作为目前尚无法可依的有关法规的参照范本”。我们在看到它不可低估的作用的同时，还要看到它的缺陷。《电子商务示范法》毕竟只起到一个示范的作用，它不具有强制性，只供各国参考；而且由于各国法律制度的差异性，《电子商务示范法》在许多方面都没有作出具体详细的规定，有的只提出一个总原则，有待各国国内法中根据本国实际情况予以规范。

3.2.4　世界贸易组织与电子商务立法

自 1996 年 6 月联合国贸法会通过了《电子商务示范法》之后，世界贸易组织（WTO）就有关电子商务方面通过了三大突破性协议。1986 年开始的关贸总协定乌拉圭回合谈判最终制定了《服务贸易总协定》。《服务贸易总协定》的谈判产生了一个“电信业附录”。这一附录的制定开始了全球范围内电信市场的开放。WTO 建立后，立即开展了信息技术的谈判，并先后达成了三大协议：

1）《全球基础电信协议》

该协议于 1997 年 2 月 15 日达成，主要内容是要求各成员方向外国公司开放其电信市场并结束垄断行为。

2)《信息技术协议》(ITA)

该协议于 1997 年 3 月 26 日达成，协议要求所有参加方自 1997 年 7 月 1 日起至 2000 年 1 月 1 日将主要的信息技术产品的关税降为零。

3)《开放全球金融服务市场协议》

该协议于 1997 年 12 月 31 日达成，协议要求成员方对外开放银行、保险、证券和金融信息市场。

在 WTO 历史上，一年内制定三项重要协议是史无前例的。这三项协议为电子商务和信息技术稳步有序的发展确立了新的法律基础。除以上三大协议外，WTO 还试图就包括另外一些信息技术产品的后续服务协议《第二代信息技术协议》进行谈判。WTO 于 1998 年 2 月主持召开了电子商务讨论会，与会成员充分认识到电子商务对现有国际贸易体制的冲击，以及因其引起的知识产权、信息技术产品、服务的进口税等问题。WTO 秘书处表示将尽快就电子商务与 WTO 的作用问题写出书面报告。在 1998 年 5 月召开的 WTO 第二次部长级会议上，全体 132 个成员方共同发表声明通过了由美国提出的关于全球电子贸易的建议，即对电子商务的运作不附加新的、歧视性的税项，此外各国政府要在 1999 年对通过互联网进行的电子贸易免征税一年。1998 年 9 月 WTO 理事会通过《电子商务工作方案》。

2007 年 10 月 28 日，由我国第十届全国人民代表大会常务委员会第三十次会议通过，第十届全国人民代表大会常务委员会第三十次会议决定：批准 2005 年 12 月 6 日由世界贸易组织总理事会通过的《修改＜与贸易有关的知识产权协定＞议定书》。

3.2.5 经济合作与发展组织和电子商务立法

OECD 拥有 34 个会员国，其中包括欧美发达国家和日本等经济强国。该组织在国际社会和经济舞台上，具有相当的权威性。而且长期以来 OECD 已成为国际讨论未来贸易政策的论坛。OECD 的讨论往往是世界贸易组织（WTO）正式谈判的前奏曲。

1997 年 11 月，由 OECD 发起召开了以“为全球电子商务扫清障碍”为主题的国际会议，与会的各国政府及企业界代表对如何推动电子商务的开展、消除各种障碍、促进信息资源分享等问题进行了深入的讨论，发表了题为《克服全球电子商务障碍》的文件，并通过了《加密政策指南》（以下简称《指南》）。该《指南》就加密技术的使用，规定了指导各成员国制定其立法与政策的原则。该《指南》承认了加密技术对商业的重要性，但没有同意美国提出的第三方保管密钥或恢复密钥的立场。

电子商务的实现，实质上是用先进的信息技术改造传统商业模式的一次革命。鉴于传统商业活动涉及社会生活的方方面面，因此电子商务的推广与应用必定是一个社会系统工程。由于电子商务是以 Internet 为运行平台的，而 Internet 是一个不受国界限制的全球性网络，因此，电子商务必然是一个全球范围内的系统工程。

基于这种背景，推动电子商务的过程中，对各国政府的政策法规、管理水平、人才培养等方面的挑战远远大于在技术和资金方面的挑战。由于世界各国的电子商务活动必须遵循统一的“游戏规则”才能顺利开展，而各国的社会制度、政治状况、经济发展程度、法律法规、文化传统等方面千差万别，所以在电子商务方面，各国之间的国际合作、协调一致，远比相互竞争、强调本国利益重要得多。

有鉴于此，国际经济合作与发展组织（OECD）于 1998 年 10 月，在加拿大渥太华召开了第一次以电子商务为主题的部长级会议，会议名称为“一个无国界的世界，发挥全球电子商务的潜力”。参加这次会议的代表除部长级的政府官员外，还有各国际组织、劳工界、产业界、消费者团体以及其他社会团体的近千名代表。会议经过充分讨论，形成了一批政策性文件。这些文件已不再是纸上谈兵，而是一批对于电子商务实际运作阶段具有指导性的文件。

会议公布了下列三个主要文件，概述了电子商务方面正在进行和将要进行的活动：

①《OECD 电子商务行动计划》，概述各项活动和对未来工作的建议。

②《有关国际组织和地区性组织的报告：电子商务的活动和计划》，概述这些组织当前和将来可能开展的工作。

③《工商界全球电子商务行动计划，附有对各国政府的建议》，概述工商界当前的计划和他们对重要问题的看法。

与会者欢迎旨在促进全球协作的这些重要努力，也欢迎为国际部门、国际和地区性组织以及 OECD 成员国制定更加和谐的措施而作的种种努力。

与会者再次确认各国政府在为创造一个电子商务环境方面所起的作用。在这个环境中，基本规则是合理的、清晰的和可预测的。在这个环境中，所有参与者之间的合作在全球范围内得到鼓励。他们也指出了各国政府在满足公众利益方面的责任。

3.2.6　世界知识产权组织与电子商务立法

1996 年 12 月 20 日，世界知识产权组织（WIPO）通过《WCT 版权条约》和《WIPO 表演与录音制品条件》（WPPT），统称为“因特网条约”。

1996 年 12 月 23 日，WIPO 提出网络域名程序的报告，就域名与商标的冲突法律问题提出初步建议，倾向“无意将域名创设成一种新知识产权，将现有知识产权适用到虚拟网空间，赋予著名商标权人排除他人以其著名商标登记为网络域名的权利，目前正领导建立域名注册的国际机制，规范域名抢注”。

WIPO 提出《互联网名称和地址管理及其知识产权问题》的报告，建立了全球性的有效解决域名纠纷的机制，域名注册规范程序和域名排分等程序，处理好域名与驰名商标保护的关系问题。

3.2.7　国际商会与电子商务立法

随着电子商务的发展，现有的国际商务惯例已远远不能满足商业往来的需要。近年来，国际商会（ICC）正以大部分精力集中抓紧制定有关电子商务的交易规则，以促进国际贸易的安全进行。1987 年 9 月，国际商会执行委员会通过了《电传交换贸易数据统一行动规则》，其目的是为电子商务的用户提供一套国际公认的行为准则，以便电子商务的用户和电子商务系统的经营者使用，该规则为电子商务用户及通信系统的经营者拟订了具体的通信协议并提供了良好的基础。目前，国际商会已经正式制定的还有 1997 年 11 月 6 日通过的《国际数据保证商务通则（GUIDEC）》，该通则试图平衡不同法律体系的原则，为电子商务提供指导性政策，是由一系列在 Internet 上进行可靠的数字化交易的方针构成的，其中包括了公开密钥加密的数字签名和可靠第三方的认证等，并统一有关术语。国际商会目前正在制定的还有《电子贸易和结算规则》等交易规则。

3.2.8 其他国际性组织电子商务立法

1996 年 11 月，由 Internet 协会（ISOC）、Internet 网址当局（INNA）、Internet 结构委员会（IAB）、国际电信联盟（ITU）、国际商标协会（INTA）、世界知识产权组织（WIPO）等六个组织共同发起成立一个国际特别委员会（INHC），根据公正、公平、公开的原则受理 Internet 的顶级域名（TLD）。

1997 年 5 月 1 日，由国际电信联盟发起召开了“关于发展的稳定因特网域名注册系统”会议，来自世界各国家和地区的 150 位代表联合签署了《因特网域名系统通用顶级域谅解备忘录》。会议认为，通用顶级域名是国际共有的公共资源，不应由一国垄断，应引进竞争机制，建立全球共同参加的多边管理模式。《备忘录》对因特网域名系统的政策、结构和运作方式提出了一个总体框架，其内容包括对域名系统（DNS）、顶级域名、二级域名、通用顶级域名、域名登记、登记实体、登记协会等的定义，以及对域名登记工作的管理、监督、保管、仲裁等机构作出的一系列规定。其中涉及域名登记和处理纠纷的内容主要有：

① 成立通用顶级域名登记理事会，对顶级域名登记人的资格、权限及域名的分配进行管理。

② 成立域名管理仲裁委员会。由世界知识产权组织仲裁和调解中心确定成立互联网争端仲裁小组的步骤，但世界知识产权组织的工作人员不得参加由个人或公认的专家组成的独立仲裁小组。

③ 新的域名注册仍采用“先到先服务”的政策，谁先注册，谁先拥有，但增加了 60 天的争议期，若在 60 天没有异议，此注册即可生效。

1997 年 5 月，国际警察组织欧洲委员会通过《起草国际威胁政府计算机犯罪法律的提议》，呼吁加快制定电子犯罪法案，以监督计算机犯罪趋势。

1999 年 1 月，电子商务全球商家对话（CBDe）在美国纽约成立。CBDe 在法国召开第一届大会，发表了《巴黎倡议》。

2000 年 5 月 15—18 日，八国集团在巴黎召开讨论网络犯罪问题的会议。欧洲目前讨论的协议要求各国通过反对黑客袭击、计算机诈骗和网上儿童色情作品的法律，并予以处罚。保存证据，在国际调查中配合协作。

2000 年 7 月，八国集团峰会发表《全球信息社会冲绳宪章》，组织现行贸易规则应用于电子商务，消除“数字差距”，鼓励参与全球电子商务网络。

3.3 典型国家电子商务法规

在这一部分主要介绍美国、法国、韩国、新加坡等典型国家电子商务立法情况。

3.3.1 美国的电子商务立法

美国是全球因特网的发源地之一，其研究与应用计算机网络技术的历史已有 30 年之久。20 世纪 90 年代中期以来，美国大力推广以 Internet 为运行平台的电子商务这种新的交易形式，使之成为国民经济增长的重要支点。为了促进和保障电子商务的全面发展，美国的大多数州都制定了电子商务法，美国国会也正在就全国性的电子商务法案进行审议。

《全球电子商务纲要》是全球第一份官方正式发表关于电子商务立场的文件，提出了关于电子商务发展的一系列原则，系统阐述了一系列政策，旨在为电子商务的国际讨论与签订国际协议建立框架，美国将积极地通过 WTO、OECD、APEC 等国际组织，实践纲要中提出的原则与政策。由于美国在网络发展的主导地位与其经济实力的强大，《全球电子商务纲要》已成为主导电子商务发展的宪章性文件。

《全球电子商务纲要》的主要内容分为一般原则和问题处理建议两大部分。

1. 一般原则

美国对未来在因特网上进行的商业交易，提出了五项基本原则。

① 私营企业应起主导作用。因特网的快速发展，将依靠私营企业带动，政府应尽可能鼓励私营企业自行建立交易规则，政府采取少干预、少限制的原则。

② 政府应当避免不恰当地限制阻碍电子商务的发展，在电子商务交易中，当双方自愿合法地买卖产品和服务时，政府管理机构应当尽量减少干涉，尽力避免对网上发生的商业活动给予不必要的限制，以避免影响交易双方的交易活动，防止阻碍电子商务的发展。

③ 政府有必要参与时，其目的应是支持与加强一个可预测的、简明的和一致的电子商务实行环境。政府机构只在必要时介入电子商务的市场管理，但这种管理应当主要着眼于支持加强建立一个和谐的商业法制环境，保护消费者、保护知识产权、确保竞争，以及制定解决纠纷的办法。

④ 政府必须认清因特网的特征。因特网是在无人主管、自由蔓延跨国界的条件中繁荣发展的，其规则与标准是自下而上发展的。许多传统法律法规无法适用，都需要加以调整，以促进因特网运行机制的建立。

⑤ 电子商务法律法规的制定，应当有利于促进因特网上的电子商务。

2. 问题处理建议

1）海关和税务

由于因特网的国际性特点，因特网应宣告为免税区，凡是网上进行的商品交易，如软件、咨询服务等，以电子方式提交的，如果课以关税是毫无意义的，也是难以做到的，因此应对此一律免税。

此外，美国还向世界贸易组织和其他国际贸易组织建议，对电子商务适用现有的税制，而不开征新的税种，电子商务的税务应当遵循国际税务的基本原则，避免不一致的国家税务司法权和双重征税。

2）电子支付系统

今天信息技术的飞速发展已使网上的电子支付变成了现实，许多交易已经开始通过网上进行支付，电子银行、电子钱包，智能卡都已经开始步入社会生活。但目前电子技术支付系统的开发还处于初级阶段，尚未定型。此时尚不宜于制定法规约束，以免妨碍其进步与发展。由于因特网的国际性特点，美国财政部已与各国政府一起合作，研究全球性电子支付的对应措施，世界十大经贸国的财政部长已经组成工作小组，共同制定电子支付政策。

3）电子商务法规

联合国国际贸易委员会为支持在电子商务中国际合同的商业作用，制定了一部示范法，确定了确认通过电子手段形式的合同规则和模式，规定了约束电子合同履行的标准，对电子文件、电子签名的有效性做出定义。美国政府支持所有国家采用示范法作为制定电子商务使用的国际统一商务法规，支持联合国国际贸易委员会及其他国际团体进一步努力制定出示范法律条款。

4）保护知识产权

网上的电子商务经常涉及知识产权的授权产品，为促进电子商务的发展和促成一个有效的商务环境，销售者必须知道，他们的知识产权不会遭到侵权，购买者则必须知道他们购买的商品是经过认证的产品，而不是仿冒产品。为达到这一目的，国际间确立有效的保护知识产权的国际协定，对于防止仿冒和欺诈行为是非常必要的，各国应尽快立法以遏制产品的仿冒和知识产权被侵犯。

5）保护个人隐私权

信息在网上发布与交流，有利于电子商务的发展，但是在信息的发布与交流中保证个人隐私权则是一个十分重要的问题。

个人隐私原则分为两个方面，告知和许可。

① 收集数据者应当通知消费者，他们在收集什么信息，以及他们打算如何使用这些数据。

② 数据收集者应当向消费者提供限制使用和再利用个人信息的有效手段。

为保证世界各国迥然不同的隐私政策能够提供恰当的个人隐私保护而不妨碍因特网上的数据交流，美国政策应当采取双层个人隐私战略。美国将依据个人隐私原则所建立的框架会同其主要贸易伙伴一起讨论如何支持一项基于市场的个人隐私对策。

6）信息安全

对因特网安全性的担心是电子商务发展的重要问题。人们对于目前网络安全的脆弱性十分担心，只有因特网能成为一种安全可靠的商业媒体，只有确保因特网可靠性的安全措施能到位，商家和消费者才能感到放心。

电子签名与认证制度是目前保障网上安全可靠的重要手段，密码学是计算机和安全的重要工具，美国政府通过制定相关政策促进开发和利用有效的加密产品，既可对存储数据加密，又可对电子通信加密。

美国政府及各相关机构在未来数年内，将同欧盟及国际经济合作与发展组织一起，制定安全和加密的共同政策，为电子商务提供一个可预测的、安全的环境。

7）电信基础建设与信息技术

美国政府倡导电信自由化，鼓励世界各国开放通信市场，进行公平竞争，要求世界各国遵守已签订的各项国际协定，排除关税与非关税壁垒，并将继续通过各国际组织进行与电信有关的网络问题的研究讨论，谋求达成共识，获得世界各国的支持。

8）信息内容

美国政府支持信息跨国自由流动，内容包括由因特网传送的新闻发布、信息服务、虚拟商场、娱乐节目等，对网上信息内容，美国政府认为不宜太多干涉。对认为有关暴力、煽动性言论、色情等内容，美国政府将同主要贸易伙伴探讨对其的限制，并就有关广告及防止欺诈的管制问题同世界各国展开对话。

9）技术标准

技术标准对在因特网上进行电子商务极为重要，因为标准可以使不同厂商的产品和服务协调一致，可以有利于网络连通，也可以促进公平竞争。但是，如果过早制定标准，则有可能成为新技术发展的障碍，也可能被用来作为贸易的非关税壁垒。美国政府鼓励由企业界协商订立标准，政府不宜介入，技术标准由市场来决定。为保证因特网的全球电子商务的增长，需要在安全、电子版权管理制度、电视会议、高速网络技术数据交换等领域制定技术标准。

美国认为遵循上述原则的国际协定或指导方针，能够通过创建一个可预测的、面向市场的商务框架来促进因特网上的商务在上述九大领域获得增长。

美国的电子商务法立法，是以各州的立法行动为先导的。犹他州 1995 年颁布的《数字签名法》是美国乃至全世界范围的第一部全面确立电子商务运行规范的法律文件。

美国州一级关于电子商务的法律文件有近百部之多，其原因在于有些州在主干电子商务法之外，还有些配套的法规。譬如伊利诺伊州除了《电子商务安全法》，还有《金融机构数字签名法》；佛罗里达州在《电子签名法》之外，另有《数字签名与电子公证法》。这些仅是正式制定、颁布的法律，而目前各州已经提交审议的有关电子商务的法律文件的数目，加起来有数百个之多。

从法律文件的名称上看，有的叫《电子商务法》，如北卡罗来纳州、南卡罗来纳州；有的叫《电子商务安全法》，如依阿华州、伊利诺伊州；还有的叫《电子文件认证法》。其中，以《电子签名法》和《数字签名法》作为法律名称的最多。

美国各州的电子商务立法，不仅名称多样化，而且其内容差别也非常大。有些州的立法内容比较详细，涉及电子商务的各个主要方面：从对计算机网络通信记录的法律效力的确认，到电子签名的基本标准的确定，以及认证机构的建立等，都包括在内。如犹他州、伊利诺伊州，就采取了这种对电子商务进行全面调整的方法。而有些州的电子商务法却规定的非常原则，具有对电子商务的宣言性认可的性质。如加利福尼亚州便采用了这种方式。

美国国会于 1997 年和 1998 年分别通过《税务重组与改革法案》和《减少政府纸面文件法案》两部与电子商务有关的文件。美国参众两院议员关于电子商务立法的呼声较大，议案不少，仅 1997—1999 年提出的有关电子商务的议案就有 17 个之多。其中，有《电子安全交易法案》、《数字签名法案》、《数字签名与电子认证法案》、《千禧年商业法案》等。

1997 年克林顿公布了《全球电子商务框架》这一表明美国联邦政府立场的重要文件。美国联邦政府唯恐不恰当的政策或立法会挫伤投资者的积极性，给电子商务的蓬勃发展造成阻碍，以至于在电子商务立法问题上踌躇不前。事实上，美国联邦立法对电子商务问题做出全面规定，只是时间上迟早的问题。况且美国宪法中的“商事条款”已经赋予了联邦立法机关对跨州的商事活动进行规范的权力。2000 年 6 月，美国总统克林顿签署了国会参众两院一致通过的《全球与全国商务电子签名法》。

在参与国际立法方面，美国积极扩展其影响，曾多次派出代表团参与联合国国际贸易法律委员会一系列关于电子商务立法文件的起草活动，并于 1998 年 5 月向联合国贸法会提交了《国际电子交易公约》（建议草案）。

3.3.2　法国的电子商务立法

法国实施尤里卡计划已经多年，电子商务所需的网络、电信技术条件已经跨入世界领先行列。早在 1978 年，法国总统德斯坦就要求财政部长诺拉制定了一项有关"促进社会信息化的计划"，向人们展示了未来信息革命的前景。之后，法国政府不断推进信息革命，每年投入 50 亿美元的巨款，以改进落后的通信设备。到 20 世纪 90 年代初期，法国城市电话已全部实现数字化，在光纤通信宽频带传输系统方面，法国也走在了世界各国的前列。

在电子商务的应用方法，1996 年 3 月，法国成立了新的法国电子商务与数据交换联合会（AFCEE），成员主要是生产厂家、贸易团体和电信部门，旨在通过影响信息技术使用者、网络提供者、技术提供者、政府实体和科研机构，促进电子商务的应用和网上专有技术、网上思想的交流和传播。1997 年 8 月，法国领导人向国家委员会提交了一份题为《因特网的发展所提出的法律问题》的报告。

3.3.3　韩国的电子商务立法

韩国政府认为电子商务是大势所趋，并正在采取一系列措施积极推进本国电子商务的发展。韩国电子商务的主要做法有：首先，建立全国电子商务信用体系，以确保网上交易的可靠性；其次，为保护网上隐私权、知识产权等制定相应的措施，大力发展信息基础设施的建设，更新全国通信网络，建立和完善网上商店的供货共享系统，加强电子商务技术的研究，推动电子商务的标准化。

韩国的《电子商务基本法》于 1999 年 7 月正式生效。该法共分为总则、电子通信信息、电子商务安全、电子商务的促进、消费者保护和附则六章，内容较为全面。该法兼容了欧洲国家与美国在电子商务立法方面的优点，是值得称道的。在当前电子技术日趋发达完善的情况下，消费者信心的建立就成为相当关键的问题。韩国的有关立法有：

1996 年，韩国修改《电气通信事业法》，新增第 53 条第 2 款，成立信息通信伦理委员会。规定计算机黑客、电子盗版为犯罪，将处最高为三年刑罚。电子文件与电子签名具有法律效力，并第一次允许主述为法庭可认可的证据。

1999 年 2 月，韩国公布《电子签名法》。

1999 年 2 月，韩国公布《电子商务基本法》。

1999 年 7 月，韩国信息保护中心设立国内最高电子商务认证管理体制中心。

2000 年 3 月，韩国建立了一个网络犯罪咨询委员会。

2000 年，韩国政府表示，年内将制定和完善有关法律法规，打击不法黑客的入侵。

3.3.4　新加坡的电子商务立法

新加坡是世界上积极致力于推广电子商务的国家之一，将新加坡建设为高度发达的信息港，是其发展战略之一。早在 1986 年，新加坡政府就宣布了国家贸易网络开发计划，作为国家信息高速公路建设的一部分，在国家贸易发展委员会的支持下，贸易发展局大力开发 EDI 系统，并于 1989 年 1 月开通。1990 年，新加坡政府规定全国开始使用 EDI 办理和申报外贸业务，1991 年全面投入使用。与美国不同的是，新加坡很重视政府在电子商务中的作用，认为没有一定程度上的政府管理，电子商务不可能得到长足的发展，没有规则的交易是危险的。新加坡政府控制了所有的电子商务活动，设立了"新加坡一号”项目来让所有人都可能使用电子通信；新加坡政府在法律中甚至规定任何贸易数据都要保留 11 年备查的制度，这在世界上属于首次。

1998 年 4 月，新加坡政府发布了《电子商务政策框架》，并设立了“新加坡一号”示范项目。新加坡为展现其积极成为区域电子商务中心的决心，在 1998 年 6 月 29 日通过《电子交易法》，使新加坡成为一个以整体立法规范电子交易的国家。1999 年制定了《新加坡电子交易（认证机构）规则》和《新加坡认证机构安全方针》。1999 年颁布的《新加坡电子交易（认证机构）规则》是《电子交易法》的配套法律。它任命了认证机构的管理署，而国家计算委员会则是认证管理署的主管机关。该规则规定了认证机构的内部管理结构、评估标准、申请费用、证书的证据推定效力，以及限定性责任等，其目的是在新加坡建立一个符合国际水准的市场型认证服务体系。

3.4　中国电子商务立法和主要法规

我国政府高度重视电子商务的立法工作。1998 年 11 月 18 日，江泽民同志在吉隆坡举行的亚太经合组织领导人非正式会议上指出，电子商务代表着未来贸易方式的发展方向，其应用推广将给各成员带来更多的贸易机会。在发展电子商务方面，我们不仅要重视私营、工商部门的推动作用，同时也应加强政府部门对发展电子商务的宏观规划和指导，并为电子商务的发展提供良好的法律法规环境。2004 年以后，我国开始了具有实质意义上的电子商务立法，并由此进入到一个崭新的立法阶段。2007 年以后，我国针对电子商务发展中出现的问题，特别强调规范电子商务发展，强调相关工作协调推进。

3.4.1　前期的主要工作

1．计算机和网络管制立法

20 世纪 80 年代，我国开始草拟制定有关计算机方面的法规。1988 年 9 月，全国人大常务委员会通过的《中华人民共和国保守国家秘密法》第三章首次对电子信息保密进行了规范。

1981 年，公安部开始成立计算机安全监察机构，并着手制定有关计算机安全方面的法律法规和规章制度。1986 年 4 月开始草拟《中华人民共和国计算机信息系统安全保护条例》（征求意见稿）。1988 年 9 月 5 日第七届全国人民代表大会常务委员会第三次会议通过的《中华人民共和国保守国家秘密法》在第三章第十七条中第一次提出：“采用电子信息等技术存取、处理、传递国家秘密的办法，由国家保密工作部门会同中央有关机关规定。”1989 年，我国首次在重庆西南铝厂发现计算机病毒后，立即引起有关部门的重视。公安部发布了《计算机病毒控制规定（草案）》，开始推行“计算机病毒研究和销售许可证”制度。

1991 年 5 月 24 日，国务院第八十三次常委会议通过了《计算机软件保护条例》。这一条例是为了保护计算机软件设计人的权益，调整计算机软件在开发、传播和使用中发生的利益关系，鼓励计算机软件的开发与流通，促进计算机应用事业的发展，依照《中华人民共和国著作权法》的规定而制定的。这是我国颁布的第一个有关计算机的法律。1992 年 4 月 6 日机械电子工业部发布了《计算机软件著作权登记办法》，规定了计算机软件著作权管理的细则。

1991 年 12 月 23 日，国防科学技术工业委员会发布了《军队通用计算机系统使用安全要求》，对计算机实体（场地、设备、人身、媒体）的安全、病毒的预防以及防止信息泄露提出了具体措施。

1994 年 2 月 18 日，国务院令第 147 号发布了《中华人民共和国计算机信息系统安全保护条例》，为保护计算机信息系统的安全，促进计算机的应用和发展，保障经济建设的顺利进行提供了法律保障。这一条例于 1988 年 4 月着手起草，1988 年 8 月完成了条例草案，经过近四年的试运行后方才出台。这个条例的最大特点是既有安全管理，又有安全监察，以管理与监察相结合的办法保护计算机资产。

1996 年 3 月 14 日，国家新闻出版署发布了电子出版物暂行规定，加强对包括软磁盘（FD）、只读光盘（CD-ROM）、交互式光盘（CD-I）、图文光盘（CD-G）、照片光盘（Photo-CD）、集成电路卡（IC-Cord）和其他媒体形态的电子出版物的保护。

1997 年 10 月 1 日起我国实行的新刑法，第一次增加了计算机犯罪的罪名，包括非法侵入计算机系统罪、破坏计算机系统功能罪、破坏计算机系统数据程序罪，以及制作、传播计算机破坏程序罪等。这表明我国计算机法制管理正在步入一个新阶段，并开始和世界接轨，计算机法制的时代已经到来。

针对国际互联网的迅速普及，为保障国际计算机信息交流的健康发展，1996 年 2 月 1 日国务院令第 195 号发布了《中华人民共和国计算机信息网络国际联网管理暂行规定》，提出了对国际联网实行统筹规划、统一标准、分级管理、促进发展的基本原则。1997 年 5 月 20 日，国务院对这一规定进行了修改，设立了国际联网的主管部门，增加了经营许可证制度，并重新发布。1997 年 6 月 3 日，国务院信息化工作领导小组在北京主持召开了“中国互联网络信息中心成立暨《中国 Internet 域名注册暂行管理办法》发布大会”，宣布中国互联网络信息中心（CNNIC）成立，并发布了《中国 Internet 域名注册暂行管理办法》和《中国互联网络域名注册实施细则》。中国 Internet 信息中心将负责我国境内的 Internet 域名注册、IP 地址分配、自治系统号分配、反向域名登记等注册服务；协助国务院信息化工作领导小组制定我国 Internet 的发展、方针、政策，实施对中国 Internet 的管理。

1997 年 12 月 8 日，国务院信息化工作领导小组根据《中华人民共和国计算机信息网络国际联网管理暂行规定》，制定了《中华人民共和国计算机信息网络国际联网管理暂行规定实施办法》，详细规定国际互联网管理的具体办法。与此同时，公安部颁布了《计算机信息网络国际联网安全保护管理办法》，原邮电部也出台了《国际互联网出入信道管理办法》，旨在通过明确安全责任，严把信息出入关口，设立监测点等方式，加强对国际 Internet 使用的监督和管理。

为保护计算机网络安全，《中华人民共和国计算机网络国际联网管理暂行规定》规定，我国境内的计算机互联网必须使用国家公用电信网提供的国际出入信道进行国际联网。任何单位和个人不得自行设立或者使用其他信道进行国际联网。除国际通信出入口局作为国家总关口外，邮电部还将中国公用计算机互联网划分为全国骨干网和各省、市、自治区接入网进行分层管理，以便对入网信息进行有效的过滤、隔离和监测。此外还规定了从事国际互联网经营活动和从事非经营活动的接入单位必须具备的条件，以及从事国际互联网业务的单位和个人，应当遵守国家有关法律、行政法规，严格执行安全保密制度，不得利用国际互联网从事危害国家安全、泄露国家秘密等违法犯罪活动，不得制作、查阅、复制和传播妨碍社会治安的信息和淫秽色情等信息。

2.《合同法》有关数据电文的规定

1999 年 3 月，我国颁布了新的《合同法》。《合同法》在合同形式方面大胆地吸收了数据电文形式，并将之视为书面合同，从而为电子合同的推广应用及今后的电子商务立法奠定了基础。《合同法》第 11 条明确了数据电文可以作为书面合同的形式："书面形式是指合同书、信件和数据电文（包括电报、电传、传真、电子数据交换和电子邮件）等可以有形地表现所载内容的形式。"第 16 条和第 34 条分别规定了采用数据电文形式订立合同的成立时间和地点。这些规定旨在使电子合同也能够在既有的合同法框架下推行和运作，但是，这些简单的规范还不能保证电子合同具有可操作性和安全性，不能解决因特网交易中合同的缔结、履行和争议等问题，因此，这些条文基本上没有得到应用。

3. 地方立法的探索

虽然全国性的电子商务立法没有开展，但围绕电子商务的地方规章的出台却始终没有停止过，其内容从电子商务经营的工商登记备案、证券等特殊行业的登记许可到 CA 认证管理、电子商务安全管理等，为我国电子商务发展的政策法规环境的建设做出了贡献。

2000 年 4 月，北京市工商行政管理局发布了《北京市工商行政管理局网上经营行为登记备案的通告》，意在将在线经营行为纳入工商管理渠道。通告规定，凡从事网上经营行为（包括在辖区内的市场主体利用因特网从事以营利为目的的经营活动，以及为经济组织进行形象设计、产品宣传、拍卖、发布广告灯的行为）可通过因特网向北京市工商行政管理局设立的红盾 315（www.hd315.gov.cn）网站申请登记备案。2001 年 3 月 28 日，北京市工商行政管理局又颁布了《北京市网络广告管理暂行办法》，针对网络广告的现状，依法规范网络广告内容和广告活动，保护经营者和消费者的合法权益。

3.4.2　电子商务立法的实质进展时期

2004—2007 年，中国电子商务立法工作迅速推进，突出表现在国家的电子商务立法取得突破，中央部委政策法规大量颁布，行业协会也积极开展电子商务有关条例的起草。

1. 国家层面的电子商务立法工作与相关政策规划的起草工作

从国家层面上看，2004 年以来有五个重要文件发布：

① 2004 年 8 月 28 日，第十届全国人大常委会第十一次会议通过了《中华人民共和国电子签名法》，并于 2005 年 4 月 1 日开始实施。该法首次赋予可靠电子签名与手写签名或盖章具有同等的法律效力，解决了电子记录的证据规则问题，并明确了电子认证服务的市场准入制度。《中华人民共和国电子签名法》的出台是我国电子商务发展的里程碑，它的颁布和实施将有望扫除电子签名在电子商务、电子政务和其他领域中应用的法律障碍，极大地改善我国电子签名应用的法制环境。

② 2005 年 1 月 8 日，国务院发布了《国务院办公厅关于加快电子商务发展的若干意见》，从国家战略高度阐明了发展电子商务对我国国民经济和社会发展的重要作用，提出了加快电子商务发展的指导思想：按照科学发展观的要求，紧紧围绕转变经济增长方式、提高综合竞争力的中心任务，实行体制创新，着力营造电子商务发展的良好环境，积极推进企业信息化建设，推广电子商务应用，加速国民经济和社会信息化进程，实施跨越式发展战略，走中国特色的电子商务发展道路。

③ 2006 年 3 月，全国人民代表大会通过的《中华人民共和国国民经济和社会发展第十一个五年规划纲要》强调：积极发展电子商务。建立健全电子商务基础设施、法律环境、信用和安全认证体系，建设安全、便捷的在线支付服务平台；发展企业间电子商务，推广面向中小企业、重点行业和区域的第三方电子商务交易与服务。

④ 2006 年 5 月，中共中央办公厅、国务院办公厅印发了《2006—2020 年国家信息化发展战略》。该战略明确提出了我国未来的“电子商务行动计划”：营造环境、完善政策，发挥企业主体作用，大力推进电子商务；加快信用、认证、标准、支付和现代物流建设；完善结算清算信息系统；探索多层次、多元化的电子商务发展方式。

⑤ 2007 年 6 月 26 日，国家发展和改革委员会、国家信息化办公室颁布了《电子商务发展“十一五”规划》。该规划提出，应当“研究制定信用管理、在线支付、网上交易税收征管、隐私权保护等方面的法律法规，加快制定虚拟货币、电子合同、在线产品信息管理办法。根据电子商务发展的需要，适时修订现行相关法律法规。贯彻落实电子签名法等法律法规，加大执法力度，为电子商务发展创造良好的法制环境”。

2．中央各部委关于电子商务的政策法规的出台

2004 年以来，中央各部委着力推动电子商务政策法律建设，先后出台了多部政策法规：

① 2005 年 2 月 8 日，作为《中华人民共和国电子签名法》的重要配套规章，《电子认证服务管理办法》以信息产业部部令的形式发布。该办法是电子签名法授权制定的、与电子签名法配套实施的部门规章，具有重要的法律效力和作用。该办法主要包括电子认证服务许可证的发放和管理、电子认证服务行为规范、暂停或者终止电子认证服务的处置、电子签名认证证书的格式和安全保障措施、监督管理和对违法行为的处罚等内容。

② 2005 年 3 月 31 日，国家密码管理局颁布了《电子认证服务密码管理办法》。该办法共 14 条，主要规定了面向社会公众提供电子认证服务应使用商用密码，明确了电子认证服务提供者申请“国家密码管理机构同意使用密码的证明文件”的条件和程序，同时也对电子认证服务系统的运行和技术改造等作出了相应规定。

③ 2005 年 10 月 26 日，中国人民银行发布了《电子支付指引（第一号）》，意在规范电子支付业务，防范支付风险，维护银行及其客户在电子支付活动中的合法权益，促进电子支付业务健康发展。同时，中国人民银行制定了《支付清算组织管理办法（征求意见稿）》，内容涉及设立与变更业务、管理风险监督、接管与终止等。

④ 2005 年 11 月 7 日，信息产业部第十五次部务会议通过了《互联网电子邮件服务管理办法》，并于 2006 年 3 月 30 日实施。该办法明确了垃圾邮件的界定原则，制定了互联网电子邮件服务管理的基本措施，建立了垃圾邮件的举报机制和处罚措施。

⑤ 2006 年 7 月 12 日，文化部、信息产业部颁布了《关于网络游戏发展和管理的若干意见》。意见针对当前我国网络游戏存在的突出问题，提高了网络游戏经营准入门槛，实行网络游戏实名制；严格审查游戏内容，整顿我国的网络文化市场，力争为未成年人营造和谐的网络文化环境。

⑥ 2006 年 12 月 11 日，文化部发布了《文化部关于网络音乐发展和管理的若干意见》。该意见要求严格市场准入，加强内容监管；加大执法力度，加强行业自律和社会监督，规范网络音乐市场。

3. 行业协会有关电子商务规范的辅助工作

2004 年以来，围绕电子商务法制环境的建设，有关行业管理部门的行业规范也相继出台：

① 2004 年 11 月 28 日，中国青少年网络协会游戏专业委员会公布了《绿色游戏推荐标准》。这是国内第一部涉及网络游戏的行业标准。

② 2005 年 4 月 18 日，中国电子商务协会政策法律委员会组织有关企业起草的《网上交易平台服务自律规范》正式对外发布。规范的对象是网络服务平台，它处于联系支付方、服务方、销售方、购买方的枢纽地位。该规范以行业规范的形式确立了网络交易平台提供商的责任和权限，对网络交易服务进行了全面的规范。规范规制的重点在于网络交易平台自治与监管。

③ 2005 年 11 月 10 日，中国银行业监督管理委员会审议并通过了《电子银行业务管理办法》和《电子银行安全评估指引》。上述两个文件是银监会在认真分析总结我国商业银行电子银行业务发展的基础上，结合我国现有金融法律制度，借鉴境外有关机构对电子银行业务的监管经验制定的。两个文件已经于 2006 年 3 月 1 日实施。2007 年 7 月，银监会又发布了《关于做好网上银行风险管理和服务的通知》，提出在 2007 年 12 月 31 日前应对所有网上银行高风险账户操作统一使用双重身份认证，加强用户身份验证管理的要求。

3.4.3　规范和协同发展的电子商务立法时期

2007 年 3 月 6 日，商务部发布了《关于网上交易的指导意见（暂行）》。该指导意见要求逐步规范网上交易行为，帮助和鼓励网上交易各参与方开展网上交易，警惕和防范交易风险，依法维护各方权益，创造和维护网上交易良好环境，推动我国电子商务发展。商务部在 2007 年 12 月发布《关于促进电子商务规范发展的意见》，在 2008 年 4 月发布《电子商务模式规范》，于 2011 年 7 月出台《第三方电子商务交易平台服务规范》，显示了我国商务主管部门积极规范电子商务的鲜明态度。

2008 年 4 月，农业部《关于加快推进农村信息化示范工作的意见》出台，2009 年 11 月商务部《关于加快流通领域电子商务发展的意见》发布，2011 年 10 月商务部《“十二五”电子商务发展指导意见》公布。这些文件对于深化和扩展我国电子商务应用，都有一定的宏观指导意义。

国家邮政局《快递业服务标准》（2007 年 9 月）和《快递业务操作指导规范》（2011 年 8 月）将促进和规范我国物流快递行业发展，中国人民银行《关于加强银行卡安全管理预防和打击银行卡犯罪的通知》（2009 年 4 月）、《非金融机构支付服务管理办法》（2010 年 6 月）和《支付机构客户备付金存管暂行办法（征求意见稿）》（2011 年 11 月）对于改善电子支付环境将起促进作用。

2007 年以后我国电子商务立法大多是部门法规，体现了对电子商务发展中的问题进行规范的思想。同时，相关部门针对自己领域存在的问题，积极研究对策，出台规章，这样整体配合，有利于电子商务环境的优化。

3.4.4　我国有关电子商务的法规清单

这里列出我国有关电子商务的法规清单，供学习选用。有关法律/规划等法规性文件的全文可以在中国互联网络信息中心、中国电子商务研究中心等网站查阅。

1. 电子商务

商务部：《"十二五"电子商务发展指导意见》（2011年10月）。

商务部：《第三方电子商务交易平台服务规范》（2011年7月）。

商务部：《电子商务示范企业创建规范（试行）》（2010年10月）。

商务部：《关于加快流通领域电子商务发展的意见》（2009年11月）。

商务部：《电子商务模式规范》（2008年4月）。

农业部：《关于加快推进农村信息化示范工作的意见》（2008年4月）。

商务部：《关于促进电子商务规范发展的意见》（2007年12月）。

国家发展改革委、国务院信息办：《电子商务发展"十一五"规划》（2007年6月）。

商务部：《关于网上交易的指导意见（暂行）》（2007年3月）。

商务部：《关于网上交易的指导意见（征求意见稿）》（2006年6月）。

国务院办公厅：《关于加快电子商务发展的若干意见》（2005年1月）。

国家食品药品监督管理局：《药品电子商务试点监督管理办法》（2000年6月）。

2. 网络购物

国家工商行政管理总局：《关于进一步加强市场监督管理加大打击假冒伪劣违法行为的若干措施》（2011年7月）。

商务部：《关于规范网络购物促销行为的通知》（2011年1月）。

商务部：《关于促进网络购物健康发展的指导意见》（2010年6月）。

国家工商行政管理总局：《网络商品交易及有关服务行为管理暂行办法》（2010年5月）。

商务部商业改革司：《网络购物服务规范》（2008年4月）。

全国人大常委：《中华人民共和国商标法》（2001年10月）。

全国人民代表大会常务委员会：《中华人民共和国消费者权益保护法》（1993年10月）。

3. 物流快递

国家邮政局：《快递业务操作指导规范》（2011年8月）。

国家邮政局：《关于做好旺季期间快递服务督导工作的通知》（2010年12月）。

国家邮政局：《快递业服务标准》（2007年9月）。

4. 电子支付

中国人民银行：《支付机构客户备付金存管暂行办法（征求意见稿）》（2011年11月）。

中国人民银行：《非金融机构支付服务管理办法》（2010年6月）。

中国人民银行：《关于加强银行卡安全管理预防和打击银行卡犯罪的通知》（2009年4月）。

中国人民银行：《电子支付指引（第一号）》（2005年10月）。

海关总署：《关于网上支付税费担保事宜的公告》（2005年8月）。

中国人民银行：《支付清算组织管理办法（征求意见稿）》（2005年6月）。

全国人民代表大会常务委员会：《中华人民共和国电子签名法》（2004年8月）。

5. 互联网

工业和信息化部：《互联网信息服务管理规定（征求意见稿）》（2011年7月）。

财政部：《互联网销售彩票管理暂行办法》（2010年9月）。

文化部：《网络游戏管理暂行办法》（2010年6月）。

全国人民代表大会委员会：《中华人民共和国侵权责任法》（2009年12月）。

国家烟草专卖局办公室：《关于严厉打击利用互联网等信息网络非法经营烟草专卖品的通告》（2009年6月）。

商务部、文化部：《关于加强网络游戏虚拟货币管理工作的通知》（2009年6月）。

卫生部：《互联网医疗卫生信息服务管理办法》（2009年5月）。

工业和信息化部：《木马和僵尸网络监测与处置机制》（2009年4月）。

工业和信息化部：《电信网络运行监督管理办法》（2009年4月）。

工业和信息化部：《电信业务经营许可管理办法》（2009年4月）。

工业和信息化部：《软件产品管理办法》（2009年3月）。

国务院：《废弃电器电子产品回收处理管理条例》（2009年2月）。

工业和信息化部：《电信业务经营许可管理办法》（2009年2月）。

国家测绘局：《关于加强互联网地图和地理信息服务网站监管的意见》（2008年2月）。

国务院：《信息网络传播权保护条例》（2006年5月）。

信息产业部：《互联网电子邮件服务管理办法》（2006年2月）。

国务院新闻办公室、信息产业部：《互联网新闻信息服务管理规定》（2005年9月）。

国家版权局、信息产业部：《互联网著作权行政保护办法》（2005年5月）。

信息产业部：《电子认证服务管理办法》（2005年2月）。

信息产业部、公安部、文化部、国家工商行政管理局：《互联网上网服务营业场所管理条例》（2002年11月）。

中国互联网络信息中心：《中国互联网络信息中心域名争议解决办法》（2002年9月）。

国务院办公厅：《互联网上网服务营业场所管理办法》（2001年4月）。

全国人民代表大会常务委员会：《关于维护互联网安全的决定》（2000年12月）。

信息产业部：《关于互联网中文域名管理的通告》（2000年11月）。

国务院新闻办公室、信息产业部：《互联网站从事登载新闻业务管理暂行规定》（2000年11月）。

国家工商行政管理总局：《关于开展网络广告经营登记试点的通知》（2000年5月）。

国家版权局：《关于制作数字化制品的著作权规定》（1999年12月）。

广电总局：《互联网视听节目服务管理规定》（1997年12月）。

国内贸易部：《全国食品流通电子网络管理试行办法》（1997年1月）。

邮电部：《专用网与公用网联网的暂行规定》（1996年7月）。

本章小结

电子商务法制建设相对于电子商务实践相对滞后，有关的法律规范都还在讨论过程中。当前我国有关电子商务的规划、部门规章、标准等部分地充当着法律的功能。同学们还需要掌握传统的民法、商法、经济法等法律，才能对电子商务法规理解得透彻，并且能够在实践中遵循和应用。

本章习题

1. 如何理解电子商务法?

2. 如何理解电子商务法律体系?

3. 如何理解电子商务的立法原则?

4. 谈谈你对于美国《全球电子商务纲要》主要内容特别是其中五项一般原则的看法。

5. 阅读商务部《第三方电子商务交易平台服务规范》(2011年7月)。你认为该规范有哪些内容比较精彩?有哪些不足之处?特别地,针对该规范发布以后,我国电子商务发展中出现的一些新情况,你认为该规范应该如何完善;应该如何保证该规范得到实施?

第三方电子商务交易平台服务规范

前　言

本规范的全部技术内容为推荐性。

本规范的制定是根据国家相关法律法规,参照中华人民共和国《互联网信息服务管理办法》(国务院令2000年第292号)、商务部《关于网上交易的指导意见(暂行)》(商务部公告2007年第19号)和国家工商行政管理总局《网络商品交易及有关服务行为管理暂行办法》(国家工商行政管理总局令2010年第49号)的规定,并总结电子商务实际运作经验制定的。

本规范由中华人民共和国商务部提出。

引　言

电子商务服务业是以信息技术应用和经济发展需求为基础,对社会全局和可持续发展具有重要引领带动作用的新兴产业。中国电子商务正处在高速发展时期。加强电子商务标准化建设,对于促进经济增长方式的转变,推动经济社会又好又快发展具有重要意义。

第三方电子商务交易平台在电子商务服务业发展中具有举足轻重的作用。第三方电子商务交易平台不仅沟通了买卖双方的网上交易渠道,大幅度降低了交易成本,也开辟了电子商务服务业的一个新的领域。加强第三方电子商务交易平台的服务规范,对于维护电子商务交易秩序,促进电子商务健康快速发展,具有非常重要的作用。

为规范第三方电子商务交易平台的经营活动,保护企业和消费者合法权益,营造公平、诚信的交易环境,保障交易安全,促进电子商务的快速发展,依据中华人民共和国有关法律法规和相关政策文件制定本规范。

1. 范围

本规范规定了在中华人民共和国境内从事第三方电子商务交易平台服务和经营活动的行为规范,但法律法规另有规定的除外。

商务部负责对本规范的解释。

2. 规范性引用文件

本规范起草过程中参考了下述文件:

（1）中华人民共和国《互联网信息服务管理办法》（国务院令 2000 年第 292 号）；

（2）商务部《关于网上交易的指导意见（暂行）》（商务部公告 2007 年第 19 号）；

（3）国家工商行政管理总局《网络商品交易及有关服务行为管理暂行办法》（国家工商行政管理总局令 2010 年第 49 号）；

（4）国家标准《电子商务模式规范》（SB/T 10518—2009）；

（5）国家标准《网络交易服务规范》（SB/T 10519—2009）；

（6）国家标准《大宗商品电子交易规范》（GB/T 18769—2003）；

（7）国家标准《第三方电子商务服务平台服务及服务等级划分规范第 2 部分：企业间（B2B）、企业与消费者间（B2C）电子商务服务平台》（GB/T 24661.2—2009）；

（8）公安部、国家保密局、国家密码管理局、国务院信息化工作办公室《信息安全等级保护管理办法》（公通字[2007]43 号）。

相对于上述文件，本规范突出表现出两方面的特点：

（1）规制的重点不同。本规范专注于对主体的管理，规制交易主体之间的关系，并从法律角度提出规范的条款。

（2）写作的方法不同。本规范没有对第三方交易平台的所有行为进行详细的规定，这主要是因为现有文件已经对电子商务交易活动作了详细的、静态的规定。本规范主要关注现有文件和标准没有顾及的交易主体之间关系的调整，并把这种调整看作一种动态的、系统的活动。

3. 术语和定义

3.1 电子商务

本规范所指的电子商务，系指交易当事人或参与人利用现代信息技术和计算机网络（包括互联网、移动网络和其他信息网络）所进行的各类商业活动，包括货物交易、服务交易和知识产权交易。

3.2 第三方电子商务交易平台

第三方电子商务交易平台（以下简称第三方交易平台）是指在电子商务活动中为交易双方或多方提供交易撮合及相关服务的信息网络系统总和。

3.3 平台经营者

第三方交易平台经营者（以下简称平台经营者）是指在工商行政管理部门登记注册并领取营业执照，从事第三方交易平台运营并为交易双方提供服务的自然人、法人和其他组织。

3.4 站内经营者

第三方交易平台站内经营者（以下简称站内经营者）是指在电子商务交易平台上从事交易及有关服务活动的自然人、法人和其他组织。

4. 基本原则

4.1 公正、公平、公开原则

平台经营者在制定、修改业务规则和处理争议时应当遵守公正、公平、公开原则。

4.2 业务隔离原则

平台经营者若同时在平台上从事站内经营业务的，应当将平台服务与站内经营业务分开，并在自己的第三方交易平台上予以公示。

4.3 鼓励与促进原则

鼓励依法设立和经营第三方交易平台，鼓励构建有利于平台发展的技术支撑体系。

鼓励平台经营者、行业协会和相关组织探索电子商务信用评价体系、交易安全制度，以及便捷的小额争议解决机制，保障交易的公平与安全。

5. 第三方交易平台的设立与基本行为规范

5.1 设立条件

第三方电子商务交易平台的设立应当符合下列条件：

（1）有与从事的业务和规模相适应的硬件设施；

（2）有保障交易正常运营的计算机信息系统和安全环境；

（3）有与交易平台经营规模相适应的管理人员、技术人员和客户服务人员；

（4）符合《中华人民共和国电信条例》《互联网信息服务管理办法》、《网络商品交易及有关服务行为管理暂行办法》、《电子认证服务管理办法》等法律、法规和规章规定的其他条件。

5.2 市场准入和行政许可

平台经营者应当依法办理工商登记注册；涉及行政许可的，应当取得主管部门的行政许可。

5.3 平台经营者信息公示

平台经营者应当在其网站主页面或者从事经营活动的网页显著位置公示以下信息：

（1）营业执照、组织机构代码证、税务登记证以及各类经营许可证；

（2）互联网信息服务许可登记或经备案的电子验证标识；

（3）经营地址、邮政编码、电话号码、电子信箱等联系信息及法律文书送达地址；

（4）监管部门或消费者投诉机构的联系方式。

（5）法律、法规规定其他应披露的信息。

5.4 交易平台设施及运行环境维护

平台经营者应当保障交易平台内各类软硬件设施的正常运行，维护消防、卫生和安保等设施处于正常状态。

平台经营者应按照国家信息安全等级保护制度的有关规定和要求建设、运行、维护网上交易平台系统和辅助服务系统，落实互联网安全保护技术措施，依法实时监控交易系统运行状况，维护平台交易系统正常运行，及时处理网络安全事故。

日交易额1亿元人民币以上（含1亿元）的第三方电子商务交易平台应当设置异地灾难备份系统，建立灾难恢复体系和应急预案。

5.5 数据存储与查询

平台经营者应当妥善保存在平台上发布的交易及服务的全部信息，采取相应的技术手段保证上述资料的完整性、准确性和安全性。站内经营者和交易相对人的身份信息的保存时间自其最后一次登录之日起不少于两年；交易信息保存时间自发生之日起不少于两年。

站内经营者有权在保存期限内自助查询、下载或打印自己的交易信息。

鼓励第三方交易平台通过独立的数据服务机构对其信息进行异地备份及提供对外查询、下载或打印服务。

5.6 制订和实施平台交易管理制度

平台经营者应提供规范化的网上交易服务，建立和完善各项规章制度，包括但不限于下列制度：

（1）用户注册制度；

（2）平台交易规则；

（3）信息披露与审核制度；

（4）隐私权与商业秘密保护制度；

（5）消费者权益保护制度；

（6）广告发布审核制度；

（7）交易安全保障与数据备份制度；

（8）争议解决机制；

（9）不良信息及垃圾邮件举报处理机制；

（10）法律、法规规定的其他制度。

平台经营者应定期在本平台内组织检查网上交易管理制度的实施情况，并根据检查结果及时采取改善措施。

5.7 用户协议

平台经营者的用户协议及其修改应至少提前30日公示，涉及消费者权益的，应当抄送当地消费者权益保护机构。

用户协议应当包括但不限于以下内容：

（1）用户注册条件；

（2）交易规则；

（3）隐私及商业秘密的保护；

（4）用户协议的修改程序；

（5）争议解决方式；

（6）受我国法律管辖的约定及具体管辖地；

（7）有关责任条款。

平台经营者应采用技术等手段引导用户完整阅读用户协议，合理提示交易风险、责任限制和责任免除条款，但不得免除自身责任，加重用户义务，排除用户的法定权利。

5.8 交易规则

平台经营者应制定并公布交易规则。交易规则的修改应当至少提前30日予以公示。用户不接受修改的，可以在修改公告之日起60日内书面通知退出。平台经营者应当按照原交易规则妥善处理用户退出事宜。

5.9 终止经营

第三方交易平台歇业或者其他自身原因终止经营的，应当提前一个月通知站内经营者，并与站内经营者结清财务及相关手续。

涉及行政许可的第三方交易平台终止营业的，平台经营者应当提前一个月向行政主管部门报告；并通过合同或其他方式，确保在合理期限内继续提供对消费者的售后服务。

5.10 平台交易情况的统计

平台经营者应当做好市场交易统计工作，填报统计报表，定期向有关行政主管部门报送。

6. 平台经营者对站内经营者的管理与引导

6.1 站内经营者注册

（1）通过第三方交易平台从事商品交易及有关服务行为的自然人，需要向平台经营者提出申请，提交身份证明文件或营业执照、经营地址及联系方式等必要信息。

（2）通过第三方交易平台从事商品交易及有关服务行为的法人和其他组织，需要向平台经营者提出申请，提交营业执照或其他获准经营的证明文件、经营地址及联系方式等必要信息。

（3）第三方电子商务交易平台应当核验站内经营者的营业执照、税务登记证和各类经营许可证。第三方电子商务交易平台对外是否显示站内经营者真实名称和姓名由平台经营者和站内经营者协商确定。

（4）平台经营者应当每年定期对实名注册的站内经营者的注册信息进行验证，对无法验证的站内经营者应予以注明。

（5）平台经营者应当加强提示，督促站内经营者履行有关法律规定和市场管理制度，增强诚信服务、文明经商的服务意识，倡导良好的经营作风和商业道德。

6.2 进场经营合同的规范指导

平台经营者在与站内经营者订立进场经营合同时，应当依法约定双方规范经营的有关权利义务、违约责任以及纠纷解决方式。该合同应当包含下列必备条款：

（1）平台经营者与站内经营者在网络商品交易及有关服务行为中不得损害国家利益和公众利益，不得损害消费者的合法权益。

（2）站内经营者必须遵守诚实守信的基本原则，严格自律，维护国家利益，承担社会责任，公平、公正、健康有序地开展网上交易，不得利用网上交易从事违法犯罪活动。

（3）站内经营者应当注意监督用户发布的信息，依法删除违反国家规定的信息，防范和减少垃圾邮件。

（4）站内经营者应当建立市场交易纠纷调解处理的有关制度，并在提供服务网店的显著位置公布纠纷处理机构及联系方式。

6.3 站内经营者行为规范

平台经营者应当通过合同或其他方式要求站内经营者遵守以下规范，督促站内经营者建立和实行各类商品信誉制度，方便消费者监督和投诉：

（1）站内经营者应合法经营，不得销售不符合国家标准或有毒有害的商品。对涉及违法经营的可以暂停或终止其交易。

（2）对涉及违法经营或侵犯消费者权益的站内经营者可以按照事先公布的程序在平台上进行公示。

（3）站内经营者应就在停止经营或撤柜前 3 个月告知平台经营者，并配合平台经营者处理好涉及消费者或第三方的事务。

（4）站内经营者应主动配合平台经营者就消费者投诉所进行的调查和协调。

6.4 对交易信息的管理

平台经营者应对其平台上的交易信息进行合理谨慎的管理：

（1）在平台上从事经营活动的，应当公布所经营产品的名称、生产者等信息；涉及第三方许可的，还应公布许可证书、认证证书等信息。

（2）网页上显示的商品信息必须真实。对实物（有形）商品，应当从多角度多方位予以展现，不可对商品的颜色、大小、比例等做歪曲或错误的显示；对于存在瑕疵的商品应当给予充分的说明并通过图片显示。发现站内经营者发布违反法律、法规广告的，应及时采取措施制止，必要时可以停止对其提供网上交易平台服务。

（3）投诉人提供的证据能够证明站内经营者有侵权行为或发布违法信息的，平台经营者应对有关责任人予以警告，停止侵权行为，删除有害信息，并可依照投诉人的请求提供被投诉人注册的身份信息及联系方式。

（4）平台经营者应承担合理谨慎信息审查义务，对明显的侵权或违法信息，依法及时予以删除，并对站内经营者予以警告。

6.5 交易秩序维护

平台经营者应当采取合理措施，保证网上交易平台的正常运行，提供安全可靠的交易环境和公平、公正、公开的交易服务，维护交易秩序，建立并完善网上交易的信用评价体系和交易风险警示机制。

平台经营者应当合理提示用户关注交易风险，在执行用户的交易支付指令前，应当要求用户对交易明细进行确认；从事网上支付服务的经营者，在执行支付指令前，也应当要求付款人进行确认。

鼓励平台经营者设立冷静期制度，允许消费者在冷静期内无理由取消订单。

鼓励网络第三方交易平台和平台经营者向消费者提供“卖家保证金”服务。保证金用于消费者的交易损失赔付。保证金的金额、使用方式应事先向当地工商行政主管部门备案并公示。

6.6 交易错误

平台经营者应当调查核实个人用户小额交易中出现操作错误投诉，并帮助用户取消交易，但因具体情况无法撤销的除外。

6.7 货物退换

平台经营者应当通过合同或其他方式要求站内经营者依照国家有关规定，实施商品售后服务和退换货制度，对于违反商品售后服务和退换货制度规定的站内经营者，平台经营者应当受理消费者的投诉，并可依照合同追究其违约责任。

6.8 知识产权保护

平台经营者应当建立适当的工作机制，依法保护知识产权。对于权利人附有证据并通知具体地址的侵权页面、文件或链接，平台经营者应通知被投诉人，同时采取必要措施保护权利人合法权益。法律法规另有规定的除外。

平台经营者应通过合同或其他方式要求站内经营者遵守《商标法》、《反不正当竞争法》、《企业名称登记管理规定》等法律、法规、规章的规定，不得侵犯他人的注册商标专用权、企业名称权等权利。

6.9 禁止行为第三方交易平台同时利用自有平台进行网上商品（服务）交易的，不得相互串通，利用自身便利操纵市场价格，扰乱市场秩序，损害其他经营者或者消费者的合法权益。

7. 平台经营者对消费者的合理保护

未经用户同意，平台经营者不得向任何第三方披露或转让用户名单、交易记录等数据，但法律法规另有规定的除外。

平台经营者应督促站内交易经营者出具购货凭证、服务单据及相关凭证。

消费者在网络交易平台购买商品或者接受服务，发生消费纠纷或者其合法权益受到损害的，平台经营者应当向消费者提供站内经营者的真实的网站登记信息，积极协助消费者维护自身合法权益。

8．平台经营者与相关服务提供者的协调

8.1 电子签名

鼓励依照《中华人民共和国电子签名法》的规定订立合同。标的金额高于 5 万元人民币的网上交易，第三方交易平台应提示交易双方使用电子签名。

8.2 电子支付

第三方电子商务交易平台采用的电子支付应当由银行或具备合法资质的非金融支付机构提供。

8.3 广告发布

平台经营者对平台内被投诉的广告信息，应当依据广告法律规定进行删除或转交广告行政主管机构处理。

第三方交易平台应约束站内经营者不得发布虚假的广告信息，不得发送垃圾邮件。

对于国家明令禁止交易的商品或服务，提供搜索服务的第三方交易平台在搜索结果展示页面应对其名称予以屏蔽或限制访问。

9．监督管理

9.1 行业自律

鼓励第三方平台经营者依照本规范进行行业自律，支持有关行业组织对平台经营者的服务进行监督和协调。

鼓励行业协会设立消费警示制度，监督和约束有不良行为的平台经营者。

鼓励平台经营者成立行业自律组织，制定行规和行约，建立网上交易诚信体系，加强自律，推动网上交易的发展。

9.2 投诉管理

消费者协会和相关组织通过在线投诉机制受理的网上交易争议投诉，平台经营者应及时配合处理与反馈。

对于不良用户，平台经营者可以根据事先公示的程序和规则对站内经营者的市场准入进行限制。

9.3 政府监管

各级商务主管部门应当建立网上交易服务规范的监管责任制度和责任追究制度，依法对平台经营者及站内经营者的交易行为进行监督。

第4章 电子商务链分析

引例　全程电子商务是大趋势

随着贸易全球化的深入发展，参与竞争的企业将越来越多，市场的区域界限已经开始变得越来越模糊了。中小企业必须开始面对更多的竞争对手，甚至参与全球的贸易竞争。这要求中小企业在销售环节中应该具有获得更多客户和销售渠道的能力，来扩大销售规模。同时也要求中小企业应该能够在采购环节优化供应商结构，或者是寻找到性能价格比更高的原材料，以降低自身的采购成本和销售成本。而传统的商业模式由于受到信息发布、获取和管理等方面的因素制约，难以得到突破性的发展，也难以帮助中小企业更好地面对当前的竞争环境。

在扩大销售和降低采购成本的同时，中小企业还迫切需要加强与上游供应商、下游分销商或客户之间的沟通与协同，以提高各项商业活动的效率，从而让自己在获得规模优势的同时还能够获得速度优势。

电子商务的价值在于高效，全程电子商务则是为企业提供创新性的价值，帮助企业实施自身经营的战略转型。因此，在信息技术的驱动下，中小企业迫切需要更广泛的企业间协同、产业链协作与更深层次的内部流程管理等作为支撑的全程电子商务服务。

全程电子商务是将企业的内部业务与电子商务完全融合，并与上游供应商、下游分销商和客户实现业务协同与信息共享，同时将各种商业活动与企业的品牌传播和产品推广紧密联系在一起，让企业的传统商业活动与电子商务、企业自身与外部合作伙伴、产品销售与品牌推广成为一个整体。

全程电子商务不仅可以管理企业内部业务，同时也可以与对外的信息发布、信息搜索、信息匹配以及基于互联网的电子商务活动联为一体；不仅可以管理内部的销售流程，还可以获取更多的客户信息和销售渠道来扩大企业的销售；不仅可以准确管理企业内部的采购和库存信息，还可以获取更多的供应商信息，优化供应商结构，降低采购成本；不仅可以提高企业内部业务流程的运转效率，还可以与外部合作伙伴进行协同工作，确保外部流程的可管理性和高效运作；不仅可以对企业内部信息进行准确管理，还可以通过将必要的信息及时共享给外部合作伙伴，从而对整个供应链的信息进行准确管理。综上所述，全程电子商务是电子商务与企业管理的完美融合，将成为中小企业开展各种商业活动的一种全新的模式。

目前，国内进军企业全流程电子商务领域的企业包括：金算盘、金蝶、用友伟库、阿里巴巴等，它们都纷纷加入到全程电子商务的争夺当中。全流程电子商务平台在企业商机与贸易撮合方面，即从发布商机、寻找客户开始，一直到洽谈、订货、在线付收款、开具电子发票以至到电子报关、电子纳税等，都能够通过电子商务平台完成。而且，电子商务平台服务还能覆盖某行业或某领域产业链，甚至能全面应用于企业从采购、研发、生产、招商、市场、零售、企划、行政、财务、人力、设计等几乎所有企业的常规部门。

思考题：

随着经济的发展，电子商务也获得了迅速发展，传统的电子商务逐渐向全程电子商务扩展，全程电子商务应该如何理解呢？要实现全程电子商务需要包括哪些必要的环节呢？全程电子商务在未来会有什么样的发展趋势呢？

4.1　电子商务链概念

什么是电子商务链呢？要了解这一概念，需要从交易与商务的基本词义入手，进而勾勒出交易链或商务链的链条节点。

4.1.1　交易与商务

根据《辞海》的说法，交易本指物物交换，《易·系辞下》中曾有“日中为市，致天下之民，聚天下之债，交易而退，各得其所”，后成为买卖的通称。交易较详细的界定就是“双方互以对方向自己让渡钱或物作为前提向对方让渡物或钱的经济行为”。它也通常用于较小范围或一次性的具体交换，如集市上某类或某件商品的买卖，零售商店售货员与顾客之间的具体供销，交易双方按自己意愿达成一致的条件而做成买卖等。人们常将交易统称为双方或多方针对商品或服务进行的买卖。

商务，就是商业上的事务，而商业才是一个典型的经济术语，它是“专门从事商品流通活动的经济部门，也称专门从事商品交换的经济事务”。商业的产生是人类历史上的重大进步，它标志着商品交换发展到了一个新的阶段。商业所组织的商品交换不同于物物交换和简单的商品流通，它是商品交换的发达形式，即发达的商品流通。其特点是：

① 从事商品交换的人或经营组织，既不是生产者，也不是消费者，而是介于生产者与消费者之间专门做买卖的商人或商业组织。

② 商人或商业组织进行买卖活动的目的，是为了货币的增值，即获得商业利润。

③ 商业买卖活动与小商品生产者的买卖活动方式不同。

在商品经济条件下，商业作为国民经济的一个职能部门，对生产和消费起中介作用。其职能是组织商品流通，即把生产领域创造的商品经收购、运输、储存和销售等活动转移到消费领域，保证社会再生产过程周而复始地连续进行。

商务本身就是宽泛的，可以说除了纯粹生产环节外的市场调查、生产计划、原材料采购，产成品储运、流通、交易、消费等商品经济链都属于商务活动。商务与交易密不可分，商务可称为以商品或服务交易为中心的经济事务的总和。

4.1.2　交易链与商务链

交易链与商务链是将交易和商务活动进行联系与划分，并使之有序化的逻辑链条。它们高度抽象地将交易/商务活动表现为不同的节点，每个节点分别代表一定的经济事务，通过将这些节点有效地串联起来，共同形成一个商务链或交易链。

如图 4-1 所示，交易过程细分为交易前、交易中和交易后。交易前包括商品信息的展示与沟通，交易中主要是以价格为核心的谈判与签约，而交易后表现为以货币和商品交换为主的支付和配送。可以说，这里的狭义商务链就是交易链，它也是整个商务链的核心所在。广义的商务链还包括两个环节：商品与市场准备和售后服务阶段。

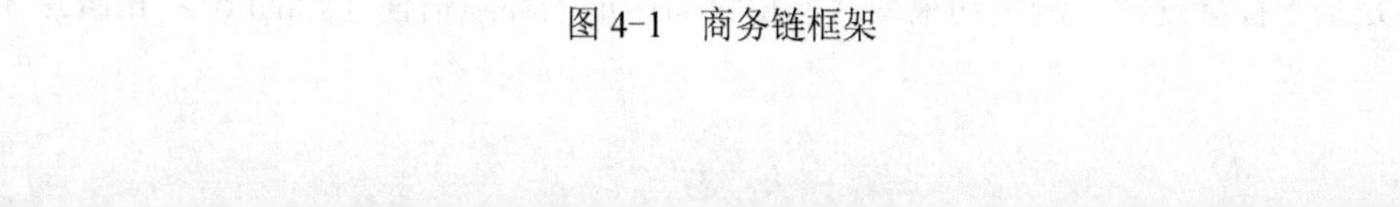

图 4-1　商务链框架

4.1.3 电子商务活动中的六流

传统经济将一般商务活动默认四流，分别是信息流、商流、资金流和物流。实际上，在具体的商务活动中，还应该存在两个流：人员流与信用流。这两个流对经济活动也有其重要作用，特别是在网络环境下买卖双方无须见面，即可在虚拟空间中进行磋商，甚至达成交易。

对这六流的解释依次如下：

1. 信息流

信息流是反映商业经济活动及其特性的各种信息从出发者向接收者运动的过程。它是整个商品流通过程的组成部分，贯穿于商品流通的始终。无论是物物交换阶段，还是以货币为中介的商品交易阶段，或是电子商务时期，信息流都是存在的，唯一的差别存在于信息流传播速度的快慢与传播方式的先进性上。

2. 商流

商流以货币为媒介，是通过商品的购进与销售活动所实现的商品价值形态的变化及所有权的转移。它是商品交易的核心所在，其他几流的存在基本上以商流为前提。商流在任何一个交易阶段都是存在的，也就是说，不存在商流的交换不能称其为交易，如馈赠、遗传等。

3. 资金流

资金流是为了实现商品交易的目的，使货币实现从一方主体转移到另一方主体或经由第三方实现资金中转的过程。资金流是在货币出现以后才开始产生的，货币的出现使典型的商流、物流合二为一的物物交换期升华，开始步入新的商品交易阶段。

4. 物流

物流是商品使用价值实体在商品流通过程中所形成的在时间上的停滞和空间上的运动。物流是商流引起的，又是商流的基础和保证。物流在传统经济时期主要是实物商品的流动，在网络环境下，此概念进行扩充，也包括在网上直接进行的商品使用价值的转移，如网上歌曲、书籍等内容的传输。即是有形的物品和无形的产品（商品）的总和。

5. 人员流

人员流是指围绕商务活动所进行的人员流动。在物物交换阶段，人员流动非常频繁，商品的交换必须以人员的相应流动为代价，商流、物流、信息流合三为一；到以货币为中介的商品交易阶段时，人员流有所减少，但是该阶段资金流独立，商流达成后，专门以交易为目的资金流和物流会存在一定的人员流；网络环境下，信息流、资金流、商流、物流等环节的人员流相应大幅减少，互联网跨越时空的特性使得商务活动在较少的人员流动情况下就可完成大量工作。

6. 信用流

信用流代表商务活动中信誉的传播。信誉的传播主要是为了达成双方的信任，从而顺利实现交易。信誉的传播方式有多种，可以是基于血缘、社会关系基础上的人际间信任，也可以是基于社会规则、制度约束或共同协议而达成的环境信任（situational trust）；可以是契约型信任、能力信任，也可以是道德信任（moral trust）；可以是了解型信任，也可是制度型信任。目前较常见的信誉传播、控制机制有第三方的权威（如司法部门）、公正（如民间团体）、验证（如证书颁发中心）、保证（如担保体系）等中介，它们通过传播声誉，实施适当的可信惩罚或是建立有共同兴趣的团体促进信任的达成，实现信任行为。

4.2　电子商务链流程

有了商务链的基本概念，那什么又是电子商务链呢？其所包含的各活动节点的内容有哪些呢？本节将重点介绍电子商务链的综合框架及具体节点。

4.2.1　电子商务链综合框架

在 4.1 节中对交易（商务）链和信息流、商流、资金流、物流、人员流及信用流分别作了阐述。这一节将电子商务的交易（商务）流程用一个综合的框架表述出来，这一框架称为电子商务链。电子商务链与商务链在本质上是基本相同的，节点划分方法也不存在差异，唯一不同的是电子商务链解释的是电子商务或电子交易的相关活动。后期对电子商务交易（商务）流程及活动的分析也同样遵循这一框架。如图 4-2 所示，电子商务链这一分析框架通过归类划分，突出显示电子商务各链条的关系；经引入“六流”，在商务链中较清晰地描绘出电子商务活动的特性。

在图 4-2 所示的电子商务链分析框架中，商品与市场准备称为前商务阶段，售后服务为后商务阶段，包括其余六个环节的交易则是商务链的核心。其中，展示和沟通称为交易前环节，谈判和签约为交易中，付款和送货为交易后。

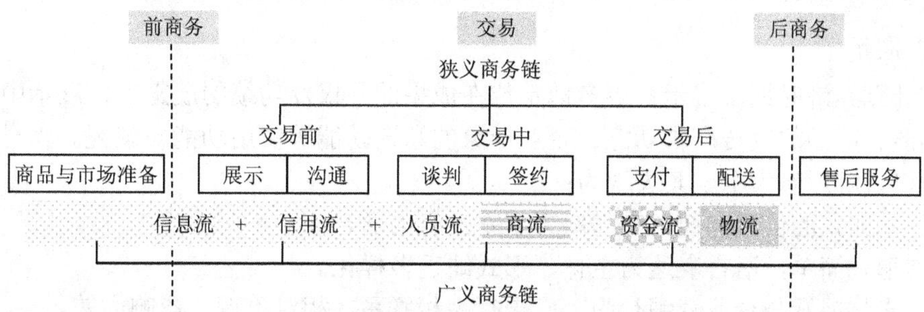

图 4-2　电子商务链

“六流”在电子商务链中的分布在突出显示电子商务研究与应用重心的同时，为完整的电子商务活动尤其是电子交易各环节的顺利实施提供借鉴。商流在签约环节实现转移，付款和送货节点则相应完成资金流和物流，而信息流、信用流和人员流却贯穿整个链条。整个电子商务交易（商务）过程就包括这八个环节，八个环节的顺利实施就能保证电子商务交易的顺利实现。当然，有一些环节在不同的商品交易中其繁简不同。

4.2.2　电子商务链环节说明

有了图 4-2 的电子商务链总体框架，对电子商务活动的分析就有了依据。但是，对链条各个环节的具体含义仍需要界定。这一分析可以在表 4-1 中表现出来。

表 4-1　商务链的核心环节说明

<table>
<tr><th colspan="2">阶　段</th><th>环　节</th><th>解　释</th></tr>
<tr><td colspan="2">前商务</td><td>商品与市场准备</td><td>为通过交易而获取利润的商品生产外的准备和为交易而进行的调查，熟悉市场交易环境，依此调整市场交易主体，遵守、监督市场交易规则等活动</td></tr>
<tr><td rowspan="6">交易</td><td rowspan="2">交易前</td><td>展示</td><td>卖方或买方对其销售商品或所需商品的用途、特性、优势、价格及相关信息的介绍、说明、发布等活动</td></tr>
<tr><td>沟通</td><td>买卖双方或多方在交易达成之前，就商品价格、质量及优势等信息的交流、咨询等活动</td></tr>
<tr><td rowspan="2">交易中</td><td>谈判</td><td>围绕商品的价格、质量、交易方式等为主要内容的双边或多边磋商、洽谈</td></tr>
<tr><td>签约</td><td>买卖双方或多方就商品交易而正式达成的购销协议、购销合同等，实现商流，这是商务链存在的核心、必需环节</td></tr>
<tr><td rowspan="2">交易后</td><td>支付</td><td>买方向卖方按合约支付与交易商品或服务有关的一切费用</td></tr>
<tr><td>配送</td><td>卖方向买方配送物品或实施服务的过程</td></tr>
<tr><td colspan="2">后商务</td><td>售后服务</td><td>交易完成后的咨询、维护、保养等一系列相关活动</td></tr>
</table>

1．商品与市场准备

交易前存在一定的准备活动，称其为前商务活动。它主要包括商品和市场准备。这里的商品是指交易对象，是欲进行买卖的可触及商品（实物商品）和不可触及商品（信息商品及服务）；市场准备涵盖交易环境、交易主体等方面，主要是熟悉交易环境，并依此调整交易主体的行为，以适应市场。所以，可将商品与市场准备的前商务环节表述为为通过交易而获取利润的商品生产外的准备和为交易而进行的调查，熟悉市场交易环境，依此调整市场交易主体，遵守、监督市场交易规则等活动。

2．展示

在计划经济时期，展示被更多地定位在成果的回报及功绩的展露上，展示中的市场营销功能、产品的宣传广告功能、企业形象的塑造功能等实用功能被忽视。当时的展示基本是以讲解形态为主，其表现为：

① 单向式的信息沟通，交易双方基本没有沟通。

② 形式简单，语言表达为主体，形式缺乏多样化。

③ 未将展示与企业营销行为、广告行为相联系，相对单调，影响力差。

在市场经济，尤其是网络经济环境下，展示显得更加重要。在虚拟的交易空间中，展示以其投入少、沟通畅、信息快、市场明等优势为卖方做好企业、产品、品牌的宣传，为买方全面了解情况作好铺垫。在这里将展示表述为：卖方或买方对其销售商品或所需商品的用途、特性、优势、价格及相关信息的介绍、说明、发布等活动。

3．沟通

美国心理学家杜德里和古德森在研究客户拜访沟通心理的报告中说：“在从事销售工作第一年中未获得成功的销售人员有 80%是因为对潜在客户的沟通不力所致。”沟通中的“沟”是手段，“通”是目的。在沟通的定义里有三大要素：首先，要有一个明确的沟通目标，只有有了明确的目标才叫沟通，否则只能是闲聊；其次，要达成共同的协议，沟通结束后一定要形成一个双方或多方所共同承认的协议，只有形成了这个协议才叫完成了一次沟通；最后，沟通的信息、思想和感情，沟通的内容不仅仅是信息，还包括非常重要的思想和感情。上述的沟通概念是全面的、泛义的解释，它不仅包括交易前，还包括交易后，如客户回访、售后解答问题等。在此处对沟通的界定是狭义的，特指买卖双方或多方在交易达成之前，就商品价格、质量及优势等信息的交流、咨询等活动。

4．谈判

谈判的本质是什么？是讨价还价，是建立关系，瓜分经济蛋糕，把蛋糕做大？这些都有道理。用意大利外交家 Daniele Vare 的话来说：谈判就是让他人为了他们自己的原因按你的方法行事的艺术。谈判应使得双方都得到商务发展的机会，为此，谈判的原则至少应包括以下三点：首先，谈判要达成一个明智的协议。这个明智协议的核心特点就是双赢，谈判的结果应满足谈判各方的合法利益，能够公平解决谈判各方的利益冲突，而且还要考虑到符合公众利益。其二，谈判的方式必须有效率。谈判的方式之所以应有助于提供谈判效率，是因为谈判达成协议的效率也应该是双方都追求的双赢的内容之一。最后，谈判应该可以改进或至少不伤害谈判各方的关系。谈判的结果是要取得利益，然而，利益的取得却不能以破坏或伤害谈判各方的关系为代价。在此处，谈判特指围绕商品的价格、质量、交易方式等为主要内容的双边或多边磋商、洽谈，谈判的最终目的是为了交易的达成，即实现签约。

5．签约

签约，即签订合约、合同。合同是平等主体的自然人、法人及其他组织之间设立、变更、终止民事权利义务的一种协议。合同作为一种法律概念，具有如下法律特征：

① 合同是两个以上法律地位平等的当事人意思表示一致的协议。

② 合同以产生、变更或终止债权债务关系为目的。

③ 合同是一种民事法律行为。

合同按归类划分，主要有书面合同和口头合同。《中华人民共和国合同法》第十一条规定：“书面合同是指合同书、信件和数据电文（包括电报、电传、传真、电子数据交换和电子邮件）等可以有形地表现所载内容的形式”。此处，将电子合同也归类于书面合同，因为电子邮件订立的合同存储在磁盘、光盘中，构成了明确、可靠的证据，证明了合同的存在，符合书面合同的要求。口头合同指发生经济交易时，没有可以证明交易双方权利义务的书面凭证，而直接进行实际履行的情况。采用口头合同的主要原因：一是认为口头交易便捷、省事；二是基于特殊的信用关系，无须用合同来约束；三是没有订立合同的习惯；四是有其他证据能证明交易关系的存在，如销售小票、发票。

此外，在网络环境下还产生了点击合同。点击合同（clickwrap contract）是指在电子商务中由销售商或其他经营者通过互联网发出要约，邀用户以其“点击”行为表示承诺从而达成意思表示一致的合同。点击合同的当事人与传统的格式合同的当事人相比有如下特点：

① 点击合同的订立对相对方当事人和物资设备的要求更高。网络交易活动中，相对方当事人必须借助于计算机网络才能完成交易，不仅需要软硬件设备，还应懂得相关知识。

② 在点击合同关系中，相对方当事人的身份和性质往往难以确定。

③ 点击合同以互联网为媒介，合同采用的是“电子讯息”或“数据电文”的形式，不仅与传统合同法就某些合同的书面形式要求不符，而且此种格式合同往往难以保存，极易丢失，其证据效力受到影响。

④ 拟点击合同条款的部分网络服务商享有合同修改权和终止权，与传统的格式合同不同，网络内容提供商可预先设定修改和终止合同的权利。

此处将签约界定为买卖双方或多方就商品交易而正式达成的口头合同、书面合同及点击合同等。签约能实现商流，这也是商务链存在的核心环节。

6．支付

支付是指买方向卖方按合约交付与交易商品或服务有关的一切费用。支付可有多种方式，可以是基于交易主体的（一手交钱、一手交货），也可以是基于第三方的（通过银行进行转账）；可以是基于传统媒介的，也可通过互联网进行支付；此外，在新的经济发展下，还可以是移动支付，即通过手机进行支付。

7．配送

传统意义上，配送是按照用户的订货要求，在物流据点进行分货、配货工作，并将配好的货物送交收货人的活动。配送是流通加工、整理、拣选、分类、配货、运送等一系列活动的集合。通过配送，才能最终使物流活动得以实现；而且，配送活动增加了产品价值，有助于提高企业的竞争力。在此，配送是一个更广阔的概念，指卖方向买方配送物品或实施服务的过程。配送环节完成了物流，即实现商品使用权的转移。信息产品可直接在网上实现转移，同时存在信息产品的使用权的转移，因此也完成了物流活动。而服务类商品的交易实际上完成的是商品享用权的转移，也可称其为一种泛义的物流。

8．售后服务

后商务环节主要用售后服务来表述。售后服务指交易完成后的咨询、维护、保养等一系列相关活动。它对销售企业尤其重要，因为这关系到企业的声誉问题，良好的、人性化的售后服务能够提高卖方的整体知名度，创建品牌效应，宣扬企业形象；而一个不及时、难兑现承诺的售货服务必将引起客户忠诚度的下降，进而影响潜在客户的购买力或消费力。在网络环境下，售后服务可以是多种形式的，除了传统的上门拜访、开通服务热线、发放调查表、定期进行信件联络等外，还出现了网上专家论坛（用以回答顾客有关产品的众多问题）等。

4.3 电子商务链内容

电子商务链代表的是电子商务交易或商务活动的纵向流程，这一流程更多地按照交易或商务实施的前后划分。也就是说，4.2 节所研究的电子商务交易（商务）活动的纵向流程将交易或商务活动流程勾勒出来，而对各流程实施过程所囊括的内容并没有进行深入分析。此节，将列出电子商务交易（商务共性）活动的维度，这些维度不仅是分析电子商务整体活动的指标，而且可以用来分析电子商务链纵向各环节，指导电子商务活动。将这些横向维度称为模式，主要有商业模式、经营模式、技术模式、资本模式、管理模式、信用模式和风险模式七大模式。

4.3.1 商业模式

商业模式是一个企业建立的有效使用资源的方法，通过此方法企业能向顾客提供比竞争对手更大的价值，并以此盈利。具体来说，商务模式是指一个企业如何运营及在以后较长时间内如何规划的过程。

在电子商务环境下，商业模式是指企业在特定市场环境下，确定细分市场和目标顾客之后，运用网络信息技术，凭借自身的竞争优势，与网上的各合作成员整合相关的流程，最终满足顾客的需求，创造价值、实现盈利的一种方式。主要包括价值定位、商业参与者、利润来源、市场环境和竞争优势等五方面。

1）价值定位

价值定位不仅包括企业对自身在价值链中的位置进行定位，还包括如何确定对顾客的价值。企业在价值链中的位置决定了企业的利润来源大小。如果企业处在价值链的核心位置，且顾客价值也很大，能够吸引众多用户，进而也能实现巨大盈利。顾客价值是指企业通过提供给顾客差异化或低成本的产品和服务为顾客带来的价值。价值定位需要企业客观的自我评价和合适的市场进入；还需要敏锐的市场感知能力及把握和引导顾客潜在需求的创新力。价值定位要回答如下问题：

① 企业在产业链或系列商务活动中的角色是什么？

② 企业的近期及长远战略目标是什么？

③ 企业对顾客提供什么差异化的产品和服务？

④ 企业涉及信息流、商流、物流、资金流及信用流了吗？如果涉及，是否解决得当？如果未涉及，是否应该考虑？

2）商业参与者

商业参与者是指与企业相关的主体，包括客户、供应商、商业同盟、竞争者等。企业与商业参与者的关系也各不相同。这一层面需考虑如下问题：

① 企业的目标客户是哪些？

② 企业的供应商有什么？与其关系结构如何？

③ 企业在经营中存在同盟商吗？与其关系结构如何？

④ 还存在哪些商业参与者？

3）利润来源

利润来源是指企业获利的主要途径，也可以具体到每个收益来源的顾客群、时间、盈利、市场的驱动力等。电子商务模式的利润来源可以分为：销售收入（sales）、订阅收入（subscription）、合作分成（affiliates）、广告收入（advertising）、经纪费用（transaction fee）等。销售收入是指销售商品或服务所得到的收入；订阅收入是企业通过用户订阅某项服务，按期付费（每日、每月或每年）而获得的收入；合作分成是指企业通过与其他同盟网站间的合作，促进商品的销售从而获得的利润分成，一般通过点击付费和收入均分等方式获得；广告收入是传统媒介的扩展，在网站上特定位置放置客户广告而获得收入，也有根据付费位置获得收入；经纪费用是指交易中介商从买卖方每笔交易中所收取佣金。企业相关的参与者也可能因为与企业的交互关系而产生收益来源。因此，利润来源及参与者收益需考虑：

① 企业的潜在收益来源和成本结构是怎样的？

② 企业的相关参与者的潜在收益如何？

4）市场环境

市场环境是对企业所处的市场外围环境的总称。而竞争优势是指企业在市场环境中拥有的有别于其他竞争者的优势。这种优势主要是通过企业的核心能力而产生的，而核心能力是企业核心竞争力的培育和提高。企业需要保持这种持续的竞争优势，才能使商业模式获得成功。这一层面需考虑：

① 企业的目标市场情况怎样？

② 潜在竞争对手及其市场占有情况如何？

③ 企业存在资源优势吗？

④ 企业通过怎样的核心能力占领市场？

4.3.2 经营模式

经营模式与业务模式是密切相连的。如果说业务模式注重对整体环节的设计和具体路径的选择，那么经营模式则主要是考虑如何展开具体的商务活动，实现业务模式的各环节设想，促进预期经济目标的达成。这不仅包括选择各环节具体的合作者、协作者、协作方式、分成方法，经营的工具、手段、方式、方法，还包括非业务模式环节的市场开拓、广告宣传等事宜。经营模式将业务模式主体化、动态化、丰润化、灵活化、具体化和人、财、物，产、供销一体化和协调化。

在经营模式分析中需要对以下几个方面进行分析，即交易前分析、交易中分析、交易后分析和商务工具分析。通过这些分析来确定商品的展示方式、洽谈途径与方式、签约方式、货款支付方式、在商务活动中采用什么样的系统等问题。产品与市场的细分主要针对企业的不同顾客群，考虑差异化的产品、服务和业务类型。企业所面临的顾客有很多种，根据客户群体的年龄、教育背景、所处地域等特点的不同，可划分为很多类别。所以，针对不同类别的客户，所提供的产品也不能是完全一样的，需要差别化对待。分析产品与市场的细分，需要考虑：

① 企业的主要产品或服务是什么？

② 企业还有哪些增值服务？

③ 目标客户如何细分？针对不同的目标客户，提供怎样的差异化产品与服务？

商务链由商品与市场的准备、展示、沟通、谈判、签约、支付、配送及售后等一系列环点组成。商务型企业的业务流程围绕商务链展开，因此分析商务链的解决方案也就能理清企业的经营模式。商务链的解决方案涉及：

① 交易前分析。客户搜寻商品和服务信息的渠道与方式有哪些？商品展示采取什么方式？客户与公司的信息交流采取什么方式？

② 交易中分析。商务咨询洽谈的方式与途径是什么？交易订单签约方式是电子化的还是纸质的？

③ 交易后分析。交易的货款支付采取何种方式，具有什么特点？商品的物流配送采取哪种方式，具有什么特点？公司提供什么样的电子化服务方式？

信息化、现代化商务工具的采用能有效提高企业的工作效率，促使企业的经营效果更加明显。而市场营销是企业经营的一个重要手段，主要对产品、价格、促销、渠道等方面进行管理策划。这里主要考虑：

① 企业是否采用了 SCM、CRM、ERP 等系统，具体的实施效果如何？

② 市场的整体营销策略是什么？

③ 市场的具体营销方案有哪些？

4.3.3 技术模式

技术模式是电子商务项目中实现项目业务模式，维护系统正常运行及意外发生时能保护、恢复系统的通信、硬件、软件及相关人员构成的体系。主要包括通信系统、硬件系统、软件系统及其他专用系统等。

1）通信系统

通信系统是用来连接公司内不同部门及供应商、客户、结盟者、政府、第三方服务商等商务活动主体的系统。在通信系统中，计算机通信网络的构建是关键，计算机通信网络是多台独立的计算机通过有形或无形的介质连接，在网络协议的控制下实现资源共享。在具体构建通信网络时可以选择宽带专网、电视网、电话网等网络通信技术。分析通信系统需考虑：

① 企业是否采用了交换机？交换机属于什么系列（核心交换机、楼层交换机、桌面交换机）？

② 企业是否采用了硬件防火墙？

③ 企业是否采用了路由器？

④ 具体的接入方式是什么（专线、光纤）？

2）硬件系统

计算机硬件系统是电子商务的重要基础设施，是电子商务技术系统的支撑体系和各种应用软件的重要载体。主要包括服务器和客户机两个方面的硬件系统，其中服务器是存储文件和其他内容的硬件组合，客户机是为存取和显示内容而配置的硬件组合。需考虑如下问题：

① 企业采用什么服务器（小型机、PC server）？

② 是否采用了服务器集群？

3）软件系统

计算机软件系统包括系统软件和应用软件等。需考虑如下问题：

企业网站的开发语言是什么？脚本语言是什么？

① 企业网站采用什么数据库？

② 企业服务器的操作系统是什么？

4）其他专用系统

其他专用系统是指在电子商务应用中所使用的商品扫描系统、支付刷卡系统、企业资源计划（ERP）、客户关系管理（CRM）、供应链管理（SCM）等专用系统。需考虑如下问题：

① 企业网站的安全解决方案是什么？采用哪些技术？

② 企业支付环节的技术解决方案是什么？采用哪些技术？

③ 企业是否设计了 OA、ERP 等专业软件系统？采用情况如何？

虽然技术模式是基于项目的业务模式而构建的，但在应用过程中尤其要注意几项问题：

① 对每一模块需运用的方法和工具要提出多样化选择方案，通过综合评价，采用最合宜的。这样，能够保证工具的先进性、系统的操作性、后期的投入量等达到均衡，解决不必要支出的同时，防止后期隐患。

② 要从全局出发，考虑各子模块及各阶段的兼容性，保证系统的较全面结合。

③ 要注意对前期设备、数据的整合运用，提高系统的有效性。

4.3.4 资本模式

资本模式囊括了从资本进入（选择类型、计划筹措）、运作（内部运作与外部运作）到退出（主动退出、被动退出）的整个过程。要实施一个电子商务新项目或在原有基础上建设一个大的电子商务项目，资本模式的规划必不可少。公司电子商务的资本模式主要有风险投资型资本模式和传统投资型资本模式两种。

1. 风险投资型资本模式

风险投资是由职业金融家的风险投资公司、跨国公司或投资银行所设立的风险投资基金投入到新兴的、迅速发展的、有巨大竞争潜力的企业中的一种权益资本。在这种投资方式下，投资人为融资人提供长期股权投资和增值服务，培育企业快速成长，数年后再通过上市、兼并或其他股权转让方式撤出投资，取得高额投资回报。

风险投资型的电子商务资本模式，是指风险投资对电子商务公司的直接投资，或已经建立电子商务网站的电子商务公司吸引风险投资的介入。这种风险投资一般在电子商务公司创业阶段就进入，因而又称创业投资。

成熟的风险投资发源于美国，而且曾经取得了令人瞩目的成功，许多电子商务公司得到大量的风险投资的支持，从而得到了快速的发展。20 世纪 90 年代末以来，我国的电子商务和因特网服务领域也开始吸引国外的风险投资。

2. 传统投资型资本模式

传统投资型电子商务资本模式是指传统企业通过各种形式进入电子商务领域，将资本引入电子商务公司或因特网服务公司。银行贷款、招商入股，或股票发行、售卖债券等都是传统的资本投资模式，而电子商务投资模式有所不同，主要有以下几种形式：

1）传统企业建立网站，实现企业上网

随着 Internet 的飞速发展和我国企业上网、政府上网的启动，许多传统企业尤其是国有企业，纷纷建立自己的网站，实现了企业上网，在网上发布信息，进行广告宣传或业务洽谈，已经形成电子商务的雏形。但是，这类企业网站投资少，没有形成规模，网站的整体水平不高，未能充分开展电子商务活动。

2）传统企业直接投资电子商务

这类电子商务资本模式主要指一些实力比较雄厚的大企业，投资开发自己的网站，并且实现在线交易。

3）政府或企业投资专业电子商务网站与网上商品交易市场

这类网站往往是针对某一行业，由政府或实力雄厚的企业投资组建，面向某一行业提供电子商务交易平台或面向更多行业的网上交易平台。

4）传统企业和电子商务网站间的资本联合，实现传统企业与电子商务的结合

这种电子商务资本运作模式有两种情况：一是一些虚拟网站参股传统企业组建电子商务网站；二是传统企业收购虚拟网站，从而进军电子商务。

5）电子商务公司之间的并购

这种并购是电子商务公司竞争的一种手段。并购者希望通过并购迅速发展自己，以捆绑的方式提高公司的知名度，而且通过并购吸引其他公司的大量人才，最终目的在于吸引更多的投资，为下一步的发展奠定基础。而被并购的公司往往缺乏进一步的资金支

持。这种电子商务的资本运作方式是电子商务的发展趋势和走向成熟的重要步骤。

进行电子商务案例的资本模式分析，需要从以下几个方面来考虑：

① 公司电子商务网站的资本来源属于风险投资还是传统的产业资本？主要有哪些来源渠道？

② 公司电子商务网站的资本来源如果是风险投资，其投资主体是哪些？其投资运作进入哪个阶段？具有哪些特点？

③ 如果公司电子商务业务属于传统投资型资本模式，是采取何种投资形式？其运作过程具有什么特点？

同样，在资本模式设计过程中要权衡各方面因素，选择最优方法。资本获取有多种方式，它可是自有资金、天使基金、风险资金，银行贷款、招商入股，或股票发行、售卖债券等。一般，对于新项目而言，以前三者为主要形式，招商入股和银行贷款也常常使用，但有一定风险。而对大的增进型项目，股票发行、售卖债券或进行企业股份制改造则较为常见。作为项目负责人，不仅要考虑项目建设阶段的资金筹集、投放环节，还要为后期资金运作、退出做好一定规划。

4.3.5　管理模式

企业电子商务活动需要对企业的各种资源进行优化配置和管理，以保证企业电子商务系统发挥最大的功效。企业电子商务资源可以分为人力资源、财力资源、物力资源、信息资源、无形资产及客户关系资源。

1. 企业电子商务的人力资源管理

人力资源管理就是指在企业电子商务运作中对人力资源的取得、开发、利用和保持等方面进行计划、组织、指挥和控制，其直接目标就是保证人本管理思想在企业得以实现，终极目标就是实现企业的电子商务发展战略。

企业电子商务人力资源管理的实施，要进行适应网络经济要求的职务分析、电子化招聘（网上招聘）、电子化培训与在线学习、电子化沟通、电子化考评等工作。同时，还要建立用工制度、虚拟员工的行为规范、评估制度、薪酬制度等企业电子商务人力资源管理的相关制度。

2. 网络财务管理

电子商务使企业财务管理突破了时空的界限，降低了财务管理活动的成本，也使企业的财务管理活动出现了新的风险，要求财务管理能够实现新的管理模式和工作方式。

网络财务是一种基于计算机网络技术，以整合实现企业电子商务为目标，以财务管理为核心，财务、业务协同，支持电子商务，能够提供互联网环境下财务核算、财务管理及其各种功能的、全新的财务管理系统。通过 MRPⅡ或 ERP 将企业业务和财务、物流和资金流、信息流集成起来，也可以开发或引进网络财务软件以实现网络财务管理。

3. 电子化采购管理

电子化采购是通过互联网络，借助计算机管理企业的采购活动。在网络上公布所需产品或服务的内容，供相应的供应商选择；采购企业通过电子目录了解供应商的产品信息，通过比较选择合适的供应商，下订单及进行后续的采购管理工作。

4. 电子商务的服务管理

电子商务的机遇需要靠优质的服务去把握，客户的选择标准将会集中于服务。电子化交易呼唤人性化服务，服务是维护客户忠诚的基本条件，增强员工凝聚力的重要因素。这样，就要求服务要快速响应，满足个性化需求，具有独特的网站设计，成为一流的客户服务提供者。

电子化服务的实现方式有自建方式和外包方式两种。自建方式是公司自己建立网站，独立提供服务；外包方式是选择虚拟主机或服务器托管，进行标准化的电子化服务。

在进行电子商务案例的管理模式分析时，需要从以下几个方面进行分析：

① 公司电子商务组织采用何种形式？具有什么特点？

② 公司的业务流程具有什么特点？是否适应电子商务的要求？

③ 公司的人力资源管理、财务管理、采购管理、服务管理等专业管理是否采用电子化的手段？有什么特点？

④ 公司电子商务管理具有哪些方面的管理制度和奖惩制度来保证电子商务活动的正常进行？

⑤ 公司电子商务网站的服务有效性如何？即客户能否迅速找到常见问题的答案；能否迅速回复客户的服务请求；网站内容能否随着客户的反馈而不断更新；是否提供E-mail服务，把站点的最新更新信息传递给访问者；最有用最常用的信息是否首先展示给访问者；是否知道经常光顾网站的是谁，他们对哪些信息感兴趣；是否建立了一些方法，来分析访问者对产品和服务的需求；能否经常听到客户对站点的正面或反面的评价；是否能及时地捕捉到本公司员工的想法，并把他们的想法在网站公布出来；网站是否为客户和员工提供了网上交流的功能，并定期进行收集整理等。

4.3.6 信用模式

人类历史发展到今天，“信用”一词已经包括着极其丰富的内涵。它可能是人类认识中最为复杂、最难以捉摸的概念之一。信用一词可分别从伦理、经济、法律和货币四个角度进行界定。

从伦理学角度理解“信用”，它实际上是指“信守诺言”的一种道德品质。人们在日常生活中讲的“诚信”、“可信”、“讲信用”、“一诺千金”、“君子一言，驷马难追”实际上反映的就是这个层面的意思。

从经济角度讲，信用实际上是指“借”和“贷”的关系，是“在一段限定的时间内获得一笔钱的预期”。从经济角度理解的信用有着丰富的层次，至少可以从国家、银行、企业、个人几个层次来理解。国家信用至少包括两层意思：首先是国家和国家之间的借贷关系，即所谓的主权债务；其次表现在国家政府与本国的企业与居民之间的借贷关系。银行与企业、个人之间的信用是相互的，银行要从企业和个人取得信用，也就是要向企业和个人借到钱；同时，企业与个人也需要向银行取得信用，企业可用以解燃眉之急，个人可应不时之需。企业与企业、个人之间的信用主要体现在两方面：一是商业信用或称B2B信用，主要是企业与企业之间的非现金交易；二是企业与个人之间的信用，又称B2C信用，这种形式的信用在日常生活中是常见的。

从法律角度理解的“信用”实际上有两层含义，第一层是指当事人之间的一种关系，但凡“契约”规定的双方的权利和义务不是当时交割的，存在时滞，就存在信用；第二层含义是指双方当事人按照“契约”规定享有的权利和肩负的义务。

在信用创造学派的眼中，信用就是货币，货币就是信用；信用创造货币；信用形成资本。在货币金融学中有一重要的流派，即以 18 世纪的约翰• 劳为先驱，以 19 世纪的麦克鲁德及 20 世纪的熊彼特等人为代表的“信用创造学派”。约翰• 劳说：“信用是必要的，也是有用的，信用量增加与货币量的增加有同样的效果，即它们同样能产生财富、兴盛商业。”约翰 • 劳的基本逻辑是这样的：“货币就是财富——货币不必是金银，而以土地、公债、股票等为保证所发行的纸币为最好——纸币是银行的一种信用——银行通过供给这种信用，就可提供丰富的货币——给经济以最初的冲击——依靠这种冲击，就可以使国家富强、经济繁荣。总之，信用即货币，货币即财富，即资本。”

基于网络环境与商品交易的双重背景，可以简单地将信用表述为“买卖方因各种原因，在交易中遵守规则、履行条约，按照双方的共识行事，实现彼此效用的最大化”。需要强调的是任何的信用特性（名词性特性，即他方认定的“守信”）或信用活动（动词性特性，即遵守规则，实事预期行为）都是以信任为基础的。信任是“一种在不确定性风险情势存在的情况下，一方主体相信另一方主体会按照共同的期望行事，不攻击其脆弱性的一种主观信念”。所以，信任首先是一种主观的信念、个人的意愿。因此，除了基于权势、威胁的行为外，在商品交易中，信任是交易行为的最基本、最底层的前提。因为，只有先获得他方的信任，才会存在实施信用交易的机会。同时，也只有在前期的信任基础上，交易者才能相互合作、建立关系，继而树立“守信用”的声誉。

经济学界对信任的关注是近 20 年才开始上升的，尤其是当学者们逐渐意识到信任在信息不对称的经济活动中起着非常重要的作用时，他们指出信任是一种不完全合同、隐性合同、自我约束协议及可信承诺。随着互联网的发展，信任有了新的提法：网上信任（online trust）和网下信任（offline trust）。其实，从本源上讲，这种划分不尽合理，因为无论是网上信任，还是网下信任，其本质都是信任。其有着一样的传递要素或评判维度（如通过产品质量、企业声誉、个人的品德），一样的形成机制（基于熟悉、制度、或认同）。但网下信任的对象多是单个的人或组织；而网上信任除了要考查对方主体的可信性外，还需建立对网络媒介的一种信任。也就是说，要顺利进行网上交易，主体需跨越两层鸿沟：对交易对象的信任度衡量和对交易媒介（互联网）的信任度判断。

所有的信任机制都是围绕信任的特点设计的，旨在通过采取各种手段，促进主体为了共同信念的达成而遵守诺言，实施可信行为。目前较常见的有第三方的权威（如司法部门）、公正（如民间团体）、验证（如证书颁发中心）、保证（如担保体系）等中介，他们通过传播声誉，实施适当的可信惩罚或是建立有共同兴趣的团体促进信任的达成，实现信任行为。网上交易常用的信任机制有声誉体系（reputation system）、网上印章（online seals）、网上保证中介（online escrow）、网上共同组织（online community）及收取进入费（entry fee）等。所以，这里的信用模式是指以建立信任、树立信用为目的的各种机制，也指促进各环节信任达成的途径和方法。

电子商务的信用模式需要回答下列问题：

① 企业（用户）遵守的信用规则是什么？

② 为了达成用户（企业）的信任，企业（用户）在各环节采取了什么措施？

③ 企业的信任机制是否有效，如何补救？

④ 针对客户的欺诈行为，企业如何进行防范？设置了何种特定的机制？

⑤ 为了向客户证明自身的可信性，企业采取了哪些措施？

4.3.7 风险模式

对风险进行开拓性研究的是美国经济学家弗兰克•奈特，他在 1921 年出版的《风险，不确定性和利润》中对风险做了经典的定义。奈特认为风险是“可测定的不确定性”，是指经济主体的信息虽然不充分，但却可以对未来可能出现的各种情况给定一个概率值。从企业的内部管理来看，存在的风险包括生产风险、环境风险、技术风险、人员风险、财务风险、经营风险、信用风险、销售风险、品牌风险等。从企业所处的外部环境来看，存在的风险有民族矛盾、局部战争、政治对抗、民族争端、行业不正当竞争、行业相关法律法规的不健全等。

风险管理主要研究如何对企业的人员、财产，以及自然、财务资源进行适当的保护。风险管理是指经济单位对风险进行识别、衡量、分析，并在此基础上有效地处理风险，以最低成本实现最大安全保障的科学管理方法。风险管理过程包括四个阶段：风险处理计划、处理组织的确定、处理的指导和处理的管制。

企业在风险管理过程中首先要制定风险管理计划，包括管理方法（对可能用于风险管理的方法工具和信息来源进行明确的定义）、岗位和职责（对涉及风险管理的岗位和职责进行定义）、预算（建立风险管理的预算）、时间（实施风险管理有关活动的频率及确切时间定义）、评定和解释（对风险管理中的各种情况进行定性定量分析，并对说明方法进行定义）、承受度（对企业对风险承受的能力进行定义）、文档格式（对风险管理过程中形成的各种文档格式及信息沟通的方式进行定义）、反馈（对建立文档资料、便于以后对风险管理的审计和回顾的方式进行定义）；其次，进行风险因素识别；再次，衡量和选择对付风险的方法，有风险控制措施和风险补偿的筹资措施；第四，贯彻和执行风险管理的决策；最后，对风险管理的检查和评价。

电子商务的风险管理模式主要是为了衡量各环节的潜在风险，设置一定的预警、控制及补救机制。其模式需回答下列问题：

① 企业（用户）遵守的风险管理规则是什么？

② 企业在各环节的风险管理计划是什么？

③ 企业对各环节的风险因素识别如何？

④ 企业对付各环节风险的方法是什么？

⑤ 企业对整体流程的风险度分析如何？

4.4 电子商务链应用

为了充分说明电子商务链在具体商务活动中的表现，进而有效指导电子商务链的应用。本节通过商务活动不同链条，具体介绍如何基于电子商务链展开活动。

4.4.1 前商务活动

前商务活动主要是商品与市场准备，包括划分商品、熟悉环境及模式准备。

1. 划分商品

商品是用来交易的产品，是一个历史的范畴。其内涵和外延都随人类历史的发展而演变。从轮船、汽车等（重型商品）到锅、碗、瓢、勺等轻型商品（实物商品）；从咨询、美容等（服务商品）到广播、电视等数字商品（信息商品），种类繁多、层出不穷。然而，并不是所有的商品都能够顺利地在网上实现交易，主要存在物流、信用流等方面的障碍。单从物流层面上讲，很多重型实物商品就不宜在网上进行销售，而个性化服务水平高的服务商品却很适合在网上实施。因此，对商品的电子商务分类十分有益，可指导电子商务的交易活动。

商品的划分有多种，如服务商品、信息商品、数字商品、实物商品等。人们从普遍意义上将其归纳为有形商品和无形商品，或可触及商品和不可触及商品，其中有形商品（可触及商品）特指实物商品，而无形商品（不可触及商品）代表服务商品及信息商品等。然而，上述对商品的分类仍过于简单，在电子商务活动的前商务准备阶段，有必要对商品的完整分类进行分析，为后期交易得出一个框架性的借鉴。

除了上述商品本身特性分类外，商品的划分还可以再纳入两个维度：商品在顾客消费开支中所占的比重及商品的购买频率，商品的差异性及可区分性。如牛奶、鸡蛋等日常生活用品的购买频率高、开支比重低、商品差异性低，不适合网上销售；而汽车、人寿保险等电子产品购买频率低、开支比重高，商品差异化高，适合网上销售。

2. 熟悉环境

这里的环境主要包括法律环境、社会环境、市场环境、企业环境四个方面。也就是说，在前商务准备阶段，企业需要对这四个环境有较全面的认识。法律环境涉及与商品交易有关的法律法规及条文条例，企业理解国家有关措施、倡议，能有效指导其实际行动，避免不必要的麻烦，促进企业与时俱进的合法行为；社会环境反映的整个社会主体在思想、行为、意识等方面所处的状态，熟悉社会环境，企业能够顺应社会大趋势，实时地、恰当地实施与全体社会意识相一致或略超前的企业行为，进而促进其顺利实施；市场环境主要分析整体经济环境、行业状况、竞争者状况等，对整体经济及行业状况的良好把握可促使企业正确定位，避免不切实际的行为，对竞争者的分析能帮助企业扬长避短，不断调整自己；对企业环境的分析主要是对企业内部、企业客户及上下游合作者的分析。

3. 模式准备

本章 4.3 节重点介绍了电子商务活动的七种模式：业务、经营、技术、资金、管理、信用、风险。这七种模式在电子商务各环节活动中依次起到指导的作用。因此，在前商务环节，企业应该对与本行业、企业相关的各种模式因素做一个全面的了解，如此，在交易活动及后商务活动中才能够做到及时回应。

总体说来，商品和市场准备阶段是企业在商务活动以前进行的不断分析、调整，再分析、再调整的过程。此阶段不仅是电子商务链的开始，也是迎合售后服务，连接成统一循环体的必要环节。只有通过这个环节的调整、更正，才能把整个链条中出现的问题予以处理。

4.4.2　交易活动

1. 商品展示

展示环节的总体目标，主要有：

① 对企业的品牌、形象予以全面的宣传。

② 对企业产品的用途、特性、优势、价格及相关信息作以明确的介绍、说明和发布。

③ 发布方式争取多种多样，体现现代化气息。

④ 重点挖掘互联网的特性，利用其优势进行新颖的展示服务。

展示环节细化到各种具体方式上，形式多样，重点包括：

① 建立网站，对企业及产品做专项的宣传，并形成专门的联系通路。

② 通过各种搜索引擎发布企业相关信息，扩大企业及产品的知名度。

③ 细分产品的特性，寻找合适途径对其进行信息化展示，途经包括文字的、图片的、动画的、影片的等。

④ 广泛采取广告的方式进行产品宣传，有旗帜广告（banner）、图标广告（logo）、文字链接（text link）、电子邮件广告（mailing list）、新闻组（news group）、网上问卷调查（questionnaire）等。

2. 商务沟通

沟通是在有着明确的沟通目标的前提下，双方通过多种形式的交流，最终达成共同的协议。沟通是双方或多方的，因此，在此也要分析客户的成分。

沟通环节的最终目的是为了顺利达成双方或多方的交流目的，并最终促进交易的达成。沟通环节的形式有多种，如传统的面对面交流、书信交流、电话交流、传真交流，基于互联网的电子邮件交流、语音聊天交流及通过特定系统的交流等。沟通环节的技术模式相应地主要有电子邮件服务、语音聊天服务等支持系统和软件。沟通的信用模式和风险管理模式同样较为重要，需要设立一定的机制制约各种失信行为，防范风险的产生。

无论是从客户方还是企业方来讲，沟通过程中一个最主要的工作就是信息搜寻和检索。首先，对客户而言，要从数以万计的企业中选择适合的，能提供优质产品或服务的对象无疑需要大量的搜寻、比较工作；同样，对企业来说，在众多潜在购买者中，仍需要检索，排除不可能对象。在众多情况下，企业在开发客户时也需要信息检索。

WWW 上的检索工具主要分为两类：主题指南和搜索引擎。主题指南是人工建立的、结构化的因特网网址主题类目和子类目，按照字母、时间、地点、主题等顺序进行排列，使用户通过浏览网络站点列表，检索有关信息。主题指南主要适用于：

① 用户进行笼统或较笼统的主题浏览和检索。它允许用户从等级类目中任意选择检索范围，以对这些不同深度的主题类目进行浏览或检索。

② 当用户尚未形成很精确的检索概念时，采用主题指南作为检索起始点非常有效。

搜索引擎也可分为两种：

① 独立搜索引擎，也叫关键词检索工具，其实就是定期搜索因特网（以 WWW 为主）并收集新网页信息的计算机程序。它具有检索面广、信息量大、信息更新速度快等优点，非常适用于特定主题词的检索。但因其检索噪声较大，会为检索带来负面影响。较为典型的搜索引擎有 AltaVista、HotBot、Excite、Infoseek、Lycos 等。

② 元搜索引擎，是为弥补独立搜索引擎费事费力之不足而出现的网上辅助检索工具。元搜索引擎将用户的检索提问同时送达多个独立搜索引擎的不同数据库中进行检索，在很短时间内就能从这些数据库中检出相关记录的集合。功能较强的元搜索引擎有 Meta Find、Inference Find、DogPile、Metacrawler 等。

3．商务谈判

谈判和沟通有所不同，沟通环节重在对信息的查询、检索，而谈判环节则是在有买卖意向情况下进行的有关价格、质量、交易方式等问题的讨价还价。沟通环节的买卖方不一定有明确的交易意向，而进行谈判的双方或多方则是在明了的交易利益驱动下进行的。

因此，如果说沟通的最终目的是为了实现顺畅交流，促进交易的达成；那么，谈判的目的就是通过具体的协商，实现双方都同意的交易。

谈判根据交易方式的不同也有所不同，对于一般的买卖交易而言，谈判方式可能很简单，通过面对面的讨价还价，正式的发盘、还盘环节，通过电话协商、敲定，或是通过邮件联系、确定。对于网上拍卖市场，价格谈判机制被运用到极致，有一口价拍卖，基于保留价的由起始价自下而上的拍卖，基于保留价的无起始价的自下而上拍卖等。此外，有关质量、交易方式等的谈判也是一门艺术。

4．交易签约

签约环节的活动比较短暂，因此，可以说是一个瞬间行为。电子商务活动的签约可以是基于传统签约方式的书面合同，也可以是基于电子邮件的电子合同，还可以是网上交易，尤其是网上拍卖所特有的点击合同。签约环节主要涉及的是信用及风险问题。

5．货币支付

随着经济的高速发展，商品交易活动中的支付已经逐渐开始摆脱传统的实物货币交换，开始向电子化货币、数字化货币方向发展。在商店买东西可以直接刷卡，国际贸易可以通过银行进行转账，网上购买商品可直接用银行卡支付，甚至在某些小额服务支付上还采取了移动手机支付的方式。

第三方支付工具是电子商务的产物，是指一些支付代理机构和众多银行签订协议，构筑一个可以使用多家银行发行的银行卡的支付平台，商家不必与银行直接签订协议，而只需要同某个支付代理商签订协议，就可以直接享有该代理商的支付平台。目前，中国电子商务网络支付方式中既有以支付宝和财付通为代表的非独立第三方支付平台，也有以中国银联电子支付和快钱为代表的独立的第三方支付平台。比较知名的第三方支付平台国内有支付宝、财付通、中国银联、快钱、首信易、上海环讯等。国际上知名的第三方支付工具有 PayPal、国际支付宝、翡翠宝（Freetrader）、Moneybookers、Google checkout 等。

6．商品配送

实物商品的配送可通过运输工具直接由卖方进行配送，也可转由第三方实施配送，具体分为自建物流配送系统、物流共同化、物流外包、托管式物流等模式。企业自建物流系统的核心是建立集物流、商流、信息流于一体的现代化新型物流中心。如果 B2B 贸易企业的业务量未达到一定的规模，就不宜自建物流配送系统，其物流运作可以采取向外部专业物流商租赁物流中心，并委托管理全部物流业务。企业还可以通过契约或合同的方式，将其物流业务部分或全部委托给专业的物流公司经营，并与其建立长期稳定的战略合作关系，实现风险共担，利益共享。这样的物流公司称为第三方物流企业。托管式物流是 2010 年底由阿里巴巴针对旗下速卖通平台提出的新型物流模式，是帮助中国中小型企业实现货物直达世界各地的整合物流方案。在新模式下，卖家接到买家订单后，将商品发送到指定国内仓储，国内仓储将全程保证卖家商品安全发送到客户手中。

信息商品/数字商品的配送可直接通过 Internet 进行，在传输过程中进行加密，防止商品的泄漏；部分服务商品可在网上直接实施。

4.4.3 后商务活动

在电子商务链中，后商务活动主要体现在信息服务的信息追踪、投诉、回应等，技术性服务类的网上升级、免费下载，信用支持类的反馈机制，以及交流式的售后问卷、客户论坛等。无论哪一种形式，其最终目的都是为了更好地服务客户，为企业创造良好的声誉，促使企业得到更好的发展。

值得强调的是：商务活动既有单个商务活动的周期，又有多个商务活动的循环、继续。当有些商务活动完成后，新的相关商务活动又开始了。而且相关商务活动的后商务活动往往就是新一轮商务活动的前商务活动的一部分，并以此构成了商务的循环继起，甚至一波高过一波地发展。新商品、新服务，新技术、新方式等就是在这看似简单重复的商务活动中孕育、创造、发生和发展的。

4.5 电子商务链案例

至此有了电子商务链应用的指导性框架，其将为分析及策划相关电子商务活动提供支持。为此，本节从实际案例入手，进行细化分析，说明电子商务链的具体应用。

4.5.1 链条与“五流”分析：淘宝网

1. 基本情况

淘宝网（www.taobao.com）由阿里巴巴集团于 2003 年 5 月 10 日投资创立，一直致力于 C2C 的交易模式，2008 年 10 月推出 B2C（商家对个人）部分。2010 年淘宝网注册用户达到 3.7 亿，在线商品数达到 8 亿，最多的时候每天 6 000 万人访问淘宝网，平均每分钟出售 4.8 万件商品。淘宝网的交易量也连年翻增，2007 年，淘宝的交易额为 433 亿元；2008 年达到 999.6 亿元；2009 年突破 2 000 亿元；2010 年交易额接近 4 000 亿元，预计 2012 年将超过万亿元。根据第三方权威机构调研，淘宝网独占中国电子商务市场七成份额。

2. 基于主体的链条分析

淘宝在基于主体的流程上是基本一致的，按照前商务、交易、后商务的划分方法，淘宝的整个流程大体分为网上注册、交易前准备、网上交易、网下交易及交易后评价等五个环节。其中，网上注册属于前商务，即商品与市场准备环节；交易前准备囊括了展示和沟通环节；网上交易包括价格谈判和签约环节。鉴于淘宝的不断革新，对网下交易的界定也因而不同。在没有引入网上支付工具之前，网下交易主要是再次沟通、谈判及网下的支付和配送环节；而引入支付工具后，可实现买卖交易方的直接支付，网下交易也就不再包括支付环节。同样，根据交易物品的属性不同，这里的网下交易划分也有所区别，对于 QQ 秀、电话卡等虚拟商品或不可触及性商品，配送是直接在网上完成的，不属于网下交易阶段；而大多数的实物商品则必须依靠实体配送才能实现商品使用权的转移。交易后评价属于后商务环节，即售后服务链条。

以实物商品为主，采用网上支付方式进行交易，网下交易只包括配送环节，如图 4-3 所示。

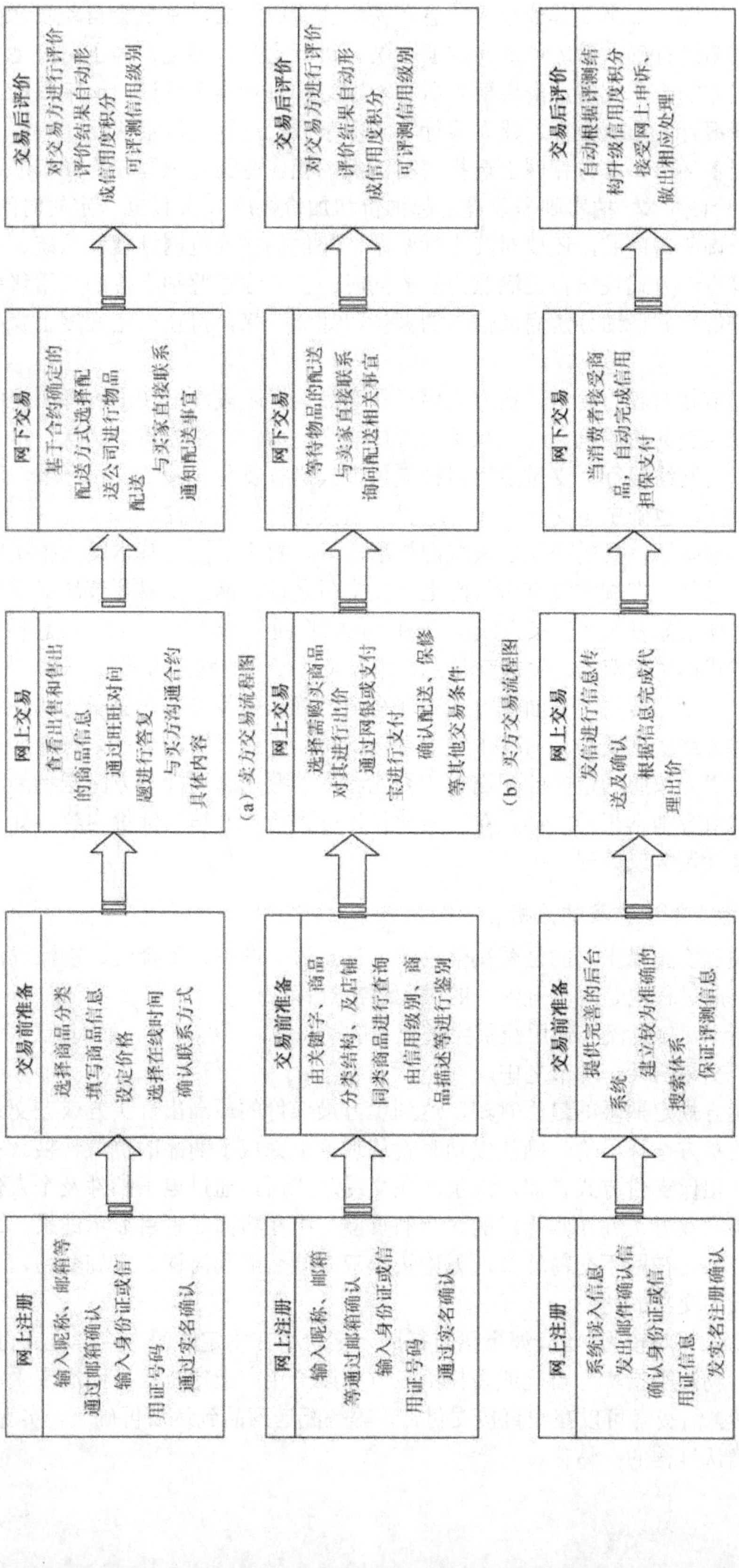

图 4-3　基于主体的电子商务链条分析

淘宝的买卖交易方在网上注册阶段的简单认证是通过电子信箱进行的，即用户需输入自己的昵称、密码、邮箱及其他个人信息，初步注册成功后，系统会自动发送确认信函。用户进入邮箱进行确认后才能成为注册会员，进行交易。但是，为了更好地确认卖方身份，保证买方的合法权益，淘宝要求所有卖家必须进行实名认证。淘宝目前采用基于身份证和工商银行、招商银行、建设银行等十多家银行进行支付宝认证。

在交易前准备环节，卖方在网上选择售卖商品的相应分类，填写较为详细的商品信息，可采取一口价或拍卖（拍卖则需要设定起拍价和加价幅度），并设立一定的时间期限；买方不仅需要查询所需商品，还要对其进行鉴别，即他们在通过网站搜索系统、商品分类或同类店铺等查询方式找出自己满意商品的同时，需要注意鉴别卖方的信用级别，查看历史的交易评价，并仔细分辨商品信息的真伪，如此一来，可在一定程度上减少被欺诈的可能。

网上交易环节相对较为简单，卖方主要是在商品售卖阶段对潜在出价者所提的问题进行解答，以促成交易达成机会。一旦买卖方达成交易意向，买方点击确认，进入网上支付环节，可通过网络银行、支付宝等多种支付方式进行支付。除了支付环节，买卖方在电子签约环节同时也确定了交货方式、运费、退换和保修等事宜。

网下交易环节除了信息的交流仍采取网络形式外，整个阶段已基本脱离拍卖网站，由买卖双方独立进行。在淘宝没有引入网上直接支付之前，网上交易环节达成交易后，网站系统自动实现信息发布（在买方或卖方的“我的页面”中进行发布）、信息传输（通过电子邮件的方式向买卖双方传输成交信息，并告知另一方的联系方式），买卖双方随即通过电子邮件、电话、传真、见面等方式实现交流，确认付款方式、交货方式、退换、保修等事宜，并最终实施交易。而有了网上直接支付后，对于实物商品只有配送在网下交易环节完成，卖方按照约定好的配送方式委托相应的配送公司向买方配送物品。交易后评价环节买卖双方基本相同，都是对交易伙伴进行评价，并填写评价内容。如果存在交易纠纷，则进行调解或处理。

3．对“五流”解决方案的分析

电子商务顺利实施最主要的是解决信用流、信息流、商流、资金流、物流等问题，淘宝网的不断发展过程也是对“五流”的顺利解决过程。

如图 4-4 所示，信息流和信用流贯穿于交易的前、中、后各环节，而商流、资金流、物流只是存在于交易的某一环节之中。

商流是在卖方规定期限的最后时刻，达到卖方最低价的最高出价买方或在交易期限内接受一口价的买方选择出价，确认成功时就从理论上完成了商品的价值转换。在没有采用支付宝这一担保支付方式之前，淘宝网在交易达成后，通过电子邮件及个人信息更新等方式告知买卖双方，并在其相应的“我的页面”中在售商品栏目显示结果，这些确认都履行电子合同。在网下交易环节，无论买卖双方能否顺利洽谈、实施交易，电子合同都已经明确表明交易的达成。

资金流和物流相对较为单纯。如果买方按照一定价格在规定时间内给卖方支付货款，就完成资金流；物流则指卖方自己或委托第三方按期给买方配送货物。而淘宝采用网上担保支付功能后，消费者可以在线直接支付，并等待配送商品到达后再确认，实现商流、资金流、物流确认过程的一体化。

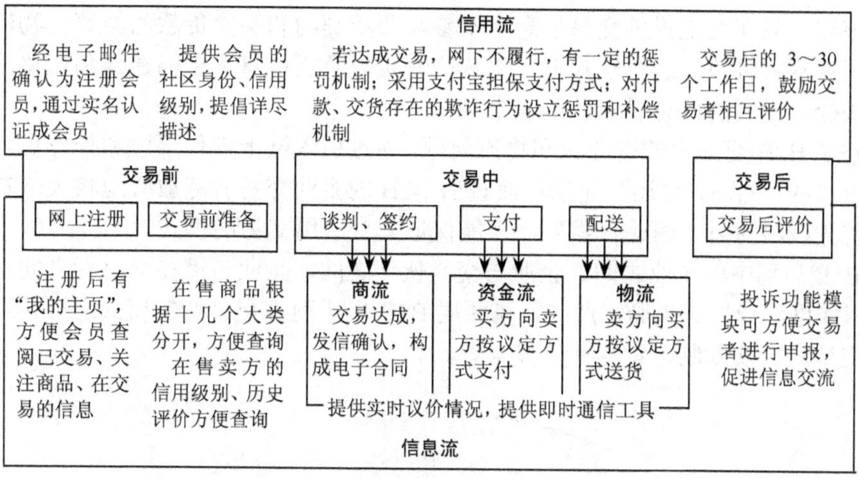

图 4-4　淘宝网的五流解决方案示意

信用流在整个交易过程中贯穿各个环节。交易前，淘宝网为了保证交易双方的身份，尤其是卖方的合法、正确身份，要求进行基于身份证或银行卡的实名认证。交易准备阶段的商品登陆、商品选择、甄别等准备，历史的评价系统可为消费者判别商家信用提供一定参考。交易中，为了有效推进买卖交易的达成，阿里巴巴推出了支付宝这一担保支付工具，解决了付款发货和货到付款的矛盾，即买方先通过支付宝将货款打入指定账户，由支付宝代为保管；接到淘宝货款已付通知后，卖方随即发货给买家；买家接到物品检查完好后，通知淘宝最终支付货款给卖方。交易中网站针对欺诈、不履行等行为开辟了投诉平台、投诉电话。交易后，还通过设置惩罚、补偿机制提高消费者的信任。淘宝网建立的信誉平台体系是最主要的，分为“1”、“0”、“-1”为主的打分体系和对“宝贝与描述相符”、“卖家的服务态度”“卖家发货的速度”三个维度进行的动态打分，鼓励买卖双方交易后的特定期限内对对方进行评价。

信息流也在各个环节基本存在，尤其是在交易中，网站提供实时议价，根据交易阶段向买卖双方随时发送询问信息及解答，并提供自动报价系统，实现系统代理竞价者在限定价格范围内的自主报价。同时，为了提高买卖方交易的方便快捷性，开通淘宝旺旺这一即时通信工具，买卖方不仅能进行文字沟通，还能网上进行语音沟通。

4.5.2　维度分析：阿里巴巴

1．基本情况

阿里巴巴网络有限公司成立于 1999 年，为来自中国和全球的买家、卖家，搭建高效、可信赖的贸易平台，是全球领先的 B2B 电子商务公司。阿里巴巴网络有限公司拥有国际交易市场、中国交易市场和日本交易市场三个网站。这三个平台为来自超过 240 个国家和地区的 4 000 万阿里巴巴注册会员提供了交流平台。

2．商业模式

1）价值定位与商业参与者

B2B 交易市场模式的交易对象是企业级的买卖方，交易数量比较庞大，因此交易市场的创造与建立存在一定困难。B2B 交易市场首先可以是信息的交流平台，如图 4-5 所示的内核层：只在网上提供交易信息，不参与买卖契约和买卖货款的结算，物流也是在网下由买卖双方解决。这种模式下，B2B 交易场只负责信息平台的建设和优化，为买卖方提供快捷、便利的信息展示、沟通服务。

要解决 B2B 交易中的资金流和物流问题，通过引入网上支付手段和推荐优良物流公司也是可以的。然而，这还是无法彻底说服 B2B 的企业交易者能放心地将大笔货款或大宗商品首先发给对方。因此，需要一个能保证安全信用交易的模式。

B2B 交易场中的企业之间、企业与交易伙伴之间、企业与潜在交易者之间存在一定关系，形成网络商圈或人脉。此外，在两层 B2B 电子商务交易场的模式之外，还存在众多技术支持者、规则制定者等社会参与者。

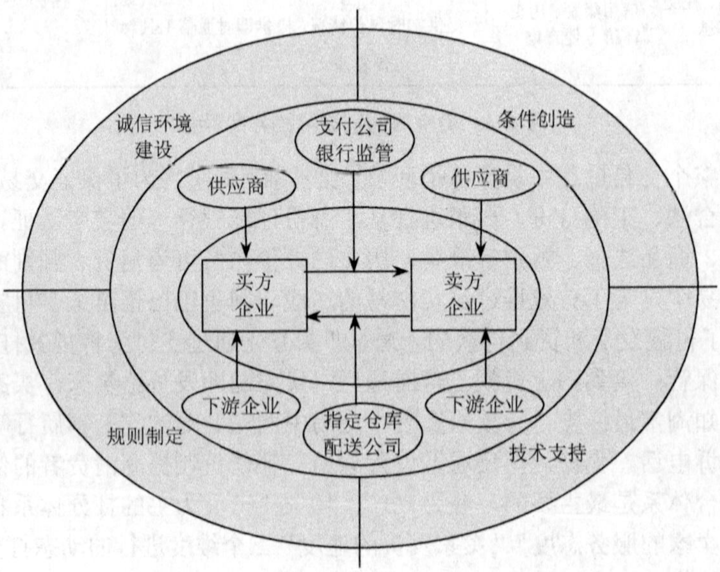

图 4-5 B2B 交易市场的价值定位与参与者

2）利润来源

阿里巴巴的收入来源主要有会费收入、广告费、关键词搜索竞价服务费和其他增值服务。其中，会员的会费收入构成阿里巴巴收益的主要部分。阿里巴巴对国际和国内交易市场分别推出了中国供应商会员服务（gold supplier）和诚信通会员服务。同时，还针对国际交易市场的会员提供国际诚信通服务。阿里巴巴关键词搜索竞价服务费、广告费及其他增值服务的收入也一直在稳健增长。展位服务是最主要的形式，企业可以根据关键词进行投放。此外，阿里巴巴还有一些增值服务，如为企业提供拥有顶级域名的营销型建站服务的“旺铺”。

3. 经营模式

1）产品与市场的细分

阿里巴巴的主要产品是围绕 B2B 的交易搭建平台，为供应商和需求商提供发布信息、查询信息、建立交易、完成交易的机会。但是，为了更好地服务 B2B 的供应商和需求商，阿里巴巴先后推出了诚信通、阿里旺旺等增值服务。

阿里巴巴在交易平台的建设上做到分类清晰、易用，针对出口贸易和国内贸易的会员分别推出中国供应商服务和诚信通服务，并为了促进会员间的交流开发出即时通信软件“贸易通”。同时，阿里巴巴还开拓了移动商务市场。为了有效推动用户的电子商务业务，阿里巴巴还推出了点击推广、黄金展位、旺铺、阿里贷款等服务。同时，阿里巴巴开辟了商圈，促进商盟、企业圈等建立，为企业间交流创造机会；还充分利用六度空间理论，开辟了人脉通服务，帮助用户记录看过其产品及公司的客户并提供客户动态资料。阿里巴巴还提供了生意经、博客、论坛等服务，为买卖方提供众多资讯。阿里学院作为阿里巴巴集团的辅助性单位，也承担着为会员提供培训的责任。

2）市场的营销

阿里巴巴在电视、网站等传媒上的广告不再做过多介绍，其成功举办了各类主题活动，达到了很好的效果。阿里巴巴于 2000 年举办首届西湖论剑活动，它聚集了商人、政府官员和行业领袖，讨论所有相关者共同合作进一步发展互联网行业和电子商务的方法。最近一届西湖论剑有包括来自全球领先互联网公司的演讲人和作为主要演讲人的美国前总统比尔·克林顿。阿里巴巴每年在杭州举办的企业家峰会——网商大会也吸引了足够的眼球。阿里巴巴最过人之处在于与高校的合作，推出电子商务认证。阿里巴巴与中国 70 余所一流大学合作，通过阿里巴巴学院为教师和学生提供电子商务培训课程。通过这一策略，阿里巴巴能够将其业务流程、解决方案、战略思路等渗透到年轻人，进而也渗透到中国未来的商业领域。

4．技术模式

在网站建设上，阿里巴巴采用本土化的网站建设方式，针对不同国家和地区采用当地的语言，目前已经推出英文、简体中文、繁体中文及韩文的网站。这些网站相互链接，内容相互交融，能为会员提供一个整合一体的国际贸易平台。对于以信息流为核心的 B2B 交易场而言，搜索引擎也是最重要的。早在 2004 年阿里巴巴就开始布局搜索引擎，该战略一直延续到 2005 年，阿里巴巴收购雅虎中国，通过拥有雅虎及原 3721 的技术正式进入搜索业务，向客户务提供智能化的商业信息检索技术。B2B 电子商务网站的生意成交超过 70%来自于客户互动中心，更有超过 97%的客户在首次交易时都采用了电话沟通的方式。因此，强大而高效的呼叫中心对阿里巴巴也必不可少。阿里巴巴呼叫中心自 2005 年 1 月起开始建设，截至 2008 年年底，陆续扩容近 5 000 坐席。

为了更好地服务用户，阿里巴巴通过自己研发，解决了社区、通信（贸易通及淘宝旺旺）、搜索排名（诚信通）、支付（支付宝）及第三方物流等问题，又通过并购雅虎中国，添加了门户、邮件、无线业务、垂直搜索等功能模块，强化了通信、搜索等网络服务。2007 年 1 月 8 日，阿里巴巴成立了阿里软件（上海）有限公司，专注于为会员设计、开发软件，并开放阿里软件互联平台。2010 年 4 月，阿里软件互联平台宣布关闭，进行重新规划和设计。2011 年阿里云正式上线。

5．组织管理模式

1）企业文化

自阿里巴巴于 1999 年成立以来，基于阿里巴巴价值观体系的强大的企业文化已成为阿里巴巴集团及其子公司的基石。阿里巴巴集团最典型的企业文化代表莫过于其“六脉神剑”，这也是阿里巴巴的价值观，包括客户第一、团队合作、拥抱变化、诚信、激情、敬业。为了能够更好地指导员工行为，阿里巴巴将每一条价值观都细分出了五个行为指南，这 30 项指标就成为了价值观考核的全部内容。

阿里巴巴努力为员工创造能够在积极、灵活和以结果为导向的环境中共同紧密工作的大家庭。阿里巴巴的办公环境五彩缤纷，充满人文气息。其主色调是橙色，整个阿里巴巴都没有空白墙，被员工设计成了各种颜色的“文化墙”；整个公司充满“金庸特色”，会议室名字也是“黑木崖”、“侠客岛”，连员工们也给自己取了“花名”，这样让员工有一个放松的工作环境。阿里巴巴内容还通过各种活动丰富员工生活，促进员工的和谐关系。阿里巴巴的十几个员工俱乐部被称为“阿里派”，如足球派、宠物派等，员工们各显神通，在内网上发展会员、组织活动。活动的照片在各文化墙上展示，甚至还在员工休息处搞了醒目的“武林帮派积分榜”。

2）管理制度

阿里巴巴集团的六个核心价值观已融入有关雇用、培训和绩效评估等公司的管理系统。在阿里巴巴的绩效考核中，员工的价值观与业绩各占 50%的权重。在价值观的考核上采用的是通关制，即员工在每个指标上给自己评定的时候，只有通过 1 分时才能得到 2 分。并且，员工都必须要举出实际的案例来证明自己能够得到这一分。而业绩考核部分是对于公司设定的量化 KPI 达成情况的一种考核，相对更硬性化一些。员工通过考核被分成三种：有业绩，但价值观不符合的，称为“野狗”；事事老好人，但没有业绩的，被称为“小白兔”；有业绩，也有团队精神的，被称为“猎犬”。阿里巴巴需要的是“猎犬”，而“小白兔”会通过业务培训来提升他们的专业素质，对于“野狗”，公司在教化无力的情况下，一般都会坚决清除。同时，为了避免公司的不断扩大所引起的官僚体系，阿里巴巴在将价值观深入团队的同时，设置了 M（管理）和 P（专业）两个员工晋升序列。管理序列设置了 M1～M10 共 10 个节点，专业序列则设置了 P1～P14 共 14 个节点。阿里巴巴的所有员工都被按照这一序列归类到某个节点上。

阿里巴巴网络有限公司上市之际，对公司制定了良好的公司治理制度。公司的最高机构为公司董事会，在公司治理体系中处于核心地位。董事会负责对公司管理层进行高层次的指导和有效管理。公司管理层向董事会报告，并负责公司的日常经营。董事长和首席执行官由两个不同的人担任。董事长负责确保董事会适当地履行其职责，且符合良好的公司治理方式和程序。首席执行官则负责领导高级管理层团队执行董事会批准的政策和发展战略。公司董事会建立三个董事会下属常设委员会，分别为审计委员会、薪酬委员会和提名委员会。此外，公司董事会还为公司雇员、高级管理人员和董事制定了较高的标准。

阿里巴巴网络有限公司在网站上还对著作权与商标、法律及隐私作了明确声明，并制定了一般性的服务条款和信息发布、举报、投诉等阿里规则。

6．资本模式

1999 年 3 月，马云和他的团队以 50 万元人民币创业。1999 年 10 月，由高盛公司牵头，富达投资（Fidelity Capital）和新加坡政府科技发展基金等美国、亚洲、欧洲多家一流的基金公司参与，阿里巴巴引入了第一笔高达 500 万美元的风险投资。此次投资不仅成为阿里巴巴首轮“天使基金”，也成为轰动一时的特大新闻。 2000 年 1 月，获得日本软银的注资 2 000 万美元，阿里巴巴管理团队仍然绝对控股；2002 年 2 月，日本亚洲投资公司注资 500 万美元。2004 年 2 月，获得 8 200 万美元的战略投资。投资者包括软银、富达投资、Granite Global Ventures 和 TDF 风险投资有限公司等四家公司。2005 年 8 月，与雅虎结成战略同盟。阿里巴巴实际收入 2.5 亿美元现金，其中包括雅虎的 7 000 万美元

（购买普通股），以及软银的 1.8 亿美元（购买可转换债券）。阿里巴巴收购雅虎中国全部资产（雅虎的门户、一搜、IM 产品，3721 及雅虎在一拍网中的所有资产），同时获雅虎 10 亿美元投资并享有雅虎品牌及技术在中国的独家使用权。自此，雅虎获阿里巴巴 40%的股份和 35%的投票权；马云及其团队为第二大股东，拥有 28.2%股份；软银为第三大股东，拥有 16%股份。

2007 年 11 月 6 日，阿里巴巴网络有限公司于香港上市，股票代码 1688。阿里巴巴首日挂牌，开盘价 30 港币，较发行价 13.5 港元涨 122%，一跃成为中国互联网首个市值超过 200 亿美元的公司，考虑到收市后行使超额配股权的集资额，阿里巴巴成为全球第二大互联网融资。午盘阿里巴巴收市价为 35.75 港元。阿里巴巴成为中国首个 200 亿美金互联网公司，市值居全球互联网公司第六位。2012 年 2 月，阿里巴巴集团向阿里巴巴 B2B 公司董事会提出拟以每股 13.5 港元的价格执行私有化要约。这一决定主要是考虑在集团实行战略转型升级期间，给小股东一个变现投资收益的机会。而战略转型将可能会在中短期内导致收入增长变缓，影响盈利预期。借用阿里巴巴集团董事局主席马云的话，即“将阿里巴巴私有化，可让我们免于承受拥有上市子公司所需面临的压力，能够制定对客户最有利的长远规划。”

7．信用模式

阿里巴巴在信用服务上主要是基于诚信通档案推出的诚信通指数。诚信通档案是阿里巴巴为商人从事网上贸易提供的网上信用活档案，它结合传统信用认证和网络互动的特点展现企业在网上贸易过程中的信用情况。诚信通档案包括企业身份认证、客户评价、证书荣誉、资信参考（包括资信参考人和企业在阿里巴巴市场的活动记录）。企业身份认证是指第三方具有独立资质的认证公司，对申请诚信通服务的会员进行“企业的合法性、真实性”的核实及“申请人是否隶属该企业且经过企业授权”的查证。企业身份认证是诚信通服务的基础，每年进行一次，未通过认证的企业不能使用诚信通服务。资信参考人是指诚信通会员所列举的能证明该企业信用状况的参考人或合作伙伴。

2004 年 3 月 5 日，在诚信通档案五大组成内容的基础上，阿里巴巴推出了量化的“诚信通指数”。该指数是一套包含了诚信状况的综合评分系统，它将商人的诚信度等因素展现为具体分值，其分值比例及标准如表 4-2 所示。

表 4-2 诚信通指数的评分项目和标准

可积分项	可积分的理由	积分规则
通过企业身份认证	工商机关合法注册，真实存在，认证申请人获得企业授权	通过身份认证，加 10 分
诚信通档案年限	体现企业在阿里巴巴市场接受信用监督的时间长短，以及持续经营抵抗市场风险的能力	从第 2 年开始，加 20 分/年
会员评价	只有进行过支付宝交易的诚信通会员之间才可以进行评价，主动给对方作出公正客观的评价，也让对方为您作出好评！ 建议优先选择诚信通会员做生意，多多交流、互相评价	好评：加 2 分/条；中评：不加分；差评：扣 2 分/条 只有诚信通会员之间发生了支付宝交易，才可以相互评价、积分 不成功的支付宝交易只能中评、差评、不评
证书及荣誉	将企业线下经营所积累的信用延伸到网上	“税务登记证”5 分/张，5 分封顶 经营许可类证书、产品类证书、其他证书：2 分/张，10 分封顶

本章小结

本章围绕电子商务的交易链展开，在 4.1 节对电子商务链的基本概念进行阐述：商务、交易，商务链、交易链，信息流、商流、资金流、物流、人员流及信用流等六流；4.2 节勾画出电子链的综合框架，并对框架的环节进行详细诠释；4.3 节深入分析电子商务链的横向维度（共性）：业务模式、经营模式、技术模式、资本模式、管理模式、信用模式和风险模式，说明各维度的含义并提出应解决问题；4.4 节综合电子商务链的纵横项指标，分析电子商务链个环节的活动；4.5 节对电子商务链的链条划分、“五流”解决方案、电子商务链维度分别进行解释。本章内容在许多方面参考、借鉴了近年来有关电子商务商务链、交易链研究的成果，有些内容较深，教学时可有所选择。

本章习题

1. 说明电子商务链的框架。
2. 电子商务活动的模式有哪些？如何界定？
3. 可否系统地运用电子商务模式分析电子商务链的各链条活动？
4. 试用电子商务链的思想分析一个较为有名的商业网站。
5. 请对某个企业按七大（共性）模式策划其电子商务模式。

第5章 电子商务支付

引例 快钱与八大银行签协议 第三方支付竞争愈演愈烈

快钱公司日前宣布与建设银行、农业银行、交通银行、招商银行、浦发银行、民生银行、广发银行、上海市农商行等八大银行分别签署战略合作协议，依托上述银行的金融服务，以及快钱的电子支付解决方案，联手打造企业级金融服务平台。“支付业务许可证”发布后，第三方支付企业有了明确的法律地位。在此背景下，作为市场支付清算主体的银行，更多地瞄准了众多非金融支付企业，欲以合作的方式，将其金融服务推向电子化、定制化、集成化。

快钱与各银行的合作范围涵盖了信息管理、信息安全、支付结算、备付金合作、资金归集、银行卡收单、代收代付、国际结算等多个方面，并延展到供应链融资等更具增值效应的业务领域。在合作模式上，快钱与各银行将分别委派专人结成项目小组，以定期召开联席会议的形式，确保各项合作的顺利进行。面对来自行业市场的巨大潜在需求，快钱将与各大银行展开更深入、更广泛的业务合作，通过完善的信息化金融服务平台，力促企业从电子商务走向全面协同的电子商业。

自央行公布首批 27 家第三方支付牌照名单后，各第三方支付机构积极拓展各自合作通道。根据中国银联的信息显示，目前银联已与 157 家银行签署相关业务协议，并已有 60 多家银行接入无卡支付服务平台，支持此次推出的两项无卡支付产品。预计到今年底，200 多家银联境内外成员机构将陆续实现接入。而支付宝的快捷支付已获得 108 家银行支持，已合作范围也从信用卡延伸至借记卡领域。上月 8 日，中国银联基于其完整的银行合作资源，正式推出了“银联在线支付”和“银联互联网手机支付”两项业务，与支付宝疾行推进的“快捷支付”形成正面竞争，在第三方支付行业内顿时掀起一片波澜。

京东商城率先弃支付宝，转投银联“无卡快捷支付”，成为第三方支付行业竞争升级的典型案例。“无卡支付方式涵盖了各项银行卡业务和功能，将银行卡应用从线下拓展到线上，从现场延伸到虚拟。”银联总裁许罗德在谈及银联“无卡支付”的意义时强调。而与之相对应，7 月 1 日，支付宝又宣布在原来线上支付的基础上，进一步将触角延伸至线下支付市场，推出“现场购物，手机支付”的条码支付产品。“不用设备，每月享受一定免费额度并且快速，这给那些不带钱包又由于种种原因无法使用 POS 机的数百万商户带来了更好的替代方案。”体验者声称。

快钱也加紧了“抢滩网购线下支付市场”的步伐——就在日前，快钱与国内知名的快递企业宅急送联合宣布达成战略合作，加速渗透网购、物流、保险、航空等各个行业。此外，终于拿到“合法身份”的第三方支付机构近日也十分热衷于拓展业务范围，悄悄涉足网络理财。许多金融机构的网络理财业务还存在一定断档，而拥有大量目标客户和成熟运作系统的第三方支付平台明显更有优势。未来新的支付通道、业务领域还将被进一步打开，对于理财、物流、大型商贸等领域的介入将更加深入，同时，业务模式也将不断创新，竞争的最终受益者将是广大客户。

电子支付是信息网络时代金融电子化的产物，电子支付的发展为电子商务提供了必要的支持和保障，而电子商务的发展亦极大地推动了电子支付体系的完善和发展。在消费者从客户端上网寻找产品、服务信息到售后服务与支持的电子商务流程中，支付成为商务交易的关键环节之一。

5.1　电子支付概述

在电子商务发展过程中，支付曾经是电子商务发展的瓶颈之一。电子商务支付是电子商务活动中所进行的款项支付活动，既可以通过传统面对面如货到付款进行支付的方式完成，也可以通过电子支付方式完成。本节在理清电子支付相关概念的基础上，介绍电子支付的主要业务类型。

5.1.1　支付、清算与结算

1．支付

支付是在交易、投资和资金转移等经济活动中，将账户的资金或货币付出的一种过程，以实现经济活动主体间资金债权的转移或责任义务关系的形成。在中国《票据法》和《支付结算办法》中将支付结算的定义为：支付结算是指单位、个人在社会经济活动中使用票据、信用卡和汇兑、托收承付、委托收款等结算方式时进行货币给付及其资金清算的行为。这一概念是将支付与结算理解为最终用户之间的资金转账，而资金转账的过程中包含了由此而产生的经由中央银行的银行间资金转账，即清算过程。这一定义的不足之处在于捆绑式地给出了支付结算的概念，而没有明确“支付”、结算和清算的概念界定及其关系。

按照国际清算银行（Bank of International Settlement）关于支付结算体系的解释：支付是付款人向收款人转移可以接受的货币债权的行为。通常，“债权”表现为流通中现金或在金融机构或中央银行的存款余额形式，例如商业银行存款货币和中央银行存款货币。这一概念是国际社会对“支付”的普遍理解，其中明确了货币债权的具体形态，涵盖了现金的实物转移和以存款余额形式的资金转账。

2．清算

清算是指按一定规则和制度安排对经济活动中形成的多重债权债务关系最终结清的一个过程。清算是在结算之前对支付指令进行发送、核对及在某些情况下进行确认的过程，可能包括指令轧差和最终结算头寸的建立。

清算主要是银行同业之间的货币收付，用以清讫双边或多边债权债务的过程和方法。我国的金融业界把清算认为是中央银行对商业银行结清债务关系的一种过程。这是源于中央银行职责的缘故（没有第三方清算组织）。在经济活动中，只要有频繁的经济活动和资金往来，都有一个先清算后结算的问题。清算过程的主要职能是在付款人金融机构和收款人金融机构之间交换支付工具或相关支付信息并计算出结算债权和债务。债权债务的计算可以按全额方式或净额轧差两种方式计算。清算过程的结果即全面处理付款人到收款人的支付交易和收款人机构对付款人机构的有效债权。

3．结算

结算是在实现货物买卖、服务、贸易、投资等经济活动中所引发的债权债务关系清偿及资金转移而出现的最终货币收付过程。是将清算过程中产生的待结算债权债务，在收付款人金融机构之间进行相应的账簿记录、处理以完成货币资金最终转移并通知有关各方的过程。

结算过程的主要步骤为：待结算债权的收集和完整性检查；结算金融机构之间的债

权；记录和向有关各方通告结算。

结算可通过两类资金账户办理过账：

① 通过金融机构相互开立的代理账户进行债权结算。

② 通过开立在结算银行（多数是在中央银行）的账户进行金融机构之间的债权结算。

4．支付结算的特征

① 支付结算必须通过中央银行批准的金融机构进行。

② 支付结算是一种必须使用一定的法律形式而进行的行为。

③ 支付结算的发生取决于委托人的意志。

④ 支付结算实行统一和分级管理相结合的管理体制。中央银行负责制定统一的支付结算制度，组织、协调、管理和监督所发生的支付结算工作。

5．支付结算活动的发展形式

1）物物交换的支付结算方式

以物易物的远古时期的结算是以等价的实物作为结算的媒介方式而实现的，是原始的支付结算方式。

2）货币支付结算方式

当作为一般等价物的货币问世之后，随着货币流通手段职能的行使，产生了以货币为媒介的货币给付行为。物物交换与货币交换支付方式的共同特点是交易与支付环节在时间与空间上不可分离，虽然直接，但限制了商务活动的规模和区域。

3）银行转账支付结算方式

银行转账支付结算方式亦称非现金结算方式或票据结算方式，主要有信用卡支付结算、资金汇兑（亦称银行汇款）、自动清算所（ACH 用于同城银行之间的支付结算）、电子资金转账 EFT 等形式。这种交易与支付环节在时间与空间上的分离，不仅扩大了商务活动的规模与区域，亦促进了支付行业的发展。

5.1.2　电子支付

1．电子支付的概念

电子支付是指单位、个人通过电子终端，直接或间接向银行业金融机构发出支付指令，实现货币支付与资金转移的行为。电子支付方式的出现要早于因特网和电子商务的出现。早期的电子支付是银行电子信息化过程中的产物，包括从银行与其他机构之间的结算如代发工资、代缴费等的电子化，到银行销售点终端提供自动扣款业务及目前的用户可以在 ATM 机上存取款和通过因特网随时随地转账进行支付与结算等业务。在电子商务出现之前，以信用卡为代表的电子支付手段已经实现，信用卡可在商场、饭店等许多场所使用，可采用刷卡记账、POS 终端结账、ATM 机提取现金等方式进行支付。电子支付方式克服了传统支付方式过程复杂、耗时、携带现金不方便等局限性，而本身所具有的便利性、高效性、安全性等特点，使其在电子商务中显现出举足轻重的作用。

广义上的电子支付是指交易双方以电子形式发生的一种资金交换，它以金融电子化网络为基础，以商用电子化机具和各类交易卡为媒介，以电子计算机技术和通信技术为手段，以电子数据（二进制数据）形式存储在银行的计算机系统中，并通过计算机网络系统以电子信息传递形式实现的资金流通和支付。因特网使得在线支付成为可能，电子商务的发展则使得在线支付成为必要。在线支付是电子支付发展的更高形式，它使得电子支付可随时随地通过 Internet 进行直接的转账、结算，形成快捷便利的电子商务环境。

2. 电子支付的发展阶段

第一阶段：银行利用计算机处理银行之间的业务，办理汇划结算，亦是银行电子化和电子支付的初级阶段。

第二阶段：银行计算机与其他机构计算机之间资金的结算。是银行计算机系统步入网络化的时代。

第三阶段：利用网络终端向用户提供各项自助式银行服务，是银行全面电子化的阶段。

第四阶段：利用银行销售点终端向用户提供自动扣款服务，是目前电子支付的主要形式之一。

第五阶段：网上支付阶段，电子支付发展的最新阶段，可以随时随地通过公共网络进行转账结算，这一阶段形成了适合电子商务发展的各种支付方式，解决了电子商务发展的支付瓶颈问题。

3. 电子支付的特征

与传统的支付方式相比，电子支付具有以下特征：

① 电子支付是采用先进的信息技术通过数字化信息完成支付信息的传输，其各种支付方式都是使用数字化的方式进行款项支付和资金结算的；而传统支付方式则是通过现金的流转、票据的转让及银行的汇兑等物理实体的流转来完成资金结算。

② 电子支付的工作环境是基于一个开放的系统平台（因特网）之中；而传统支付则是在一个较为封闭的系统（金融专用网）运作。

③ 电子支付具有成本低、方便、快捷、高效的优势。用户只要拥有一台上网的 PC，便可足不出户，在很短的时间内完成整个支付过程。支付费用仅相当于传统支付的几十分之一，甚至几百分之一。

④ 电子支付具有较高的安全性和一致性。

⑤ 电子支付可以减少企业在途资金，提高资金的利用率和企业的资金管理水平。

5.1.3 电子支付业务类型

电子支付业务类型按电子支付指令发起方式分为：网上支付、电话支付、移动支付、销售点终端交易、自动柜员机交易和其他电子支付。

1. 网上支付

网上支付（online payment）是通过因特网实现的从用户到银行、商家之间的在线货币支付、资金清算、查询统计等过程。广义上包括通过直接使用网上银行进行的支付和通过第三方支付平台间接使用网上银行进行的支付。狭义上仅指通过第三方支付平台间接使用网上银行进行的支付。通常情况下，网上支付仍然需要银行作为中介。在典型的网上支付模式中，由银行建立支付网关和网络支付系统，为客户提供网上支付服务。

到目前为止，适用于网上支付的方式主要有：信用卡网络支付、电子货币网络支付、电子支票网络支付、借记卡网络支付、银行存款网络支付等。网上支付指令在银行后台进行处理，并通过传统支付系统完成跨行交易的清算和结算。传统支付系统是实现网上支付的基础，网上支付是传统支付系统发展的更高形式。

2．电话支付

电话支付是消费者使用电话（固定电话、手机）或其他类似电话的终端设备，通过银行系统从个人银行账户里直接完成付款的支付方式。完成支付的设备或系统比较丰富，可以是普通电话的电话银行、使用信用卡进行支付的刷卡式电话或无卡支付的信用卡远程收款系统等。

3．移动支付

移动支付又称手机支付，就是允许用户使用其移动终端（通常是手机）对所消费的商品或服务进行账务支付的一种服务方式。整个移动支付价值链包括移动运营商、支付服务商（银行、银联等）、应用提供商（公交、校园、公共事业等）、设备提供商（终端厂商、卡供应商、芯片提供商等）、系统集成商、商家和终端用户。移动支付业务是由移动运营商、移动应用服务提供商（MASP）和金融机构共同推出的、构建在移动运营支撑系统上的一个移动数据增值业务应用。

移动支付主要分为近场支付和远程支付两种。所谓近场支付，就是用手机刷卡的方式坐车、买东西等，很便利。远程支付是指通过发送支付指令（如网银、电话银行、手机支付等）或借助支付工具（如通过邮寄、汇款）进行的支付方式，如掌中付推出的掌中电商、掌中充值、掌中视频等属于远程支付。目前，支付标准不统一给相关的推广工作造成了很多困难。

5.2　电子支付工具

电子技术的发展给支付工具的发展变化带来了机遇，各种卡的使用正在改变着人们的消费支付习惯；以电子资金转账为基础的电子贷记、借记支付，加速了信息化无现金社会的迅速发展。支付工具是传达支付指令，实现债权债务关系清偿和货币资金转移的载体，是客户和银行办理支付业务，进行资金结算和清算的法律依据。

支付工具的类型按应用特点可以分为借记支付工具、贷记支付工具及其他支付工具。而按应用范围分类则可以分为同城和异地使用的支付工具。如果按物理表现形式可以分为非电子支付工具（如传统纸基支票、纸基贷记凭证等）和电子支付工具（如电子贷记、直接电子借记等）。电子支付工具既有传统支付工具的电子化，也有创新形式的适用电子商务和信息网络时代的电子支付工具。典型的电子支付工具有电子货币、电子支票和信用卡。

5.2.1　电子货币

电子货币是通过计算机网络以信息传递形式实现支付功能的货币。与传统货币相比，电子货币支付方式具有简便、安全、迅速、可靠、可小额支付等特征。电子货币（electronic money）是20世纪90年代中期出现的一种新型支付工具。目前的电子货币基本上是各个发行商自己设计开发的产品，产品的设计特征差异较大，种类较多，但在基本属性方面完全一样，具有传统纸币体系所包含的大部分货币性质，又不以实物形式存在。货币价值性是电子货币与结算卡的主要区别。早期的电子货币产品，有的只能进行网络支付，有的只能进行物理世界的交易支付，目前已有一些电子货币产品能同时用于物理世界和虚拟世界的交易支付。

1. 电子货币的定义

目前，国内外并无完全统一的电子货币的定义。尽管国际上对电子货币的定义不尽相同，但基本内容大同小异。比较权威的是巴塞尔银行监管委员会、欧洲中央银行、欧洲议会与欧盟理事会分别于1998和2000年发布的定义。

巴塞尔银行监管委员会（1998）认为：电子货币是指通过销售点终端、不同设备之间直接转账，或经由开放式网络执行支付的储值或预付支付机制。储值产品包括“卡基”（又称电子钱包，electronic purse）和“软件基”（又称数字现金，digital cash）两类。储值卡可以是单用途或多用途的。单用途卡（如电话卡）用于购买一种类型的商品或服务，或从一个商家购买商品。多用途卡用于从多个商家购买多种商品。

欧洲中央银行（1998）在《电子货币报告》中指出：电子货币指电子地存储在技术设备上的货币价值，它可广泛地用于对除了其发行者之外的多个实体做支付，交易中不必涉及银行账户，是一种预付的无记名支付工具（prepaid bearer instrument）。

欧洲议会与欧盟理事会（2000）对电子货币的定义为：电子货币是作为发行者负债的货币价值，它存储在电子设备上，按照接受的资金总额不低于发行的电子货币价值发行，被除了其发行者之外的多个实体接受为支付工具。

欧洲中央银行及欧洲议会与欧盟理事会关于电子货币的定义的共同点是：强调电子货币被“除了其发行者之外的多个实体接受为支付工具”，也就是说把“单用途”电子货币排除在外，这是与巴塞尔银行监管委员会关于电子货币的定义的关键区别。

我国学者多引用巴塞尔银行监管委员会关于电子货币的定义，不过，电子货币的这一定义不是很直观，也许正因为如此，国内不少有关论著都将电子货币与电子支付等同起来。为了使这一定义更容易理解，尹龙（2003）从作为媒介手段的货币在交易中所必须具有的四个属性（交易行为的自主性、交易条件的一致性、交易方式的独立性和交易过程的持续性）出发，结合电子货币所必须具备的货币的价值性和便利性，对电子货币定义如下：

电子货币是指在继承了传统货币的交易行为自主性、交易条件一致性、交易方式独立性、交易过程持续性等特性的基础上，与传统货币在价值尺度上保持固定的兑换关系，通过事先储存的货币价值，利用网络和电子设备媒介交易的一类便利支付工具。

根据这一定义，目前可划归于电子货币的电子支付工具很多，可依据不同的标准将它们进行分类。

2. 电子货币的分类

依据不同的标准可以将电子货币划分为不同的类别。按照被接受的程度不同，可将电子货币划分为“单用途”电子货币和“多用途”电子货币两类；以是否可重用为标准，可将电子货币划分为“封闭流通型”和“开放流通型”两类；按照载体不同，可将电子货币划分为“卡基”和“软件基”两类；按照使用方式和条件的不同，可将其分为“认证”或“匿名”系统和“在线”或“离线”系统等。下面仅对后三种分类方法予以介绍。

1）“卡基”和“软件基”电子货币

“卡基”电子货币又称电子钱包或电子现金卡，其载体为物理卡片，通常为内嵌集成电路芯片的 IC（integrated circuit）卡，它的支付须经过读卡机实现。“软件基”电子货币又称数字现金，以特殊的软件存储在个人计算机上，须通过开放式网络实现支付。目前的电子货币多为“卡基”，CPSS（2004）的统计资料表明，“卡基”电子货币产品占整个电子货币产品的 72.34%，约为“软件基”电子货币产品的 2.6 倍。

2）“认证”和“匿名”电子货币

“认证”是指电子货币的持有者在使用电子货币时需要对其身份进行确认，其个人资料被保存在发行者的数据库中，以电子货币进行的交易是可被追踪的。“匿名”是指电子货币的持有者在使用电子货币时不需要进行身份认证，其交易不能被追踪。

3）“在线”和“离线”电子货币

“在线”是指客户使用电子货币支付时需要连接上网。电子货币的接收方通过网络实施验证电子货币是否真实、金额是否相符，然后才能决定是否接受支付请求。需要注意的是，电子货币的在线认证与信用卡、转账卡等不同，前者关注的是货币本身，而后者验证的是用户的身份。“离线”电子货币的使用者在支付时不需连接上网。部分离线电子货币甚至可以通过专用的 IC 卡支付机完成两张卡之间的资金转移。由于离线电子货币更像流通中的现钞，因此近年来发展较快。目前，可用来转移离线电子货币的设备已从专门设备发展到多用途 ATM 机、POS 机和手机芯片等。

3. 电子货币的特性

电子货币具有货币的一般属性，不过，与纸币体系相比，电子货币还具有一些特有的属性，主要表现在以下几个方面：

1）电子货币的发行主体不唯一

纸币由中央银行或特定机构垄断发行，中央银行承担其发行的成本与收益。而电子货币的发行机制有所不同，从目前的情况看，虽有中央银行发行电子货币，但电子货币的发行机构多为银行、非银行金融机构，甚至非金融机构。

2）电子货币不是法定货币

纸币是以中央银行和国家信用为担保的法定货币，由法律强制接受，因而被广泛使用。目前的电子货币由各个机构自行开发设计，以发行者自身的信用为担保，不具法律强制性，因而接受的程度受产品性能、使用环境、消费者认知程度等多种因素的影响。

3）电子货币不是外在货币

外在货币是指货币所代表的价值量不是通过与其他价值量达成某种内在对比关系来形成，而是由市场外部力量强性规定。中央银行货币体系就是典型的外在货币，中央银行不需要为其发行的货币承担随时“赎回”的责任。内在货币是指货币的持有者对货币的发行者拥有法律上的赎回权，即货币的持有者可以将其持有的货币“卖回”给货币的发行者，换回同等的等值物。从电子货币的定义可知，目前的电子货币不是外在货币，而是典型的内在货币。

4）电子货币的使用必须借助于一定的技术设备

首先，电子货币通常存储在塑料卡内嵌入的集成电路芯片上或个人计算机的存储器中。其次，使用电子货币购买商品和劳务时，需要借助读卡机或专门的电子钱夹软件。

再次，电子货币价值的装载也要借助于专用终端、ATM（automatic teller machine，自动柜员机）、电话及 Internet 等。

5）电子货币的处理成本低

《亚洲银行家》（*Asian Bankers Journal*）对东亚和太平洋地区的调查表明：新加坡是处理物理现金成本最低的国家，然而，1998 年，新加坡支持本地通货流通的费用依然高达 6.56 亿新元。与纸币相比，电子货币的生产过程简单，运输、保管、清点费用几近于零。

6）电子货币突破了疆界限制

在欧元出现以前，国家货币一般是在本国被强制使用的唯一货币。电子货币的发行商却可以很容易地通过因特网向境外用户发行电子货币，只要商家愿意接受，消费者可以较容易地获得和使用多国货币。

7）电子货币能方便地进行小额支付、微支付和非面对面支付

现金尽管可以进行小额支付，然而，不便于携带，找零费时，对于微支付和非面对面支付更是无能为力。如花零点零几美分在因特网上买一首流行歌曲听，使用物理现金是无法支付的，但用电子货币却很容易实现。

8）电子货币的匿名性带有极端性

非面对面交易的媒介使电子货币在匿名性方面走向了两个极端：要么完全没有匿名性，所有的交易信息都可以被追踪；要么具有绝对的匿名性，一些电子货币被购买后，根本无法区别出其使用者和用途。有些电子货币产品还提供个人到个人直接支付功能，极易被洗钱、逃税等不法活动所利用。

5.2.2 电子支票

简单地说，电子支票就是携带数字签名的数据报文。它通过使用数字签名确认支付者和收款者身份、支付银行和账户。电子支票与传统支票的功能几乎相同。利用它可以使支票支付的业务及处理过程实现电子化和自动化。因为数字签名具有很高的安全性，所以从某种意义上讲电子支票比传统支票具有更高的安全性。

电子支票（electronic check）是为了克服纸质支票交易速度慢、安全性差、使用区域受局限等缺点而开发的。在美国等支票使用大国，企业与企业之间的支付结算越来越多地使用电子支票，电子支票也将成为 B2B 电子商务中重要的网络支付工具。在电子支票网络支付中，采用电子支票簿技术确保签名私钥的安全性。不同银行电子化进程的差异，使电子支票存在不同的付款模式。

1. 电子支票与电子支票簿

电子支票是将传统的纸质支票的全部内容电子化后形成的电子版。借助开放式网络和金融专用网络，电子支票能在买卖双方之间、银行与银行客户之间及银行之间传递，实现银行客户间的资金支付与结算。目前，电子支票主要在金融专用网络上应用，而且已经成为银行的企业客户之间常用的支付结算工具之一。

不过，基于 Internet 平台的电子支票应用还在试验与发展阶段。当电子支票应用于 Internet 网络支付时，存在较大的安全风险，必须采取先进实用的安全技术手段，实现安全的网络支付。在电子支票系统中，可使用数字证书实现参与各方身份的识别与认证，采用数字签名代替手写签名与盖章实现支票信息完整性和不可否认性，使用加密技术实

现信息的机密性等，这些安全技术的综合使用可以满足电子支票的安全性需求。然而，由于电子支票的数字签名是用签发人的私钥生成的，一旦这个私钥被盗，将会给用户带来不可估量的损失。因此，对签发人数字签名私钥的保存成为实现电子支票安全支付的关键问题之一。目前，电子支票系统中对签名私钥的保护是通过电子支票簿技术实现的。

电子支票簿是一种硬件和软件装置，可实现电子支票的签名、背书等基本功能，是保护电子支票中签名私钥的安全系统。目前最常用的电子支票装置是智能IC卡，它存储容量大，安全性强，能防篡改，不易遭受来自网络的攻击，是目前首选的“卡基”安全存储设备。电子支票簿的功能主要有三类：一是密钥生成。系统执行密钥加密算法，在卡内生成所须的密钥对，其中，私钥只保存在卡内，公钥可以对外发放。二是签名和背书。用户通过卡内存储的加密程序与私钥实现对电子支票信息的加密和签名。三是存取控制。用户通过输入 PIN，激活电子支票簿，确保私钥的授权使用。电子支票簿技术的研发和应用，不但使电子支票的安全性加强，而且使电子支票系统应用更为简单、快捷，有利于电子支票投入实际应用。

2. 电子支票网络支付流程

电子支票网络支付指在 Internet 上利用电子支票完成买卖双方之间的资金支付与结算。它是网络银行常用的一种电子支付工具，既可满足 B2B 交易方式的支付，也可用于 B2C 交易方式的结算，而且支付速度快，安全性高，不易伪造。使用电子支票进行网络支付前，消费者和商家必须到各自的开户行申请电子支票应用的授权，获得数字证书及电子支票相关软件等。电子支票网络支付流程如图 5-1 所示。

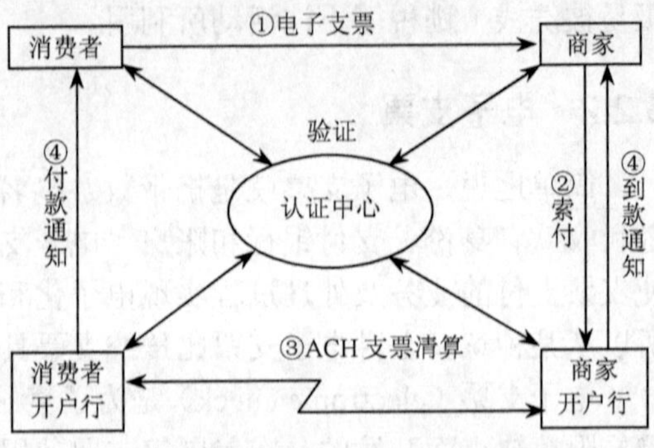

图 5-1　电子支票网络支付流程

① 消费者在网上商店选定商品，选择使用电子支票支付，利用自己的私钥对电子支票进行数字签名后，发送电子支票到商家。

② 商家收到电子支票后，通过认证中心对消费者发来的电子支票进行验证，验证通过后将电子支票发送到商家开户行索付。

③ 商家开户行收到商家转来的电子支票后，将其转发到票据交换所资金清算系统；票据交换所向消费者开户行申请兑换电子支票，并且将兑换的资金发送到商家开户行。

④ 商家开户行向商家发到款通知，消费者开户行向消费者发付款通知。

电子支票网络支付的优点是速度快、安全性高，因而主要用于企业与企业之间的资金支付与结算。

3. 电子支票的两种付款模式

在图 5-1 中，标明利用 ACH（automated clearing house，自动清算所）进行电子支票的清算，暗含商家开户行能够处理电子支票。然而，实际中，由于不同银行电子化的进程不同，商家开户行可能并不能够处理电子支票，在这种情况下，商家可以请求消费者开户行兑现电子支票。此时，消费者开户行可以利用传统的电子资金转账系统

（electronic funds transfer，EFT）将资金转拨到商家开户行。下面介绍电子支票的两种常用付款模式：

1）*存款—清算模式*

存款—清算（deposit-and-clear）模式的支付流程如图 5-2 所示。

① 付款方签发电子支票，并支付给收款方。

② 收款方收到电子支票后，对其进行背书，然后存入收款方开户行。

③ 收款方开户行与付款方开户行通过 ACH 清算支票。

④ 收款方开户行向收款方发到款通知。

⑤ 付款方开户行向付款方发付款通知。

使用存款—清算模式的前提条件是参与各方必须有能力处理电子支票。

2）*兑现—转账模式*

兑现—转账（cash-and-transfer）模式的支付流程如图 5-3 所示。

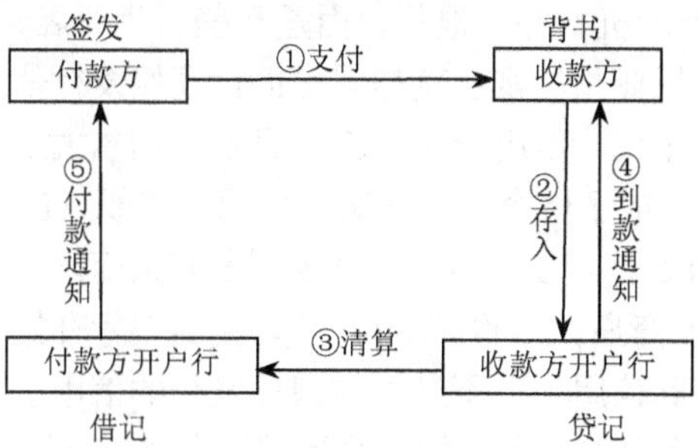

图 5-2　存款—清算模式支付流程

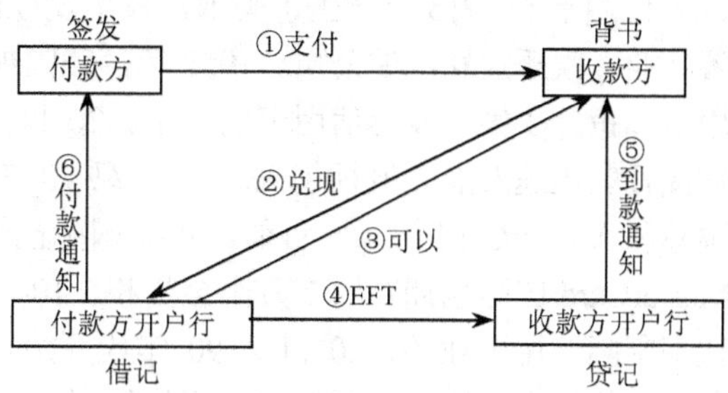

图 5-3　兑现—转账模式支付流程

① 付款方签发电子支票，并支付给收款方。

② 收款方收到电子支票后，对其进行背书，然后请求付款方开户行兑现。

③ 付款方开户行审查收款方递交的资料，若有效，发送确认信息，然后经由传统的银行间电子资金转账系统（EFT）贷记收款方的银行账户。

④ 收款方开户行向收款方发到款通知。

⑤ 付款方开户行向付款方发付款通知。

5.2.3 信用卡

信用卡是一张正面印有发卡银行名称、有效期、号码等，背面有磁条、签名条等内容的具有消费信用的卡片。现在常用的信用卡，一般单指贷记卡，即持卡人在信用额度内先消费、后还款。借记卡是先存款、后消费，没有透支功能的银行卡。借记卡除了具有转账结算、存取现金、购物消费等功能外，还具有基金和股票买卖等理财功能。借记卡提供了大量增值服务，方便了人们的生活。

智能卡是一种比较特殊的卡类支付方式。它是一张嵌入微处理芯片的塑料卡，用来存储、管理用户个人信息，如私有密钥、账户信息、信用卡密码等。智能卡中具有代表性的就是万事达国际公司的 Mondex 卡。使用 Mondex 卡的商家必须安装专用刷卡器。它的工作流程如下：持卡人将 Mondex 卡插入刷卡器，当商家和持卡人的身份得到验证后，商家请求结算，在持卡人的 Mondex 卡上验证商家的数字签名，而商家也同样验证持卡人的数字签名，当双方签名得到确认后，则从持卡人的 Mondex 卡上减去商品金额，同时相同金额就转到商家账号。智能卡的优势比较明显，信息存储量比一般磁卡大 100 倍左右；智能卡上的信息是加密的，只有合法用户才能使用。但是智能卡必须有专用刷卡设备的支持，这一限制阻碍了它的发展。

在美国等发达国家，信用卡是最常用的电子支付工具之一。信用卡网络支付始于 20 世纪 90 年代初，到目前为止，先后出现了多种不同形式的信用卡网络支付。

信用卡是由银行或信用卡公司向资信良好的个人和机构签发的一种信用凭证，持卡人可在指定的特约商户购物或获得服务。按照授信程度的不同（是否向发卡银行交存备用金），信用卡分为贷记卡和准贷记卡两类。贷记卡是指发卡银行给予持卡人一定的信用额度，持卡人可在信用额度内先消费、后还款的信用卡。准贷记卡是指持卡人须先按发卡银行要求交存一定金额的备用金，当备用金账户余额不足支付时，可在发卡银行规定的信用额度内透支的信用卡。

信用卡于 1915 年产生于美国，最早发行信用卡的机构并非银行，而是一些百货商店、餐饮业、娱乐业和汽油公司。1952 年，美国加利福尼亚州的富兰克林国民银行开始发行信用卡，拉开了银行发行信用卡的序幕。20 世纪 60 年代，信用卡在美国、日本、加拿大及欧洲各国迅速发展并盛行起来。20 世纪 70 年代，形成了两个著名的国际信用卡组织 Visa 国际和 MasterCard 国际。目前，Visa 国际已经拥有 2.2 万多个会员和 2 000 多万家商户。MasterCard 国际也拥有约 2 万个会员和 2 100 多万家商户。20 世纪 80 年代，我国银行开始代理国际信用卡业务，20 世纪 90 年代开始发行国际信用卡。不过，与国外发行的信用卡主要为贷记卡不同，我国目前发行的信用卡仍以准贷记卡为主，数量约为贷记卡的 10 倍。

信用卡具有支付结算、消费信贷、自动取款等功能，在美国等发达国家，信用卡是最常用的支付工具之一。信用卡国际组织的出现，其会员、商户、ATM 机、覆盖国家和地区数目的不断扩大，使得信用卡在全世界被广泛发行与接受，占有很大的市场份额，人们能够十分方便地利用信用卡进行国际消费与支付。20 世纪 90 年代以来，电子商务活动的蓬勃发展，产生了对各种形式的网络支付工具的需求，因此产生了信用卡网络支付。如今，信用卡网络支付工具已经成为 Internet 上最普遍采用的网络支付方式之一。和电子货币、电子支票等网络支付工具相比，信用卡网络支付在法律和制度方面的问题较少，银行和网上特约商店的投入也较少，且几乎所有的电子商务网站都支持信用卡网络支付结算。

从 20 世纪 90 年代初期开始在 Internet 上使用到现在，信用卡网络支付的安全性逐步提高，先后出现了无安全措施的信用卡网络支付、基于第三方代理机构的信用卡网络支付、简单加密信用卡网络支付、基于 SSL 协议的信用卡网络支付及基于 SET 协议的信用卡网络支付等多种形式。

1）无安全措施的信用卡网络支付

无安全措施的信用卡网络支付指持卡人利用信用卡进行网络支付结算时，没有采取技术上的安全措施，直接将信用卡信息传送给商家，然后由商家负责后续处理。这种支付方式的特点是消费者的信用卡信息在网上公开传输，信用卡信息在传输中很可能被窃取。而且，信用卡信息完全被商家掌握，容易引发安全问题与纠纷，加上支付风险由商家负责，支付效率低，因而已被淘汰。

2）基于第三方代理机构的信用卡网络支付

基于第三方代理机构的信用卡网络支付的基本思想是在消费者和商家之间启用第三

方代理机构（可以是银行或其他信誉良好的中介机构），第三方代理机构向消费者分发一个代替消费者信用卡号的应用账号，在进行网络支付时，在网络上传输的是应用账号，商家看到的也是应用账号，从而改善了信用卡网络支付的安全性。它的典型代表是 First Virtual 公司开发的 FVC 系统。该方案于 1994 年 10 月在 Internet 上使用，到 1996 年 3 月底，已有 166 个国家的 3 300 多个商家和 21.5 万消费者使用该系统。1997 年 3 月，First Virtual 公司宣布该系统拥有 35 万用户。

要使用基于第三方代理机构的信用卡网络支付系统进行网上支付，消费者和商家首先须以离线或在线方式在第三方代理机构处注册一个应用账号。消费者须提供姓名、信用卡号、电子邮件地址等信息；商家也须提供开户银行信息。这样，第三方代理机构就持有消费者的信用卡信息、商家的银行账户信息及各自对应的应用账号。获得应用账号后，消费者就可以使用基于第三方代理机构的信用卡网络支付系统进行网上支付，其支付流程如图 5-4 所示。

① 消费者上网用应用账号从网上商家处订货，并把订货信息及应用账号传送给商家。

② 商家将消费者传来的订货信息及应用账号发送给第三方代理机构，要求认证并请求支付。

③ 第三方代理机构验证商家及消费者身份后，以电子邮件方式告知消费者有关交易支付信息，请求消费者确认。

④ 消费者核对交易支付信息，无误后，向第三方代理机构发送确认信息。

⑤ 获得消费者确认信息后，第三方代理机构记下交易记录，并给商家发送确认信息。

⑥ 商家收到第三方代理机构发回的交易支付确认通知后，安排送货。

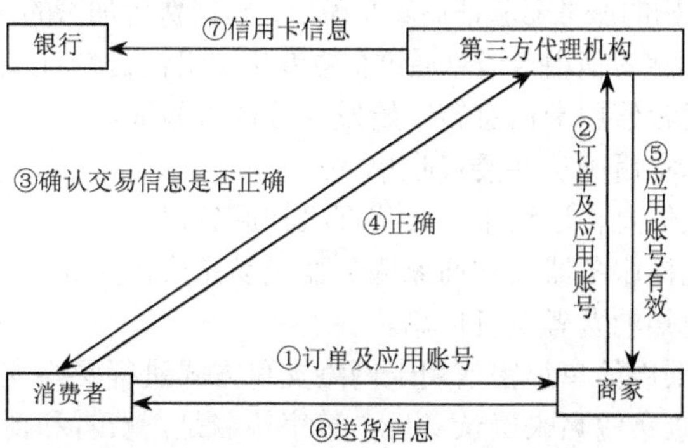

图 5-4　基于第三方代理机构的信用卡网络支付流程

⑦ 第三方代理机构将信用卡信息传给银行，通过金融专用网络，如自动清算所等，进行结算，完成支付过程。

基于第三方代理机构的信用卡网络支付的优点是简单，它不使用加密技术，消费者和商家不必安装专门的硬件或软件，应用账号的使用也保障了信用卡信息的安全性。缺点是消费者和商家事先都必须在第三方代理机构注册，他们必须有信用卡（对消费者来说）或银行账户（对商家来说）；而且，消费者的应用账号也可能在网上被盗。

3）简单加密信用卡网络支付

简单加密信用卡网络支付是对上述基于第三方代理机构的信用卡网络支付的改进，其支付仍然要借助第三方代理机构来完成，只不过增加了对信用卡等敏感信息的加密功能，目的是提供安全的信用卡网络支付服务。要使用这种系统，消费者必须有信用卡，商家也必须在加入该系统的银行开设有账户。而且，消费者和商家必须下载系统提供的相应软件。其中，消费者端的软件称为“钱夹（wallet）”。但“钱夹”软件并不像物理钱夹那样存放“电子钱”，而仅仅是处理消费者和商家之间的通信，包括对所有敏感数据进行加密。商家端的软件执行商家和消费者之间及商家和第三方系统服务器之间的通信。这种系统的典型代表是 CyberCash 公司推出的网络支付产品 CyberCash。简单加密信用卡网络支付流程如图 5-5 所示。

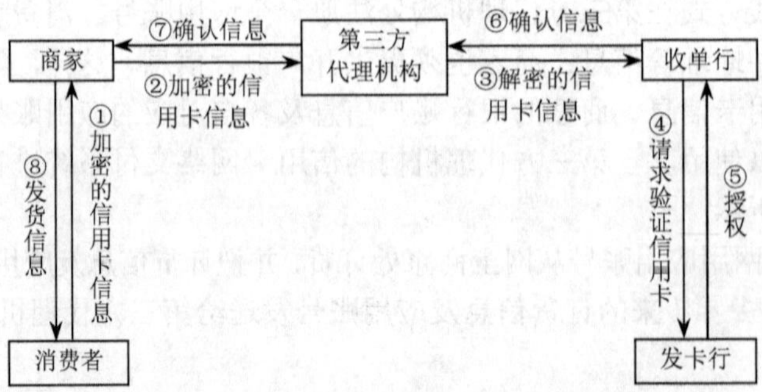

图 5-5　简单加密信用卡网络支付流程

① 消费者在网上商店订货后，利用“钱夹”软件将信用卡信息加密后传给商家服务器。

② 商家服务器验证信息的有效性后，将消费者加密的信用卡信息传给第三方代理机构的服务器。

③ 第三方代理机构的服务器验证商家身份后，将消费者加密的信用卡信息转移到安全的地方解密，然后将消费者信用卡信息通过金融专用网络传送给商家开户行，即收单行。

④ 收单行将消费者信用卡信息转发给发卡行请求验证。

⑤ 发卡行验证真实后确认并授权收单行。

⑥ 收单行将确认信息传送给第三方代理机构服务器。

⑦ 第三方代理机构服务器通知商家服务器交易完成，并通知消费者交易结果。

⑧ 商家服务器通知消费者发货信息。

需要说明的是，采用简单加密信用卡网络支付方式进行网络支付时，支付过程中的每一步都须参与者以数字签名来确认身份。数字签名是消费者和商家在注册系统时产生的，不能修改。

简单加密信用卡网络支付的优点是消费者的信用卡信息在传输时进行了加密，确保了支付的安全性；缺点是在支付过程中要进行一系列的加密、授权和验证，交易成本高，不适合微支付。

5.3　电子商务支付系统

一个快速、安全、高效的支付系统，不仅是市场交易行为顺利完成的前提，而且可以大幅度地降低交易费用，节约社会资源。因而，提供支付便利、降低交易成本是支付结算系统生存的基础。自 20 世纪 70 年代开始，一系列电子支付（electronic payment）系统相继出现，如电报支付结算系统、信用卡支付系统、清算所银行间支付系统等，极大地提高了支付结算的效率。随着金融业核心地位的日益突出，各国纷纷加快了支付系统现代化建设，并将其作为国家金融建设的重要组成部分。

5.3.1　电子商务支付体系

支付体系是实现货币转移的制度和技术安排的有机组合。支付体系主要由支付系统、支付工具、支付服务组织、支付体系法律制度和监督管理等要素组成。其中，支付工具是传达收付款人支付指令，实现债权债务和货币转移的载体。支付系统是支撑各种支付工具应用、实现资金清算并完成资金最终转移的通道。支付服务组织是向社会提供支付工具和支付服务的机构，以及为这些机构的运行提供清算和结算服务的组织，是支付体系中的核心能动要素，其服务水平代表整个社会金融服务的质量。支付法律制度是规范支付行为的基本准则，是调整支付体系参与者之间利益关系、维护参与者合法权益的法律依据。支付体系监督管理是中央银行为实现支付体系的公共政策目标，维护支付结算体系安全性、效率性及公众对支付结算体系的信心，综合运用经济、法律和行政手段，对支付服务组织和支付工具进行监督管理的行为。

电子商务支付通常涉及消费者、商家、银行等中介机构及认证机构，位于开放式公共网络平台和银行内部的金融专用网络平台之间的安全接口（支付网关）也是电子商务支付的基本构成元素之一。电子商务支付体系的基本构成如图 5-6 所示。

在图 5-6 中，“消费者”和“商家”分别代表在 Internet 上进行交易的双方，即买方和卖方，他们既可能是个人，也可能是企业。消费者用自己拥有的网络支付工具发起支付，是整个网络支付体系运作的起点。商家则根据消费者发起的支付指令向银行等中介机构请求获取货币给付。

“消费者开户行”是指消费者开设资金账户的银行或其他中介机构，又称“付款行”，对卡基支付工具来讲，称为“发卡行”。消费者拥有的网络支付工具通常由消费者开户行提供。“商家开户行”指商家开设资金账户的银行或其他中介机构，其账户是整个网络支付结算过程中资金流向的目的地，又称“收单行”。商家将收到的消费者支付指令提交其开户行后，就由开户行进行支付授权的请求，以及进行商家开户行与消费者开户行之间的资金清算等工作。

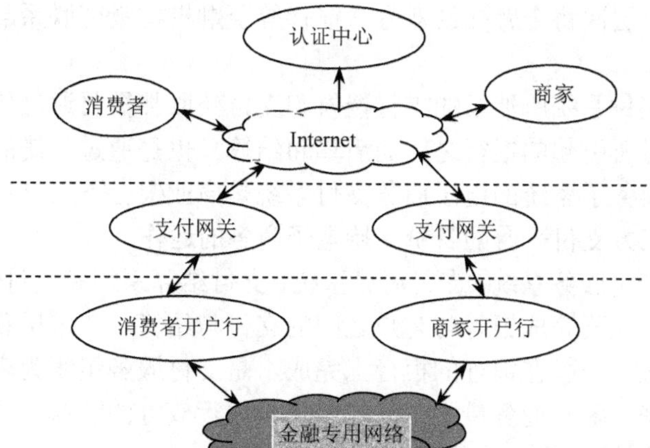

图 5-6　电子商务支付体系的构成

"支付网关"是位于 Internet 和银行内部的金融专用网络之间，用于连接 Internet 和银行内部的金融网络的一组专用服务器。网络支付信息必须通过支付网关进行处理后才能进入银行内部支付结算系统，进而完成安全支付的授权和获取。设置支付网关的目的是安全地连接 Internet 和银行内部的金融专用网络，完成两者之间的通信、通信协议转换，以及进行相关支付数据的加密解密，将开放的不安全的公共网络上的交易信息传输给安全的银行专网，以隔离和保护银行内部网络。支付网关通常由银行或消费者和商家以外的第三方研发运作。

"金融专用网络"是银行内部或银行间进行通信的专用网络，它不对外开放，因此安全性相对较高。如中国国家金融通信网，其上运行着中国国家现代化支付系统、中国人民银行电子联行系统、银行卡授权系统等。

"认证中心"是第三方公证机构，负责为电子商务活动的参与各方发放证书和进行证书维护，以确认各方的真实身份，也发放公共密钥及提供数字签名服务等，保证电子商务支付结算的安全有序进行。

另外，电子商务支付体系的构成中还应包括进行支付时使用的电子支付工具和遵循的支付通信协议。因此，电子商务支付体系是电子商务活动参与各方、支付工具和支付通信协议的结合体。

5.3.2 支付系统的层次结构

支付系统是支付服务组织为解决经济行为人之间的债权、债务关系而提供的一系列金融服务，包括清算与结算。其基本任务是快速、有序、安全地实现货币所有权在经济和社会活动参与者之间的转移。支付系统的主体包括经济行为人、商业银行和中央银行。商业银行主要为经济行为人提供存款、取款、转账、结算等支付服务，中央银行则为商业银行和非银行金融机构提供支付资金的最终清算与结算。按我国银行的现行运行模式，支付的全过程可分为两个层次：商业银行为广大客户提供金融服务时所产生的支付往来与结算，是支付系统的下层支付服务系统；中央银行为商业银行提供支付资金清算服务时所产生的支付与清算，是支付系统中的上层资金清算系统。上层支付系统是各银行金融机构下层支付服务系统的互联系统、总枢纽系统，是下层支付系统得以开展服务的基础和前提。这两个层次将金融交易双方与银行等金融机构紧密联系起来，共同构成一个复杂的支付体系。

通常，网上支付系统所涉及的支付授权和支付获取都需要通过传统的支付清算网络完成，由网上支付所引起的银行之间的清算和结算，也是通过传统的支付清算网络来完成的。作为电子商务子系统的电子商务支付系统是商业银行下层支付服务系统的扩充和延伸，一般以第三方支付平台的身份支持电子商务的运作。

支付系统由支付服务系统、支付清算系统、支付结算系统和支付信息管理系统构成。

支付服务系统主要完成银行与客户之间的支付与结算，即采用联机分布式数据库的综合业务处理系统，一般在银行的柜台上完成，是支付服务组织为客户提供支付服务的窗口。其特点是账户多、业务量大、涉及客户与银行双方的利益，是支付系统的基础，也是金融信息系统的源点。

支付清算系统是跨行业务与资金清算的系统。是金融机构在同一地点（清算所）向其他的金融机构提交并与其他金融机构交换与资金或证券转让相关的数据和文件的一套做法。例如，银联系统中负责银行间支付指令的发送、接收和确认，但不负责真正账务增减的系统就属于专门的支付清算系统。支付清算系统一般由政府授权的中央银行组织建设、运营和管理，由各家商业银行和金融机构共同参加，也可由中央银行授权的机构进行建设、运营和管理。这类系统几乎涉及一个地区或国家的所有银行或金融机构，甚至连接多个国家的银行和金融机构，形成一个全球性的支付清算网络。在清算支付网络大动脉的支持下，消除了金融机构间资金往来的屏障，使金融业务的开展畅通无阻，真正实现了金融业务处理、资金划转的跨时空、网络化和自动化。

支付结算系统是不包括支付指令的发送、接收、确认而直接进行债务支付的系统。

支付信息管理系统是支付系统的辅助支持系统，对支付系统的基础数据进行维护和管理。

5.3.3　电子商务支付系统的功能要求

电子商务支付系统是以计算机技术和网络技术为基础，以电子设施和各种交易卡为媒介，以满足人们对支付更高要求为目标的系统。电子商务支付系统通常由客户端支持软件、支付服务器和支付网关构成。客户端支持软件是用户进行支付时使用的界面，客户进行支付时，支付软件被自动激活运行，并对与支付相关的数据进行必要的加密、解密，完成用户身份的认证等操作。支付服务器主要由负责侦听和转发用户请求的通信模块、进行消息分发的路由模块和认证、加密、解密模块组成。支付网关是连接商家和银行专网的通信及交易桥梁，主要负责保护银行内部网络，保障通信、协议转换和数据加解密。一个电子商务支付系统可能专门针对一种支付方式，也可能兼容几种支付方式，但都应具备以下基本功能：

1）使用数字签名和数字证书实现对各方的认证

为实现交易的安全性，对参与交易的各方身份的有效性进行认证，通过认证机构或注册机构向参与各方发放数字证书，以证实其身份的合法性。

2）使用加密技术对业务进行加密

可以采用单钥体制或双钥体制来进行消息加密，并采用数字信封、数字签名等技术来加强数据传输的保密性，以防止未被授权的第三者获取消息的真正含义。

3）使用消息摘要算法以确认业务的完整性

保护数据不被未授权者建立、嵌入、删除、篡改、重放，完整无缺地到达接收者一方，若发现接收的消息不完整，要求发送端重发以保证其完整性。

4）当交易双方出现纠纷时，保证对业务的不可否认性

这用于保护通信用户对付来自其他合法用户的威胁，如发送用户否认他所发的消息，接收者否认他已接收的消息等。支付系统必须在交易的过程中生成或提供足够充分的证据来迅速辨别纠纷中的是非，可以用仲裁签名、不可否认签名等技术来实现。

5）能够处理交易中的多边支付问题

由于网络贸易的支付要牵涉到客户、商家和银行等多方，其中传送的购货信息与支付指令必须连接在一起，因为商家只有确认了支付指令后才会继续交易，银行也只有确认了支付指令后才会提供支付。但同时，商家不能读取客户的支付指令，银行不能读取商家的购货信息，这种多边支付的关系就可以通过双重签名等技术来实现。

5.4 第三方支付

我国电子商务客户交易资金的支付清算主要有三种途径：一是通过电子商务网站自行办理客户资金支付清算；二是由银行提供交易资金的托管服务，实现资金的支付、清算和保管功能；三是引进第三方支付公司，进行资金的保管和支付清算。

5.4.1 第三方支付的概念

第三方支付是指具备一定实力和信誉保障的非银行独立机构，采用与各大银行签约的方式，提供与银行支付结算系统接口的交易支持平台的网络支付模式。在第三方支付模式中，买方选购商品后，使用第三方平台提供的账户进行货款支付，并由第三方通知卖家；买方收到货物确认后，通知第三方付款给卖家，第三方再将款项转至卖家账户上。

提供第三方支付服务的组织是指具有信誉保障，采用与相应各银行签约的方式提供与银行支付结算系统接口和通道服务，能实现资金转移和网络支付结算服务的机构。作为双方交易的支付结算服务中间商，它具有提供服务通道，并通过第三方支付平台实现交易和资金转移结算安排的功能。所谓"第三方支付平台"，是指由已经和国内外各大银行签约，并具备一定实力和信誉保障的第三方独立机构提供的交易支持平台。第三方支付平台提供商通过通信、计算机和信息安全技术，在商家和银行之间建立连接，起到信用担保和技术保障的职能，实现从消费者到金融机构及商家之间的货币支付、现金流转、资金清算、查询统计等。

第三方支付是"信用缺位"条件下的"补位产物"。采用第三方支付，既可以约束买卖双方的交易行为，保证交易过程中资金流和物流的正常双向流动，增加网络交易的可信度，同时还可以为商家开展 B2B、B2C 交易等提供技术支持和其他增值服务。自 2005 年中国第三方支付"元年"以来，第三方支付规模呈现出高速发展的态势。

第三方支付的价值链涉及上游的银行、信用卡发卡商或其他结算组织，以及下游的各种客户。随着电子商务的快速发展，越来越多的银行成为第三方支付平台的接口银行，很多网站或企业乐于采用第三方支付平台来进行结算服务，由于第三方支付方便快捷和安全有效的特点，不少网络购买者愿意采用第三方支付平台来进行支付。

第三方支付的出现源于目前虚拟平台网络交易的特点：

① 与面对面交易不同，网络交易中双方信息不对称，彼此缺乏信任感。这是网络支付产生信用问题的根本原因。

② 网络交易不能采用传统支付方式和工具清偿债权债务关系，不能使用纸质载体的支付工具在网络上传递，只能通过传送支付指令和支付信息，采用账户划转方式进行，信息传递过程中存在安全问题。

③ 交易过程在前台终端的公用网络进行，而资金划转必须在银行支付结算系统的专用网络进行。公用网和专用网挂接和整合的新特点，决定了网络支付模式多样化的特点。

④ 要保证虚拟环境下金融系统资金运行的安全，需要国家制定和补充新的法律、法规。而对虚拟环境下实现安全支付提供相应的法律保障，在相当长的时期内仍存在一定困难。

5.4.2 第三方支付服务的作用

第三方支付平台是属于第三方的服务性中介机构，它主要是面向开展电子商务业务的商家提供电子商务基础支撑与应用支撑的服务，不直接从事具体的电子商务活动。第三方支付平台独立于金融机构、商家和消费者。第三方支付平台的作用主要体现在以下几点：

1．第三方支付是商家和顾客间的信用纽带

由于电子商务中的商家与消费者之间的交易不是面对面进行的，而且物流与资金流在时间和空间上也是分离的，这种没有信用保证的信息不对称，导致了商家与消费者之间的博弈：商家不愿先发货，怕货发出后不能收回货款；消费者不愿先支付款，怕支付后拿不到商品或商品质量得不到保证。博弈的最终结果是双方都不愿意先冒险，网络购物无法进行。

第三方支付平台正是在商家与消费者之间建立了一个公共的、可以信任的中介，能够协调商家与消费者之间的关系，保护商家和消费者的利益，从而解决了买卖双方的信任问题，第三方并不涉及双方交易的具体内容，相对于传统的资金划拨交易方式，第三方支付较为有效地保障了货物质量、交易诚信、退换要求等环节，在整个交易过程中，可以对交易双方进行约束和监督。

2．第三方支付平台充当交易各方与银行间的接口

第三方支付平台将多种银行卡支付方式整合到一个界面上，充当了电子商务交易各方与银行的接口，负责交易结算中与银行的对接，使电子支付更加简单、快捷。

在我国，目前网络支付主要有两种方式。一是直接通过公用网与金融专用网之间的支付网关完成；二是在公共网络环境中加入第三方支付平台，通过第三方支付平台与支付网关连接完成交易。

当消费者在网络中选择好商品进行支付时，网页上可能提供了几种甚至几十种银行卡在线支付方式，为了完成支付业务，消费者可能要在不同的银行开设不同的账户，并分别开通其网络支付业务。这对于消费者来说太过繁杂，而且会增加其在网络购物的成本。商家为了争夺客户也必须在多家银行开设账户。

引入第三方支付平台后，商家和消费者只需在第三方支付平台注册，由第三方支付平台和各银行签署协议进行账务划转，省去了商家和消费者与多家银行的交涉成本，使网络购物更加便利。同时，第三方支付平台的出现也是对银行零散的小额支付业务的补充，并为银行带来相应的利润。目前，第三方支付平台对接入的商家收取每笔交易金额2%的费用，其中 1%是银行收取的费用。与第三方合作的银行越多，第三方经营业务的范围就越广，在同行业中的竞争能力就越强，争取最广泛的银行合作也是第三方支付平台成功的关键。

3．第三方支付平台能够提供增值服务，降低各方成本

通过第三方支付平台，可以帮助商家网站解决实时交易查询和交易系统分析，提供方便及时的退款和中止服务等一系列的增值服务。同时，采用第三方平台支付，可以降低消费者、商家和金融机构的成本。对于消费者来说，不必再到特定的实体银行进行转账，或者再跳转到相应的银行网站页面来进行支付，相应的节省了时间，节省了机会成本。对于商家来说可以降低企业运营成本，商家不必自己开发支付系统。对于金融机构来说，可以直接利用第三方平台提供的服务，减少支付网关的开发成本。

5.4.3　第三方支付流程

采用第三方交易平台进行支付要涉及消费者、网上商城和相关银行的支持，如图 5-7 所示。

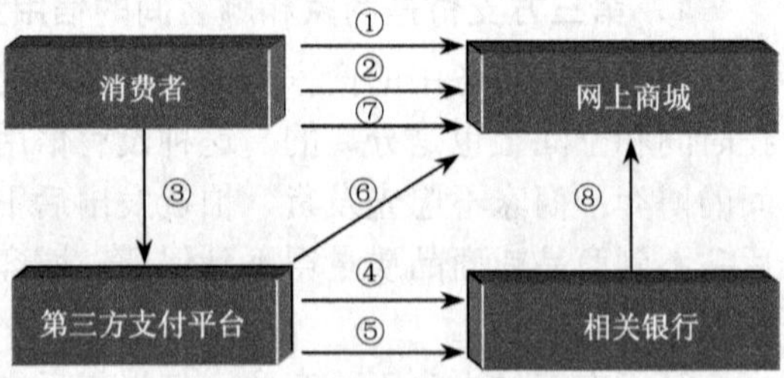

图 5-7　第三方支付流程图

其支付的基本流程可描述如下：

① 网络消费者浏览检索商户网页。

② 网络消费者在商户网站下订单。

③ 网络消费者选择第三方支付平台，直接链接到其安全支付服务器上，在支付页面上选择自己适用的支付方式，点击后进入银行支付页面进行支付操作。

④ 第三方支付平台将网络消费者的支付信息，按照各银行支付网关的技术要求，传递到各相关银行。

⑤ 由相关银行（银联）检查网络消费者的支付能力，实行冻结、扣款或划账，并将结果信息传至第三方支付平台和网络消费者本身。

⑥ 第三方支付平台将支付结果通知商户。

⑦ 支付成功后由商户向网络消费者发货或提供服务。

⑧ 各个银行通过第三方支付平台向商户实施清算。

例如，首信易支付支持全国范围 23 家银行 60 余种银行卡及全球范围 4 种国际信用卡网络支付。凭借其特有的政府背景支持，建立了国内外近 800 家企事业单位、政府机关、社会团体的庞大客户群，业务涉及图书音像、鲜花礼品、门户搜索、教育考试、会议收费等众多领域。作为支付过程范围中的中立第三方，通过保留商户和消费者所有的有效交易信息来避免拒付和欺诈行为的发生。目前，首信易支付已经承担起部分政府机构与客户之间的桥梁，逐步渗透教育考试、政府服务、社区管理等公共事业领域，是少数持续盈利的第三方平台之一。

5.4.4　第三方支付平台运营模式

根据第三方支付企业是否充当交易的信用中介，将第三方支付平台分为“非担保模式”和“担保模式”。

1. 非担保模式

“非担保模式”是指第三方支付平台中立于交易双方，对交易不提供信用中介功能，对于交易中出现的纠纷，不进行仲裁。“非担保模式”下的第三方支付企业依据其是否依附于特定的电子商务网站又可以分为两类，即独立的“通道模式”和非独立的“账户模式”。

1）通道模式

“通道模式”是指支付平台只作为支付通道将客户发出的支付指令传递给银行，银行完成转账后再将信息传递给支付平台，支付平台将此信息通知商户并与商户进行账户结算。在支付通道模式下，网络消费者的付款直接进入支付平台的银行账户，然后由支付平台与商户的银行账户进行结算，中间没有经过虚拟账户，而是由银行完成转账。在通道模式下，第三方网络支付平台扮演着“传声筒”的角色，并没有实际涉及银行的支付和清算，只是传递了支付和清算的数额和结果信息。

在通道模式下，第三方支付平台完全独立于电子商务网站，由第三方投资机构为网上签约商户提供围绕订单和支付等多种增值服务的共享平台。这类平台仅仅提供支付产品和支付系统解决方案，平台前端提供各种支付方式供网上商户和消费者选择，而平台后端连着众多的银行。平台负责与各银行之间的账务结算，同时提供商户的订单管理及账户查询等功能。这种模式国内以首信易支付为典型代表，具有以下特点：

① 客户群体主要面向 B2C 和 C2C 市场，是中小型商户或者有结算需求的政府事业单位或企业。

② 优势特点是独立网关，灵活性大，可以直接满足在合作银行开户客户的支付请求。

③ 盈利模式是根据客户的不同规模和特点提供不同的产品，收取不同组合的年服务费和交易手续费。

④ 现存问题是没有完善的信用评价体系，抵御信用风险能力有待加强；增值服务初步开发，业务模式可复制性比较强。核心竞争力不强，受到银商直连的冲击最大。

有学者认为，这种模式其实是第三方支付平台与多家银行的多种银行卡直通，更注重与银行的合作，它帮助商家使更多消费者选择在线支付方式，其面对的客户并不是消费者，而是商家和银行，其收益来自于银行的利益分成及按每笔交易向商家收取的服务费，其角色是充当了银行的前置网关。

2）账户模式

账户模式是指用户须在支付平台开立一个以电子邮件为名称的虚拟账户，并可以对账户进行充值，使用该账户进行收付款与活期存款账户的功能十分类似。用户可以通过支付网关在银行账户转账结算完成收付款，也可以仅在支付平台的虚拟账户之间转账结算完成收付款。非独立“账户模式”类型的网络支付平台一般是由电子商务平台建立起来的支付网关，不同于“通道模式”，这里的电子商务平台往往是指独立经营且提供特定产品（虚拟产品或实体产品）的商务网站。支付网站最初也是为了满足自身配送商品和实时支付而研发搭建的，逐步扩展到提供专业化的支付产品服务。这种类型的在线支付企业进入时间早，又依附于成熟的电子商务企业，拥有坚实的后盾和雄厚的资金，占有了一部分在网上进行买卖的客户资源。这类模式的典型代表是云网支付@网。云网支付@网是在支持银行卡卡种、覆盖范围和实时交易速度等方面都居国内领先位置的支付平台。其特点如下：

① 客户群体主要面 B2C 市场，向中小型电子商务网站提供在线支付服务。

② 优势特点在于这类第三方支付企业同时也是最早自身经营电子商务的企业，充分了解电子商务客户的支付需求，善于与客户沟通协调。

③ 盈利模式也是收取年服务费和交易手续费。

④ 现存问题主要是依附于自身的电子商务企业，发展空间和范围受限；既服务于所隶属的电子商务网站，又要服务于竞争对手——其他的电子商务网站，会造成其他电子商务企业的质疑，拓展其他电子商务企业客户比较困难。

2. 担保模式

“担保模式”的第三方支付平台是指由电子商务企业独立或者合作开发，同各大银行建立合作关系，凭借其公司的实力和信誉承担买卖双方中间担保的第三方支付平台，利用自身的电子商务平台和中介担保支付平台吸引商家开展经营业务。买方选购商品后，使用该平台提供的账户进行货款支付，并由第三方通知卖家货款到达、进行发货；买方检验物品后，就可以通知付款给卖家，第三方再将款项转至卖家账户。其特点如下：

① 客户群体主要面向 C2C、B2C 市场，向个人或者中小型商户提供支付服务，也有部分企业开始涉足 B2B 领域。

② 优势特点在于拥有自己庞大的客户资源；承担信用中介起着交易担保的职能，按照交易记录建立个人信用评价体系，可信度较高，抵抗网络银行冲击的能力最强。

③ 盈利模式主要依靠店铺费、商品登录费、交易服务费等，但是目前大多实行免费政策，处于扩大规模和提升点击流量的阶段。

④ 现存问题主要在于平台间竞争激烈；认证程序比其他模式复杂，交易纠纷取证比较困难；中介账户的资金滞留问题；企业性质有待于监管机构出台相应政策予以界定。

这类第三方企业以 PayPal 贝宝（Paypal China）和支付宝为代表。PayPal 贝宝是一种由易趣提供第三方赔偿的支付工具，买家成交后登录贝宝网站付款，货款直接支付到卖家贝宝账户，卖家收到信息后发货，买家收货，能为买卖双方提供即时、安全的支付服务。PayPal 贝宝采取 PayPal 的技术，业务开展建立在 PayPal 专有的反欺诈、风险控管系统基础之上，具有国外成功的网络支付经验。PayPal 公司是一家全球网络支付公司，自 1998 年成立起就成为网络支付领域的领导者，2002 年 10 月，世界最大的在线交易网站 eBay 收购了 PayPal，2004 年，PayPal 处理的支付总额超过 180 亿美元，占美国当年电子商务交易总量的 9%，全球电子商务交易总量的 5%。

2005 年 7 月，PayPal 推出了面向中国用户的 PayPal 贝宝，实现与易趣的对接，与安付通共享超过 1 000 万的在线消费群体。同时，PayPal 贝宝建立了与银联的合作关系，由于银联几乎联合了中国所有的商业银行，PayPal 得到了 15 家银行、7 000 万借记卡和 1 000 万信用卡的用户，可以通过 20 多种不同的银行卡在贝宝平台上进行网络支付。此外，交易流程简单，只需要交易双方的邮件地址就可以实现网络支付，不用开通网络支付功能，只要有卡即可充值到 PayPal 贝宝账户等都是 PayPal 贝宝的鲜明优势。其 2 000 元的交易赔付保障是针对中国提供的特色服务。

本章小结

本章主要介绍电子支付相关概念，常用电子支付工具及其运作，电子商务支付系统的体系结构和功能要求，第三方支付及其运营模式。

1. 支付是付款人向收款人转移可以接受的货币债权的行为。清算是在结算之前对支付指令进行发送、核对以及在某些情况下进行确认的过程，主要是银行同业之间的货币收付，用以清讫双边或多边债权债务的过程和方法。结算是将清算过程中产生的待结算债权债务，在收付款人金融机构之间进行相应的账簿记录、处理以完成货币资金最终转移并通知有关各方的过程。

2. 电子支付是指单位、个人通过电子终端，直接或间接向银行业金融机构发出支付指令，实现货币支付与资金转移的行为。电子支付业务类型按电子支付指令发起方式分为：网上支付、电话支付、移动支付、销售点终端交易、自动柜员机交易和其他电子支付。

3. 典型的电子支付工具有电子货币、电子支票和信用卡。

电子货币是通过计算机网络以信息传递形式实现支付功能的货币，是在继承了传统货币的交易行为自主性、交易条件一致性、交易方式独立性、交易过程持续性等特性的基础上，与传统货币在价值尺度上保持固定的兑换关系，通过事先储存的货币价值，利用网络和电子设备媒介交易的一类便利支付工具。

电子支票是将传统的纸质支票的全部内容电子化后形成的电子版，借助开放式网络和金融专用网络，电子支票能在买卖双方之间、银行与银行客户以及银行之间传递，实现银行客户间的资金支付与结算。

信用卡是一张正面印有发卡银行名称、有效期、号码等，背面有磁条、签名条等内容的具有消费信用的卡片。

4. 支付体系主要由支付系统、支付工具、支付服务组织、支付体系法律制度和监督管理等要素组成。其中，支付工具是传达收付款人支付指令，实现债权债务和货币转移的载体。支付系统是支撑各种支付工具应用、实现资金清算并完成资金最终转移的通道。支付服务组织是向社会提供支付工具和支付服务的机构和组织，是支付体系中的核心能动要素，其服务水平代表整个社会金融服务的质量。支付法律制度是规范支付行为的基本准则，是调整支付体系参与者之间利益关系、维护参与者合法权益的法律依据。支付体系监督管理是对支付服务组织和支付工具进行监督管理的行为。

5. 第三方支付是指具备一定实力和信誉保障的非银行独立机构，采用与各大银行签约的方式，提供与银行支付结算系统接口的交易支持平台的网络支付模式。在第三方支付模式中，买方选购商品后，使用第三方平台提供的账户进行货款支付，并由第三方通知卖家；买方确认收到货物后，通知第三方付款给卖家，第三方再将款项转至卖家账户上。

本章习题

1. 应该怎样看待支付行业竞争为支付企业带来的机遇与挑战？
2. 什么是电子支付？与传统支付相比较电子支付有哪些特点？
3. 请解释说明电子支付业务类型的主要形式。
4. 电子商务支付系统由哪部分构成？各部分的主要任务是什么？
5. 电子商务支付系统属于支付系统的哪个层次？
6. 电子商务支付与清算的主要途径有哪些？
7. 试分析第三方支付的运作模式。

第6章
电子商务安全

引例　用户信息泄露

从 CSDN 公告部分用户数据遭泄露，到天涯社区承认用户账户被泄，用户信息泄露成了 2011 年年终中文互联网上最大的话题。

一条隐匿多年庞大产业链被顺势挖开，互联网上每个人的数据与隐私最终都被层层盘剥、打包瓜分，黑客亦是这个产业链的打工者，如图 6-1 所示。中国鹰派联盟网的创立者、鹰派代表 W 向腾讯科技透露，CSDN 这样的明文库，如果不是定向销售，估值也仅会在数千到几万元人民币。整个产业链并不复杂，但最终被榨取的除了用户账户内的有限财富外，还有用户本身的隐私和数据。

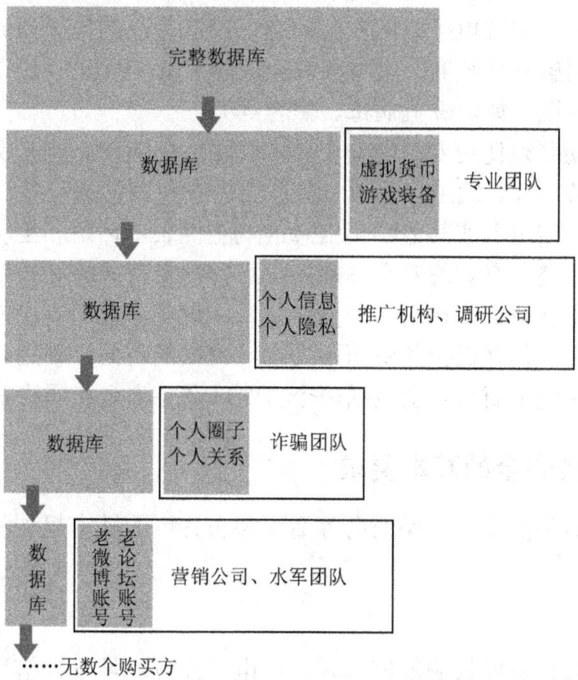

图 6-1　泄露个人信息路线图（腾讯科技制图）

那么如何由点到面榨干一个用户的最终价值呢？一位匿名黑客从笔者已被泄露的天涯账户开始，理想化地重现了这一过程：① 在获取笔者的天涯账户后，黑客首先尝试了关联的网易邮箱，由于笔者的网易邮箱密码与天涯账户相同，对方毫不费力进入了邮箱。② 进入邮箱后，对方获得笔者历年来注册开心网、智联招聘、中华英才网、前程无忧、快钱、百度、校内、京东、新浪微博的确认邮件。其中智联招聘、中华英才网、前程无忧、京东的注册确认邮件中直接显示会员名及密码。其余几个网站除开心网及快钱外均与天涯账户密码相同。但因开心网及快钱密码与京东密码相同，也被猜中，至此以上网站密码全被攻破。③ 通过前程无忧，获知笔者 QQ 号码、真实姓名、身份证信息、收入情况和生日等重要信息。④ 尝试破解 QQ 号码，尽管笔者的 QQ 密码与以上各网站密码完全不同，但黑客依据真实姓名全拼、生日、手机和之前各类密码的组合方式，迅速暴力破解成功。进入 QQ 邮箱，获得笔者在豆瓣、淘宝、网易的注册确认邮件，暴力破解淘宝及支付宝密码成功。

至此，一个天涯账号的泄密变成了一个自然人从虚拟到现实全方位的泄密，据匿名黑客介绍，已经从笔者身上获得的信息可以反复销售数次：虚拟货币的账户卖给专人直接变现；网络游戏的账号卖给专人将虚拟物品变现；个人资料卖给各个推广公司、调研机构（根据性别、年龄、收入、地域可卖给不同行业）；私密关系账户可卖给骗子集团牟利（QQ、人人网或朋友网）；天涯及微博早年注册的 ID 可卖给网络水军公司……

6.1 电子商务安全概述

电子商务利用各种网络开展商务活动，它在提升传统商务效率的同时，也带来了很多安全方面的新问题。网络环境的开放，必将把网络中存在的问题尤其是安全问题带入商务活动中。因此，解决电子商务安全问题已经成为制约电子商务进一步发展的瓶颈。电子商务安全既要解决传统商务领域的安全问题（如诈骗等），还要解决由于网络技术引起的技术性安全问题（如计算机病毒、黑客等）。

电子商务活动必须使用专门的安全技术和相应的支撑结构来保证电子商务安全，防止商务活动内容被读取、编造和修改。最近的调查和民意测验显示，有 80%的因特网用户对其个人隐私、信用卡或其他购买信息的安全性表示怀疑和担忧。因此，需要针对电子商务设计一套完整、有效的安全体系，防止各种安全威胁性事件的发生。

电子商务安全就是综合运用各种安全技术、设施和管理制度或法律等保护电子商务中交易各方的安全，包括保护其资源不受未经授权的访问、使用、篡改或破坏，保证商务活动顺利进行。电子商务安全包括两个方面：商务安全和网络安全。

6.1.1 电子商务安全的基本要求

要确保电子商务的安全，保证商务活动参与各方的基本权利和财产安全，应实现以下几点基本要求：

1. 保密性

保密性是指防止未授权的数据暴露。在电子商务环境下，信息直接代表着个人、企业或国家的商业机密，所以必须确保信息的严格保密。传统贸易都是通过邮寄信件或通过可靠的通信渠道（人员送抵）发送商业机密来达到保守机密的目的。电子商务是建立在开放的网络环境上，防止非法的信息存取和信息在传输过程中被非法窃取尤为重要。

对于参与电子商务的各方来说，一方面需要保证个人、企业等隐私不受未经授权的访问、使用，另一方面需要保证个人、企业等交易信息被有限使用，不受未经授权的访问、使用或交易等。

保证保密性常用的技术为加解密技术。它是将信息通过变换转换成难以识别的信息，再进行传输，接收方收到后又可以通过事先约定的方法将难以识别的信息转换为原信息，进而有效地防止第三方截取信息。通过这种技术，第三方得到信息也无法理解原意，很好地起到了保密作用。常用的保密技术有对称密码体制的 DES 算法和非对称密码体制的 RSA 算法，这些将在 6.2 节中具体介绍。

2. 完整性

完整性是防止未授权的数据修改，具体而言，信息发送方和信息接收方的信息是一致的，而且传输过程是完整的。电子商务减少了人为的干预，同时就带来维护贸易各方商业信息的完整、统一的问题。由于数据输入时的意外差错或欺诈行为，可能导致贸易各方信息的差异。此外，数据传输过程中的信息丢失、信息重复（有可能是恶意的）或信息传送的次序差异也会导致贸易各方信息的不同。必须保证数据信息的完整性，才能保证合法商务活动的正常进行。

为了保证完整性，防止信息被非法篡改，失去原意甚至变为相反的内容，一般通过对信息进行特殊算法处理，形成一个短小的信息块（提取信息，也常称为信息摘要），随同信息一起发送，接收方通过相同的算法对信息进行处理验证，若相同则说明信息完整未被篡改，否则将信息作为无效信息处理。

3．不可抵赖性

不可抵赖性是为了防止毁约。在传统的商务模式下，部分交易者由于利益原因可能会违约，发生抵赖行为。在电子商务环境下，非面对面的约束性显然没有传统商务模式强，所以对抵赖等行为更要通过管理、技术手段加以严格控制。

在电子商务环境中，一方发送了商务信息给另一方，就不能抵赖，就像在传统的商务环境下签订了合同一样，商务交易一旦完成就必须履行。可通过验证接收方收到的信息的真实性判断是否是发送方发送的信息，作为认证机构和专门的仲裁机构管理和裁决纠纷的依据。

4．真实性

真实性是确保发送信息的数据源的真实性，即要确保交易的个人或实体的身份可靠，正是其所声称的个人或实体。由于电子交易中各方并不是面对面的，因此必须设置一定的机制验证交易的对方身份的真实性。

为了防止交易方伪造或假冒身份，可以通过数字签名（数字形式的签名技术）保证信息发送方的真实性，用只有真实的发送方才能生成的信息作为验证其真实性的手段，这是一种身份认证技术。而对这些只有发送方才能生成的信息的验证是由认证机构（CA）提供的数字证书实现的。

5．有效性

电子商务是无纸化贸易，如何保证这种电子形式的信息的有效性是开展电子商务的前提。因此，要对网络故障、操作错误、应用程序错误、硬件故障、系统软件错误、恶意攻击及计算机病毒所产生的潜在威胁加以控制和预防，以保证贸易数据在确定的时刻、确定的地点有效。

可以通过加强员工管理、规范操作流程、对重要信息加密保存、对系统安全维护、防病毒软件的使用及防火墙技术等多种手段的综合使用来保证信息的有效性。

6.1.2　电子商务的安全问题

电子商务这种商务活动的新模式前景十分看好，但其安全隐患亦不容忽视。如何建立一个安全、便捷的电子商务应用环境，为信息提供足够的保护，成为商家和用户都十分关心的问题。要消除这些隐患，使电子商务在安全而稳定的环境下运行，就必须先了解电子商务环境下的安全问题有哪些，针对这些突出问题，提出相应的解决方案。下面简要介绍电子商务中常见的安全问题。

1．设备的安全问题

设备的安全主要是指物理设备等硬件设施是否安全，能否正常运行。任何设备，即使是高价设备也不是十全十美的，或多或少都会有这样那样的缺陷，由于长时间使用或其他原因也会导致故障出现。有些小故障短时间可以修复，而有些可能无法进行修复，从而造成数据丢失、破坏。所以，物理设备的稳定性也是安全的一个重要方面。解决的办法是尽量使用性能良好的设备；操作上遵照正确的操作步骤，以免出现异常；对设备经常进行性能检测，及早发现问题；定期对信息做备份等。

2．软件漏洞

现在各种各样的软件越来越多，许多软件在编制时没有考虑安全问题或由于经费问题而设计不足，这些都会在日后使用时造成安全隐患，给恶意攻击者留下出入的“后门”。即使一些软件在设计时考虑了安全问题，也可能由于软件过于庞大，测试时很难将漏洞找出，所以在使用中常常会发现新的安全漏洞，必须及时修补。在软件漏洞中，现在大家比较关注的是下面几种：

1）操作系统的安全漏洞

操作系统不安全是计算机不安全的根本原因。一般操作系统都存在一些安全隐患，例如支持在网络上传输文件、提供远程调用、提供网络文件系统服务等都可能导致信息流失。因此，在选用和安装操作系统时要选用安全性适宜的系统，并且要注意不要在缺省条件下安装，最好进行和操作系统安全性相关的安全配置。

2）网络协议的安全漏洞

网络通信服务一般都是通过协议完成的，因此网络协议的安全性是网络安全的一个重要方面。如果网络通信协议存在安全漏洞，那么相当于几乎所有的通信都不安全，信息窃取者可以不必攻破密码体制就可以获得想要的信息和服务。实践证明，目前 Internet 常用的协议，像 TCP/IP、FTP、Telnet 等协议都存在一定的安全漏洞。

3）网络服务软件的安全漏洞

随着网络应用的不断扩大，很多网络服务软件应运而生，如聊天、网络游戏等，这些软件开发时很少考虑安全问题，因此应用起来安全隐患很多。基于安全考虑，目前很多防火墙的设置中都可以禁用这些网络服务软件。

3．黑客的攻击

在电子商务环境中，因为信息多为商务数据，具有商业价值，所以系统资源被黑客攻击的可能性很大，其中的脆弱环节常常成为入口。电子商务安全易遭受以下四大类攻击：

1）系统的中断（interruption）

系统中断是指通过使系统的资源受损或不能使用，而暂停信息的流动或使用。网络故障、操作错误、应用程序错误、硬件故障、系统软件错误及计算机病毒等都能导致系统不能正常运行，这些属于非攻击型的中断。而攻击型的中断经常是通过拒绝服务（给服务器发送大量信息使其不能正常处理、停止工作）等攻击手段使系统不能正常运行，甚至瘫痪。系统不能正常运行会造成很大的安全隐患，对于时间要求严格的电子商务系统如网上证券交易，若产生中断造成的经济损失将影响巨大。因此，必须对中断产生的潜在威胁加以控制和预防，保证商务信息能及时、准确地传递。

2）信息被窃听（interception）

窃听是指在非法的、未授权的情况下对资源进行访问，盗用有用的信息或服务。电子商务作为一种商务手段，其信息往往是个人、企业或国家的商业机密。它是建立在开放的网络环境上的，维护其机密性就成为重要的职能。因此，要预防搭线和电磁泄漏等手段造成的信息泄露，或对业务流量进行分析从而获取有价值的机密情报等一切损害系统机密性的行为。

3）信息被篡改（modification）

篡改是指未经许可对资源进行访问并修改。电子商务的交易过程的数字化造成信息完整性、统一性不易实现的问题。数据输入时的差错或在传输过程中被非法截取并篡改再发给接收方，或者通过入侵企业系统篡改内部信息等，这些恶意篡改都可能会给交易的各方带来巨大的经济损失。因此，要防止信息在本地或传输过程中重复和被篡改，保证信息的真实、可靠。

4）信息被伪造（fabrication）

伪造是指非法在系统中制造假信息，从而产生虚假的信息或服务。电子商务活动直接关系到交易各方的商业利益，要确定收到信息是真实的而不是伪造的，就需要对网络的另一端是否是所期望的或对方所声称的交易方进行认证。如果发送信息的并非其所声称的实体，而是为了非法目的冒充的，就必须能够识别出这种安全威胁。在传统的交易中，贸易双方通过在交易合同或契约等书面单据上签字或盖章来认证并防止抵赖。但在无纸的电子商务中，传统的方式是不可能的，需要交易各方提供可靠的标识（证书、数字签名）证明自己。

4. 计算机病毒的危害

1994 年 2 月 18 日，我国正式颁布实施了《中华人民共和国计算机信息系统安全保护条例》，在第二十八条中明确指出："计算机病毒，是指编制或者在计算机程序中插入的破坏计算机功能或者毁坏数据，影响计算机使用，并能自我复制的一组计算机指令或者程序代码。"计算机病毒这种恶意破坏系统资源的能够自我复制、传播的计算机代码对系统的危害非常大，它常常会恶意破坏数据、删除文件，甚至格式化磁盘。若网上银行的系统被病毒侵入并破坏，后果可想而知。

计算机病毒的特点主要有：可执行性，这种病毒是一段程序代码，可以执行；传染性，又称再生机制，是指能够从一台计算传播给另一台计算机；破坏性，对网络和计算机有一定的破坏能力；潜伏性，依附于其他媒体而寄生的能力；针对性，针对一定的操作系统、应用软件、网络协议；触发性，有一个条件，执行病毒程序；主动性，病毒设计者的意图就是攻击计算机系统；衍生性，能从一种病毒衍生出另一种病毒（变种）。

计算机主要传播方式有软盘、光盘、硬盘、网络。计算机病毒的危害主要有：病毒激发后对计算机数据信息的直接破坏作用，占用磁盘空间和对信息的破坏，抢占系统资源，影响计算机运行速度，计算机错误与不可预见的危害，计算机病毒的兼容性对系统运行的影响及计算机病毒给用户造成严重的心理压力等。

目前，病毒的防治必须把握住三点：

① 没有一种反病毒软、硬件能够防治新出现的所有病毒。

② 没有一种计算机病毒软件能够让未来的所有反病毒软硬件都无法检测。

③ 病毒产生在前，反病毒手段滞后，这将是长期的过程。

所以，对病毒防护应该做到：

① 开机时打开实时监控，定时对计算机文件进行扫描。

② 经常对操作系统打补丁，对反病毒软件进行升级。

③ 经常对计算机内容进行备份，一旦病毒破坏导致数据丢失，可以通过备份进行修复或者通过专业公司进行数据恢复。

5．安全管理不完善

安全管理不完善，缺乏有效的监督机制，也是安全受威胁的重要原因。大多数企业在安全方面犯的最大错误就是没能建立良好的策略和实施步骤，也没有保证执行这些策略的措施。要达到良好的安全保护，必须在思想上认识到其重要性，引起足够的重视。可以对内部人员进行安全管理的培训、教育，制定规范守则，最大限度地制止内部人员对内部系统的无意（误操作等）或有意（泄露等）的侵害。对系统的口令等关卡性信息亦应定期或不定期更换，对系统内外的信息流审计跟踪，建立一整套定期的安全检测、备份管理和日志管理等管理方法和制度。通过安全管理，能很好地跟随安全体系的变化形成应对措施，并能根据日志记录等对遭受的攻击记录，防范同类事件再次发生。安全问题是不断变化的，企业不能形成防范体系后，就不再考虑安全问题，每当信息安全体系结构出现变化的时候，就应该在技术和管理上同时升级。

6．网络诈骗

商务应用的迅速发展滋生了网上交易中诈骗、犯罪等问题。安全的网络消费环境，不仅是提高现有用户使用频率、吸引新用户的重要因素，也是行业良性发展、企业有序经营的重要保障。根据中国互联网络信息中心发布的最新数据《中国互联网络发展状况统计报告（2011/7）》，2011 年上半年，有 8%的网民在网上遇到过消费欺诈，该群体规模达到 3 880 万人。网上消费欺诈造成了用户对互联网商务类应用的担忧、抵制和排斥情绪，影响了商务类应用的可持续发展。为了推动网民商务类应用的深化，管理部门需要尽快完善有关法律法规和监管体系，通过政府、企业、行业协会和用户多方参与，共同维护绿色、健康的网络消费环境。

6.1.3 电子商务安全的现状

根据中国互联网络信息中心发布的最新数据《中国互联网络发展状况统计报告（2011/7）》，2011 年上半年，遇到过病毒或木马攻击的网民为 2.17 亿人，占网民的 44.7%。有过账号或密码被盗经历的网民达到 1.21 亿人，占 24.9%，较 2010 年底增加了 3.1 个百分点。商务应用的发展也滋生了网上诈骗等问题。

最近几年网络发展迅速，电子商务的应用更加广泛，各种各样的安全隐患逐渐暴露出来，因安全问题而导致的损失更是快速增长。我国的电子商务网站时常遭受攻击，造成各种不便。我国电子商务安全基础设施建设也比较落后。虽然近几年认证中心等安全基础设施像雨后春笋一样出现，但由于没有统一的标准，因此基础设施兼容性差。另外，我国的计算机、网络交换机、路由器等硬件设施，尤其是操作系统等软件很多都是舶来品，这种软硬件有没有漏洞、后门，会不会给信息的保密性、安全性带来问题都不得而知。要解决这些问题，必须花大力气投入自主研究设计安全乃至信息技术方面的软硬件产品。国内一些部门也开发研制了一些防火墙、安全路由器、安全网关、黑客入侵检测、电子商务安全交易系统、CA 认证机构和部分核心密码算法等。但是，这些安全产品和技术的完善性、规范化、兼容性和实用性等方面还存在许多不足，理论基础和自主的技术手段仍需要发展和强化。

6.2 信息安全技术

电子商务的安全问题，大部分是由于计算机技术及网络技术的发展带来的，也就是说，计算机技术及网络技术的发展给人们带来了巨大的便利的同时，由于计算机技术及网络技术发展本身还存在许多漏洞和不够完善的地方，也给人们带来了许多安全问题。由计算机技术及网络技术漏洞和不够完善引起的安全问题，绝大部分需要通过信息安全技术加以解决。

6.2.1 信息安全技术概述

信息安全技术主要保护数据免受未授权的泄露、篡改和损坏，主要包含数据秘密性（secrecy）和数据真实性（authenticity）两个侧面，此外还涉及数据的完整性（integrity）等内容。要确保电子商务的安全，使电子交易安全、稳妥，必须综合采取各种措施，除法律、行政、教育及管理等措施外，最重要的是要采用技术保护措施。

确保信息安全的技术措施可分为访问控制技术和密码技术两大类。

访问控制技术是对访问的申请、批准、执行、撤销全过程进行控制，以确保只有合法用户的合法访问才给予批准，而且被批准的用户也只能进行已授权的活动。

访问控制首先对用户的身份进行认证，识别区分合法用户和非法用户，阻止非法用户访问系统。常用的是口令认证，但此方法具有不安全性。理想的用户认证应该是基于用户独一无二的特征，像生理特征，例如通过指纹、视网膜等进行的身份认证，但由于生理特征识别技术较复杂且成本高，因此还不能普及。用于电子商务的智能卡、数字证书等用户身份证明是目前情况下较为成熟的身份识别方法，已经得到广泛应用。这部分的访问控制是初始保护，仅在入口处检查用户的存取控制权限，一旦被许可（通过初始验证），则此后的操作将不在安全机制的控制下进行。

用户在被批准进入系统后，仍然需要对其访问施加控制，进行持续保护。在入口处和访问数据传输过程中都应对其存取权限检查，防止篡改和窃取系统数据。主要有：确定用户的可访问内容；确定访问权限，是否具有读、写、执行、删除、附加及转移等权力；实施访问权限。除了对访问进行控制，还应对信息的流动和推理攻击进行跟踪控制。推理攻击是指用户通过多次的合法访问的结果，进行推理计算出无权访问的秘密信息。如果一次访问将产生信息和权力的流动，就应该注意这种流动是否可能造成泄密。可以通过审计跟踪，对用户使用了何种系统资源、使用时间、执行的操作等方面进行记录，如果出现问题，可以根据记录进行有效追查，同时也对不法分子造成心理威慑。

6.2.2 密码技术

在信息传输和处理中，非授权者会通过各种办法，例如搭线窃听、电磁窃听、声音窃听等来窃取机密信息。人们不能全线监控，完全避免窃听事件的发生，那么如何使非法窃听者即使得到信息也无法获知信息具体内容呢？这就是密码技术解决的问题。密码技术是保护信息安全的主要手段之一，它是结合数学、计算机科学、电子与通信等诸多科学于一身的交叉学科。它不仅具有保证信息机密性的信息加密功能，而且可以利用其基本原理进行数字签名、身份验证、系统安全等功能。使用密码技术不仅可以保证信息的机密性，而且可以保证信息的完整性和确切性，防止信息被篡改、伪造和假冒。

在系统地学习密码技术之前，首先了解一些密码学的基本知识。

密码学是一门古老的科学。常常在战争中用于对军事机密的保护，随着科学技术的发展尤其是信息技术的发展，密码学也有了长足的进步，由暗语式的简单加密转变为基于坚实的数学基础的完善技术。

密码学由研究编制密码的科学——密码编码学（cryptography）和研究破译密码的科学——密码分析学（cryptanalysis）组成。通过密码编码学研究、设计各种可以达到保密效果的密码体系，同时运用密码分析学的知识分析密码体系的安全性并以不同的方向对密码编制提出有效的改进方案。密码编码技术和密码分析技术相互作用、相互促进、密不可分。现在密码学不仅仅是研究编码和破译的学问，而且涉及安全管理、安全协议设计等多方面内容。

密码技术的基本思想是伪装信息，隐藏信息的真实内容，以使未授权者不能理解信息的真正含义，达到保密的目的。具体就是对信息进行一组可逆的数学变换。伪装前的信息称为明文（plaintext），伪装后的信息称为密文（ciphertext）。这种将信息伪装的过程称为加密（encryption）。加密在加密密钥（key）的控制下进行。用于对数据加密的一组数学变换称为加密算法（encryption algorithm）。发信者将明文数据加密成密文，然后将密文传递，被授权的接收者收到密文后，进行与加密变换相逆的逆变换，即加密的逆过程，将密文再还原为明文，这一过程称为解密（decryption）。解密是在解密密钥（key，只有拥有解密密钥才能对信息解密）的控制下进行的，用于解密的这组数学变换称为解密算法（decryption Algorithm）。这样，数据不管是以密文的形式存储在计算机上还是在通信网络中传递，即使被未授权者非法窃取或因为其他原因造成数据泄露，未授权者也不能理解数据的真正含义，从而达到数据保密的目的。同样，未授权者也不能伪造合理的密文，因而不能篡改、伪造数据，从而达到确保数据真实性的目的。

下面用比较古老的加密算法说明一个加解密的过程。用加法代替密码（移位）加密，就是将明文字母向后移动 k 位形成密文。当 $k=3$ 时有明密文对照关系如下所示。

A	B	C	D	E	F	G	H	I	J	K	L	M	N	O	P	Q	R	S	T	U	V	W	X	Y	Z
D	E	F	G	H	I	J	K	L	M	N	O	P	Q	R	S	T	U	V	W	X	Y	Z	A	B	C

例如，要发送一个军事命令给前线，明文为“今晚 9 点发动总攻”。

明文：今晚 9 点发动总攻

JIN WAN JIU DIAN FA DONG ZONG GONG

密文：MLQ ZDQ MLX GLDQ ID GRQJ CRQJ JRQJ

加密算法是将明文字母后移 3 位，解密就是将密文字母前移 3 位，3 就是加解密的密钥，由它控制加解密的进行。

一般情况下，密码技术根据使用的加解密算法和密钥原理等工作方式的不同分为不同的密码体制。不同的密码体制的保密原理和适用范围都有所不同。下面先介绍什么是密码体制。

密码体制（encryption system）又称密码系统，是指一个加密系统所采用的基本工作方式。流程如图 6-2 所示。密码体制由五个部分组成：

① 明文空间 M，它是全体明文的集合。

② 密文空间 C，它是全体密文的集合。

③ 密钥空间 K，它是全体密钥的集合。其中每一个密钥 K 均由加密密钥 K_e 和解密密钥 K_d 组成，即 $K=<K_e,K_d>$。

④ 加密算法 E，由 M 到 C 的加密变换。

⑤ 解密算法 D，由 C 到 M 的解密变换。

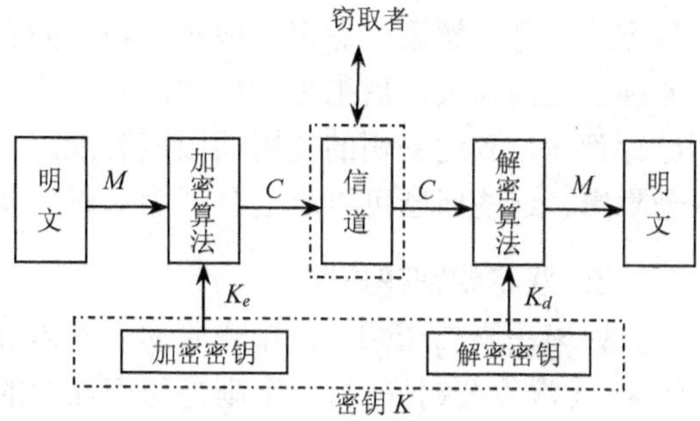

图 6-2　密码体制

对每一确定的密钥 $K=<K_e,K_d>$，加密是在加密密钥 K_e 的控制下对明文进行加密，解密则在解密密钥 K_d 的控制下对密文进行解密，加密密钥和解密密钥是一对，且存在严格的对应关系，由一个加密密钥加密则必须由与它相对应的解密密钥才能解密，其他的任何数据都无法将信息解密。而且，在一些密码体制中，加密密钥和解密密钥为一对，其职能可以互换，哪一个密钥为加密密钥，哪一个为解密密钥没有严格的职能限制，如果用一个密钥加密则另一个密钥应为解密密钥，反之，用刚才的解密密钥加密则可以用加密密钥来解密，其是一个互逆的过程。

加解密必须要依赖于两个要素：算法和密钥。不管使用那一种密码技术进行安全保密，加解密算法都是相对固定的，一种密码技术对应一种加解密算法。真正保密性好的算法不多，而且如果在电子商务中使用过多种算法在存储和管理上也会非常烦琐，不利于交易各方通信。因此，多以使用相对单一的算法而变换密钥的方法实现加解密，所以密钥在密码体制中的作用举足轻重，加密系统的保密性不是取决于算法而是取决于密钥，包括密钥的长度、密钥的保密性等。

根据密钥可以将密码体制分为单密钥密码体制（one-key system，又称对称密码体制或传统密码体制）和双密钥密码体制（two-key system，又称非对称密码体制或公开钥密码体制）。

1．单密钥密码体制

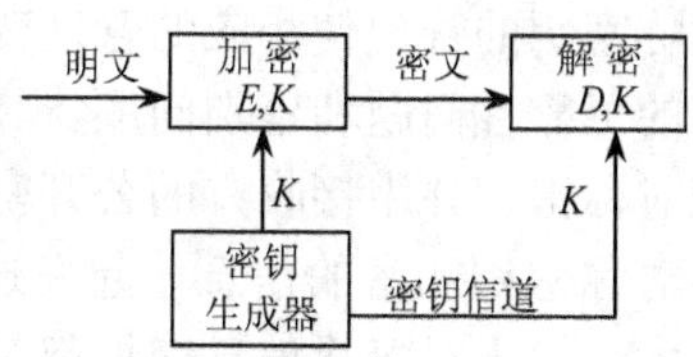

图 6-3　单密钥密码体制

单密钥密码体制的加密密钥和解密密钥相同，或者虽然不相同，但是由其中一个可以很容易地推导出另一个。对数据进行加密的单密钥系统如图 6-3 所示。在这种体制中，信息拥有者和被授权者（接收者）拥有的为相同或可互推的密钥，就必须基于共同保守秘密来实现系统的保密性，若一方泄露了密钥就必须停止该密钥的使用。

单密钥密码体制具有加解密速度快、安全强度高等优点，因此在军事、外交及商业应用中使用普遍。

在密码体制中系统的安全性主要取决于密钥的保密性，加解密使用相同或可互推的密钥，由于加解密密钥为一对，因此在通信前必须事先交换密钥，通过安全可靠的途径将密钥送至接收端，同时还要防止密钥泄密。而且，对称密码体制还有一个问题，那就是密钥的管理，如果一个用户与多方通信采用相同的密钥，那么与它通信的各方也必须使用该密钥才可以保证信息的解读。这样，多方使用相同的密钥，任一方都可截获其他各方的信息并解读，保密性很难保障，而且一旦密钥被破译或泄露，以此密钥通信的各方都会受到损失，后果更加严重。若用户与多方通信采用不同的密钥，那么对这些密钥进行管理，到达密钥的使用期限或有泄露时重新申请并分发密钥也很烦琐，并且存在安全隐患。这些问题可以通过公开钥密码体制解决。

2. 双密钥密码体制

双密钥密码体制中，用户掌握两个不同的密钥：一个是可以公开的密钥作为加密密钥 K_e（常称公钥）；另一个则是秘密保存的作为解密密钥 K_d（常称私钥）。公开的密钥可以作为公用信息发布出来，供任何希望与该用户通信的实体取得。因此，这种密码体制又称公开钥密码体制（简称为公钥密码体制）。

在双密钥密码体制中，一个用户 A 若想和用户 B 进行保密的通信，就可以将其要保密的信息用用户 B 的加密密钥也就是 B 的公开密钥 K_{Be} 对信息加密，再将加密好的信息传递给 B，用户 B 用自己的解密密钥 K_{Bd} 将信息解密，得到明文，如图 6-4 所示。

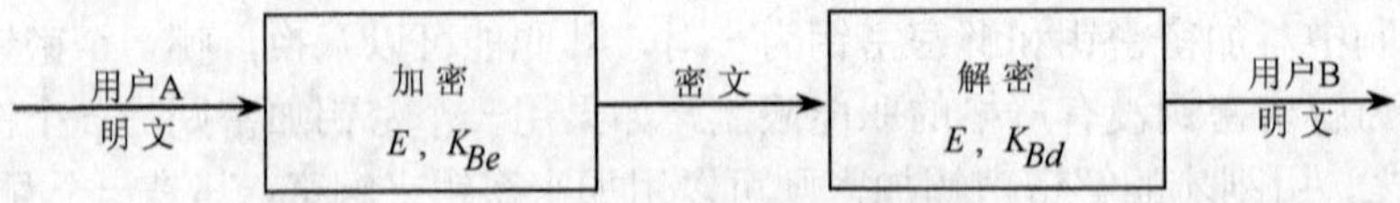

图 6-4　双密钥密码体制

双密钥密码体制采用两个不同的密钥分别进行加密、解密，且其中一个密钥（公钥）作为公共信息发布出去，因此必须保证无法从公钥推出私钥，否则保密算法再强也将失去效果。这种体制的关键便是密钥的生成，要能够加解密又要不能互推。双密钥密码体制的安全性、使用方便性等都要比单密钥密码体制好，但其运算速度一般比单密钥密码体制慢得多，而且这种体制中密钥对的生成有一定的难度。

对称密码体制和公开钥密码体制也经常混合使用，以结合各自的优点。对称密码体制中对称密钥的管理和分发工作是一个潜在危险并烦琐的过程。通过公钥加密技术实现对称密钥的管理使相应的管理变得简单并更加安全，同时还解决了纯对称密钥模式中存在的可靠性问题和鉴别问题。具体的方法是：发送方可以为每次交换的信息生成唯一一把对称密钥并用接收方的公开密钥对该对称密钥进行加密，然后再将加密后的密钥和用该对称密钥加密的信息一起发送给相应的接收方，这种技术即是数字信封（envelope）技术。由于对每次信息交换都对应生成了唯一的一把密钥，因此各交易方就不再需要对密钥进行维护和担心密钥的泄露或过期。这种方式的另一优点是：即使泄露了一把密钥也只将影响一笔交易，而不会影响到交易双方之间所有的交易关系。这种方式还提供了贸易伙伴间发布对称密钥的一种安全途径。

3. 几种密码技术介绍

1）分组密码

分组密码属于对称密码体制，即其加密密钥和解密密钥相同或可以互推。分组密码技术的工作方法是将要加密的明文分为固定长度的组，如 64 位一组，然后按照同一密钥和算法对每一个明文组进行加密得到密文组，密文组组合成为密文。解密时将密文组和密钥通过解密算法，还原成明文组，组合得到明文，如图 6-5 所示。

分组密码可以按不同的方式工作，可以变更其加解密的形式（如将其明密文以链接方式一同运算等）。这里只简要介绍一般的分组密码体制，读者如想进一步了解可参阅相关书籍。分组密码的密钥可在一定时间内固定，在密钥泄露或使用期限前不需更换，省去了密钥生成和派发等麻烦。由于分组密码本身技术问题，存在着密文传输错误在解密时会在明文中扩散，影响解读，因此在通信信道质量较差时无法使用。

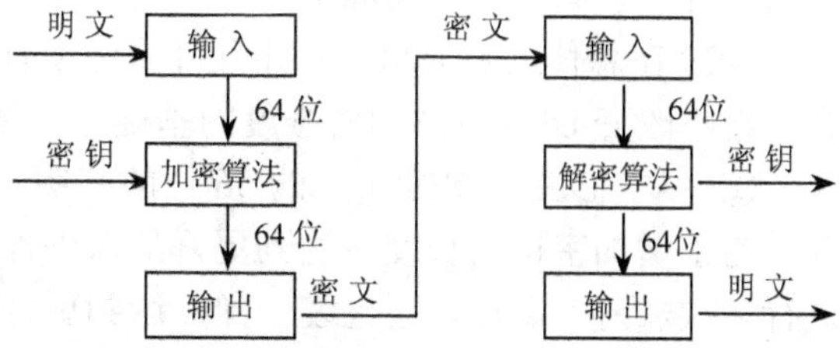

图 6-5　分组密码

分组密码中最著名的两个分组密码算法是 DES（数据加密标准）和 IDEA（International Data Encryption Algorithm，国际数据加密算法）。

2）DES

DES 是美国国家标准局（NBS）于 1977 年颁布的数据加密标准算法，是一种分组密码技术，是对称密码体制的优秀算法。信息的高速发展和技术的不断进步使得每一种加密算法都会被逐渐淘汰，DES 也不会长期作为数据加密标准算法，但至今它仍是在数据加密通信中普遍应用的算法，也是最具代表性地分组密码体制。因此，仍需详细地研究、掌握这一算法的基本原理、设计思想、安全性等问题。了解 DES 之前，先介绍一下分组密码。

DES 综合运用了置换、迭代等多种密码技术。它面向二进制设计，数据分组长度为 64 位（8 字节），加密后的密文分组长度仍为 64 位，没有数据扩展。DES 算法中密钥也是 64 位，其中 8 位为校验位（检查传输过程中是否有数据出错或丢失），有效的密钥长度位为 56 位。DES 是用 64 位密钥加密 64 位的明文，最后得到 64 位密文的算法。

加密时首先将 64 位明文初始置换 IP（打乱重排），并将 56 位密钥通过变换形成 16 个 48 位的子密钥（$K_1, K_2, \cdots, K_{16}$），再用这 16 个子密钥对 64 位的明文块进行 16 次循环加密（迭代），最后将得到的 64 位数据再次经过逆初始置换 IP^{-1}（打乱重排）得到密文。解密时为同样的过程，只需将 16 个子密钥颠倒过来，第一次解密迭代使用子密钥 K_{16}，第二次解密迭代用 K_{15}，……，第十六次解密迭代使用 K_1，最后得到 64 位明文。

DES 综合运用了置换、迭代等多种密码技术，是一种乘积密码。在算法结构上采用迭代结构，从而使结构紧凑、条理清楚，算法为对合运算，亦便于实现。DES 使用初始置换 IP 和逆初始置换 IP^{-1}，将数据彻底打乱重排，但由于置换关系固定所以对保密没有太大作用。而在其加解密算法中输入的明文改变一位数字，其输出至少产生 32 位的变化，这是保密性的关键。DES 在子密钥的产生与使用上确保了原密钥中各位的使用次数基本相同，56 位密钥中每位使用的次数在 12～15 之间，进一步提高了保密性。

DES 为对称的分组密码，它最主要的问题是由于加解密双方使用相同或可互推的密钥，因此在发送、接收数据之前，必须完成密钥的分发。密钥的分发成了该加密体系中最薄弱且风险最大的环节。若密钥使用时间过长，易被跟踪破译；使用时间短，经常更换又会存在密钥传递等保密方面的问题。而且，若用户与多方使用同一密钥进行保密通信，又需将新的密钥多次分发，安全性也会降低。所以，现在 DES 一般不单独使用，通常与公开钥密码体制一同混用。

DES 在总体上是成功的，并且目前还没有人成功破译 DES。针对上述提到的一些问题，在不改变 DES 算法加密强度的基础上，发展了很多 DES 的新生代。例如：

① 多重 DES。DES 采用的 56 位的密钥，作为保密系统来说有些短，容易被破译跟踪。为了增加密钥的长度，达到更好的保密性，采用在不同密钥的作用下对同一组明文进行多次加密，像加多层包装一样，达到更好的保密效果。一般对 DES 采用三重加密。

② 使用独立的子密钥。每圈迭代使用不同的子密钥，而不是由单个的 56 位密钥产生。

③ G-DES。广义的 DES，用于提高 DES 的速度和强度。

3）RSA

RSA 是一种公开钥密码技术，是由 Rivet、Shamir 和 Adleman 提出的基于数论的公开钥密码体制，一般称为 RSA，是非对称加密领域内最为著名的算法。

非对称密码体制（公开钥密码体制）是现代密码学的重要发明。一般意义上的密码学就是研究如何保护信息不被未授权者非法获取，实际上信息发送双方的身份的验证及数据的完整性、不可抵赖性这一方面内容也是密码学要考虑的内容，公开钥密码体制就很好地解决了这个问题。在公开钥密码体制中，用户持有两个密钥，一个公开作为加密密钥（常称公钥），另一个则为用户保管专用的解密密钥（常称私钥）。通信双方无须事先交换密钥，也就不用像 DES 等对称密钥体制在通信前必须将密钥传递给另一方。用户只需持有一对密钥，且若一方想与该用户进行保密通信时，无须交换密钥信息，只须用该用户公开的密钥（公钥）将信息加密再传送给该用户，用户收到加密信息后用其持有的解密密钥（私钥）解读。保密信息若被他人截取一般也无法解读，因为只有用户持有的保密的解密密钥才能解密。反之，若用户以其私钥（常为解密密钥）作为加密密钥加密信息，则信息接收方就可以用发方公布的公钥对其解密得到明文，由于私钥只有用户一方持有，就可以通过此手段验证信息是否为此用户发出，作为数字签名。迄今为止的所有非对称密码体制（公钥密码体制）中，RSA 体制是最著名、使用最广泛的一种。

RSA 密码是基于数论中的大数因子分解这个数学难题的算法，应用的基本原理是：两个大的素数（质数）p、q 相乘之后得到一个大数 $N = pq$，在不知两个素数的情况下分解这个大数 N 非常困难，至今也没有有效的算法可以解决。RSA 算法应用这个理论，将两个大素数相乘得到的大数和其一些变形的数学处理公布出来作为公钥，而将两个素数和它们的数学变形作为私钥，控制加解密算法进行加解密运算。密钥对的生成可以通过先生成私钥（素数），再由其得到公钥（大数）的方法。这样在知道公钥的情况下，由于大数分解是数学难题所以无法算出私钥，保证了私钥的保密性，也就保证了用公钥加密的信息的保密性。

RSA 的安全性是基于大数的因子分解，在数学上是一个困难问题，至今也没有有效的算法可以解决。也就是说在 RSA 体制，虽然公开了加密密钥（公钥），要想有由它求得解密密钥（私钥），必须对大数 N 进行因子分解，只要 N 足够大，那么这个分解是非常困难的，而且问题越难（大数越大），被破译的可能性就越低，这样就保证了信息的保密性。大数 N 长度应大于 512 位，商用的一般为 1 024 位。

RSA 密码体制使用大数，所以产生密钥比较麻烦，受到素数产生技术的限制。而且，它的运算速度很慢，最快的情况也仅为 DES 的 1/100，无论是软件还是硬件实现。速度是

RSA 的一大缺陷，因此一般 RSA 只用于少量数据的加密。在实际的应用中通常不采用这一算法对信息量大的信息（如大的 EDI 交易）进行加密，对于加密量大的应用，公开密钥加密算法通常用于对称加密方法密钥的加密，然后由对称密钥对数据加密（数字信封）。

6.2.3　数字签名

在人们的日常生活中，许多地方都需要事务处理者或掌权者进行签名以确认事务合法性，在商务活动中也常常需要交易双方在合同上签字确认其法律效力。在这个过程中签名起到认证、核准和生效的作用。由于在电子商务的交易过程中，交易双方不是面对面的，双方都无法确认对方的身份，身份的被窃和被冒充越来越引起人们的不安。人们必须要知道正在和自己做生意、谈判的到底是谁，于是身份认证就成为电子商务的安全和信任的基本保证。

实际上，签名是证明当事人的身份和数据真实性的一种信息。在日常生活中可以是书面的签名、指印、印章等。在电子商务环境下，数据、文件乃至交易都是以计算机文件为基础、以计算机网络为依托传递的，对身份和数据的认证方法当然也要随之变换，这就产生了电子形式的签名——数字签名（digital signature）。

数字签名又称电子签名，是指使用密码算法，对待发的数据进行加密处理，生成一段数据摘要信息附在原文上一起发送，这段信息类似于现实中的签名或印章，接收方收到签名后，进行验证，判定原文的真伪（是否由真实发送方发送）。

为了达到有效的认证效果，数字签名应该具有以下的功能：

① 签名者事后不可否认自己的签名。

② 任何其他人不能伪造签名。

③ 若当事双方出现争执，可以由公正的第三方通过验证确认签名真伪。

数字签名可以通过对称算法来实现，也可以用非对称（公开钥）算法实现。但用对称算法需要第三方的验证。前面介绍对称密码体制时提到，在这种体制中加密密钥和解密密钥相同，也就是说若采用对称密码技术进行数字签名的话就无法很好地避免签名信息伪造等问题，交易双方都可以根据自己的利益需要生成对方的数字签名，这时就必须有第三方认证，比较麻烦。所以，一般情况下数字签名都是用公开钥算法实现的。

用公开钥密码体制实现数字签名的原理非常简单，如果 A 要发送一篇需要数字签名的文件给 B，只需以下的几个步骤：

① A 用其私钥对要进行签名的数据加密，这就是签名。

② 将信息传送给 B。

③ B 从公钥库中得到 A 的公钥，用公钥将 A 发来的信息解密，若可读且符合一定要求 B 便可根据此确认该信息由 A 发出，并有效。

数字签名根据加密信息的不同分为两种：一种是对信息整体签名，另一种是对摘要信息的签名（又称对压缩信息的数字签名）。

1．对信息整体加密

这种方法将要发送的信息用私钥加密得到数字签名，然后将原文与数字签名一起发给接收方，接收方收到信息后，用发送方的公钥将签名信息解密并与原文比较，若签名可解密并且与发送来的原文一致即可证明该发送方的身份和数据可靠性，如图 6-6 所示。

这种方法多用于短小信息的签名。

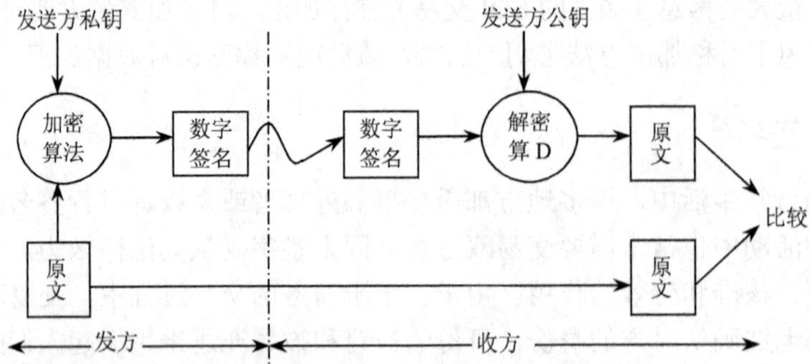

图 6-6　整体信息的数字签名

2. 对摘要信息的签名

对摘要信息（又称压缩信息）进行签名的方法是：先根据算法对原文信息进行加密压缩形成数据摘要，然后再对数据摘要用发送方私钥加密形成签名，发送给接收方，接收方收到信息后，对签名信息解密，同时使用发送方压缩摘要的算法对收到的原文进行重新压缩，将压缩结果与签名解密的结果对比，若一致则可证明该发送方的身份和数据可靠性，如图 6-7 所示。具体的压缩算法常用 hash 单向函数，生成 128 位的散列值（又称报文摘要）。

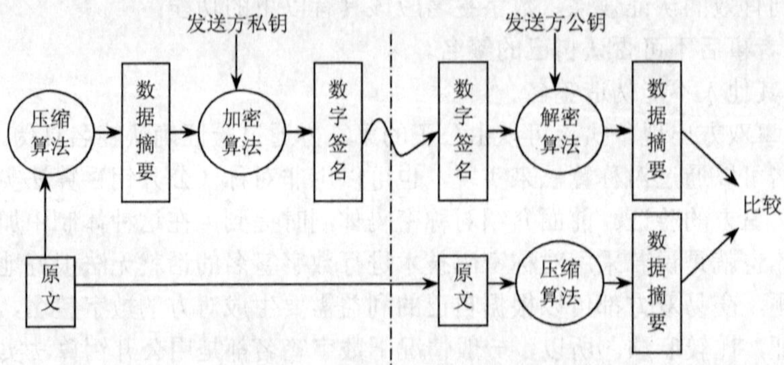

图 6-7　对摘要信息签名

数字签名不仅可证实发送方身份，也可保证信息传递时不被篡改。因为如果传递过程中信息被截取并篡改，非法窃取者无法获得发送方的私钥，篡改信息后也就无法对其签名，数据接收方收到被篡改的信息，对其解密验证，就会发现签名信息与原文信息不附，就可认为该签名无效。

数字签名只要用只有发送方拥有的私钥签名就可以保证能验证身份，因此，理论上应用发送方为信息保密性进行加解密的密钥对中的私钥进行签名是可以的。但一般情况下，不用该密钥进行数字签名，而是重新应用另一对密钥，将加密和签名的密钥对分开。因为，进行数字签名的密钥必须严格保密，不可泄露，如果遗忘、丢失或被破译应该立即撤销不可再次应用，也没有备份可以恢复，这样才能保证安全。但进行普通的加密通信或保密时使用的密钥在发生上述意外情况时有时仍然需要使用。例如，密钥丢失，但有一些信息是以加密的形式保存的或者收到交易方发来的重要文件，必须阅读，此时就需要对已丢失的密钥进行恢复，否则可能造成重大损失。所以，进行信息加解密的密钥对必须备份，必要时可以恢复。

有时，一些场合需要寄出两个相关信息给接收者，接收者只能打开一个，而另一个只需转送，不能打开查看其内容。例如，电子交易中，持卡人向商户提出订购信息的同时，也给银行付款信息，以便授权银行付款，但持卡人不希望商户知道自己的账号的有关信息，也不希望开户行知道具体的消费内容，只需按金额贷记或借记账即可。此时就可以通过双重数字签名实现。一个人的双重签名可以分别传送信息给特约商户和开户行，商户只能解开与自己相关的信息却解不开给开户行的信息。

在许多情况下，时间也是十分重要的信息。例如，在合同中，签署日期等信息和签名一样都非常重要。而且，时间信息也是防止文件被伪造和篡改的关键方法。若一非法信息截取者将一数字签名信息截获，虽然无法解读、篡改具体内容，但过一段时间将原信息再次发出，接收方验证时无法检测出该信息为重发的伪造信息。可以在发送的信息中加上时间信息以完善安全性，数字时间戳服务（digitial time-stamp service，DTS）就能提供信息发表时间的安全保护。数字时间戳服务是网上的安全服务项目，由专门的机构提供，时间戳（time-stamp）是一个加密后形成的凭证文档，由三部分组成：需要加时间戳的文件的摘要；DTS 收到文件的日期时间；DTS 的数字签名。当用户需要带有时间戳的数字签名时，将需要加时间戳的信息通过摘要技术（hash 算法）加密形成摘要，发送给 DTS，DTS 将收到信息摘要日期时间信息加入摘要后再对它签名，送还给用户。用户就可以依据此证明身份，当信息被截取重发时，由于接收方已经收到过同一时间标识的信息，就可认为该信息为重发信息，不予理会、处理。

6.2.4　信息隐藏与数字水印

随着多媒体技术和网络技术的发展，信息的传递和交流变得越来越快捷、方便。信息的复制越来越容易，且复制后效果不会有任何变化，这就使得非法的复制和篡改变得非常简单，使得多媒体信息的知识产权得不到有效的保护。任何人都可以复制并篡改信息，然后声称该信息为其所完成并拥有版权。

以加密技术可以保证只有授权的接收者才可以解读加密信息，在一个阶段内保证了信息的安全，但一旦信息在接收方解密，成为可以解读并修改的信息，很难要求接收方对信息进行严格保密，不许复制、篡改和传播。所以，在这种情况下，引入了信息隐藏技术（information hiding），版权所有者可以通过这种技术在信息中隐藏地镶入一些可辨识的标记，用来声明版权、控制非法拷贝和版本跟踪。

在密码技术中，安全性取决于密钥而不是加密算法，在信息隐藏中也借鉴这一原则，对信息隐藏的算法可以公开，对信息隐蔽嵌入和随后嵌入信息读取的控制通过隐秘密钥实现，这种机制既能保证安全又能通过网络集合技术力量对算法进行完善。和密码算法一样，只要没有隐秘密钥就不能非法嵌入和修改隐藏信息。

信息隐藏通过其隐蔽性来实现安全性，不易察觉或无法察觉的信息嵌入。其伪装性很好，非法侵权者一般无法发现隐藏信息。对信息篡改将随同将嵌入的隐藏信息一同篡改，此时侵权者若声称自己为作者，就可以通过检测信息中的隐藏信息被破坏证明其为非法侵权者；即使侵权者发现了隐藏信息，要篡改信息而不被发现或将隐藏信息消除都必须在隐秘密钥的控制下才能实现，而侵权者不可能知道隐秘密钥也就无法侵权。

信息隐藏技术中最常用的技术就是数字水印技术（watermarking）。数字水印技术是通过一定的算法将一些标志性信息直接嵌到（隐藏）多媒体内容当中，但不影响原内容的价值和使用，并且不能被人的知觉系统觉察或注意到。数字水印和钞票水印类似，可以证明原创者的版权，也可作为起诉侵权者的证据，保护作者的权益。数字水印与加密技术不同，数字水印技术并不能阻止盗版活动的发生，但它可以判别对象是否受到保护，监视被保护数据的传播、真伪鉴别和非法拷贝、解决版权纠纷并为法庭提供证据。

数字水印有灵敏的数字水印和健壮的数字水印两种。灵敏（fragile）的数字水印灵敏度很高，各种编辑修改操作都可能破坏水印，可以作为信息是否被修改的依据。健壮（robust）的数字水印要求不论经过怎样的编辑（例如数据压缩），只要原来的信息（声音、图像等）没有严重的质量破坏，版权所有者都应该能检测到嵌入的水印信息。健壮的数字水印主要用于版权保护，根据用途不同，可分为两类：水印（watermark）用来证明原信息的作者是谁，它嵌入的数据较少，往往只有原作者拥有的隐秘密钥才能读取；数字指纹（fingerprint）常常用来嵌入一个序列号，版权的所有者可以根据它来识别不同的顾客，从而追踪非法复制和传播的源头。

数字水印主要应用于保护多媒体等信息的知识产权。通过综合运用加密、签名和数字水印技术，可以在网上建立一个多媒体信息交易的平台，既可以安全的交易，又可以防止侵权行为的发生。数字水印也可以用于防止对信息非法篡改，如果给照片加上数字水印，就不能对其随便修改。

6.2.5 CA 认证技术

电子商务发展中的大部分问题和矛盾都集中在支付手段上。支付在技术上主要解决两大问题：安全传输问题和身份认证问题。

CA 认证技术是保证电子商务安全的重要方面。CA 认证技术主要有身份认证和报文认证。要保证电子商务的安全性，除了要保证信息在传递过程中的机密性、完整性，还要确认通信的实体之间身份是否合法，与其声称的身份是否一致等问题，这就要由身份认证来完成。报文认证则主要是保证通信双方所发送的信息完整性，并且对其已发送的信息不可抵赖。

传统意义上的身份认证有很多种方法，例如基于个人所知道的信息（如密码、口令），根据持有的物品（如身份证、钥匙、智能卡等），根据特有的个人特征（如指纹、声音、视网膜等）。这些都可以认证用户的身份，只是这些认证方法一般只能在本地对用户直接进行身份认证，假如想通过网络认证用户或实体的身份，仅仅用这种方法就行不通了。因为上述信息容易被破译或在网络上传输时被窃听、盗用，只要非法截取或伪造了用户的认证信息就可依据此信息伪造用户身份，因此在电子商务环境下传统的身份认证手段必须改进。现在应用最广泛的身份认证方法便是数字签名，根据用户持有的秘密的私钥来加密信息传送给接收方就可确认身份，而且用数字签名的方法对信息签名也同时保证了信息完整性，实现了报文认证。

公钥密码体制是进行加密签名的较好方法，现在也都是以该技术对数据加密和签名。那么如何取得公钥体制下的一对密钥，由谁来分发和认证，又如何对它们进行管理呢？

1. 数字证书和认证机构

对数字签名和公开密钥加密技术来说，都会面临公开密钥的分发问题，即如何把一个用户的公钥以一种安全可靠的方式发送给需要的另一方，且如何确定持有公钥的用户就是其声称的用户，这就要求管理这些公钥的系统必须是值得信赖的。必须有一项技术来解决公钥与合法拥有者身份的绑定问题。假设有一个人自称某一个公钥是他的，必须有一定的措施和技术来对其进行验证。数字证书便是解决这一问题的有效方法。

数字证书（digital certificate，digital ID）又称数字凭证，是用电子手段来证实一个实体的身份及其公钥的合法性，并将实体身份与公钥绑定。它是一个数字标识，可以实现身份的鉴别认证、完整性、保密性和不可抵赖性等安全要求，是公钥的管理媒介，公钥的分发、传送等都是靠数字证书来完成的。数字证书相当于一本网络护照，可以在需要时候提供身份证明。数字证书的拥有者可以将证书提供给其他人或实体，以证实其合法身份。两个实体在进行电子交易前要对对方身份进行认证，若 A 要取得 B 的证书可以通过两种方式：一种是由 B 将证书随同要发送的正文信息一起传送给 A；另一种方法是证书存放于公共的证书库中，A 在网上从该库中取得 B 的数字证书。取得证书，A 就可以确认 B 的身份，通过保密通信与 B 交易。

目前，数字证书的格式一般采用 X.509 国际标准。该标准规定数字证书组成部分如图 6-8 所示。

1. 证书的版本信息
2. 证书的序列号
3. 证书所使用的签名算法
4. 证书的发行机构
5. 证书的有效期
6. 证书所有人的公开密钥
7. 证书发行者对证书的签名

图 6-8　数字证书

数字证书是一种具有权威性的电子文档，它是由具有权威性、可信任性和公正性的第三方机构——认证机构颁发的。

认证机构是数字证书的签发机构，是电子商务体系中的核心环节，是电子交易中信赖的基础。它通过自身的注册审核体系，检查核实进行证书申请的用户身份和各项相关信息，并将相关内容列入发放的证书域内，使用户属性的客观真实性与证书的真实性一致。认证中心作为一个电子商务交易中受信任和具有权威性的第三方，需要承担网络上安全电子交易的认证服务，负责产生、分发和管理用户的数字证书。其为每个使用公开密钥的客户发放数字证书，检验公钥体系中公钥的合法性。它参与每次通信过程，但是不涉及具体的通信内容。认证中心以其公正、权威、可信赖的地位，获得证书使用者对它的信赖，并使用户通过对其发放的证书的信赖，实现对交易中持有证书的各方的信赖。

认证中心主要要完成证书的登记、审批、产生、发放、撤销、查询、管理等功能。用户要取得数字证书必须到认证中心申报并通过审核，在电子商务中交易各方无法确认各方身份，需要由公正、权威的第三方机构来确认，并发给标识，相当于将身份审核提前于交易前，只有交易方持有可信赖的认证标识，才认为其身份合法。认证中心就是这个公正、权威、可信赖的机构，因此认证中心的合法、公正、权威必须有保证，需要有明确的法律、法规限制，不允许任何认证机构对不符合条件或谎报身份的用户颁发数字证书。为了保证安全性，数字证书也有一定的使用期限（生命周期），这个期限在证书中已有说明，一旦到了期限，证书将被撤销，必须重新申请更新。证书的撤销还有一种情况，是由于一些其他原因有时必须在该证书使用的期限内将其撤销，例如：密钥泄露、拥有证书的单位的从属或名称变更、证书不再使用、CA（证书管理机构）泄露了信息等。

CA 应该提供成熟、及时的证书列表（CRL）作废系统。一旦证书要撤销，应及时响应，并将撤销信息公布，保证相关实体及时获得消息。同时，认证中心也要对其发放的证书进行管理并提供查询和认证，保证用户能依据可信的数字证书实现电子交易。

在现在电子商务的环境下，需要认证的不仅仅是个人，也可能是企事业单位、其他组织等，因此数字证书可以发放给不同的实体，可以是个人、组织，也可以是硬件设备或软件。一般的个人证书发放过程都是自动进行，无须人工干预。下面简要介绍证书生成的流程：

① 证书申请人提出申请，并将必要的认证信息提交给 CA。

② CA 对申请人所提交的信息审查，检查其正确性和合法性，对实体身份进行确认，生成数字证书的信息。

CA 作为一个证书分发机构要根据用户请求产生数字证书并发放给用户。CA 首先要对用户的身份进行确认，确认为合法实体后，为其发放证书。证书中的密钥对可以由证书中请方自己生成，然后以安全的形式将公钥传给 CA，由 CA 认证、审查后颁发数字证书；也可以由 CA 为实体生成密钥对，然后将其以安全的形式传送给申请人，这个过程必须要确保密钥对的机密性、完整性，确认申请方已收到后，CA 必须将该私钥销毁。

③ CA 用自己的私钥为证书加上数字签名。

④ CA 将证书发放给用户，将证书的副本存底并发布于证书库中，以备他人查询。

前面提到过数字证书有使用期限，相应的 CA 的认证信息（密钥）也有它的使用期限，一般为 10 年。CA 在生成数字证书时，对它添加了数字签名，以防止其他机构伪造数字证书，同时证明证书的有效性，这种签名的私钥等使用一段时间必须更新。CA 在这些信息过期前提前更换，并且将原来的密钥信息保留一段时间备用。

CA 要能够维持其权威、公正和可信赖性，在提供良好的服务的前提下，必须对业务形式经常革新，尤其是面对电子商务安全这种发展如此迅速的技术时，必须跟随变化，保持技术的相对领先。

2. CA 的层次结构

在实际应用中，一个 CA 很难得到所有用户的信任，并且接收它所发行的数字证书。而且，也不可能一个 CA 就对所有的用户了解，掌握每一个需要数字证书的用户的情况。因此，在现实的电子商务安全系统中，有很多的 CA 从事身份认证和证书发放的工作。这就有必要在这些 CA 之间建立起可以相互信赖的关系，通过它才能建立起可信赖的数字证书链，使拥有不同 CA 颁发的证书的用户可以相互认证，保证终端用户的安全和交易的方便性。

层次树状结构是一种较好的对 CA 进行管理的理论结构。将用户作为树的端节点，这些端节点又分为几个组，每组有一个上级节点作为可信赖的机构（CA），这些节点又可以分为几组，每一个组都有其上级节点作为可信赖的机构，依此类推，最后到达根结点，也就是最高级别的认证中心。在这种结构中任意两个端节点都可以形成一个有效的相互认证。认证数字证书就是通过这种信任分级体系来验证的，每一个数字证书与签发它的 CA 联系，这个 CA 又与其上一级 CA 相连，沿着这条线路就可以找到一个交易各方都信任的组织，就可以确定证书的有效性。下面介绍几种 CA 的层次结构。

1）SET CA 结构

SET（安全电子交易）体系是为在网上购物时用银行卡来进行结算类业务而建立的，如图 6-9 所示，这种结构分为三层：

第一层为根 CA，即 root CA，简称 RCA。它负责制定和审批 CA 的总政策，签发并管理第二级 CA 证书，与其他的 RCA 进行交叉认证。

第二层 CA 为品牌 CA，即 brand CA，简称 BCA。它为各个商业银行所发放的不同信用卡品牌发放证书。它的职责是根据 RCA 的各种规定和总政策，制定具体的政策、管理制度和运行规范；安装 RCA 为其签发的证书，并为下一级 CA 签发证书，管理证书和管理证书撤销列表。

第三层 CA 为终端用户 CA，即 end user CA，简称 ECA。为 SET 电子商务参与各实体颁发证书，即为支付网关（payment gateway）、商家（merchant）及持卡人（cardholder）签发证书，签发这三种证书的对应 CA 为 PCA、MCA、CCA。

2）non-SET CA

non-SET 体系对于业务应用的范围没有严格的定义，结合电子商务的实际应用，根据每个应用的风险程度不同可分为低风险值和高风险值这两类证书（即个人/普通证书和高级/企业级证书）。这种 CA 层次结构一般为三层，如图 6-10 所示。

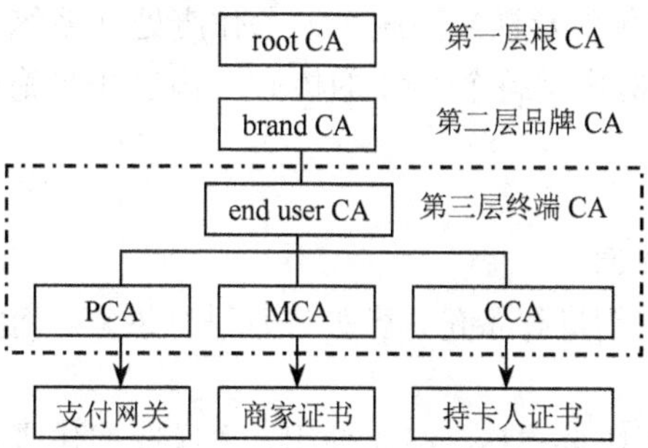

图 6-9　SET CA 体系结构

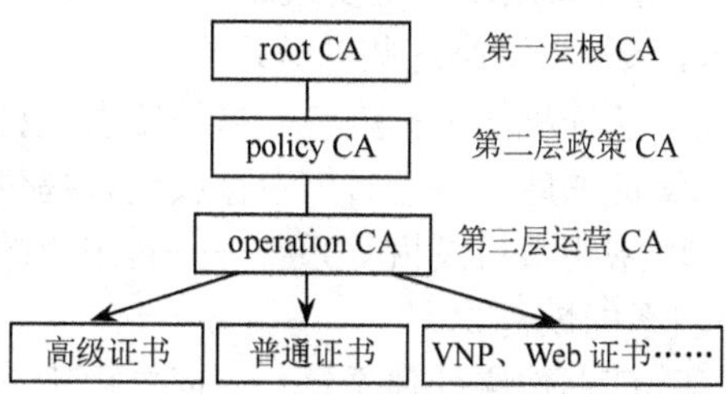

图 6-10　non-SET CA 体系结构

第一层 CA 为根 CA，即 root CA，简称 RCA。它负责制定和审批 CA 的总政策，为自己“自签”根证书，并为第二级 CA 签发并管理证书；与其他的 RCA 进行交叉认证。

第二层 CA 为政策 CA，即 policy CA，简称 PCA。它主要根据 RCA 的各种规定和总政策，制定具体的政策、管理制度和运行规范。安装 RCA 为其签发的证书，并为下一级 CA 签发证书，管理证书及管理证书撤销列表。

第三层 CA 为终端用户 CA，又称运营 CA，即 operation CA，简称 OCA。它要安装 PCA 签发的证书，并根据根证书和二级 CA 证书，直接为最终的用户颁发数字证书，并管理所发证书的证书撤销列表（CRL）。

从顶层的认证中心 RCA 开始，层次结构中每一层认证中心都为其下级认证中心签发数字证书，这个证书用该认证中心的私钥签名，如此，每一级都由其上级认证，保证了整个体系的完整、安全。在终端认证中心发放的每一份数字证书都与上级的数字签名证书相关联，最终通过安全链追溯到一个已知的并被广泛认为是安全、权威、足以信赖的机构——根认证中心。

3. 公钥基础设施

公钥基础设施（public key infrastructure，PKI）是随着电子商务安全技术的高速发展而发展起来的新概念。从字面意义理解，PKI 就是用公钥概念与技术来实施和提供安全服务的具有普遍适应性的基础设施。换句话说 PKI 是指一系列的基础服务，这些基础服务最主要用来支持以公钥密码体制为基础的加密和数字签名技术的广泛应用。

PKI 是一种基础设施，因此它遵循统一的标准，具有可扩展性，随着安全技术的进步而更新。PKI 为用户提供安全、便捷的安全服务平台，能够为用户透明地提供加密和数字签名等安全服务所需要的密钥和证书管理。

PKI 是电子商务和其他信息系统的安全基础，用来建立不同实体间的"信任"关系。它的基础是加密技术，核心是证书服务。用户使用由认证中心签发的数字证书，结合加密技术，可以保证通信内容的保密性、完整性、真实性及交易的不可抵赖性，并可进行用户身份的识别。

PKI 作为基础设施，首先必须具有可信的权威认证机构 CA，在公钥加密技术基础上实现数字证书的产生、发放、管理、存档及证书作废管理等功能，并包括实现这些功能的硬件、软件、人力资源、相关政策和操作规范及 PKI 体系中的各成员提供全部的安全服务。

PKI 必须具有认证机构 CA、证书库、密钥备份及恢复系统、证书作废处理系统、PKI 应用接口系统等主要组成部分。其中，认证机构是整个 PKI 的核心。构建和实施一个 PKI 系统将围绕这些部分进行。

① 认证机构——数字证书的签发机构。

② 证书库——证书集中存放地，提供公众查询。

③ 密钥备份及恢复系统——对用户的解密密钥进行备份，当丢失时进行恢复，而签名密钥不能恢复。

④ 证书作废处理系统——证书由于一些原因需要作废，终止使用，通过证书作废列表 CRL 来完成。

⑤ PKI 应用接口系统——为各种各样地应用提供安全、一致、可信任的方式与 PKI 交互，确保所建立起来地网络环境安全可信，并降低管理成本。

PKI 仅仅提出了一种解决问题的安全框架模式。实际应用中，针对不同的网络应用，出现了不同的商业实现标准，其中比较有名的就是由 Visa、MasterCard 和 IBM 等联合推出的安全电子交易协议（SET）和由 Netscape、Verisign 等推出的安全套接层协议（SSL）。二者虽然都采用 RSA 公钥算法，但在应用中侧重点不同，因此技术上也有较大区别。另外，还有美国国防部公钥基础设施 MISSI，支持安全电子邮件和其他政府应用等。

4. 数字证书的申请及使用

数字证书根据用途、证明实体的不同，分为很多种类，现在常用的有个人数字证书、企业数字证书、服务器证书、安全电子邮件证书、代码签名证书等。一般申请步骤如下：

① 用户须携带有效证件（身份证件或执照等）及其复印件到认证中心申请证书，填写申请表，也可以从网站直接下载证书申请表，填写好后交于认证中心。

② 认证中心录入申请表数据，审核用户的身份是否属实（身份审核可能需要一些时间），如果审核未通过，则 CA 拒绝发证。

③ 审核通过，签发证书。

④ 用户获取证书。用户一般有两种方式获得证书，一种为由认证中心将证书存入存储介质交给用户，另一种为用户在指定的时间到认证中心的站点上下载数字证书。

数字证书可以存放在计算机硬盘、软盘、IC 卡、智能卡（包括 CPU 卡）、USB 电子密钥或其他介质中。在交易前需要使用时，出据给其他交易方。

为保证电子商务在中国的顺利开展，必须要建立全国统一的金融认证中心。自 1998 年中国第一家 CA 认证中心（CTCA）成立以来，全国已经有超过 30 家 CA 中心，目前规模较大的包括上海 CA 中心（SHECA）、中国金融认证中心（CFCA）、国际电子商务认证中心、中国电信的电信 CA，以及包括其他部委和地方性的 CA 中心如北京认证中心、天津认证中心、湖北认证中心等，甚至还包括德达创新和天威诚信等纯粹的民间 CA 中心。国际认证的 Baltimore、Entrust、Verisign 也已经进入中国，通过代理体系在国内建立了机构，其中上海的 Trust Asia 便是 VeriSign 在中国的联盟伙伴。下面给出几个认证机构的网址：

① 中国金融认证中心，http://www.cfca.com.cn/。

② 数字认证网，http://www.ca365.com/。

③ 天威诚信数字认证中心宁波分中心，http://www.nbca.com.cn/。

④ 上海市数字证书认证中心，http://www.sheca.com/。

⑤ 北京数字认证股份有限公司，http://www.bjca.org.cn/。

数字证书能够起到标识贸易方的作用，是目前电子商务广泛采用的技术。微软公司的 Internet Explorer 和电子邮件软件 Outlook Express 等都提供了数字证书的功能来作为身份鉴别的手段。图 6-11 所示为 IE 的 Internet 选项设置，在内容选项卡中就有证书项目，点击即可查看自己的数字证书。图 6-12 所示为在第三方支付网站支付宝申请的个人数字证书。

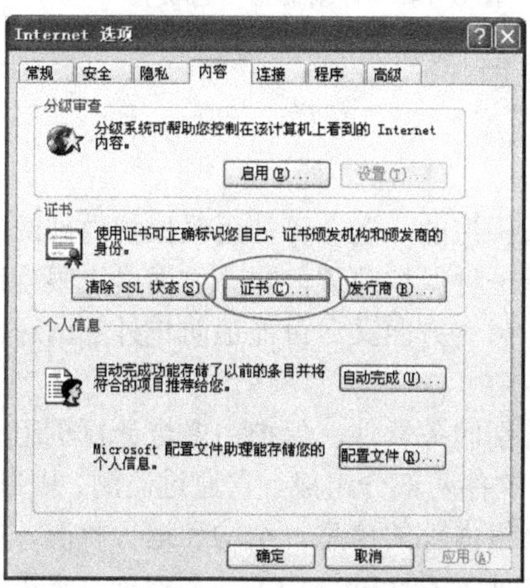

图 6-11　“Internet 选项”对话框

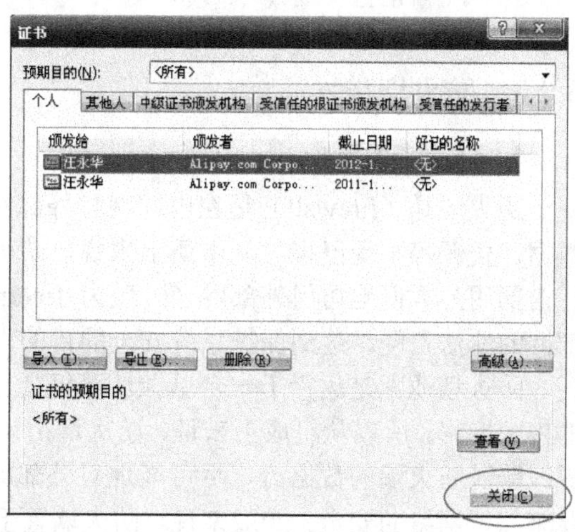

图 6-12　“证书”对话框

申请了证书后就可以用证书证实自己的身份，当然也可以查看自己的证书内容。如果有多个证书，可以先选中该证书，然后单击图 6-12 中的“查看”按钮，弹出即所选证书对话框，就可以查看证书中的信息，如图 6-13 所示。选择“详细内容”选项卡可以查看证书的具体信息，包括版本、算法、公钥、有效期等，如图 6-14 所示，这个证书的算法是 RSA 算法，公钥为 1 024 位。

我国的 CA 认证发展迅速，有很多能提供独立、完善认证服务的认证中心，但整体上却存在着认证中心资源过剩和兼容性差的问题。认证中心很多，但每个认证中心发放的证书却寥寥无几，而且很多证书发放后存在闲置现象。各认证中心之间的交叉认证不完善，很多基于不同认证中心的用户不能通过已有的证书实现认证。这主要是由于我国电子商务发展不完善，受意识形态制约，法律法规、电子支付和物流配送系统还不完全成熟，包括网络安全等方面因素的影响，使得绝大多数有消费能力的网民或有意进入电子商务的企事业单位还不敢完全将“交易放到网上”，因此，大力发展 CA 平台对电子商务健康发展也有着十分重要的意义。

图 6-13 “常规”选项卡

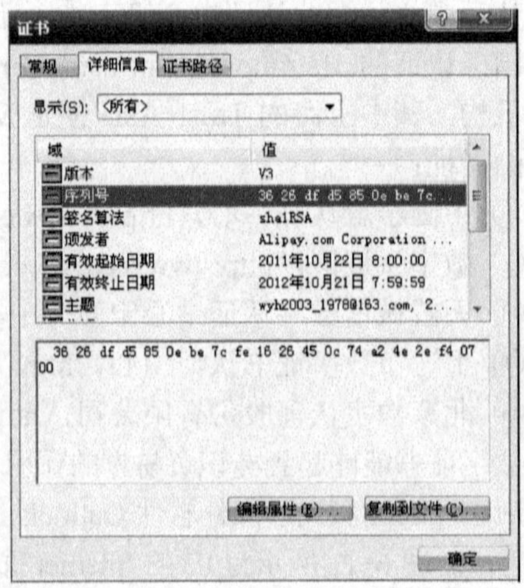

图 6-14 “详细信息”选项卡

6.2.6 防火墙技术

1. 防火墙的概念

防火墙是（firewall）是在内部网和外部网之间构造的一道屏障，用以保护内部网的数据、资源等不受侵害。从本质上来说，防火墙是一种保护装置，它一方面最大限度地让内部用户方便地访问外部网（一般为 Internet），另一方面又尽可能地防止外部网对内部网的非法入侵，达到保护系统安全的目的。

防火墙通常是运行于一台单独计算机之上的特别服务软件，保护由多台计算机组成的内部网络，所以从组成上来说，防火墙由硬件和软件两部分组成。它通过监测、限制、更改跨越防火墙的数据流，尽可能地对外部屏蔽网络内部的信息、结构和运行状况，以此来保护网络的安全。一般来说，防火墙置于公共网络（如 Internet）的入口处，它可以确保所有信息通过防火墙进出，使其符合该网络内部的安全策略。

防火墙在设计时有两种保护策略的准则。一是一切未被允许的就是禁止的。基于该准则，防火墙应封锁所有的信息流，然后对希望提供的服务给予逐项开放。这种方法可以形成一种非常安全的环境，因为只有经过仔细挑选被允许的服务才可使用。但是，这种准则的弊端就是安全性高于用户使用的方便性，用户可得到的服务受到了很大限制。二是一切未被禁止的就是允许的。基于该准则，防火墙应转发所有信息流，然后逐项屏蔽有害的服务。这种方法形成了一个非常灵活的应用环境，可为用户提供更多服务。其弊端就是在日益增多的网络服务面前，网络管理人员疲于奔命，特别是受保护的网络范围增大时，很难提供可靠的安全防护。

2. 防火墙的主要功能

1）防火墙是保护内部网安全的屏障

防火墙能保护内部网的安全，通过过滤掉不安全的因素，仅有经过选择认可的信息流才可进入内部网，有效保护内部网安全，是网络环境中的“交通警察”。同时，通过以防火墙为中心的安全配置方案，将所有安全软件配置在防火墙上，与将其装在各分散的主机上相比，集中的安全管理更有效、更经济。

2）可对可疑操作进行审计跟踪

防火墙置于内部网与外部网之间，其间任何的信息交流都要通过防火墙，此时，防火墙这个“颈口”就可以对这些数据流记录形成日志，也可以统计网络的使用情况。当发现可疑的动作时，防火墙就可以报警，并提供网络是否受到监测和攻击的详细信息。

3）防止内部网信息泄露

通过防火墙可以隔开内部网中的某一网段，实现对内部网重点网段的隔离，从而限制重点或敏感网段的安全问题对整个内部网的影响。防火墙也可以保护网络中包含的安全线索信息（如网络用户注册信息等），隐蔽这些细节以防止攻击。

3. 防火墙的类型

根据使用的技术、原理不同，防火墙分为很多种类型。大体上可分为两类：一类基于包过滤（packet filter），如包过滤路由器和应用层网关；另一类基于代理服务（proxy service），如应用层代理服务器。两者的区别在于：基于包过滤的防火墙通常直接转发报文，对用户完全透明，速度较快；而基于代理的防火墙则是通过代理服务来建立连接，可以有更强的身份认证（authentication）和日志（log）功能。

1）包过滤路由器

在 Internet 这样的 TCP/IP 网络上，所有来往的数据信息都被分割为许多一定长度的数据包，数据包中包含发送者的 IP 地址和接收者的 IP 地址信息。当这些数据包被送到 Internet 上时，路由器会读取接收者的 IP 地址并选择一条合适的物理线路发送出去，数据包可能经由不同的路线抵达目的地，当所有的数据包抵达后再重新组装还原。数据包过滤（又称分组过滤）技术是在网络层对数据包中的 IP 地址过滤。它按照系统管理员所给定的过滤规则进行过滤，如果防火墙设定某一 IP 地址不适宜访问，那么从这个地址来的所有信息都会被防火墙屏蔽掉。

包过滤技术是实现防火墙系统的灵活有效的手段，它提供了有效控制网络流量的方法，在一定程度上保证了网络的安全。包过滤技术的操作在网络（TCP/IP）层进行，而网络层对应用层来说是透明的，应用层才是用户看得到、操作的层次。所以，包过滤的优点便是对用户透明，不要求客户机和服务器作任何修改，处理速度快而且易于维护。

包过滤技术的原理简单、性能好，可对数据包的地址进行查看，因此可以用路由器来实现。路由器是任何内部网要和外部进行通信必不可少的设备，因此，在原有网络的基础上安装包过滤型防火墙简单易行、价格低廉。

包过滤路由器通常没有用户使用情况的记录，这样就无法得到入侵者的攻击记录，无法改进防范。而且，数据包的源地址、目的地址及端口号等包过滤技术分辨的内容很容易被窃听或假冒、修改，使用“IP 地址欺骗”和“同步风暴”都可以攻击包过滤型防火墙。一些涉及 UDP 和 RPC 的服务也很难通过包过滤技术来保护，RPC 服务使用 Port Mapper 来初始化端口，包过滤路由器无法得知该端口，所以也就无法应用包过滤技术进行检查。除非包过滤路由器禁止所有的 UDP 连接，但这样使得 DNS 等使用 UDP 连接的服务同时被禁止了。包过滤防火墙可以阻挡别人进入内部网，但不能告诉用户何人进入系统或者何人从内部网进入外部网；可以阻止外部对内部的访问，却不能记录内部的访问。包过滤也不能在用户级别上进行过滤，即不能鉴别不同的用户和防止 IP 地址盗用。

2）应用层网关

应用层网关（application level gateways）在网络应用层上建立协议过滤和转发功能。它针对特定的网络应用服务协议使用指定的数据过滤逻辑，并在过滤的同时，对数据包进行必要的分析、登记和统计，形成报告。应用层网关一般安装在专用工作站系统上。

应用层网关只提供本地有代理程序的服务通过。也就是说，如果一个应用层网关保护 FTP 和 telnet 的代理，那么仅有 FTP 和 telnet 服务才允许进入内部网，而其他的服务全被禁止掉。对于一个站点来说，这种层次的安全是很重要的，因为它保证了只有那些被认为绝对可信的服务才能通过防火墙，也防止了防火墙管理者背后实现一些不可靠的服务。

数据包过滤和应用层网关技术的共同点就是其仅仅依靠特定的逻辑判定是否允许数据包通过。一旦满足逻辑，则防火墙内外的计算机系统建立直接连接，防火墙外部的用户便有可能直接了解防火墙内部的网络结构和允许状态，这可能导致非法访问和攻击。基于包过滤路由器的弱点，防火墙可以通过软件程序来传输和过滤 WWW、telnet 和 FTP 之类的服务，这样的应用程序称为代理服务程序，而允许代理服务程序的主机被称为代理服务器。

3）代理服务

代理服务是针对数据包过滤和应用层网关技术存在的不足而引入的防火墙技术。代理服务不像前几种技术在通过验证后内外的计算机直接连接通信，而是在内部与外部的系统之间加一层服务器，用该服务器来做中间代理功能，既可保证内部用户可以安全的访问外部网，又可很好地防止外部的攻击，即使被攻击，由于代理访问的中间作用，攻击的也只是代理服务器，而不会是网络内部的系统资源。这里的代理服务器通常是运行于两个网络之间（内部网与外部网），对于内部用户来说它像一台真的服务器，而对于外部的提供访问的服务器（外部网 Internet 上的服务器）来说它又是一台进行访问的客户机。

当代理服务器接收到用户对某个站点的访问请求后会检查该请求是否符合规定，如果规则允许用户访问该站点，代理服务器会像一个客户一样去那个站点取回用户需要的信息再转发给用户。代理服务器通常都有一个高速缓存，这个缓存存储用户经常访问的站点内容，在下一个用户要访问时就不需重复获取相同的内容，直接将缓存中的内容发给用户即可，既节省了时间又节省网络资源。代理服务器像一座墙一样位于内部用户和外部网之间，外部入侵者只能看到代理服务器而无法获知内部用户的信息和资源。

代理服务器接收到外来的访问（应用连接请求）时，先进行安全检查，再与内部网的应用服务器相连，使得外部服务用户可以在受控制的前提下访问内部网络的服务。

代理服务器也对通过的数据包进行分析、注册、登记，形成报告，同时当发现有被攻击迹象时向网络管理员发出警告并保留攻击痕迹待查。这种代理型防火墙可以通过不断收集与积累有关出入网络的安全事件记录，并有选择地进行审计跟踪，发现可能的非法行为并提供证据，然后以秘密的方式向网上的防火墙发出有关信息（黑名单），防止被攻击。

这种类型的防火墙的不足之处就是访问速度较慢，因为它不允许客户直接访问网络，通过代理的方式势必减缓信息访问的速度。

仅仅使用单一的技术往往不能构建一个完善的防火墙系统。实际的应用中还要根据用户的需求，例如用户要求的服务种类和安全保护级别等，分析由此产生的各类问题，混合使用各种方法，以更好地保证安全。很多防火墙产品都混合使用了包过滤与代理服务这两种技术。

4. 防火墙的局限性

防火墙虽然能够很好地保护内部网络安全，防御外部攻击，但防火墙也并不是万能的，它也有一些不能防护的地方。

1）防火墙无法防范内部用户的攻击

防火墙能对外部非法的攻击进行防护，但是一般无法防范网络内部人员的恶意攻击。而且，虽然防火墙能在一定程度上防止内部人员将机密信息通过网络（经过防火墙）传递出去，但对于内部人员将机密信息以磁盘等方式拷贝出去是无法防御的。因此，对内部人员的管理也是一个重要问题。

2）防火墙无法防范不通过它的连接

防火墙能够有效地对通过它的信息进行安全验证，但它不能防止不通过它的信息传输。例如，如果允许防火墙后面的内部系统进行拨号访问，也就是不通过防火墙直接访问外部网，那么防火墙绝对没有办法阻止入侵者进行拨号入侵。

3）限制了有用的网络访问

防火墙为了提高内部网络的安全性，经常会限制或关闭一些有用但存在安全隐患的网络服务。由于大部分网络服务设计之初很少考虑安全问题，更多考虑的是方便性、实用性。因此，在安全的限制下，有很多网络服务是不能获得的。

4）防火墙很难防范病毒

防火墙很难防范网络上或 PC 上的病毒，虽然许多防火墙可以扫描所有通过它的信息，但这种扫描主要是针对数据包的源地址、目的地址和端口号的，而不是数据的具体内容。即使是包含病毒扫描功能的数据包过滤系统也很难防范病毒，因为现在病毒种类繁多，隐蔽性也较强，经常几天就需要对病毒库进行更新，通过防火墙进行扫描速度慢且有效性不高。因此，要求用户对通过防火墙收到的信息首先进行病毒扫描再读取，并定期对系统扫描杀毒。

5）防火墙不能防备新的网络安全问题

防火墙是一种被动式的防护手段，它只能对现在已知的网络威胁起到防范作用，对那些新的攻击手段和新的网络服务，防火墙不能起到任何作用。

6）防火墙不能防止数据驱动式攻击

有些表面上看来无害的数据如电子邮件、FTP 等，被邮寄或复制到内部主机上并执行时，就会发生数据驱动式攻击。数据驱动式攻击常常会先修改与主机有关的安全文件，为下次入侵作准备。

防火墙有这些防护盲点，所以必须在活用防火墙技术的同时，附以其他安全技术，保证网络和电子商务系统安全。

5. 防火墙的新发展

基于以上几种防火墙，又出现了许多新的技术，如安全认证防火墙、防病毒防火墙、多级过滤防火墙、自适应防火墙等。防火墙技术将不断向高度安全、高度透明化的方向发展，如入侵检测技术。

入侵检测从计算机网络系统中的若干关键点收集信息，并分析这些信息，查看网络中是否有违反安全策略的行为和遭到袭击的迹象。它是防火墙的合理补充，能够帮助系统对付网络攻击，扩展了系统管理员的安全管理能力（包括安全审计、监视、进攻识别和响应），提高了信息安全基础结构的完整性。

入侵检测被认为是防火墙之后的第二道安全闸门，在不影响网络性能的情况下能对网络进行监测，从而提供对内部攻击、外部攻击和误操作的实时防护。保证计算机网络不受来自内网和外网攻击的重要组成部分。

入侵检测的主要任务是监视、分析用户及系统活动，对系统构造和弱点的审计，识别反映已知攻击的活动模式并向相关人士报警，对异常行为模式的统计分析，评估重要系统和数据文件的完整性，操作系统的审计跟踪管理。

入侵检测的主要分为两类：基于网络入侵检测系统和基于主机入侵检测系统。基于网络入侵检测系统是通过网络适配器捕获数据包，并分析数据包，保证网络的安全。基于网络的 IDS 的开放源代码有：Snort、NFR、Shadow 入侵检测软件等，其中 Snort 的社区（http://www.snort.org）非常活跃，其入侵特征更新速度与研发的进展已超过了大部分商品化产品。它的优点有：能够检测超过授权的非法访问；IDS 发生故障不会影响正常业务的运行。它的缺点有：只能检查单一网段的通信；通常采用特征检测的方法；无法检测加密的数据包；无法检测系统级的入侵。

基于主机的入侵检测。获取日志信息，并对审计数据进行分析，保证主机的安全。这种技术的优势是能分辨出入侵者干了什么事：他们运行了什么程序、打开了哪些文件、执行了哪些系统调用；基于主机的 IDS 与基于网络的 IDS 相比通常能够提供更详尽的相关信息；基于主机的 IDS 通常情况下比基于网络的 IDS 误报率要低，因为检测在主机上运行的命令序列比检测网络流更简单，系统的复杂性也少得多。它的缺点是 IDS 安装在需要保护的设备上，增加了入侵的风险；依赖于服务器固有的日志与监视能力；全面部署基于主机的 IDS 代价较大；日志文件容易被删除或修改；相对于基于主机入侵检测系统来说，响应速度比较慢。

基于网络的入侵检测产品和基于主机的入侵检测产品都有不足之处，单纯使用一类产品会造成主动防御体系不全面。但是，它们的缺憾是互补的。如果这两类产品能够无缝结合起来部署在网络内，则会构架成一套完整立体的主动防御体系，综合了基于网络和基于主机两种结构特点的入侵检测系统，既可发现网络中的攻击信息，也可从系统日志中发现异常情况。

入侵检测采用技术主要有：特征检测，统计检测，文件对象完整性分析。特征检测是对已知的攻击或入侵的方式作出确定性的描述，形成相应的事件模式。当被审计的事件与已知的入侵事件模式相匹配时，即报警。其检测方法上与计算机病毒的检测方式类似。目前基于对包特征描述的模式匹配应用较为广泛。该方法预报检测的准确率较高，但对于无经验知识的入侵与攻击行为无能为力。统计检测是基于统计检测主要是通过统计模型对审计事件的数量、间隔时间、资源消耗情况等统计量进行统计，如果出现异常，即报警。文件完整性检测主要是关注某个文件或对象是否被更改，这经常包括文件和目录的内容及属性，它在发现被更改的、被特征化的应用程序方面特别有效。完整性分析利用强有力的加密机制，称为消息摘要函数（例如MD5），它能识别哪怕是微小的变化。其优点是：不管模式匹配方法和统计分析方法能否发现入侵，只要是成功的攻击导致了文件或其他对象的任何改变，它都能够发现。缺点是：做一次完整的文件、完整性检查是一个非常耗时的工作，不能实时响应；系统有些正常的更新操作可能会带来大量的文件更新，从而产生比较繁杂的检查与分析工作，如，在Windows NT系统中升级MS-Outlook将会带来1 800多个文件变化。

目前，入侵手段的多样性，使得入侵检测技术朝着三个方向发展，分布式入侵检测，针对分布式攻击；智能化入侵检测，用智能化的方法与手段来进行入侵检测，提高入侵检测的准确性；基于内核的入侵检测，保护系统的安全性。

6.3　电子商务安全管理

20世纪90年代以来，电子商务走进了人们的生活中，如今电子商务已经成为人们生活中不可或缺的一部分，如何管理电子商务，确保电子商务的安全成为迫在眉睫的任务，电子商务安全管理则成为了研究的热点。电子商务安全着眼于常规的信息系统安全设备，诸如防火墙、加密技术、入侵检测系统、防病毒系统、认证系统等，构成了电子商务安全的基本防护屏障。事实上，要保证电子商务的安全需要从技术、管理与法制这三个方面进行。所以仅仅依靠技术保障信息安全的做法是片面的，“三分技术，七分管理”这个在其他领域总结出来的实践经验和原则，在电子商务领域也同样适用。因此，在电子商务安全的重要性日益突出、电子商务安全威胁层出不穷的今天，加强电子商务安全管理工作就显得尤为重要。

6.3.1　建立电子商务安全管理体系的作用与意义

建立电子商务安全管理系统对企业的安全管理工作和企业的发展意义重大。首先，电子商务安全管理系统的建立将提高员工电子商务安全意识，提升企业电子商务安全管理的水平，增强组织抵御灾难性事件的能力，是企业电子商务化建设中的重要环节，必将大大提高电子商务管理工作的安全性和可靠性，使其更好地服务于企业的业务发展。其次，通过电子商务安全管理体系的建设，可有效提高对电子商务安全风险的管控能力，通过与等级保护、风险评估等工作接续起来，使得电子商务安全管理更加科学有效。最后，电子商务安全管理体系的建立将使得企业的管理水平与国际先进水平接轨，从而成长为企业向国际化发展与合作的有力支撑。

参照信息安全管理模型，按照先进的信息安全管理标准建立的全面规划、明确目的、正确部署的、组织完整的电子商务安全管理系统，达到动态的、系统的、全员参与、制度化的、以预防为主的电子商务安全管理方式，实现用最低的成本，保障电子商务安全合理水平，从而保证业务的有效性与连续性。组织建立、实施与保持电子商务安全管理系统产生的作用主要有以下几点：

① 强化员工的电子商务安全意识，规范组织电子商务安全行为。

② 对组织的关键信息资产进行全面系统的保护，维持竞争优势。

③ 在电子商务系统受到侵袭时，确保业务持续开展并将损失降到最低程度。

④ 使组织的生意伙伴和客户对组织充满信心。

⑤ 如果通过体系认证，表明体系符合标准，证明组织有能力保障重要信息，提高组织的知名度与信任度。

⑥ 促使管理层坚持贯彻电子商务安全保障体系。

6.3.2　电子商务安全管理体系

在电子商务的安全体系中，管理是非常重要的，所谓“七分管理，三分技术”。但是，管理是建立在技术的技术，没有技术，无从谈管理。要确保电子商务的安全，还必须建立完善电子法律和法规，严格按照各种法律法规来运作电子商务。单靠一种安全措施，并不能保证电子商务安全，它需要实施多种安全措施，体系结构如图 6-15 所示。

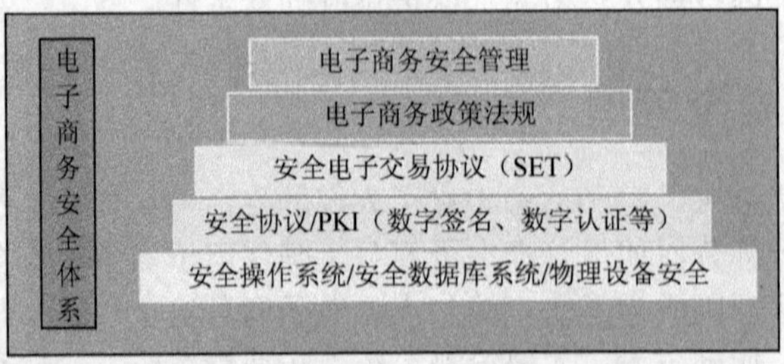

图 6-15　电子商务的安全体系图

从法律制度层面看，2004 年 8 月 28 日第十届全国人民代表大会常务委员会第十一次会议通过，并于 2005 年 4 月 1 日正式生效执行的《中华人民共和国电子签名法》成为我国电子商务领域的第一部法律文件，使得电子书完全管理有法可依。

从企业的操作层面看，一些大型的电子商务企业都自己制定一套电子商务安全管理体系，如阿里巴巴等电子商务平台都依据各自平台的特点，设置一套电子商务安全管理系统，技术方面的保障自不必说，还重点设置了严密的管理规范和平台运营的诚信安全体系等，为保证电子商务平台的安全有序运营，设置了实名认证、互评机制和差评制度等，为其他电子商务活动的开展提供了良好的借鉴。

6.3.3　电子商务安全管理原则

根据电子商务安全等级，确定电子商务安全管理的范围，分别进行安全管理。对安全等级要求较高的电子商务系统，要实行分区控制，限制工作人员出入与已无关的区域。

制定电子商务安全限制和操作规程，如机房出入管理制度、设备管理制度、软件管理制度、系统维护制度、备份制度等；制定严格的操作规程，操作规程要遵循职责分离和多人负责的原则，各负其责，事事有人管，各人不越权。

重视电子商务系统维护的安全管理，维护前要报领导批准，并有安全管理人员在场，要详细记录故障原因、维护内容和系统在维护前后的状况等。

制定电子商务系统紧急恢复措施，以便在紧急情况下尽快恢复系统正常运行，尽量减少损失。

加强人员管理，建设有利于保护电子商务系统安全的雇佣和解聘制度。这些制度包括任用系统管理人员不能仅看技术而要进行全面审核；对工作调动和离职人员要及时调整相应的授权、修改口令；对调离人员要向其申明安全保密义务，及时收回进入房间的证件、钥匙（磁卡、智能卡）等。

对电子商务用户安全管理，每个新用户注册时都进行必要的定义，以明确其授权范围。在电子商务系统用户登录系统时对其进行身份验证，检查进入系统的用户的合法性，并能有效防止非法用户进入系统。对电子商务系统文件进行访问控制，限制用户行为，特别是客户的交易信息等数据。

6.3.4　电子商务安全管理实施方案

电子商务安全管理实施方案体现预防控制为主的思想，强调遵守国家有关电子商务安全的法律法规，强调全过程和动态控制，本着控制费用与风险平衡的原则，合理选择安全控制方式保护组织所拥有的关键信息资产，确保电子商务的保密性、完整性和可用性，从而保证电子商务安全、有序运作。

构建电子商务安全管理实施方案不是一蹴而就的，也不是每个企业都使用一个统一的模板，不同的组织在建立与完善电子商务安全管理实施方案时，可根据自己的特点和具体情况，采取不同的步骤和方法。但总体来说，建立电子商务安全管理实施方案一般要经过以下几个主要步骤：

1）电子商务安全管理实施方案策划与准备

内容包括教育培训、拟定计划、安全管理发展情况调研，以及人力资源的配置与管理。

2）确定电子商务安全管理实施方案适用的范围

电子商务企业需要根据自己的实际情况，可以在整个组织范围内、也可以在个别部门或领域内实施。在本阶段的工作，应将组织划分成不同的电子商务安全控制领域，这样做易于组织对有不同需求的领域进行适当的电子商务安全管理。在定义适用范围时，应重点考虑电子商务企业的适用环境、适用人员、现有 IT 技术、现有电子商务相关资产等。

3）现状调查与风险评估

依据有关电子商务安全技术与管理标准，对电子商务安全体系及由其处理、传输和存储的电子商务系统的机密性、完整性和可用性等安全属性进行调研和评价，以及评估电子商务相关资产面临的威胁以及导致安全事件发生的可能性，并结合安全事件所涉及的电子商务相关资产价值来判断安全事件一旦发生对组织造成的影响。

4）建立电子商务安全管理框架

要从整体和全局的视角，从电子商务体系的所有层面进行整体安全建设，从电子商务体系本身出发，根据业务性质、组织特征、电子商务相关资产状况和技术条件，建立电子商务相关资产清单，进行风险分析、需求分析和选择安全控制，准备适用性声明等步骤，从而建立电子商务安全体系并提出电子商务安全解决方案。

5）电子商务安全管理实施方案编写

编写电子商务安全管理实施方案是建立电子商务安全管理体系的基础工作，也是一个组织实现风险控制、评价和改进电子商务安全管理体系、实现持续改进不可少的依据。在电子商务安全管理实施方案建立的文件中应该包含安全方针文档、适用范围文档、风险评估文档、实施与控制文档、适用性声明文档。

6）电子商务安全管理实施方案的运行与改进

电子商务安全管理实施方案编制完成以后，组织应按照文件的控制要求进行审核与批准并发布实施，至此，电子商务安全管理实施方案将进入运行阶段。在此期间，组织应加强运作力度，充分发挥体系本身的各项功能，及时发现体系策划中存在的问题，找出问题根源，采取纠正措施，并按照更改控制程序要求对体系予以更改，以达到进一步完善电子商务安全管理体系的目的。

电子商务安全管理实施方案的建立是在不断发展变化的技术环境中进行的，是一个动态的、闭环的风险管理过程，要想获得有效的成果，需要从安全评估、安全防护、安全监管、响应到恢复出发，这些都需要从上到下的参与和重视，否则只能是流于形式与过程，起不到真正有效的安全控制的目的和作用。

6.4 电子商务系统安全审计与评估

电子商务系统安全关系到整个电子商务能否平稳运行，而对电子商务系统安全系统进行全面评估，是电子商务系统安全事前控制的重要方面，可以起到查漏补缺、防患于未然的作用。

6.4.1 电子商务系统安全审计

电子商务系统安全审计，是指在电子商务系统中模拟社会监察机构对电子商务系统的活动进行监视和记录的一种机制。

1. 安全审计的目的

利用审计机制可以有针对性地对电子商务运行的状况和过程进行记录、跟踪和审查，以从中发现安全问题。比如，通过跟踪审计，网络管理员不断地收集和积累有关的安全事件记录并加以分析，有选择地对其中的某些站点或用户进行进一步跟踪审计，以便为可能产生的破坏性行为提供有力的证据。此外审计还能制定网上信息过滤机制拒绝接受一切来自过滤列表上 IP 地址的信息，将网上的某些站点产生的信息垃圾拒之门外。

2. 安全审计的主要功能

1）记录、跟踪系统运行状况

利用审计工具，监视和记录系统的活动情况，如记录用户登录账户、登录时间、终端以及所访问的文件、存取操作等，并放入系统日志保存在磁盘上，必要时可打印输出，提供审计报告，使影响系统安全性的存取以及其他非法企图留下线索，以便查出非法操作者。

2）检测各种安全事故

审计工具能检测和判定对系统的攻击，如多次使用错误口令登录系统的尝试，及时提供报警甚至自动处理，使系统安全管理人员能够了解系统的运行情况，及时堵住非法入侵者。审计工具还能识别合法用户的误操作等。

3）保存、维护和管理审计日志

由于审计日志记录了审计、跟踪、检测各种安全事件的结果，是查找、分析网络系统安全事件的客观依据，是重要的系统文档，必须要有可靠的存储和管理机制。

6.4.2 电子商务系统安全评估

电子商务系统安全评估是运用系统的方法，根据电子商务安全保护措施、管理机制以及结合所产生的客观效果，对电子商务系统作出是否安全的结论。电子商务是否安全有时并不是电子商务运营者自己完全清楚的，国外许多公司的做法是请第三方评估机构或专家来对本部门的电子商务安全进行评估，以对自己电子商务系统安全状况有更加客观的认识，从而有利于把未来可能的风险降到最小。

此外，还可使用网络安全扫描。第一种是基于服务器的安全扫描器，主要用于扫描服务器有关的安全漏洞，如口令文件、目录和文件权限、共享文件系统、敏感服务、软件及系统漏洞等；第二种是基于网络的安全扫描器，主要用于扫描服务器、路由器、网桥、交换机、访问服务器、防火墙等的安全漏洞，并要设定模拟攻击，通常是在技术上限制其使用范围（如 IP 地址或路由器跳数）。

评估电子商务系统安全主要有以下几个方面：

① 环境控制，分为实体的环境控制、操作系统的环境控制及管理的环境控制。

② 应用安全，主要内容有：输入输出控制、系统内容控制、责任划分、输出的用途、程序的敏感性和脆弱性、用户满意度等。

③ 管理机制，如规章制度、紧急恢复措施、人事制度（如防止工作人员调入、调离对安全的影响）等。

④ 远程通信安全，如加密、数据签名等。

⑤ 审计机制，即系统审计跟踪的功能和成效。

本章小结

本章首先介绍了电子商务安全的相关概念、安全需求、安全问题及我国电子商务安全的现状，其次介绍了几种主要用于解决电子商务安全的技术手段，如密码技术、防火墙技术、数字认证技术等，再次介绍了电子商务安全管理体系，最后介绍了电子商务系统安全评估的方法、内容等。通过本章的学习，学习者会分析电子商务的安全问题、会应用电子商务安全技术解决电子商务系统的安全问题。

本章习题

1. 电子商务安全的基本要求是什么？
2. 简述 CA 认证的基本原理。
3. 密码体制分为哪几类，分别是什么？
4. 什么是数字签名？它是用来解决什么问题的？
5. PKI 在电子商务发展中起什么作用？
6. 电子商务系统安全评估的主要内容是什么？
7. 仅仅依靠电子商务安全技术手段能保障电子商务的安全吗？为什么？
8. 在中国数字认证网（www.ca365.com）申请一张个人身份认证证书，并申请一张电子邮件保护证书，用该证书与他人通信（发送签名的邮件）。

第7章 电子商务与物流

引例　戴尔公司的成功之道

戴尔公司成立于 1987 年，注册资金为 1 000 美元，1992 年进入《财富》500 强之列，其创始人迈克尔·戴尔成为其中最年轻的首席执行官。目前，戴尔公司名列《财富》500 强的第 48 位，《财富》全球 500 强的第 154 位。

戴尔公司为何能在短短的时间内取得如此大的成绩？迈克尔·戴尔将其归因为直接模式，即直接联结供应商和客户，消除了中间环节。戴尔公司不直接制造零件，不直接承担物流，不直接提供服务和支持，戴尔公司所做的事情就是通过电子商务平台，整合各方面资源，进行生产和销售，改造传统供应链的模式。

在传统的供应链中，供应商提供原材料给制造商，制造商加工生产后提供成品给分销商，分销商将商品分销给批发商，批发商将商品批发给零售商，零售商将商品销售给客户。传统供应链是串行结构，商品从制造商到客户手中要经过众多的中间环节，商品的价格不断上涨，商品的消费市场是靠制造商推动的。在戴尔的供应链中，供应商、第三方物流、客户、代理服务商通过戴尔公司的电子商务平台连接起来，是并行结构，当客户在戴尔公司的电子商务平台上选择商品后，戴尔公司通过电子商务平台从供应商处采购零件后组装，第三方物流公司通过电子商务平台配送货物给客户，客户通过电子商务平台获得直接支持（如下载驱动）或者从代理服务商处获得服务（如维修），商品的消费市场是靠消费者拉动的。

戴尔公司通过服务外包，剥离了非核心机构，保持了企业的核心竞争力，同时使客户享受到了优质服务。

在戴尔公司的供应链中，从生产物流到销售物流都依靠电子商务得以迅速流转。当客户购买商品后，戴尔公司接受订单信息，该信息与供应商共享，在适当的时候由供应商将适当的零部件直接送到装配线上，戴尔公司采用接单后生产（build-to-order）和准时化生产（just-in-time）方式进行生产，通过第三方物流，产品能够快速送到客户手中。

7.1　电子商务与现代物流概述

物流是一项历史悠久的经济活动，从古代的丝绸之路、茶马古道到集运输、储存、装卸等功能于一体的现代物流，物流被赋予了新的形式和内涵。在电子商务环境下，物流的组织、管理等方面的活动随着商务活动的信息化、网络化也发生了显著变化。反之，物流也影响着电子商务的发展和革新。

7.1.1　物流概念

根据中华人民共和国国家标准《物流术语》（GB/T 18354—2006）定义，物流是指物品从供应地向接收地的实体流动过程。是根据实际需要，将运输、储存、装卸、搬运、包装、流通加工、配送、回收、信息处理等基本功能实施有机结合。物流创造了空间价值和时间价值。空间价值是改变物品从供给者到需求者之间的空间差所创造的价值，其形式有：从集中生产空间到分散需求空间创造的价值，从分散生产空间到集中需求空间创造的价值，从甲地生产空间到乙地需求空间创造的价值；时间价值是改变从供给者到需求者之间的时间差所创造的价值，其形式有：缩短时间创造的价值，弥补时间差创造的价值，延长时间差创造的价值。

运输是指用运输设备将物品从一地点向另一地点运送，其中包括集货、分配、搬运、中转、装入、卸下、分散等一系列操作。运输方式有公路运输、铁路运输、船舶运输、航空运输、管道运输等。运输改变了商品的空间状态，创造了空间价值。

储存是保护、管理、贮藏物品。库存是储存的静态形式，是作为今后按预定的目的使用而处于闲置或非生产状态的物品。库存可以分为生产库存和流通库存，广义的库存还包括处于制造加工状态和运输状态的物品。储存改变了商品的时间状态，创造了时间价值。

装卸是指物品在指定地点以人力或机械装入运输设备或卸下；搬运是指在同一场所内，对物品进行水平移动为主的物流作业。装卸是改变物品的支撑状态的活动，主要指物品上下方向的移动；搬运是改变物品空间位置的活动，主要指物品横向或斜向的移动。装卸的基本动作包括装车（船）、卸车（船）、堆垛、入库、出库以及连接上述各项动作的短程输送，在物流过程中，装卸的频率是最高的，消耗很多人力，花费很长时间，是决定物流速度的关键。

包装是指为在流通过程中保护产品、方便储运、促进销售，按一定技术方法而采用的容器、材料及辅助物等的总体名称；也指为了达到上述目的而采用容器、材料和辅助物的过程中施加一定技术方法等的操作活动。包装的作用是按单位分开产品，以便于运输，保护货物。包装分为工业包装和商业包装，工业包装是为了保持商品的品质，商业包装是为了使商品能顺利到达消费者手中，提高商品价值。

流通加工是指物品在从生产地到使用地的过程中，根据需要施加包装、分割、计量、分拣、刷标志、拴标签、组装等简单作业的总称。流通加工可以提高原材料利用率、加工效率和设备利用率。

配送是指在经济合理区域范围内，根据客户要求，对物品进行拣选、加工、包装、分割、组配等作业，并按时送达指定地点的物流活动。配送可以满足客户的多品种、小批量需求，但局限于一定区域范围，不适合大范围实施。

回收是逆向的物流活动，是将企业在生产、销售过程中产生的边角余料和废料等回收物品从需方返回到供方，回收物品处理不当，会影响生产环境甚至于产品质量，造成资源浪费。

信息处理就是对物流信息的接收、存储、转化、传送和发布等，可以使用信息管理系统对信息进行处理。伴随着运输、储存、装卸、搬运、包装、流通加工、配送、回收这一系列活动都会产生大量信息，这些信息是物流活动中发生的，称为系统内信息。在物流活动外发生的，对物流活动有影响的信息，如资金流信息、商流信息等，称为系统外信息。系统内信息和系统外信息是相互关联的，如物品入库、出库产生的资金信息应并入资金流信息而计入会计系统中。

7.1.2 物流分类

按照物流服务对象分类，可将物流分为社会物流和企业物流。社会物流是从社会角度出发，在社会环境中运行又服务于社会的物流活动，这种物流活动往往是由专业的物流公司承担；企业物流是从企业角度出发服务于企业的物流活动，这种物流活动可以是企业自营的，也可以是由专业的物流公司承担的。

按物流活动范围分类，物流分为供应物流、生产物流、销售物流、回收物流、废弃物流。供应物流是指为下游客户提供原材料、零部件或其他物品时所发生的物流活动，包括采购、运输、储存等活动及相应的管理活动，和企业的生产、财务等部门联系紧密，其组织方式包括：销售企业代理、生产企业代理、第三方物流企业代理，供应物流的服务方式包括：在计划时间内或用户随时提出的时间内按用户进行供应的准时供应方式、完全不依靠计划时间而按照用户偶尔提出的时间要求进行供应的即时供应方式、采用卡片由下一环节向上一环节提出要求进行供应的看板方式。生产物流是制造企业在生产过程中原材料、在制品、半成品、产成品等的物流活动。生产物流主要是实现加工附加价值而不是实现空间和时间价值的物流活动，一般在小范围内完成，以搬运活动为主。销售物流是生产企业、流通企业在出售商品过程中所发生的物流活动，与企业的销售系统配合，完成企业的销售任务，收集资金作为企业再生产的基础，包括包装、储存、运输、配送、装卸、搬运、流通加工、信息处理等活动，有生产企业自供、第三方物流代理、用户自己提货这三种形式。回收物流是退货、返修物品和周转使用的包装容器等从需方返回供方所引发的物流活动。回收物流是逆向物流的一部分，实现了将消费者不再需要的废弃物运回生产领域重新加工变为商品的部分任务，包括拣选、加工、包装、搬运、储存等物流活动。废弃物流是将经济活动中失去原有使用价值的物品，根据实际需要进行收集、分类、加工、包装、搬运、储存等，并分送到专门处理场所的物流活动。从环境保护的角度出发，对于废弃物流应妥善处理，以免造成环境污染。

按照物流活动空间分类，可以将物流分为地区物流、国内物流和国际物流。地区物流的活动空间小，是根据行政区域处理位置划分的一定区域内的物流，研究地区物流的目的是为了提高地区的物流活动效率，保障当地居民的生活和环境，不同地区物流的物品类型往往不同，如机械制造业集中区域往往采用火车运输或船舶运输。国内物流是以国家领地作为活动空间的，是为国家整体利益服务的，政府的规划和发展起主导作用。国际物流是指在两个及两个以上国家之间进行的物流活动，受到各国物流环境差异的制约。

7.1.3　电子商务环境下的物流活动

伴随电子商务的每一笔交易都会产生信息流、商流、资金流和物流。物流是电子商务的“最后一公里”，快速、周到的物流体系是电子商务的支撑和保障，而电子商务的电子化、信息化、网络化也促进了物流体系的变革，使电子商务物流有别于一般物流。电子商务和物流是相互影响、相互依托的。

1．物流对电子商务的作用

1）物流是电子商务的重要支撑

通过电子商务平台，消费者只要点击鼠标就可以享受到足不出户的服务，但享受这种服务的前提是完善的物流配送体系。尤其是在剩余经济的条件下，消费者面临着众多选择，购买商品或服务，可以通过商场购买、电话订购、电视购物、网络购物等方式，电子商务虽然具有成本低、传播快、无时间和地域界限等优势，但如果缺少完善的物流体系支撑，电子商务就不具备优势。

从消费者的角度看，电子商务带来的种种便利往往都集中体现在快捷的物流环节上，在一定程度上，对物流服务的满意程度决定了消费者对电子商务的接受程度。从商家的角度看，便利的物流配套服务是开展电子商务的前提条件，是商家是否愿意开展电子商务的决定因素之一。

2）物流是电子商务的必要环节

虽然完全电子商务可以通过网络实现和完成整个交易过程，但是对于占电子商务大部分的不完全电子商务，物流是一个必要环节，缺少物流环节的支持，电子商务就无法进行。信息流、资金流、商流都需要借助物流才得以运转，物流是电子商务顺利进行的基础。

2．电子商务对物流的影响

1）电子商务导致物流运作方式的变化

传统的物流活动以商流为中心，物流伴随着商品的生产、分配、交换和消费的每一个环节，例如，生产环节中涉及供应物流和生产物流，销售环节中涉及销售物流、回收物流。在电子商务环境下，交易以信息流为中心，信息流改变了物流的运作方式，物流的各过程通过电子商务衔接在一起，信息的即时性、完备性、网络化提升了物流服务的质量，例如，客户可以通过电子商务平台随时获知商品的位置及送达的预定时间。

电子商务导致物流运作方式的变化具体体现在：物流信息化、物流网络化、物流自动化、物流智能化、物流虚拟化。

物流信息化表现为物流信息收集的数据库化和代码化、物流信息存储的数字化、物流信息处理的电子化和计算机化、物流信息传递的标准化和实时化、物流信息的商品化等，物流信息管理系统是物流信息化的重要工具。物流网络化涵盖物流中心、供应商或制造商、下游客户，是整个物流系统的网络化，Internet 的普及是网络化的基础。物流自动化建立在物流信息化的基础上，核心是机电一体化，通过自动化增强了物流的作业能力、效率、准确率，其设施包括自动分拣机、条码识别系统等。建构在物流信息化、自动化基础上的物流智能化就是运用人工智能的概念及方法使物流系统具备思考、分析能力，使物流处理的结果更加合理。物流虚拟化是指利用通信网络，整合分散于各地的物流系统，使之成为一个大系统。

2）电子商务促进物流服务的柔性化

随着个人消费的个性化、高档化趋势，生产领域提出了“以顾客为中心”的柔性化生产方式，提出了企业资源计划及供应链管理等概念和技术，其实质是集成生产、流通领域，根据消费者的需求组织生产。柔性化的生产必须有柔性化的物流系统配合，而且电子商务交易呈现小批量、多批次的特点，电子商务物流系统必须能够随需求变化进行动态调整，真正做到“以顾客为中心”。

3）电子商务增强物流功能集成化

物流功能集成包括三个层次：功能内部集成、功能之间集成和供应链集成。功能内部集成是指集合多种工具、方法完成物流的某种功能，以运输为例，由于空间和时间的扩展，在运输过程中可能会采用铁路、公路、航空或船舶等运输方式，割裂各运输环节会导致运输风险增加，如增加运输时间、损坏物品等，采用多式联运将各运输工具和方法集成可提高运输效率、避免风险。功能之间集成是指将各功能主体集合形成总体物流过程，如企业物流中的 JIT、MRP 等系统。供应链是围绕核心企业，通过对信息流、物流、资金流的控制，从采购原材料开始，制成中间产品以及最终产品，最后由销售网络把产品送到消费者手中的将供应商、制造商、分销商、零售商直到最终用户连成一个整体的功能网链结构。供应链将物流系统和外部系统连接在一起形成整体。

电子商务空间扩展性、商品多样性需要物流系统快速反应、完善服务，只有采取集成化的物流体系才能够满足电子商务的需求。

4）电子商务要求物流经营市场化

电子商务要求物流实现门到门服务，连接了供需双方，是商家了解市场、掌握信息的途径之一。商家选择物流的原则是性价比原则，因此，物流提供者不仅仅要提供基本物流服务，还要提供增值服务，使客户享受到成本低、质量高的服务，这些要求使得物流经营必须采用市场化原则。

7.2　电子商务环境下的物流模式

模式就是解决某一类问题的方法论，即把解决某类问题的方法总结归纳到理论高度。物流模式就是将物流现象、方法归纳在一起形成理论。在电子商务环境下，物流服务从生产者推动变革为消费者拉动，其模式有以下几种：

1. 自营模式

自营模式是指企业物流配送的各个环节由企业自身筹建并组织实施，实现对企业内部及外部货物配送的模式。

在电子商务发展的早期，物流严重阻碍了电子商务的发展。例如， 1999 年举办的首届 72 小时网络生存测试中，物流服务速度慢且费用高，甚至达到运送 140 元的书籍收 70 元的运费。为了解决物流瓶颈，电子商务企业尝试采用自营物流，如 2000 年 8848.com 组建的物流体系。

虽然目前的第三方物流配送体系已经较为完善，但仍然存在缺陷，如在节日期间物流速度慢，有部分电子商务企业为自身发展而组建自营物流，如京东商城建立的上海圆迈快递公司。

自营模式有利于企业供应、生产和销售的一体化作业，系统化程度相对较高。自营模式在满足自身的基础上可以对外进行拓展。

采用自营模式的企业也会向其他企业购买物流服务，但是这些服务都只限于一次或一系列分散的物流功能，而且是临时性的纯市场交易的服务，物流公司并不按照企业独特的业务流程提供独特的服务，即物流服务与企业价值链是松散的联系。

在我国，采取自营模式的电子商务企业主要有两类：一类是资金实力雄厚且业务规模较大的电子商务公司；另一类是传统的大型制造企业或批发企业经营的电子商务网站，由于其自身在长期的传统商务中已经建立起初具规模的营销网络和物流配送体系，在开展电子商务时只需将其加以改进、完善，可满足电子商务条件下对物流配送的要求。

自营模式具有的优势体现在：

1）对物流活动的控制较强

企业可以对物流运作进行有效的控制，通过物流集成企业内部的采购、制造、销售各环节，掌握最详尽的信息，服务于企业的发展，支持企业的战略决策。同时，运用自身的控制能力可以对物流活动进行协调，使之顺畅。

增强控制也可以减小商业秘密泄露的可能性。自营物流直接对接企业自己的生产和销售环节，整个环节相对比较封闭，利于企业保护自己的生产工艺、销售策略等。

电子商务采用门到门的物流配送体系，直接和消费终端联系，自营物流可以使企业直接接触广大消费者，采集第一手信息，为企业自身发展服务。自营物流能够保证供货的准确和及时，保证顾客服务的质量，维护了企业和顾客间的长期关系。

2）降低交易成本

交易成本指达成一笔交易所要花费的成本，也指买卖过程中所花费的全部时间和货币成本，包括传播信息、广告、与市场有关的运输及谈判、协商、签约、合约执行的监督等活动所费的成本，交易成本产生的原因包括信息不对称、交易过程的不确定性和复杂性。在自营物流中，企业可以掌握物流的完整信息，减小信息不对称及不确定，协调生产、物流、销售关系，使流程变得简洁，在一定程度上可以降低交易成本。

3）盘活企业资产

自营物流的企业一般是有一定资源基础的，企业选择自营物流，可以在改造企业经营管理结构和机制的基础上盘活原有的物流资源，带动资源周转，为企业创造利润空间。

自营物流的劣势体现在：

1）资源配置不合理

企业自营物流要配置完备的物流设备、设施、人才、资金、管理等资源，从社会物流角度看，这种配置是重复的、低效的。

2）物流智能柔性不足

随着企业发展壮大，物流功能必然不断得到加强，而一旦业务有所波动，或业务领域有所变化，物流体系有可能无法及时调整。

3）分散企业核心竞争能力

如果企业的物流是辅助性业务，企业必须运营和维护一批设备、设施和人力资源，必须有专门的物流管理部门，企业管理人员被迫花费过多的时间、精力和资金去管理物流的运营，往往会影响企业的核心业务运营。

4）管理机制约束

物流活动涉及企业生产的方方面面，由于各部门都存在着独立的利益，都追求自身效益的最大化，为物流活动的有效展开带来了障碍。以资金管理为例，许多自营物流的企业内部各职能部门彼此独立地完成各自的物流，没有将物流分离出来进行独立核算，因此企业无法计算出准确的产品的物流成本，无法进行准确的效益评估。

2．第三方物流

根据中华人民共和国国家标准《物流术语》（GB/T 18354—2006）定义，第三方物流是指接受客户委托为其提供专项或全面的物流系统设计以及系统运营的物流服务模式。

第三方物流供应商根据合同为客户提供长期的综合性物流服务，具有专门的物流设施和信息手段，有专业人才，可以根据客户业务流程提供“量身定做”的物流服务，可以组织若干客户的共同物流，形成规模优势。

目前，我国主要有以下几种类型的第三方物流企业：第一种是由国有大中型企业转型来的物流企业，它们的主要优势体现在拥有大量现成的物流基础设施和专用设备、面积较大的库区园地和完善的管理机制，而且对本土的市场更加熟悉，所以发展比较快。第二种是传统仓储、运输企业经过改造转型而来的，它们拥有全国性的网络、运输和仓储资产，凭借原有的物流业务基础、市场和经营网络、设施和企业规模等方面的优势，具备较强的核心竞争力。第三种是过去国家直接管理的垄断性的集团公司，它们的主要优势体现在运输、仓储网络范围广、网点多，而且由于多年的经营，有深厚的客户基础。第四种是民营物流企业，它们的主要优势是机制灵活、管理成本低、为特定的行业提供可行的物流解决方案等，所以发展迅速，是我国物流行业中最具朝气的第三方物流企业。

第三方物流的优势体现在：

1）降低成本

企业将物流业务外包给第三方物流企业，不需要维持物流设施、设备，也不需要配备人员，可以将企业的固定成本转为可变成本，提高资金使用效率。而对于第三方物流企业，由于其具有广泛的结点网络实施共同配送，也可以从运输公司那里购买运输服务，集中配载不同客户的货物，降低单位运输成本。此外，由于第三方物流在信息技术方面进行了大量的投资，利用其自身的信息系统可帮助客户提高单证处理效率、加强库存管理控制、降低存货水平、消减存储成本等。

2）提高服务质量

利用第三方物流企业的信息网络和结点网络，能够加快对客户订货的反应能力，加快订单处理，缩短从订货到交货的时间，进行门对门运输，实现货物的快速交付，提高客户满意度。

第三方物流通过其先进的信息和通信技术可加强对在途货物的监控，及时发现、处理配送过程中的意外事故，保证订货及时、安全送达目的地，尽可能实现对客户的承诺。产品的售后服务、送货上门、退货处理、废品回收等也由第三方物流企业来完成，以保证企业为客户提供稳定、可靠的高水平服务。

3）提高企业核心竞争力

随着专业化分工越来越细而且企业资源有限，如果物流不是企业的核心业务，将物流外包给第三方物流，有助于企业专注于自身的核心能力，提高竞争力。

第三方物流的劣势体现在：

1）企业对物流的控制能力降低

由于第三方的介入，企业自身对物流的控制能力下降，可能会出现物流失控的风险，尤其是在双方的协调出现问题的情况下，会极大地影响物流效率，使企业的服务水平降低。

2）企业与客户的关系被削弱

由于第三方的介入，企业和客户的直接接触减少，对建立稳定密切的客户管理系统 CRM 不利，进而影响企业的营销能力。

3）信息泄露风险增加

由于第三方的介入，企业的生产工艺、营销策略、客户资源等信息不再是完全封闭的，存在着被泄露的风险，尤其是客户信息被泄露对企业经营存在着重大影响。

7.3 电子商务物流管理信息系统

物流管理信息系统是根据物流管理运作的需要，在管理信息系统的基础上形成的物流系统信息资源管理、协调系统。

7.3.1 系统规划

系统规划是系统开发的第一个阶段，用户提出系统的初步需求，系统分析员根据用户的要求，初步明确问题，进行可行性研究。系统规划内容包括：初步确定用户需求、初步调查、用户需求分析、新系统初步构思、可行性分析。

用户需求往往是粗略的、定性的，如“提高管理水平”等需求，系统分析员需要进行初步调查后才能确定。

调查方法包括查阅资料、开调查会、访问、发调查表、参与业务等，调查的内容包括组织的概况、组织机构和管理方式、主要业务流程、信息系统概况、组织的资源条件等。

系统分析员根据用户需求，调查各个管理层次的人员后，确定系统的目标、范围、功能和技术性能。

新系统构思包括系统的范围、业务功能、系统结构和配置、开发策略、开发预算。系统的范围是指系统所覆盖的企业的部门，如全局的还是局部的；业务功能考虑子系统的划分及功能；系统结构和配置考虑开发工具及数据库结构、网络结构等；开发策略包括开发方式、方法及计划；投资预算要列出分阶段计划。

可行性分析包括技术可行性、管理可行性和经济可行性，应形成可行性报告。可行性报告的内容包括引言、现有系统分析、新系统方案和可行性研究及结论。

7.3.2 系统分析

系统分析的任务有：业务流程分析、数据与数据流程分析、功能与数据关系分析、提出新系统逻辑方案、形成系统分析报告。

业务流程就是现行系统各个业务活动的工作过程，调查目的是发现业务流程是否合理，明确数据、业务过程和实现管理功能之间的关系。业务流程分析的工具是业务流程图，其符号如图 7-1 所示。

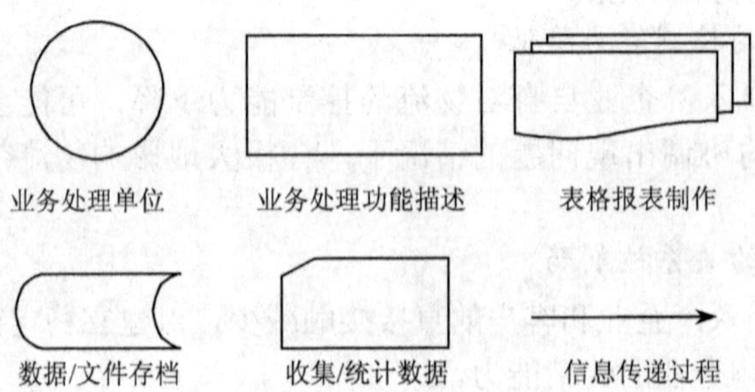

图 7-1　业务流程图符号

以入库处理业务为例，其流程如图 7-2 所示。

数据与数据流程分析是为了描述系统中数据流的变化过程，使用数据流程图作为数据分析工具，其符号如图 7-3 所示。

建立数据字典可以对数据流程图上各个元素做出详细的定义和说明，数据字典包括数据项、数据结构、数据流、处理逻辑、数据存储、外部实体。

① 数据项是数据的最小组成单位，包括名称、编号、长度、取值范围或含义。

例：数据项定义

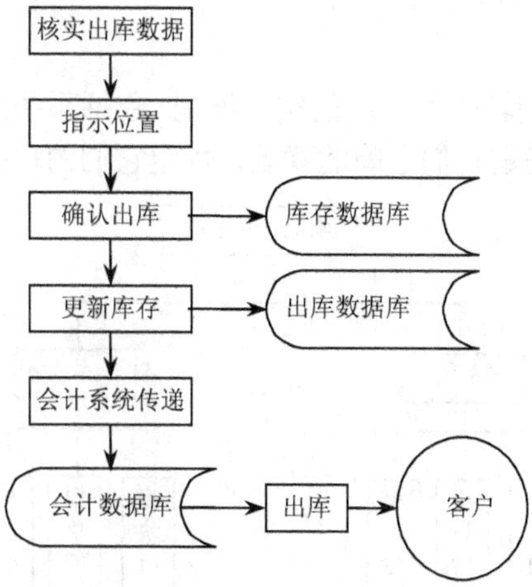

图 7-2　入库流程图

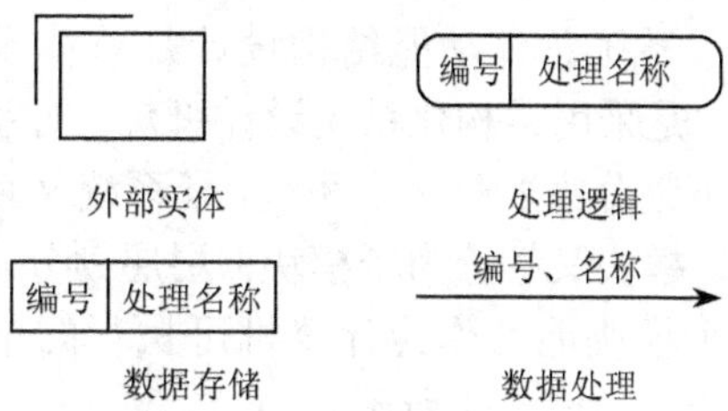

图 7-3　数据流程图符号

数据项编号：A01

数据项名称：客户编号

类型及长度：字符型 8 位

取值含义：J33445

J 表示机械，33 代表地域，44 代表厂家，5 为校验码

② 数据结构描述了数据项之间的关系。一个数据结构可以包含若干个数据项，也可以包含其他的数据结构。

例：数据结构定义

数据结构编号：B01

数据结构名称：商品信息

可以包括商品名称、商品规格、商品产地等。

③ 数据流。数据流由一个或一组固定的数据项组成。定义数据流时，不仅要说明数据流的名称、组成等，还应指明它的来源、去向和数据流量等。

例：数据流定义

数据流编号：C01

数据流名称：仓库货流清单

数据流来源：货物入库清单

数据流去向：货物流出清单

数据流量：5 份/天

④ 处理逻辑。处理逻辑是对数据流程图中最底层的处理逻辑加以说明。

⑤ 数据存储。数据存储描述它所表示的数据结构和输入、输出数据流。

⑥ 外部实体。外部实体包括实体编号、名称、简述及有关数据流的输入和输出。

新系统逻辑方案主要包括系统目标分析结果、对系统业务流程分析整理的结果、对数据及数据流程分析整理的结果、各子系统划分的结果。

系统分析报告是对系统分析阶段的总结，是下一阶段系统设计的依据。系统分析报告包括：组织情况简述、现行系统运行状况、新系统逻辑方案。

7.3.3　系统设计

系统设计将系统分析阶段建立的新系统逻辑模型转化为系统的结构模型，包括系统总体结构设计，即把系统功能分解成基本功能模块，确定它们之间的联系，规定它们的功能和处理流程；具体的物理设计，即实现系统的各项功能，选择具体的技术手段和处理方式。

系统总体功能结构设计是总体设计第一步，是采用结构化系统设计思想，对系统自顶向下划分为若干个子系统，子系统又划分为模块，模块又划分为子模块，层层划分，直到每一个模块能够作为计算机可执行的单独程序为止，如图 7-4 所示。

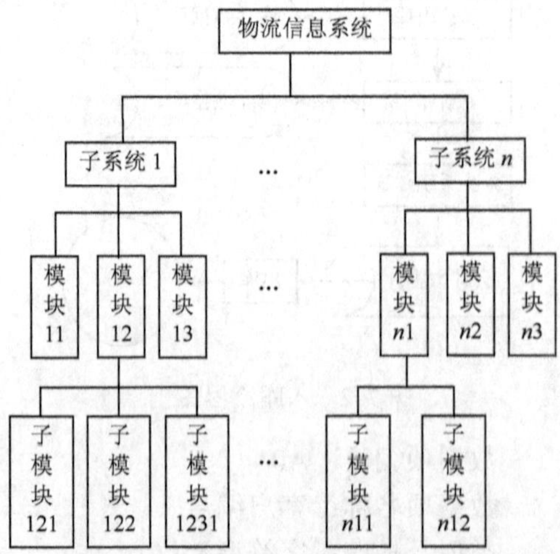

图 7-4　物理信息系统功能结构图

系统环境配置是总体设计第二部，要确定系统设备配置的拓扑结构、机器选型。拓扑结构是根据系统调查和分析的结果，从系统的功能、规模、主要的处理方式、用户的需要和条件来考虑，为系统配置的机器设备构筑一个总体方案。机器选型要考虑主机的结构、外设的型号机器性能指标和软件配置。

7.3.4　系统实施

系统实施是新系统开发工作的最后一个阶段，目标是将物流模型转换成可执行的应用软件系统，主要包括：按总体设计方案购置和安装计算机网络系统、建立数据库系统、程序设计与系统调试、数据准备和录入、系统转换、人员培训、文档资料的整理与存档、系统的维护与评价。

购置和安装设备需要根据总体设计的要求和可行性报告对资源的分析选择适当的设备。建立数据库系统按数据流程分析、过程分析及数据库设计工作规范进行。数据的准备和录入及文档资料的整理与存档按规范逐步完成。

程序设计按照结构化、原型法和面向对象方法进行。结构化程序设计方法是以模块化设计为中心，将待开发的系统划分为若干个相互独立的模块，使完成每一个模块的工作变得单纯而明确，设计方法的原则是自顶向下、逐步细化、模块化设计，由于模块相互独立，因此在设计其中一个模块时，不会受到其他模块的牵连，可将原来较为复杂的问题简化为一系列简单模块的设计。原型法是指在获取一组基本的需求定义后，利用高级软件工具可视化的开发环境，快速地建立一个目标系统的最初版本，并把它交给用户试用、补充和修改，再进行新的版本开发。反复进行这个过程，直到用户满意为止。面向对象的程序设计方法由单个能够起到子程序作用的单元或对象组合而成，面向对象的程序设计方法具备重用性、灵活性和扩展性，为了实现整体运算，每个对象都能够接收信息、处理数据和向其他对象发送信息。

系统调试是为了及时发现程序和系统中的错误并予以纠正，包括模块调试、子系统调试和系统调试。模块调试是为了发现程序中的语法错误和逻辑错误，常用的测试方法有黑箱法和白箱法，黑箱法是用测试数据来验证程序是否满足程序说明中定义的功能，而不关心程序的内部结构；白箱法要求测试人员根据程序的内部结构测试数据，使模块中的所有测试路径都被测试到。子系统调试是将一个子系统内部所有程序模块按次序串联起来调试，目的是保证各程序模块之间具有正确的控制关系。系统测试是对整个系统的功能进行调试，包括子系统之间的数据通信及数据共享等问题。

系统转换包括直接转换法、平行转换法、分阶段转换法。直接转换法是在确定新系统运行准确后立刻启用新系统，停用老系统。平行转换法是在新系统投入运行时，老系统不停止运行，与新系统同时运行一段时间。分阶段转换法是按子系统或功能逐个转换。

系统评价包括系统是否达到预期的目标、用户对系统的满意程度、经济效益和系统可靠性评价。

7.4　电子商务物流技术

物流技术是指在物流活动中为实现物流的各种功能而采用的物流专业技术的总和，包括物流硬技术和物流软技术。电子商务物流硬技术是指组织实施电子商务物流过程所需要的各种物流设施、物流机械装备、物流材料和物流技术手段。物流软技术是指为组织实现高效率的物流所需要的计划、分析、评价等方面的技术和管理方法等。传统物流硬技术主要包括与物流密切相关的基础设施、机械技术、材料技术等。现代物流硬技术手段和装备主要包括：计算机、互联网、数据库技术、条码技术，同时还有电子数据交换（e-lectronic data interchange，EDI）、全球卫星定位系统（global positioning system，GPS）、地理信息系统（geographical information system，GIS）、电子订货系统（electronic ordering system，EOS）、销售时点信息系统（point of sale system，POS）等。物流软技术包括物流系统化，物流标准化，各种物资设备的合理调配使用，库存，成本，操作流程，人员，物流路线的合理选择，以及为物流活动高效率而进行的计划、组织、指挥、控制和协调等。

电子商务物流技术的选用标准有：技术上适用先进、成本上合理、实际中可行。技术上适用先进就是在进行电子商务物流技术的选择时要具有前瞻性、适度超前，尽可能采用先进的电子商务物流技术，要充分考虑到所选择的物流技术在未来一段时间仍具有一定的技术价值，符合物流系统的长期发展需要。经济上合理就是指无论从宏观还是微观的角度都要实现一定的投资收益目标，充分考虑电子商务物流技术投入与功能的价值优化。实际中切实可行就是要充分考虑电子商务物流技术设施体系中相关要素服务提供者的利益，实现整个电子商务物流体系的整体优化。

7.4.1　自动识别技术及应用

自动识别技术就是应用一定的识别装置，通过被识别物品和识别装置之间的接近活动，自动地获取被识别物品的相关信息，并提供给后台的计算机处理系统来完成相关后续处理的一种技术，如指纹识别技术、人脸识别技术等。自动识别技术具有速度快、准确率高的优点。

物流中常用的自动识别技术有条码技术和射频识别技术。

1. 条码技术

条码是在计算机的应用实践中产生和发展起来的自动识别技术，是为实现对信息的自动扫描识别而设计的数据采集的有效手段。条码技术是集条码理论、光电技术、计算机技术、通信技术、条码印刷技术于一体的综合性技术，广泛应用于物流管理过程中，具有制作简单、信息收集速度快、准确率高、信息量大、成本低和设备方便易用等特点。通过条码技术可以准确识别商品信息和快速跟踪物品。实现条码技术的设备包括条码和条码扫描设备。

按照条码的维度可以将条码分为一维条码和二维条码，如图 7-5 所示。一维条码是由一组规则排列的条、空以及对应的字符组成的标记。“条”指对光线反射率较低的部分，“空”指对光线反射率较高的部分，这些条和空组成的数据表达一定的信息，并能够用特定的设备识读，转换成与计算机兼容的二进制和十进制信息。二维条码是用特定的几何图形按一定规律在平面分布的黑白相间的图形记录数据符号信息。

一维条码

二维条码

图 7-5 条码

物流条码标准主要包括码制标准、应用标准和产品包装标准三大类。

1）码制标准

条码码制是指条码符号的类型，每种类型的条码符号都是由符合特定编码规则的条和空组成，都有固定的编码容量和条码字符集。国际上基本可以满足物流条码体系应用要求的物流条码有 EAN-13 条码、交插二五条码和 UCC/EAN-128 条码。

EAN-13 条码是由用来标识不同的国家和地区的 3 位前缀码、4 位或 5 位制造厂商代码、5 位或 4 位商品代码、1 位校验码共 13 位数字组成的。我国于 2008 年发布了国家标准 GB 12904—2008《商品条码　零售商品编码与条码表示》。

交插二五条码是一种连续、无固定长度、具有自校验功能的双向条码。交叉二五（interleaved two of five，ITF）条码是在交叉二五码的基础上扩展形成的一种应用于储运包装箱上的条码，常常用 ITF-14 和 ITF-6 来标识商品装卸、仓储、运输等储运单元。交插二五条码在物流管理中被广泛采用。我国于 2003 年 12 月开始实施国家标准 GB/T 16829—2003《信息技术　自动识别与数据采集技术　条码码制规范　交插二五条码》。

UCC/EAN-128 条码是物流条码实施的关键。它是一种连续型、非定长、有含义的高密度代码。我国 2002 年 12 月实施的国家标准 GB/T 15425—2002《EAN.UCC 系统 128 条码》采用了 UCC/EAN-128 条码。UCC/EAN-128 条码由 A、B、C 三套字符集组成，包括数据符、校验符、终止符。UCC/EAN-128 条码的三套字符集覆盖了 128 个 ASCII 码字符。它能够更多地标识贸易单元的信息，如产品批号、数量、规格、生产日期、交货地、有效期等，使物流条码成为贸易中的重要工具。

这三种条码虽然都是物流条码中常用的码制，但它们在实际中的应用又有所不同。一般来说，通用商品条码用在单个大件商品的包装箱上，或者当包装箱内含有预先确定的规定数量的商品时，通过给每个货运单元分配一个和消费单元不同的 EAN-13 条码，也可使用通用商品条码码制；交插二五条码可用于定量储运单元的包装箱上，ITF-14 和 ITF-6 附加代码共同使用也可以用于变量储运单元；UCC/EAN-128 条码的使用是物流条码实施的关键，它可以弥补商品通用代码和交插二五条码的不足，而且其印刷要求更为宽松，在许多粗糙、不规则的包装上都可以印刷。

2）应用标准

应用标准包括位置条码、储运单元条码、条码应用标识三种码制，每种码制在不同的情况下有不同的作用。

位置条码是对物理实体、功能实体、法律实体进行识别的代码，具有唯一性、无含义性、国际通用等特点，并有严格的定义和结构，主要应用于数据采集。我国目前采用国家标准 GB/T 16828—2007《商品条码参与方位置编码与条码表示》。

储运单元条码。储运单元是指由若干消费单元组成的稳定和标准的产品集合，是收发货、运输、装卸、仓储等项业务所必需的一种产品单元。储运单元分为定量储运单元和变量储运单元两种情况，都用交插二五条码表示。我国目前采用国家标准 GB/T 16830—2008《商品条码 储运包装商品编码与条码表示》，规范了货物储运过程中的物流条码。

条码应用标识是指一组由条码表示的数据，用来表示贸易单元的相关信息，由数据和应用标识符两部分组成。应用标识符用来定义条码数据域，不同的应用标识符用来唯一标识其后数据域的含义及格式。使用应用标识符后，在一个条码符号中可以表示很多不同内容的数据元素。我国目前采用国家标准 GB/T 16986—2009《商品条码 应用标识符》。条码应用标识是商品统一条码有益和必要的补充，填补了其他 UCC / EAN 标准遗留的空白。它将物流和信息流有机地结合起来，成为联结条码与电子数据交换的纽带。

3）产品包装标准

使用物流条码后，物流过程中的数据可以实现共享，通过物流条码数据的采集和反馈可以提高物流系统的经济效益。但要想更好地实现这一目标，在物流条码标准体系中还应该在包装方面制定一些标准，以保证物流条码能够快速、准确地被识别。对于不同码制的代码，在国家标准中都有具体的要求，以保证条码符号的质量。我国目前采用国家标准 GB/T 14257—2009《商品条码 条码符号放置指南》和国家标准 GB/T 14258—2003《信息技术 自动识别与数据采集技术条码符号印制质量的检验》，作为物流条码标准体系的引用标准。

条码阅读器是用于读取条码所包含的信息的设备。条码阅读器的结构通常包括以下几部分：光源、接收装置、光电转换部件、译码电路、计算机接口。它们的基本工作原理为：由光源发出的光线经过光学系统照射到条码符号上面，被反射回来的光经过光学系统成像在光电转换器上，使之产生电信号，信号经过电路放大后产生一模拟电压，它与照射到条码符号上被反射回来的光成正比，再经过滤波、整形，形成与模拟信号对应的方波信号，经译码器解释为计算机可以直接接收的数字信号。

条码阅读器通常采用光笔、CCD 阅读器、激光扫描器。

光笔是最先出现的一种手持接触式条码阅读器，它也是最为经济的一种条码阅读器。使用时，操作者需将光笔接触到条码表面，通过光笔的镜头发出一个很小的光点，当这个光点从左到右划过条码时，在“空”部分光线被反射，在“条”部分光线被吸收，因此在光笔内部产生一个变化的电压，这个电压通过放大、整形后用于译码。光笔阅读条码的长度可以不受限制，成本相对较低，比较坚固，体积小，重量轻。但是光笔要求条码的表面平坦且打印质量较好；光笔的首读成功率低并且误码率较高，而且操作人员需要经过一定的训练才能使用。

CCD 阅读器使用一个或多个 LED，发出的光线能够覆盖整个条码，条码的图像被传到一排光探测器上，被每个单独的光电二极管采样，由邻近的探测器的探测结果（为“黑”

或“白”）区分每一个条或空，从而确定条码的字符。CCD 阅读器的价格较便宜，阅读条码的密度广泛，容易使用，重量比激光阅读器轻，不像光笔一样只能接触阅读。但是 CCD 阅读器的扫描距离有限，扫描头的阅读范围有限，无法读取信息很长或密度很低的条码；CCD 的防摔性能较差，采取多个 LED 的条码阅读器中，任意一个的 LED 故障都会导致不能阅读，大部分 CCD 阅读器的首读成功率较低且误码概率高。

激光扫描器先由机具产生一束激光，再由转镜将固定方向的激光束形成激光扫描线，激光扫描线扫描到条码上再反射回机具，由机具内部的光敏器件转换成电信号，其扫描方式分为单线扫描、光栅式扫描和全角度扫描。激光扫描器扫描距离远，防震防摔性能好，对条码的宽度适应性强，识读的精度高、速度快，且具有穿透保护膜识读的能力，甚至可以识读曲面上的条码。但是激光扫描器的价格相对较高。

2．射频识别技术

射频识别（radio frequency identification，RFID）技术是一种非接触式的自动识别技术，RFID 系统由阅读器、电子标签及应用软件系统三个部分所组成。RFID 技术的基本工作原理：标签进入磁场后，接收解读器发出的射频信号，凭借感应电流所获得的能量发送出存储在芯片中的产品信息，或者由标签主动发送某一频率的信号，解读器读取信息并解码后，送至中央信息系统进行数据处理。

与条码技术相比，RFID 技术的优点是：操作简易，一定距离内不受方向限制，能够实现无人操作；识别距离远，从几米到上百米，可以穿透外部材料；读取速度快且能同时读取多个商品；数据存储量大；可写入，动态记录数据；数据安全性高，可加密、防复制、防改写；耐用性好，可防水、防磁、耐高温。但采用 RFID 技术的价格相对较高。

RFID 技术可应用于物流和供应管理、生产制造和装配、航空行李处理、邮件/快运包裹处理、文档追踪/图书馆管理、动物身份标识、运动计时、门禁控制/电子门票、道路自动收费等领域。

将条码技术与 RFID 技术相结合，也是 RFID 技术在现阶段应用的一种方式。可以将条码贴在物品上，射频电子标签贴在存放物品的托盘或叉车上，电子标签存放托盘或叉车上所有物品的信息，阅读器则安置在仓库的进出口。每当物品进库时，阅读器自动识别电子标签上面的物品信息，并将信息存储到与之相连的管理系统中；当物品出库时，同样由阅读器自动识别物品信息，并传送到管理系统，由系统对信息进行出库处理。

3．自动识别技术在物流中的应用

采用自动识别技术，改变了传统物流过程中人工操作工作量大、速度慢、易出错等缺点，将自动识别技术与计算机技术、网络技术、数据库技术结合起来，可以将信息无缝链接到信息管理系统，可以实现货物的自动拣选、入库、出库等操作，克服人工操作的缺点。运用 RFID 技术，还可以实现货物的实时追踪、溯源等功能。

以货物分拣为例，如果分拣的货物种类多、数量大、生产厂家不同、目标地不同、生产日期和保质期不同，人工分拣的效率就极低且错误率高。采用自动识别技术，只需要在货物上贴上标签，由阅读器扫描，依靠分拣设备，可以准确无误且快速地将货物分拣完毕。

以仓储保管为例，依靠人工操作，记录的信息有限，如记录生产厂家、种类、数量等，往往会忽视保质期、重量、体积等相关信息。应用自动识别技术，通过条码技术或 RFID 技术，信息自动录入到管理系统中，由计算机统一管理，记录的信息量大且速度快。

在供应链物流领域，从产品的生产到成品下线、销售、运输、仓储、零售等各个环节，都可以应用自动识别技术，进行方便、快捷的管理。条码技术就像一条纽带，把产品生命周期各阶段发生的信息连接在一起，在仓库货物管理、生产线人员管理、流水线生产管理、仓储管理、进货管理、入库管理、库存货物管理、货物信息控制、跟踪、出库管理、系统管理等方面都发挥着不可替代的作用。应用条码技术可以不断改善物流能力，实时监督物流动态的信息系统，识别潜在的作业障碍，创造完美的客户体验，获得持久的竞争优势。

行业应用方面，比如在我国的邮政速递行业，自动识别技术的应用已经涉及邮政速递物流的各个环节，包括包裹的接受、仓储、运输、分拣、递送、查询等环节都在采用条码技术，条码技术提高了作业的效率，增强了数据和信息的准确性和实时性，带来了较好的客户体验。

7.4.2　电子数据交换技术与应用

1. 电子数据交换技术

电子数据交换（electronic data interchange，EDI）是一种电子传输方法，这种方法首先将商业或行政事务处理中的报文数据按照一个公认的标准，形成结构化的事务处理的报文数据格式，进而将这些结构化的报文数据经由网络在贸易伙伴的计算机之间传输。由于使用 EDI 能有效地减少直到最终消除贸易过程中的纸面单证，因而 EDI 也被俗称为“无纸交易”。

EDI 系统包括 EDI 环境、EDI 过程和 EDI 技术实现三个基本方面。EDI 环境是指 EDI 需要进行信息交换的某一应用领域，它限定了有哪些信息需要传递以及在哪些地点之间进行传递。EDI 过程是指信息交换的流程及规则，反映了实际领域中的业务过程，以及与之相伴的信息流程。EDI 技术实现是指信息交流的手段，包括硬件设备、通信设备以及软件等。

EDI 技术标准是整个 EDI 技术的关键。EDI 的技术标准包括 EDI 网络通信标准、EDI 处理标准、EDI 联系标准和 EDI 语义语法标准等。EDI 网络通信标准是要解决 EDI 通信网络应该建立在何种通信网络协议之上，以保证各类 EDI 用户系统的互联；EDI 处理标准是要研究那些不同地域不同行业的各种 EDI 报文、相互共有的“公共元素报文”的处理标准；EDI 联系标准解决 EDI 用户所属的其他信息管理系统或数据库与 EDI 系统之间的接口；EDI 语义语法标准（又称 EDI 报文标准）是要解决各种报文类型格式、数据元编码、字符集和语法规则以及报表生成等。

EDI 语义语法标准是 EDI 技术的核心。最首要的是实现单证标准化，包括单证格式的标准化、所记载信息的标准化以及信息描述的标准化。单证格式的标准化是指按照国际贸易基本单证格式设计各种商务往来的单证样式，在单证上利用代码表示信息时，代码应处位置的标准化。信息内容的标准化涉及单证上的哪些内容是必需的，以及哪些内容不一定是必需的。

EDI 操作过程如下：

1）映射（mapping）——生成 EDI 平面文件

EDI 平面文件（flat file）是通过应用系统将用户的应用文件（如单证、票据）或数据库中的数据映射成的一种标准的中间文件。这一过程称为映射。平面文件是用户通过应用系统直接编辑、修改和操作的单证和票据文件，它可直接阅读、显示和打印输出。

2）翻译（translation）——生成 EDI 标准格式文件

其功能是将平面文件通过翻译软件（translation software）生成 EDI 标准格式文件。EDI 标准格式文件就是所谓的 EDI 电子单证，或称电子票据。它是 EDI 用户之间进行贸易和业务往来的依据。EDI 标准格式文件是一种只有计算机才能阅读的 ASCII 文件。它是按照 EDI 数据交换标准（即 EDI 标准）的要求，将单证文件（平面文件）中的目录项，加上特定的分割符、控制符和其他信息，生成的一种包括控制符、代码和单证信息在内的 ASCII 码文件。

3）通信

这一步由计算机通信软件完成。用户通过通信网络，接入 EDI 信箱系统，将 EDI 电子单证投递到对方的信箱中。EDI 信箱系统则自动完成投递和转接，并按照 X.400（或 X.435）通信协议的要求，为电子单证加上信封、信头、信尾、投送地址、安全要求及其他辅助信息。

4）EDI 文件的接收和处理

接收和处理过程是发送过程的逆过程。首先需要接收用户通过通信网络接入 EDI 信箱系统，打开自己的信箱，将来函接收到自己的计算机中，经格式校验、翻译、映射还原成应用文件。最后对应用文件进行编辑、处理和回复。

在实际操作过程中，EDI 系统为用户提供的 EDI 应用软件包包括了应用系统、映射、翻译、格式校验和通信连接等全部功能。

2. EDI 在物流领域中的应用

由于 EDI 具有效率高、成本低、迅速准确的优点，广泛应用于商业活动的各个领域中。例如，将 EDI 用于金融、保险和商检，可以实现对外经贸的快速循环和可靠的支付，降低银行间转账所需的时间，增加可用资金的比例，加快资金的流动，简化手续，降低作业成本；将 EDI 用于通关和报关，可加速货物通关，提高对外服务能力，减轻海关业务的压力，防止人为弊端，实现货物通关自动化和国际贸易的无纸化。

EDI 可以应用在物流中的各环节及增值服务中，可以协助相关业务顺利开展。所有纸质单证由 EDI 通信网来传送，由计算机完成处理。例如，在运输环节中，EDI 可实现物流下单、运单转移、运费支付等，在此环节的增值服务中，可以实现物流保险、供求信息发布等，通过应用 EDI，可以减少支出费用、增加运输时效、缩短时间、提高服务质量、提高企业竞争力。

EDI 可有效连接供应商、生产商、分销商、批发商、零售商以及相关的银行、物流企业等，提高供应链效率。在传统的物流过程中，需求方向供应方提出订单，供应方得到订单后进行纸质文字票据处理，准备发货，需求方得到货和票据后，开出发票给供应方。应用 EDI 系统后，企业收到订单，系统处理订单，检查订单是否符合要求；通知企业内部管理系统安排生产；向零配件供销商订购零配件等；有关部门申请进出口许可证；通知银行并给订货方开出 EDI 发票；向保险公司申请保险单等，从而使整个物流信息活动过程在最短时间内准确地完成。

China EDI 是由中国电信建设、经营和管理的增值业务网络，共有 13 个 EDI 结点，提供信箱总容量 3 万个，已建立起全国范围的商业订货系统、零售商品无纸贸易网络系统、政府部门与企事业单位间的网络。应用该系统的贸易步骤是：发货方在接到订货后制定货物运送计划，并把运送货物的清单及运送时间安排等信息通过 EDI 发送给物流方和收货方以便物流运输业主预先制定车辆调配计划和接收货物业主制定货物接收计划；发货方依据顾客订货的要求和货物运送计划下达发货指令、分拣配货、打印出物流条码的货物标签并贴在货物包装箱上，同时把运送货物品种、数量、包装等信息通过 EDI 发送给物流方和收货方依据请示下达车辆调配指令；物流方在向发货方取运货物时，利用车载扫描读数仪读取货物标签的物流条码，并与先前收到的货物运输数据进行核对，确认运送货物；物流方在物流中心对货物进行整理、集装、作成送货清单并通过 EDI 向收货方发送发货信息，在货物运送的同时进行货物跟踪管理，并在货物交纳给收货方后，通过 EDI 向发货方发送完成运送业务信息和运费请示信息；收货方在货物到达时，利用扫描读数仪读取货物标签，与先前收到的货物运输数据进行核对确认，开出收货发票，货物入库，同时通过 EDI 向物流方和发货方发送收货确认信息。

7.4.3　GIS 技术与应用

1. GIS 技术

地理信息系统（geographic information system，GIS）是以地理空间数据库为基础，在计算机软硬件的支持下，运用系统工程和信息科学的理论，科学管理和综合分析具有空间内涵的地理数据，以提供管理、决策等所需信息的技术系统。

一般地，GIS 具备数据采集与编辑、制图、空间数据库管理、空间分析等功能。数据采集与编辑是建立 GIS 的首要工作，即将地面的实体图形数据和描述它的属性数据输入到数据库中，为了消除数据采集的错误，需要对图形及文本数据进行编辑和修改。制图功能是根据地面上的实体数据和描述它的属性数据编制用户所需要的各种图件，GIS 不仅可以为用户输出全要素地图，还可以根据用户需要分层输出各种专题地图，如道路交通图、等高线图等。空间数据库管理功能用于对采集和编辑后的数据进行数据管理，方便使用人员快速查找。空间分析功能是通过空间查询和空间分析得出决策结论，典型的空间分析包括拓扑空间查询、缓冲区分析、叠置分析、空间集合分析等。

2. GIS 在物流中的应用

GIS 可应用于物流分析，即利用 GIS 强大的地理数据功能来完善物流分析技术。完整的 GIS 物流分析软件集成了车辆路线模型、最短路径模型、网络物流模型、分配集合模型和设施定位模型等。

1）车辆路线模型

用于解决一个起始点、多个终点的货物运输中，如何降低物流作业费用，并保证服务质量的问题。包括决定使用多少辆车，每辆车的路线等。

2）网络物流模型

用于解决寻求最有效的分配货物路径问题，也就是物流网点布局问题。如将货物从 N 个仓库运往到 M 个商店，每个商店都有固定的需求量，因此需要确定由哪个仓库提货送给哪个商店的运输代价最小。

3）分配集合模型

可以根据各个要素的相似点把同一层上的所有或部分要素分为几个组，用以解决和确定服务范围和销售市场范围等问题。如某一公司要设立 X 个分销点，要求这些分销点要覆盖某一地区，而且要使每个分销点的顾客数目大致相等。

4）设施定位模型

用于确定一个或多个设施的位置。在物流系统中，物流中心和运输线共同组成了物流网络，物流中心处于网络的节点上，节点决定着线路，根据供求的实际需要并结合经济效益等原则，运用此模型可以解决在既定区域内设立多少个物流中心，每个物流中心的位置，每个物流中心的规模，以及物流中心之间的物流关系等问题。

基于 GIS 的物流配送系统主要有下列功能：

① 车辆和货物跟踪。利用 GPS 和电子地图可以实时显示出车辆或货物的实际位置，并能查询出车辆和货物的状态，以便进行合理调度和管理。

② 提供运输路线规划和导航。规划出运输线路，使显示器能够在电子地图上显示设计线路，并同时显示汽车运行路径和运行方法。

③ 信息查询。对配送范围内的主要建筑、运输车辆、客户等进行查询，查询资料可以文字、语言及图像的形式显示，并在电子地图上显示其位置。

④ 模拟与决策。如可利用长期客户、车辆、订单和地理数据等建立模型来进行物流网络的布局模拟，并以此来建立决策支持系统，以提供更有效而直观的决策依据。

以城市中的物流配送过程为例，GIS 的具体应用表现在：通过详细地址，确定客户的地理位置和车辆路线；通过基于 GIS 的查询、地图表现的辅助决策，实现对车辆路线的合理编辑和客户配送排序；用特定的地图符号在地图上表示客户的地理位置；通过 GIS 的查询功能或在地图上点击地图客户符号，显示此客户符号的属性信息，并可以编辑属性；在地图上查询客户的位置以及客户周围的环境以发现潜在客户；通过业务系统调用 GIS，以图形的方式显示业务系统的各种相关操作结果的数值信息；基于综合评估模型和 GIS 的查询，实现对配送区域的拆分及合并。

7.4.4 GPS 技术与应用

全球卫星定位系统（global positioning systems，GPS）是利用卫星，在全球范围内实时进行定位、导航的系统，是 20 世纪 70 年代由美国陆海空三军联合研制的新一代空间卫星导航定位系统，其主要目的是为陆、海、空三大领域提供实时、全天候和全球性的导航服务，并用于情报收集、核爆监测和应急通信等一些军事目的。经过 20 余年的研究实验，耗资 300 亿美元，到 1994 年 3 月，全球覆盖率高达 98%的 24 颗 GPS 卫星星座已布设完成。该系统具有全天候、全方位和高精度的实时三维导航与定位能力。现代 GPS 与现代通信技术相结合，使得测定地球表面三维坐标的方法从静态发展到动态，从数据后处理发展到实时的定位与导航，极大地扩展了它的应用广度和深度。

1. GPS 技术简介

GPS 导航系统的基本原理是测量出已知位置的卫星到用户接收机之间的距离，然后综合多颗卫星的数据就可知道接收机的具体位置。要达到这一目的，卫星的位置可以根据星载时钟所记录的时间在卫星星历中查出。而用户到卫星的距离则通过记录卫星信号传播到用户所经历的时间，再将其乘以光速得到。当 GPS 卫星正常工作时，会不断地用 1 和 0 二进制码元组成的伪随机码发射导航电文。GPS 系统使用的伪码一共有两种，分别是民用的 C/A 码和军用的 P（Y）码。C/A 码频率为 1.023 MHz，重复周期为 1 ms，码间距为 1 μs，相当于 300 m；P 码频率为 10.23 MHz，重复周期为 266.4 天，码间距为

0.1 μs，相当于 30 m。而 Y 码是在 P 码的基础上形成的，保密性能更佳。导航电文包括卫星星历、工作状况、时钟改正、电离层时延修正、大气折射修正等信息。它是从卫星信号中解调制出来，以 50 bit/s 调制在载频上发射的。导航电文每个主帧中包含 5 个子帧，每帧长 6 s。前三帧各 10 个字码；每 30 s 重复一次，每小时更新一次。后两帧共 15 000 bit。导航电文中的内容主要有遥测码，转换码，第 1、2、3 数据块，其中最重要的是星历数据。当用户接收到导航电文时，提取出卫星时间并将其与自己的时钟做对比便可得知卫星与自己的距离，再利用导航电文中的卫星星历数据推算出卫星发射电文时所处位置，便可得知用户在 WGS-84 大地坐标系中的位置速度等信息。

GPS 系统由三大部分组成，包括 GPS 卫星星座、地面监控系统和信号接收系统。

GPS 卫星星座由 21 颗工作卫星和 3 颗在轨备用卫星组成。24 颗卫星均匀分布在 6 个轨道平面内，轨道倾角为 55°，各个轨道平面之间相距 60°，每个轨道平面内各颗卫星之间的升交角距相差 90°，任一轨道平面上的卫星比西边相邻轨道平面上的相应卫星超前 30°。卫星高度为 20 180 km，周期为 12 h。这样，在地球上任意一点，位于地平线以上的卫星颗数最少为 4 颗，最多为 11 颗。在用 GPS 信号导航定位时，为了解算监测站的三维坐标，必须观测 4 颗 GPS 卫星（称为定位星座），这 4 颗卫星在观测过程中的几何位置分布对定位精度有一定的影响。

地面监控系统的主要工作是向卫星提供星历。星历是描述卫星运动及其轨道的参数，卫星发射的星历是信号接收系统计算卫星的位置依据。此外，卫星上的各种设备是否正常工作以及卫星是否一直沿着预定轨道运行都要由地面设备进行监测和控制。地面监控系统的另一重要作用是保持各颗卫星处于同一时间标准（即 GPS 时间系统）。GPS 的地面监控系统包括一个主控站、三个注入站和五个监测站。该系统的功能是：对空间卫星系统进行监测、控制，并向每颗卫星注入更新的导航电文。其中，监测站用 GPS 接收系统测量每颗卫星的伪距和距离差，采集气象数据，并将观测数据传送给主控点。主控站接收各监测站的 GPS 卫星观测数据、卫星工作状态数据、各监测站和注入站自身的工作状态数据。根据上述各类数据，完成每颗卫星的导航电文的编算并将其传送给注入站；主控站还要控制和协调监测站间、注入站间的工作，检验注入卫星的导航电文是否正确以及卫星是否将导航电文发给了 GPS 用户系统；主控站还负责诊断卫星工作状态，改变偏离轨道的卫星位置及姿态，调整备用卫星取代失效卫星。注入站接受主控站送达的各卫星导航电文，并将之注入飞越其上空的每颗卫星。

信号接收系统主要由 GPS 卫星接收机和 GPS 数据处理软件构成。GPS 卫星接收机包括两部分：能捕获、跟踪卫星，接收放大 GPS 信号的天线单元；对信号进行处理，还原导航电文，解求导航定位数据的接收单元。GPS 数据处理软件的主要功能是对 GPS 接收机获取的卫星测量记录数据进行处理，解得监测站的三维坐标、运动速度、方向及精确时刻等。

2．GPS 技术在物流中的应用

GPS 具有全球、全天候工作的能力，定位精度高，效率高，功能多，操作简便并且应用广泛。GPS 的相对定位精度在 50 km 以内可达 10^{-6} m，100～500 km 可达 10^{-7} m，1 000 km 可达 10^{-9} m。在 300～1 500 m 工程精密定位中，1 h 以上观测的解其平面位置误差小于 1 mm，与 ME-5000 电磁波测距仪测定的边长比较，其边长校差最大为 0.5 mm，校差中误差为 0.3 mm。GPS 在 20 km 以内相对静态定位仅需 15～20 min；快速静态相对定位测量时，当每个流动站与基准站相距在 15 km 以内时，流动站观测时间只需 1～2 min，然后可随时定位，每站观测只需几秒钟。

GPS 主要是为船舶、汽车、飞机、行人等运动物体进行定位导航并进行控制。例如，利用 GPS 的计算机管理信息系统，可以通过 GPS 和计算机网络实时收集全路汽车所运货物的动态信息，通过对物流车辆、货物的实时定位追踪，实现对车辆的有效指挥、协调、调度和管理，还可以进行历史轨迹的回放、超速越界报警、行驶里程统计等。

7.5　电子商务与物联网的结合

物联网（the Internet of things，IOT）是指利用各种信息传感设备（如射频识别装置、无线传感器、红外感应器、全球定位系统、激光扫描器等）对现有物品信息进行感知采集，通过在网络支撑下的可靠传输技术，将各种物品信息汇入互联网，并进行基于海量信息资源的智能决策、安全保障及管理技术与服务的全球公共信息综合服务平台。

物联网是互联网的应用扩展，和传统的互联网相比，物联网有其鲜明的特征，具体表现在：各种感知技术的广泛应用，是一种建立在互联网上的泛在网络，具有智能处理的能力。物联网上部署了海量的多种类型传感器，每个传感器都是一个信息源，不同类别的传感器所捕获的信息内容和信息格式不同。传感器获得的数据具有实时性，按一定的频率周期性地采集环境信息，不断更新数据。物联网技术的重要基础和核心仍旧是互联网，通过各种有线和无线网络与互联网融合，将物体的信息实时准确地传递出去。物联网将传感器和智能处理相结合，利用云计算、模式识别等各种智能技术，扩充其应用领域。

目前在物流领域相对成熟的物联网应用主要在以下四大领域：

1）产品的智能可追溯网络系统

可追溯系统是指通过登记的识别码，对商品或行为的使用历史或位置予以追踪的能力。智能的产品可追溯系统为保障食品、药品等的质量与安全提供了坚实的物流保障。目前，在医药、农产品、食品、烟草等行业领域，产品追溯体系发挥着货物追踪、识别、查询、信息采集与管理等方面的巨大作用，已有很多成功应用。

2）物流过程的可视化智能管理网络系统

这是基于 GPS 卫星导航定位技术、RFID 技术、传感技术等多种技术，在物流过程中实时实现车辆定位、运输物品监控、在线调度与配送等可视化与管理的系统。

3）智能化的企业物流配送中心

这是基于传感、RFID、声、光、机、电、移动计算等各项先进技术，建立全自动化的物流配送中心，建立物流作业的智能控制、自动化操作的网络，可实现物流与生产联动，实现商流、物流、信息流、资金流的全面协同。例如，一些先进的自动化物流中心，就实现了机器人码垛与装卸，无人搬运车进行物料搬运，自动输送分拣线上开展分拣作业，出入库操作由堆垛机自动完成，物流中心信息与企业 ERP 系统无缝对接，整个物流作业与生产制造实现了自动化、智能化。

4）企业的智慧供应链

智慧供应链是结合物联网技术和现代供应链管理的理论、方法和技术，在企业中和企业间构建的，实现供应链的智能化、网络化和自动化的技术与管理综合集成系统。智慧供应链需要智慧物流和智慧供应链的后勤保障网络系统支持。

物联网的应用促进了电子商务和物流的协调发展，通过 RFID、GPS、GIS 等物联网技术，实现电子商务平台订单的实时更新，物流信息的动态显示、查询，促进了企业及其客户、合作伙伴的联系，建立了稳定的供应链。

其具体表现在：

1）信息管理

物流供应链的运动离不开信息的传递与反馈，电子商务平台提供了企业信息建设及日常信息的接收、存储、处理、发送等，缩短了物流供应链的响应时间，提高了物流效率。反过来，物流供应链的快速变化为电子商务平台的信息更新提供了时间保障。通过物联网，电子商务平台可实时收集物流信息，保障物流供应链的平稳运行。

2）合理规划运力计划

通过电子商务平台，掌握各种货物的运输需求整合和运输路线优化。传统运输规划采用线性规划法，求出多点运输中点与点的最小路径，考虑车辆在各个客户点间巡回访问的次数。采用物联网，掌握客户对运力的即时需求，整合需求，合理规划运输车辆的类型、数量。采用物联网，动态掌握运送线路的即时信息，避免交通堵塞，优化运输线路。

本章小结

物流是指物品从供应地向接收地的实体流动过程。物流是电子商务的重要支撑，是电子商务的必要环节；电子商务导致物流运作方式的变化，促进物流服务的柔性化，增强物流功能集成化，要求物流经营市场化。

电子商务环境下的物流模式包括自营物流和第三方物流，企业采用自营物流还是第三方物流取决于物流是企业的战略性地位还是辅助性地位。

物流管理信息系统开发步骤包括规划、分析、设计和实施，各过程层层推进，直到实现物流管理信息系统所设定的目标。

物流技术是指在物流活动中为实现物流的各种功能而采用的物流专业技术的总和，包括物流硬技术和物流软技术，自动识别技术、EDI 技术、GIS 技术、GPS 技术是物流中常用的技术。

物联网应用于物流的智能可追溯网络系统领域、物流过程的可视化智能管理网络系统领域、智能化的企业物流配送中心领域、企业的智慧供应链领域。电子商务环境下物联网对物流的促进表现在信息管理、合理规划运力计划这两方面。

本章习题

1. 企业选择自营物流和第三方物流的原则是什么？
2. 物流管理信息系统开发包括哪些步骤？
3. 物流技术的选用标准是什么？
4. 目前物联网在物流中的应用领域包括什么？
5. 开发一个简单的物流管理信息系统。

第8章

商贸业电子商务

引例　凡客诚品营销模式分析

凡客诚品是近年越来越为大家所熟悉的自有品牌服装销售 B2C 平台，其所销售的服装以高性价比征服了消费者，同时用自建物流为消费者提供全程良好的购物体验，获得了消费者的认同。

2007 年，陈年在北京注册成立凡客诚品，销售自有品牌服装，目前凡客诚品的产品分类已包括男装、女装、童装、鞋、配饰和家居。凡客诚品主要定位于互联网快时尚——上货时间快、平价和紧跟时尚潮流。2010 年，凡客诚品的年销售额达到 3 000 万件，平均每天卖出 8 万多件商品，发往世界各地。凡客成立了物流公司如风达，同时在广州、上海、武汉、成都、西安、济南、沈阳、青岛等多个城市设立仓储中心。2010 年 5 月 23 日，凡客方面表示，未来一年内，凡客将在全国 28 个地区布局仓储中心。

凡客诚品营销模式分析：

1. 产品竞争力

凡客诚品以男装的网络销售起家，以男士衬衫为切入点，目前已经扩展到包括男装、女装、童装、鞋、配饰和家居六大类产品的全线销售。凡客对于产品的定位是高质平价，目标客户群主要是 18～35 岁的年轻人，品牌定位于互联网快时尚，即上货时间快、平价和紧跟时尚潮流。

对于凡客诚品而言，其产品的竞争力在于使消费者能够以低价格买到高质量的产品。

2. 网站设计理念

凡客诚品作为一个 B2C 销售网站，其网站设计理念主要围绕销售这一目标进行。其网站首页基色主要以灰色和白色为主，以少数的鲜艳颜色突出分类导航，并配以清晰精美的轮显图片，同时在顶部突出客服电话，在底部突出四个信誉保障标志，让人感觉专业、可信。凡客诚品设计的购买流程比较简单，购买的顾客体验良好，大大提高了购买的转化率。

3. 品牌推广

提起凡客诚品，相信很多人都非常熟悉韩寒、王珞丹、黄晓明等的“我是凡客”系列广告词。凡客对其品牌的推广，同时使用了线上线下的模式，其中线上模式包括网络广告投放、微博营销、电子邮件营销等，线下模式包括广告媒体推广、短信推广、银行合作、校园代理及凡客大人等。在众多的推广方式中，网站联盟 CPS 是凡客诚品主要的推广渠道，其通过根据广告带来的直接销售与网站进行分账的方式来极大提高联盟网站的作用。

4. 客户体验

凡客在电子商务的整个交易过程中，非常重视顾客的购物体验，包括售前、售中和售后，旨在为顾客提供一个较好的购物经历。为了解决服饰的搭配问题，凡客经常会根据模特的搭配分别给出相关配饰的链接；同时凡客会在第一时间短信通知发货和到货；另外，为了更好地解决电子商务物流瓶颈的问题，凡客自建物流，并在全国建立多个仓储中心，为顾客提供便捷优质的配送服务；对于退货，凡客则承诺在不影响二次销售的情况下，自签收之日起 30 天之内，凡客提供一次免费上门退换货配送服务，较好地减轻了消费者对于网上购买风险的担心。

8.1　电子商务对流通领域的影响

电子商务是指在 Internet 上进行的商务活动，不仅包括有形商品的商务活动，也包括无形商品的商务活动，即电子商务可以依托网络同时向消费者提供有形或无形的产品或服务。近年来，随着电子商务环境的不断改善，电子商务得到了较大的发展。这对商业流通活动产生了巨大的影响与作用，是一场新的商业革命。

8.1.1　商品流通业范围

流通是交换的总和，是连接生产与生产、生产与消费的纽带。流通业是指所有从事交换活动的集合，因而流通业包括的范围非常广泛，只要是从事交换的行业都属于流通业的范畴。一般而言，广义的流通业包括零售业、批发业、物流业、餐饮业、旅游业；狭义的流通业主要包括零售业、批发业、物流业。在本章，我们主要研究商贸业的电子商务，包括零售业电子商务、批发业电子商务和物流业等。

商贸业主要是指从事商品流通活动行业所构成的集合。从一般范畴来看，商贸业主要包括零售业和批发业等。从外延上讲，商品流通的范围既包括商品流通企业将社会产品从生产领域转移到消费领域的商品经营活动，也包括生产企业相关的购销活动。如批发商或零售商对商品的购进、存储、调拨及销售，生产商对生产原材料的采购、产品的销售等。商品流通企业与生产企业的商品流通所不同的是：流通企业只涉及产成品的供应和销售，而不涉及产品的生产。作为一个体系，商贸业由商流、物流、信息流和资金流四个相互关联的子系统共同组成。电子商务的出现和发展，使商品流通中的信息功能发生了质的飞跃，从而对其产生了革命性的影响。

电子商务对商品流通业的影响，可以分别从商流、物流、信息流和资金流四个方面来考察。

8.1.2　电子商务对商流活动的影响

商流是指商品或服务在由供应商向消费者转移过程中所发生的与其等价物的交换和商品所有权的转移，其强调的是物资的社会实体流动。与物流不同，商流不是实物的转移过程，而是所有权的转移。例如，在电子商务中，物流和商流通常是相分离的，当购买者根据购买合同或协议为其所购买的商品进行支付后，即使供应商尚未发货或者货物还在运输途中，但购买者已经拥有了该商品的所有权，能够自由决定该商品的使用以及处置。商流包括买和卖两个基本过程，购买方在购买过程中获得商品或服务的使用价值，而供应商则通过销售实现商品的价值，获得利润。对于同一个商品或服务而言，只有同时实现销售和购买，才能实现商流。电子商务的出现，使买卖这两个基本过程的买卖双方发生了新的变化，同时也改变了整个商流实现的具体形式。电子商务对商流的影响主要包括以下几个方面：

1. 交易突破地域限制

传统交易通常是“一手交钱，一手交货”，买卖双方需要面对面地进行洽谈、签约、支付等才能完成商流的过程。但电子商务的出现和使用改变了这一模式，供应商可以通过网络发布供给信息，甚至主动寻求潜在需求者；同样，需求者也可以利用网络搜寻自己感兴趣的供应商。之后借助电话、E-mail 或者其他联系工具，即使是身处地球两端的供需双方，同样也能毫无阻碍地进行商品或服务的咨询、洽谈、签约、支付等，最终可以从未谋面地完成商流的全过程。当然，这需要建立在相互信任的基础之上或者交易双方风险承受范围之内。

2. 交易成本大幅度降低

交易的实现，通常都需要一系列的准备工作和保障条件。首先，在进行交易之前，需求方需要根据需求寻找符合要求的产品，供给方也会对所提供的产品进行相关的宣传甚至主动寻找潜在客户；在寻找到欲交易的卖家或买家后，双方需要就产品的质量、价格、供应等具体问题进行谈判；只有当谈判结果同时符合双方的预期时才会进行合同签订或下单、支付和后期的合同履行。

电子商务相对于传统商务而言，产品的搜寻、谈判、签约、支付等都可以在网上直接进行，买卖双方不必为寻找合适的卖家或买家而奔走于世界各地，也不需要为谈合作而面对面交流，甚至借助于电子合同，连合同打印成本都节省了，更不必为监督合同的履行而来回奔走。概括而言，第一，电子商务可以降低产品信息搜寻的成本；第二，电子商务可以降低交易双方交易过程的实施成本；第三，电子商务可以降低交易之后的相关成本；第四，电子商务可减少店面、纸张等成本。

3. 交易效率极大提高

根据前文对交易实现的描述以及电子商务对交易实现的影响，容易知道，电子商务在降低交易成本的同时，也提高了交易效率，可以总结为：第一，可以提高交易前产品信息的搜寻效率；第二，可以提高交易双方交易过程的实施效率；第三，可以提高交易履行的监督效率。

8.1.3　电子商务对物流的影响

物流是流通业的重要子系统之一。与商流相区别，物流主要强调的是商品实体地理位置的移动，其基本环节包括运输、存储、装卸搬运、包装、流通加工以及配送等环节。电子商务对于物流的影响，可以从两个方面来探讨：第一，作为一种交易方式，电子商务对物流活动的影响。这种影响一方面体现在电子商务在具体的交易实现过程中，需要通过物流实现商品从供应者到需求者手中的转移；另一方面则体现在电子商务的应用，对物流业提出了新的要求，改变了其运作模式和行业结构。第二，作为一种技术，电子商务技术对物流产生了影响。电子商务新技术、新工具的使用带来了物流技术的新发展，提高了物流效率，降低了物流成本。

1. 电子商务要求更为快捷、范围更为广泛的物流服务

电子商务作为一种新兴的商务模式，使商流可以在全世界范围内通过网络完成，但整个交易活动的实现，通常需要以货物到手作为一个结点。电子商务给流通领域带来的一个重要影响是使其更为便捷，但是物流由于受到地域、天气等因素的影响，运输不可能瞬间完成，无法像其他交易环节那样实现网上的零距离。为了给消费者带来更好的购物体验，电子商务要求物流系统中的港、站、库、配送中心、运输线路等设施的布局、结构和任务都要进行相应的调整，以便为实现快捷的物流服务作为保障。另外，电子商

务打破了地域的限制，传统的同城物流或一般货运已经远远无法满足其需求，电子商务要求能够延伸到世界各地的多样式的物流服务以增大配送半径。

2. 电子商务改变了物流的运作方式

传统的物流活动在其运作过程中，不管其是以生产为中心，还是以成本或利润为中心，其实质都是以商流为中心，从属于商流活动，因而物流的运动方式是紧紧伴随着商流来运动（尽管其也能影响商流的运动）。而在电子商务下，物流的运作是以信息为中心的，信息不仅决定了物流的运动方向，而且也决定着物流的运作方式。在实际运作过程中，通过网络上的信息传递，可以有效地实现对物流的实施控制，实现物流的合理化。其中的一个例子就是供应链管理的变化，传统的购销，通常都是先囤货，后出货，销售商需根据平时商品的销售情况、仓库费用、人工费用等计算最优存货水平，据此进行商品的采购，但供应商难以得到及时而准确的销售信息，一旦出现销售需求突然增大等情况，则会造成供需脱节，出现缺货的情况；在电子商务环境下，供应链实现了一体化，供应商与零售商、消费者通过 Internet 连在了一起，通过 POS、EOS 等供应商可以及时且准确地掌握产品销售信息与顾客信息，及时地进行商品的供应，最理想的情况即通常提到的“零库存”。

3. 电子商务改变物流企业的经营形态

首先，电子商务改变物流企业对物流的组织和管理。在传统经济条件下，物流往往是从某一企业的角度来进行组织和管理，而电子商务则要求物流从社会的角度来实行系统的组织和管理，以打破传统物流分散的状态。这就要求企业在组织物流的过程中，不仅要考虑本企业的物流组织和管理，而且更要考虑全社会的整体系统。其次，电子商务将改变物流企业的竞争状态。在传统经济活动中，物流企业之间存在激烈的竞争，这种竞争往往是依靠本企业提供优质服务、降低物流费用等方面来进行的。在电子商务时代，这些竞争内容虽然依然存在，但有效性却大大降低了。原因在于电子商务需要一个全球性的物流系统来保证商品实体的合理流动，对于一个企业来说，即使它的规模再大，也是难以达到这一要求的。这就要求物流企业应相互联合起来，在竞争中形成一种协同竞争的状态，在相互协同实现物流高效化、合理化、系统化的前提下相互竞争。

4. 第三方物流成为物流业的主要组织形式

传统企业结构中，企业通常会根据自身生产、销售的需要，自建物流团队，但自建物流团队需要花费大量的人、财、物，从而大大增加了企业的生产或销售成本。随着电子商务的兴起，网上商店数量逐渐增多，这些网上商店一般都是新建的企业，而且其中有很大一部分是微型企业甚至是个人经营的小规模网店，不可能投资建设自己的全球配送网络，甚至全国配送网络都无法建成，因此，他们迫切需要一种由第三方提供的物流进行支持。即使是对于有能力组建物流团队的企业而言，选择第三方物流也可以大大地节省成本，同时还可以获得更为专业的服务。

5. 电子商务促进物流基础设施的改善和物流技术与管理水平的提高

首先，电子商务将促进物流基础设施的改善。电子商务高效率和全球性的特点，要求物流也必须达到这一目标。而物流要达到这一目标，良好的交通运输网络、通信网络等基础设施则是最基本的保证。其次，电子商务将促进物流技术的进步，尤其是物流软技术的进步。物流软技术主要包括物流组织的计划、管理、评价等方面的技术和管理方法。电子商务技术的引入，使物流组织计划、管理、评价等过程变得更为智能化、自动化和一体化，大大提高了物流运作的效率。第三，电子商务将促进物流管理水平的提高。物流组织、管理过程的智能化、自动化和一体化，不仅推动了物流技术的进步，同时也将促进物流管理水平的提高。另外，电子商务快速、高效的特点，也要求高效的物流作为保障，为了满足电子商务这一要求，物流企业必须建立科学合理的管理制度，将科学的管理手段和方法应用于物流管理当中，确保物流的畅通进行，实现物流的合理化和高效化，促进电子商务的发展。

8.1.4　电子商务对信息流的影响

在电子商务环境下，信息的数量大幅度增加，信息的作用范围也进一步增大，信息的时效性进一步增强。但由于信息冗余和虚假信息的存在，使供需双方能够通过网络更为便捷地获得更多的产品及合作方的相关信息的同时，需要对所获得的信息进行甄别、筛选，从而获得对自己有用的信息。电子商务对信息流的影响，主要包括以下几个方面：

1．要求信息具有更高的标准化程度

网络上的信息数量非常庞大，信息在网络上进行收集、传输和处理以及发送，如果没有规范的格式，每一个信息使用者在需要对信息进行使用之前，都需要花费大量的时间和精力将信息的格式进行转化，转化为所需要的格式，而第二个使用者在使用之前，则又重复第一个使用者的工作，过程中将花费大量的不必要的人力和物力，因此，必须保证信息有一个规范的格式，确保信息的畅通、兼容，以方便需求者的使用。

2．要求对信息的收集、传输和处理以及发送实现智能化

传统的信息收集、传输和处理通常是通过手工作业完成，但是在电子商务环境下，面对海量的信息，原有的传统做法根本没法应对信息处理的要求。因此，对于网络环境下信息的处理，要求从信息的收集、录入，到传输、处理、存储，再到最后的使用，实现信息处理的智能化。

3．要求信息流改变原有的作用模式，以更好地适应网上的经营活动

传统的企业组织呈现金字塔形结构，信息流在决策层、管理层到执行层自上而下或自下而上进行传递，通俗而言，执行信息往往是从总经理传到项目经理再传到员工，而反馈信息则由员工传到项目经理再传到总经理，在这样的作用模式中，管理者可以对组织进行有效控制。但是，随着电子商务的出现，网上经营活动很多时候需要项目经理甚至员工根据信息快速地做出反应，而原来信息的作用模式则大大地降低了反应速度。需要做到及时反应，项目经理或员工需要掌握一定的信息，即在电子商务中，信息资源不再全部掌握在决策层手中，而是形成了信息资源在整个组织结构中的共享。另外，在传统的经营活动中，由于信息搜寻成本等的存在，需求者在信息的掌握上通常处于劣势状态，但通过网络，需求者可以花费较少的成本获取所需要的信息，同时网上经营环境从卖方市场向买方市场的转变，也使信息由企业组织转向消费者，由原来的“供应什么，买什么”变为“需求什么，生产什么”。

8.1.5　电子商务对资金流的影响

资金流的内涵是十分丰富的，其外延也是十分广阔的。对于电子商务对资金流的影响与作用，我们主要分析交易活动中的网上支付问题。网上支付是伴随电子商务的应用而产生的，是网上交易活动的重要环节之一。广义地讲，网上支付是发生在购买者和销售者之间的金融交换，而这种交换的内容通常是银行所支持的某种数字金融工具，比如信用卡、电子支票或电子现金等。一般来说，网上支付通常涉及三方，即消费者、商户和银行。银行通过传统的支付清算网络完成支付授权和支付获取。由网上支付所引起的银行之间的清算和结算也是通过传统支付清算网络来完成的。因此，现行支付系统是实现网上支付的基础。

1．电子商务改变了支付的实现方式

从传统的物物交换到贝壳到贵金属，所有参与交换的等价物都表现出实物的特征，看得见、摸得着；但在电子商务中，资金流通过网上支付实现，表现出来的只有数据的流转。目前，网上支付手段主要包括银行卡支付、电子支票、电子现金和微型支付系统，支付由传统货币转向电子货币，而地域对支付所造成的阻碍也不复存在，只需要通过网络就能实现资金流。

2．网上支付对保护资金安全和所有者权益提出新挑战

1）网上支付过程安全问题

资金安全问题是网上支付的关键问题，保证网上支付的安全性，不仅有利于网上支付的发展与应用，而且有利于促进电子商务的发展。网上支付安全性的保障，首先必须建立安全的认证体系，以实现交易各方身份的确认和不可否认性。另外，还必须建立安全的支付机制，以满足支付安全性、支付信息私密性等其他方面的要求。目前，电子商务还处于发展的起步阶段，网上支付机制也还是一个亟待研究、开发和试点的领域。SET协议是适用于持卡人网上支付的互联网支付协议，而对于非卡基网上支付还有待于进一步研究和开发。在这方面，电子支票、电子现金等新型支付机制还远未成熟，B2B模式的网上交易尚没有形成公认的支付标准和机制。即使对于SET来说，也还有待进一步的发展。

2）网上支付金融服务系统安全问题

网上支付过程的安全，必须依赖于相关的金融服务认证体系与认证中心来保障。而对于如何建立适应电子商务发展以及金融发展的金融认证体系与认证中心，一种观点认为，应该建立一个统一的认证体系与中心，以保证金融认证体系的权威性和公正性，避免重复建设、无序竞争的混乱局面，以维护交易双方的利益；另一种观点认为，应该适应市场经济以及电子商务的发展需要，只要符合国家关于认证体系与认证中心的要求标准，遵守国家的法律与法规，并得到社会的认可，社会各方都可以建立金融认证体系与认证中心。

8.2　电子商务在流通领域的表现

流通环节是实现社会产品从生产到消费转移的中间环节，电子商务在流通领域的应用，不仅渗透于商贸流通业的四个子系统中，还贯穿在交易的各个环节里，对流通领域产生积极的影响。

8.2.1　电子商务在流通领域中的作用

社会生产一般包括生产、交换、分配和消费四个环节，流通是交换和分配得以顺利进行，产品和服务能顺利地从生产者转移到消费者的重要保障。电子商务在流通领域的应用，对商流、物流、信息流和资金流四个子系统产生了巨大影响，通过这种影响，其对流通领域产生了以下几方面作用：提高交易效率；降低交易成本；扩大交易范围；提高客户服务水平；更好地实现服务的多样化和个性化；帮助企业进行有效的交易决策。

8.2.2　电子商务在流通领域的应用

1. 电子商务在各子系统中的应用

从电子商务链的角度来看，整个交易活动可以分为交易前产品信息的展示和沟通，交易中交易双方的谈判和签约，交易后购买方的支付和供给方的配送；而在整个电子商务链的过程中，伴随着信息流、资金流、物流和商流四个子系统的运作。

其应用总模式如图 8-1 所示。

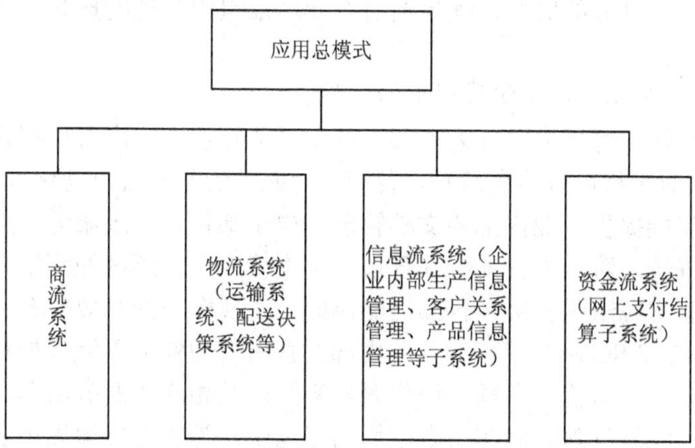

图 8-1　电子商务在商贸领域各子系统中的应用总体模式

2. 电子商务在各交易环节中的应用

如上文所述，从产品信息的展示到最后物流的实现，电子商务渗透于流通的各个环节中。

1）交易前的信息展示和搜集

交易开始于卖方对产品或服务信息的展示以及买方对产品信息的搜集。在电子商务中，卖家对于产品或服务的宣传和展示，可以通过多种线上渠道实现。其中最常见的方法是依托网站进行，卖家通过自建、租用网站，将产品或服务的信息，以文字描述、图片展示甚至是多媒体播放等形式在整个网络进行宣传和展示；另外，微博、邮件广告、手机短信等也是目前卖家进行线上产品宣传和展示的常用方式。而买家则可以通过网络搜集所需产品或服务的信息，了解备选供应商的资质、服务质量等，并将所需购买的产品的名称、规格、数量、交货要求和付款方式等信息发送给卖家，大大提高了信息搜集的效率并节省了信息搜集的成本。

2）交易中的洽谈和下单、签约

买卖双方通过电子邮件、在线聊天工具等网上沟通渠道就产品要求、价格、交易细节等进行洽谈，双方达成一致的交易意愿后，可通过网络直接对产品进行下单，或使用电子合同进行交易合作签订，通过数字签名形成具有法律效应的交易文件。

3）交易后的支付和配送

交易合同签订后，通过电子支付，直接实现货币从买方到卖方的转移。企业和企业之间的支付，通常会使用电子支票、电子汇票等；普通的零售支付，则经常借助于信用卡、开通网上银行的借记卡以及其他第三方支付工具。当支付完成后，根据所生成的有效订单，通过供应链管理（SCM）或其他的订单管理系统，卖家对订单进行配送并对其在途过程进行控制，以保证商品及时、安全地送达买家手中。

4）售后服务

在交易过程中，如果发现违约行为，交易双方可以根据违约具体情况，在网上进行权力主张，要求索赔，保障自身合法利益。

3. 电子商务在企业各事务中的应用

电子商务对企业事务的影响，既包括对企业内部组织管理的影响，又包括对企业外部交易事务的影响。

1）电子商务在企业内部组织管理中的应用

企业内部组织管理可以大致分为内部行政性事务管理、生产管理和客户关系管理等几大部分。其中，对于行政性事务管理，我们最为熟悉的是办公自动化系统（OA 系统），目前 OA 系统不仅能提供企业内部的文档管理、电子邮件、目录服务、群组协同等基础支持，实现公文流转、流程审批、会议管理、制度管理等，还延伸到组织内部的各项管理活动环节，快速实现组织各级、各部门的协同；实现资源的有效整合。在生产上，企业则通过 ERP 系统和 SCM 系统，将企业内部经营所有的业务单元（如订单、采购、库存、计划、生产质量、运输、市场、销售服务等）以及相应的财务活动、人事管理均纳入一条供应链进行统筹管理。而在买方市场的格局中，为了更好地提供客户服务，企业需要迅速把握顾客的需求，通过 CRM 系统可以有效地分析销售、市场营销、顾客服务等，提供顾客的满意度和忠诚度，从而提高顾客价值。

2）电子商务在交易事务中的应用

企业的内部组织管理和外部业务的实现，通常是相互交错、相互关联的，因此，SCM、CRM 系统等在企业的交易事务中同时发挥着重要作用。通过快速了解顾客需求，为顾客提供高质量的销售服务，可以在交易活动中提高顾客的满意度和忠诚度。另外，电子商务还通过条码技术、射频技术等，与 ERP 等系统相联系，实现商品的快速流转，有效地降低了库存，同时也降低了缺货率，可以更好地满足顾客需求。再者，依赖于电子商务跨区域、瞬间实现信息传递的特征，企业可以更好地为顾客提供个性化的服务。

8.3 EDI 的应用

电子商务的特点之一在于其信息传输的及时、便捷和有效， EDI 则是为满足电子商务这一要求应运而生的，EDI 的应用将传统的交易信息数字化和标准化，并通过网络进行快速传输，保证了信息在交易双方之间传输的及时有效。

8.3.1　EDI 的概念和特征

1．EDI 的含义

EDI（electronic data interchange，电子数据交换）是指以一定的标准格式，将各种单证（如票据、文件等）改变成依循标准的表格、规约等报文数据格式，进而通过网络，将数据在计算机间进行传输。数据交换包括买卖双方的数据交换（文字信息与文件等）、企业内部的数据交换等，如订单、发票、海关申报单、进出口许可证等规范化的商业文件。EDI 包括三个要点：第一，EDI 是计算机应用系统间的数据传输；第二，EDI 是使用电子方式进行的数据传输；第三，EDI 的数据传输需要遵循一定的标准，包括经济信息的格式标准和网络通信的协议标准。

2．EDI 的特征

① EDI 传输的内容是企业间的报文，包括企业之间进行贸易活动时的一般业务资料，如发票、订单等，是企业间信息交流的一种方式和途径。

② EDI 所传输的数据必须是符合国际标准化信息格式和网络通信协议标准的格式化文件。

③ EDI 数据传输系统由一定的软硬件组成，整个传输过程由计算机自动完成，无须人工操作。

④ EDI 使用的数据通信网络一般是增值网、专用网。数据传输过程中的安全性较高。

8.3.2　EDI 系统的构成

EDI 系统主要由三个关键因素构成：EDI 软件和硬件、通信网络和数据标准化。

1．EDI 软件和硬件

1）EDI 硬件环境

EDI 的硬件环境主要包括计算机、调制解调器、通信线路和计算机网络。

计算机是 EDI 系统实现的基本条件，用于原始文件的输入和存储以及文件的收阅和处理。目前，EDI 系统所使用的计算机包括 PC、工作站、小型机等。

调制解调器是联系计算机和通信线路的枢纽，主要用于将计算机内部的数字信号转化为可通过通信网络传输的模拟信号，是实现数据网络传输的关键设备。

通信线路的选择根据数据传输量大小或企业需求决定，其中最通用的是电话线路，而企业可考虑租用专线。

为了保证数据传输过程中的安全，EDI 一般采用增值网络（value addle network，VAN）来进行数据的传输，这种网络是通过通信线路在专用网络的使用，实现数据在不同企业之间的交换。

2）EDI 的软件环境

EDI 的使用要求数据必须转换为标准格式，因此需要一系列的软件支持，主要包括转换软件、翻译软件和通信软件。

转换软件主要用于将计算机系统中的原始文件转换成翻译软件能够理解的平面文件

（flat file），或是将从翻译软件接收来的平面文件转换成原计算机系统中的文件。

翻译软件用于将平面文件翻译为 EDI 的标准文件，或将接收到的 EDI 标准文件翻译成平面文件。

通信软件负责将 EDI 标准格式的文件外层加上通信信封（envelope），再送到 EDI 系统交换中心的邮箱（mailbox），或由 EDI 系统交换中心将接收到的文件取回。

2．通信网络

EDI 通信网络包括一个 EDI 通信系统和多个 EDI 用户，主要有以下三种方式：

1）直接连接方式

这是 EDI 最初使用的连接方式，通过传统的中央处理器与终端进行连接，实现具体的企业和企业之间系统连接，最为简单的即为点对点的连接方式。

2）局域网通信网络

通信范围要大于直接连接网络，主要依托局域网实现 PC 通过通信线路分享信息源，大多数局域网间以及更大的系统之间均可以相通。

3）外部电话网方式

它包括通常使用的电话网、增值网（VAN），以及其他公用通信服务，其中最为常见的为 VAN。

3．数据标准化

将原始数据转换为标准化数据是 EDI 使用的关键。根据《EDI 系统标准化总体规范》，EDI 的标准体系分为基础、单证、报文、代码、通信、安全、管理七个部分。

1）EDI 基础标准体系

EDI 基础标准体系主要由 UN/EDIFACT 的基础标准和开放式 EDI 基础标准两部分组成，是 EDI 的核心标准体系。其中，EDIFACT 基础标准包括 EDI 术语、EDIFACT 应用级语法规则、语法规则实施指南、报文设计指南和规则、贸易数据元目录、复合数据元目录、段目录、代码表；开放式 EDI 基础标准则包括业务、法律、通信、安全标准及信息技术方面的通用标准等。

2）EDI 单证标准体系

EDI 单证标准体系包括管理、贸易、运输、海关、银行、保险、税务、邮政等方面的单证标准。

3）EDI 报文标准体系

EDI 报文标准主要体现于联合国标准报文（United Nations Standard Message，UNSM），涉及海关、银行、保险、运输、法律、税务、统计、旅游、零售、医疗、制造业等诸多领域。

4）EDI 代码标准体系

代码标准是 EDI 实现过程中不可缺少的一个组成部分。EDI 代码标准体系包括管理、贸易、运输、海关、银行、保险、检验等方面的代码标准。

5）EDI 通信标准体系

EDI 通信标准是顺利传输以 EDI 方式发送或接收的数据的基本保证。EDI 通信标准体系包括 ITU 的 X.25、X.200/ISO 7498、X.400 系列/ISO 10021、X.500 系列等，其中 X.400 系列/ISO 10021 标准是一套关于电子邮政的国际标准。

6）EDI 安全标准体系

EDI 安全标准体系包括 EDI 安全规范、电子签名规范、电文认证规范、密钥管理规范、X.435 安全服务、X.509 鉴别框架体系等。为制定 EDIFACT 安全标准，联合国于 1991 年成立了 UN/EDIFACT 安全联合工作组，进行有关标准的制定。

7）EDI 管理标准体系

EDI 管理标准体系主要涉及 EDI 标准维护的有关评审指南和规则，包括标准技术评审导则、标准报文与目录文件编制规则、目录维护规则、报文维护规则、技术评审单格式、目录及代码编制原则、EDIFACT 标准版本号与发布号编制原则等。

8.3.3 EDI 系统的工作原理

EDI 的工作原理是用户在现有的计算机应用系统上进行信息的编辑处理，然后通过 EDI 转换软件将原始单据格式转换为中间文件，再通过翻译软件变成 EDI 标准格式文件，形成结构化的事务处理的报文数据格式，进而将这些结构化的报文数据经由通信网络发送给交易的对方，交易对方在自己的计算机系统上利用 EDI 进行反向操作处理，最后成为用户应用系统能够接受的文件格式进行收阅处理。

EDI 系统的组成包括 EDI 客户端系统和 EDI 传输系统两部分，其中，EDI 客户端系统包含 EDI 应用系统和文件格式转换系统，如信息的编辑应用系统、数据的转换软件和翻译软件；EDI 的传输系统则包括计算机网络和 EDI 交换平台。其工作原理如图 8-2 所示。

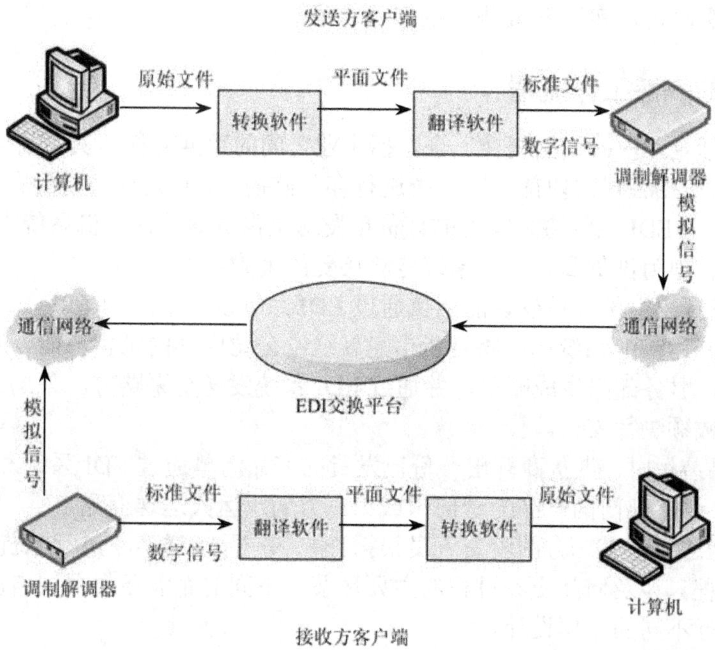

图 8-2　EDI 系统工作原理

8.3.4 EDI 通信服务方式

EDI 通信服务主要包括 PTP 方式、VAN 方式和 MHS 方式三种。

1．点对点（PTP）方式

点对点方式即 EDI 按照约定的格式，通过通信网络进行信息的传递和终端处理，完成特定的企业与企业之间相互的业务交往。早期的 EDI 通信一般都采用此方式，但随着企业贸易伙伴的增多，PTP 方式的缺点逐渐浮现。由于每次数据只能在特点的起点和终点之间进行传输，因此将同样的数据传输给多个交易伙伴需要许多重复发送。同时，这种通信方式是同步的，不适于跨国家、跨行业之间的应用。

2．增值网（VAN）方式

增值网方式是利用现有的通信网络，增加 EDI 服务功能而实现的计算机网络。一般是增值数据业务（value added date service，VADS）公司租用信箱进行协议和报文格式的转换。这种网络建网快、经费省，但要求系统必须支持不同标准的 EDI 报文交换。同时，由于各种网络的协议和报文格式的差异，多个 EDI 用户组织之间的信息交换必须采用相应的网关和网桥。

3．信息处理系统（MHS）方式

MHS 是 ISO 和 ITU－T 联合提出的有关国际间电子邮件服务系统的功能模型，MHS 建立在 OSI 开放系统的网络平台上，通过网络连接，具有快速、准确、安全、可靠等特点。它是以存储转发为基础的、非实时的电子通信系统，非常适合作为 EDI 的传输系统。EDI 与 MHS 互连，可将 EDI 报文直接放入 MHS 的电子信箱中，利用 MHS 的地址功能和文电传输服务功能，实现 EDI 报文的完善传送。

8.3.5　EDI 的一般工作流程

EDI 既包括企业内的数据交换，也包括企业之间的数据交换。其主要流程如下：

① 采购者根据公司的内部专家系统进行存货监控，一旦发现公司的存货不足，就自动产生订货单，由 EDI 系统将采购者的订货单发送至供货商的计算机系统中，并经过 EDI 系统的转换，转换为供货商计算机系统能够接受的采购订单。

② 供货商开出一份订单确认的回执通过 EDI 系统发送给采购者。

③ 供货商的 EDI 系统同时将订货信息转送给公司内部的销售部门、制造部门和工程部门；同时，财务部门生成账单，并通过 EDI 系统发送至采购方，采购方的财务部门将根据账单的数额进行支付。

④ 当货品装运时，供货商开出一份已发货的产品清单通过 EDI 系统发送给采购方。

⑤ 同时，供货部门的产品配送部门或第三方的承运人运送商品。

⑥ 商品运达后，采购方的验货人员根据订单和产品运送清单进行验货。

上述的流程只涉及商品交易过程的主要环节，不同的企业还会根据自己企业的实际运作和流程进行不同的流程设计。

8.4　批发业电子商务

批发业电子商务（通常称为 B2B）是电子商务的重要组成部分，占据整个电子商务交易额的半壁江山，主要包括企业对原材料的批量采购以及企业将其产品批量销售给代理商或批发商等。

8.4.1　批发电子商务的含义

1. 批发交易的含义

批发交易是指在商品流通过程中，企业将产品和服务出售给将它们再次出售或用于商业用途的对象的全部活动，属于社会商品流通过程中的中间贸易。区分批发与零售的标准有两个，即销售对象和销售数量。批发贸易的销售对象是从事批发业务的企业和将产品及服务用于再次销售或商业用途的商业用户，商业用户购买的目的不是自用，而是转卖或用于其他商业用途；另外一个标准就是购买的数量，一般而言，批发交易一次购买较大，通常需要最小数量必须达到一定的界限，批发商才会提供相应的服务。

2. B2B 的含义

B2B（business to business）指企业与企业间的电子商务。在批发贸易中，企业通过网络，以电子化的方式完成交易活动，这种交易活动，可以发生在企业和其供应链成员之间，也可以发生在企业和任何其他企业之间。例如，计算机生产商将其计算机配件采购信息发布在网上，计算机配件供应商通过网络与其进行交易洽谈，最后完成交易。这个供应商可以是该生产商的稳定供应商，也可以是第一次为该生产商提供产品的供应商。

8.4.2　B2B 商业模式特点

B2B 是企业与企业之间发生的电子商务交易活动，与 B2C、C2B 等模式相比，具有以下特点：

1. 次数少、金额大

B2B 指供应商和批发商之间或其他企业与企业之间的交易活动，包括批量采购、大宗商品购买等，其交易的次数往往要比零售业少，但是每次交易金额要比零售业大得多。

2. 交易对象广泛

B2B 处于流通领域的中间流通环节，其交易对象可以是任何一种产品，包括原材料、半成品及产成品等，交易对象非常广泛。

3. 交易操作规范

B2B 从前期的产品信息展示和搜集，到后期电子合同的签订和网上支付，都需要依托网络和 EDI 实现，这要求交易操作必须符合经济标准和数据传输标准。

8.4.3　B2B 主要运营模式

1. 垂直 B2B 模式

垂直 B2B 指面向制造业或面向商业的行业 B2B，可以分为上游和下游两个方向。上游主要是生产商和其供应商之间的供货关系，如 Dell 公司与上游的芯片和主板制造商就是通过这种方式进行合作。下游则是生产商与其采购商或分销商之间的销货关系，如 Cisco 与其分销商之间进行的交易。目前比较具有代表性的垂直 B2B 网站有中国化工网、网盛科技等。垂直 B2B 模式更符合行业 B2B 对专业性的要求。与综合 B2B 网站相比，垂直 B2B 更关注专业客户群体，更了解产业链上客户的需求，因此能更好地针对专业客户群体提供专业的产品和服务。

2. 水平 B2B 模式

与垂直 B2B 面向行业不同，水平 B2B 主要面向中间交易市场。在同一个 B2B 平台上，可以聚集各个行业的产品和服务，为各行业企业提供交易机会。目前比较具有代表性的水平 B2B 模式有阿里巴巴、慧聪、环球资源等。与垂直 B2B 不同，水平 B2B 的主要特点是行业众多，服务广泛，但是水平 B2B 要想获得成功，必须实现业务处理的标准化和自动化，并且能够提供深层次的主动化处理服务。另外，由于各行业的业务流程不同，水平 B2B 还应该根据行业需要制定不同的业务处理流程。

3. 自建 B2B 模式

自建 B2B 模式是大型行业龙头企业基于自身的信息化建设程度，搭建以自身产品供应链为核心的行业化电子商务平台。行业龙头企业通过自身的电子商务平台，串联起行业整条产业链，实现供应链上下游企业资讯、沟通和交易。这种模式是以企业自身产品供应链为基点，为企业量身定制的，能更好地满足企业自身的要求，但往往过于封闭，缺少产业链的深度整合。

4. 关联行业 B2B 模式

关联行业 B2B 模式是相关行业为了提升目前电子商务交易平台信息的广泛程度和准确性，整合垂直 B2B 模式和水平 B2B 模式而建立起来的跨行业电子商务平台。这种模式相对于垂直 B2B 模式而言，其所包括的行业范围更为广泛，但又不像水平 B2B 模式，其所包括的只是关联的某几个特定行业。

8.5 零售业电子商务

零售业电子商务（通常称为 B2C），是一种面向终端消费的电子商务模式。在 B2C 模式中，企业或零售商通过网络直接将产品或服务销售给终端消费者，实现商品的使用价值，同时获得相应的利润。与传统零售相比，B2C 通过网络实现销售，不仅大大降低了企业的销售成本，提高了交易效率，还为消费者带来了更大的选择空间和更为物美价廉的产品和服务，是电子商务的重要模式之一。

8.5.1 零售电子商务的含义

1. 零售的含义

零售是将最终产品或服务卖给居民用于生活消费或卖给社会团体用于公共消费的商品销售形式，是流通的终端环节。通俗而言，零售就是自己建个店面，将商品或服务一件一件地卖给最终消费者，当然，店面可以是实体店面，也可以是虚拟店面。与批发相区别，零售的含义包括三个方面的内容：第一，零售所销售的是最终的产品或服务，而不是原材料或半成品；第二，产品或服务卖给消费者后是用于消费者自身的生活消费或公共消费，而不是用于转卖或其他商业用途；第三，零售不仅可以是面向单个消费者的销售，同时也可以是面向社会团体用于公共消费的销售。

2．B2C 的含义

B2C 是 business to customer 的简称，是指零售商或其他销售企业通过网络将产品或服务销售给终端消费者的一种模式。消费者可以通过网络进行产品信息的收集和产品价格的比对，实现网上支付和产品购买。近年来，随着电子商务的广泛使用，B2C 模式越来越为消费者所青睐。通过网络，消费者可以节省大量的时间和精力，并可以享受更为丰富、优质的产品和服务。

8.5.2　B2C 的特点

零售是与批发相对应的一种产品流通方式。B2C 主要具有以下特点：

1．交易次数频繁、交易金额小

B2C 主要销售的是终端消费品，旨在保证居民的日常生活需要或社会团体的公共消费需要，尤其是居民日常生活消费。居民总是根据每日生活需要或很短一段时间内的生活需要购买消费品，每次购买的数量很少，交易金额小，但是总是用完之后就会再次购买，因此交易的次数要比批发频繁得多。

2．交易商品限于终端消费品

B2C 所销售的产品或服务主要为终端需求服务，因此所销售的商品都为产成品或者说是终端消费品。

3．顾客稳定性相对较小

B2C 中，由于卖家数量繁多，许多同类产品的品质、价格等相近，而且通过网络买家可以不受地域限制地选择进行交易的卖家，因此，即使是顾客对于上次所购买的产品和服务很满意，下次也未必会选择同一个卖家进行交易。B2C 消费中通常会出现“一次性购买”的情况，与 B2B 相比顾客的稳定性相对较小。

8.5.3　B2C 主要运营模式

1．自建 B2C 模式

自建 B2C 模式是大型生产企业或零售企业基于自身的信息化建设程度，搭建以自身产品销售为核心的电子商务平台。自建 B2C 模式针对性强，网站设计思想能更好地围绕企业的销售目标进行。在自建 B2C 模式的企业中，又可细分为生产企业自建 B2C 模式和销售企业自建 B2C 模式两种。生产企业自建 B2C，旨在销售企业自身产品，其网站使用功能可以仅仅是企业产品的展示和宣传，如大多数品牌服装商所搭建的企业 B2C 网站；也可以实现在线下单和网上支付，如 Dell 的网上直销模式。而销售企业自建 B2C 模式其实是将传统的百货商场进行整合搬到网上，其所销售的产品均为企业自行采购回来的产品，如卓越、凡客诚品等，企业能够有效地控制产品的质量、价格，同时能够保证较好的卖家信誉。自建 B2C 模式的基本流程图如图 8-3 所示。

2．平台模式

平台模式是第三方平台运营商负责平台搭建及运营维护，零售商通过租借方式使用平台服务，在平台上进行产品销售的一种模式。B2C 销售平台类似于传统的集市，囊括了各个行业的产品和服务，聚集了众多的买者和卖者。其中，我国最具有代表性的 B2C

平台就是淘宝。淘宝的卖家和产品数以百万计，但与自建 B2C 模式相比，平台模式不可避免地存在商品质量良莠不齐，卖家信用参差不齐的情况，因此，为了更加规范平台环境，淘宝不断出台相关的措施，如信用评级、平台监管等。其基本流程图如图 8-4 所示。

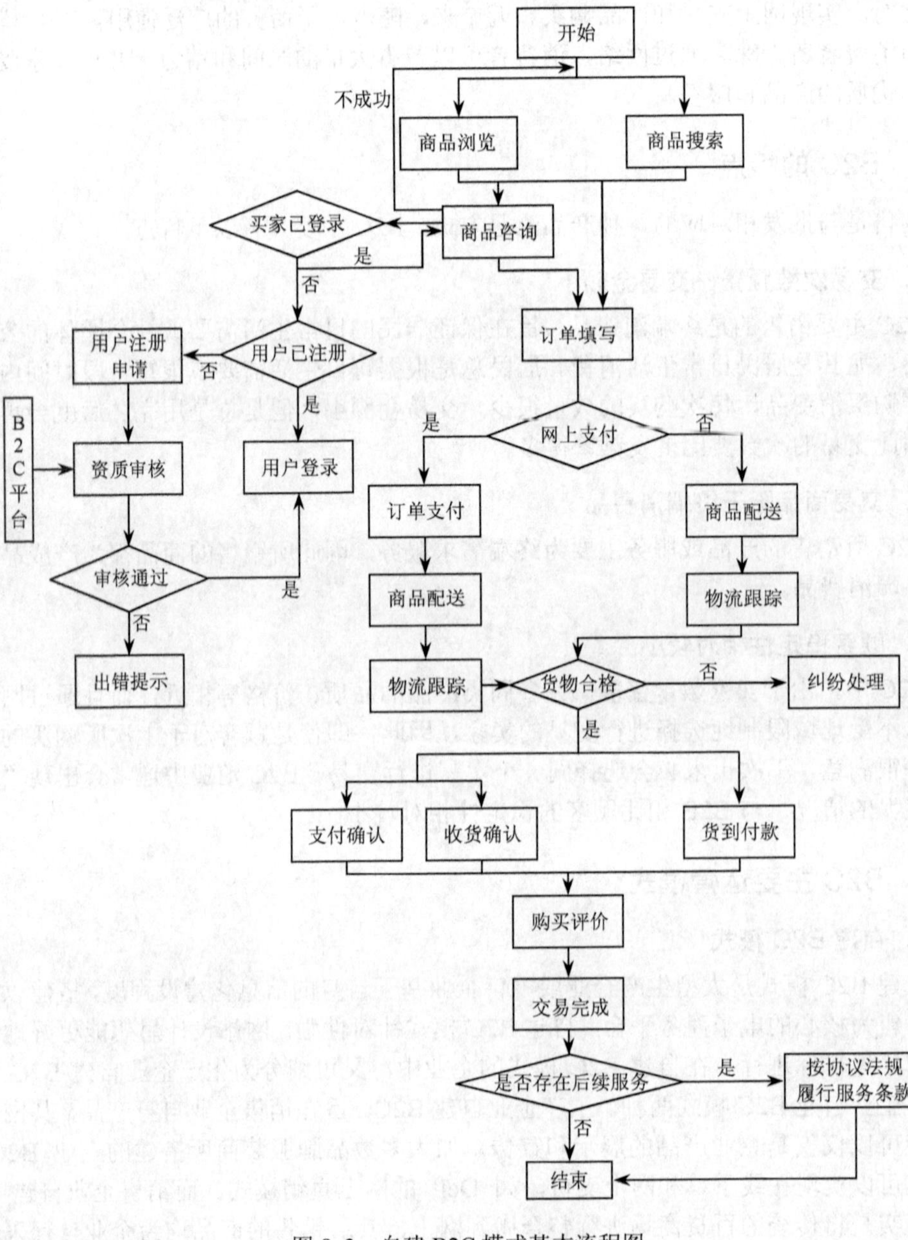

图 8-3　自建 B2C 模式基本流程图

3．B2C 的新型运营模式

除了自建 B2C 模式和平台模式外，近几年来，随着电子商务的发展，不断出现许多新的 B2C 运营模式，BCC 模式就是已经经过市场验证的新型 B2C 模式之一。BCC（business to channel to customers）模式是一种"企业-渠道-客户"的新型电子商务零售模式，这一模式由斐贝国际集团首创，目前运用于其旗下的菲玛特商城运营中。该模式共包括四个参与主体：菲玛特商城、商户、店主和会员，具体为菲玛特商城为其所挑选的商户提供产品展示平台，而商城的店主们则可以自由选择菲玛特商城上的产品进行推荐和分享，菲玛特商城的会员可以参考店主的推荐和分享，通过店铺自由选购产品。简而言之，菲玛特商城的这种 BCC 模式可以概括为商户向店主展示产品，店主向会员推荐产品，会员通过店铺购买商品，从而实现商品交易。

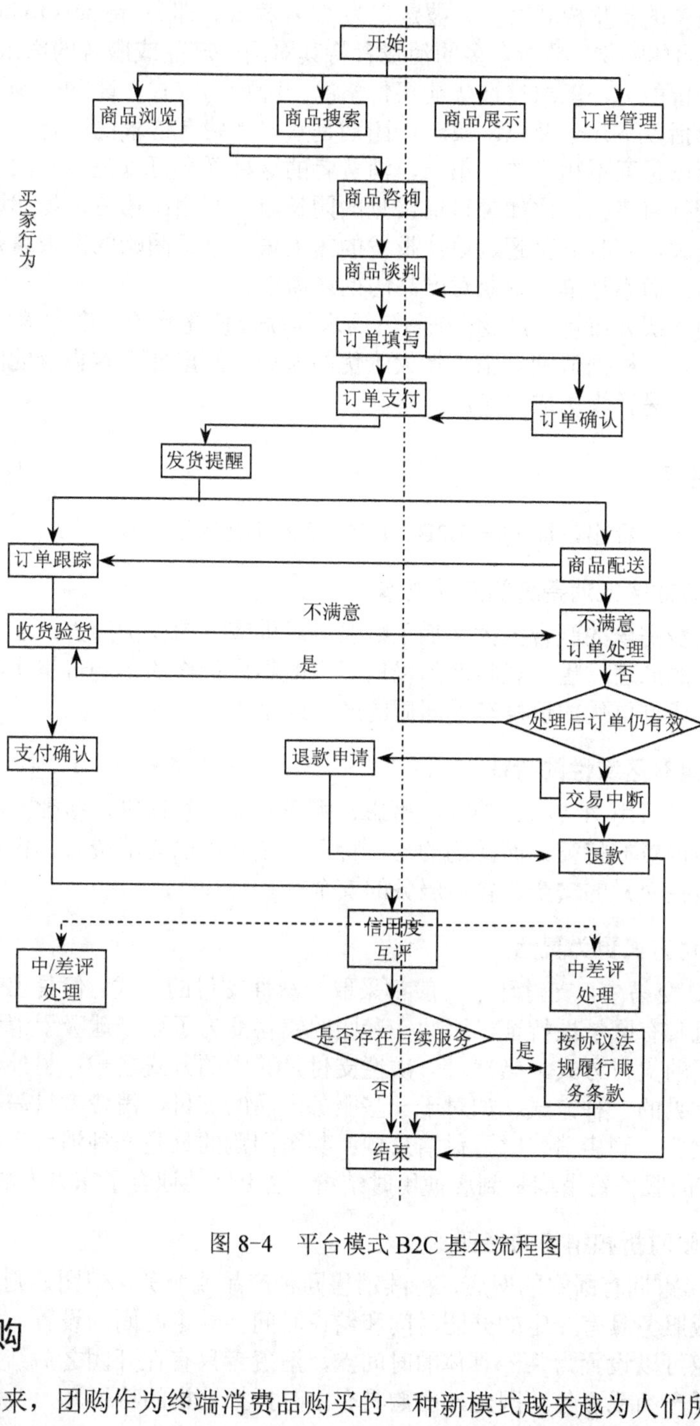

图 8-4　平台模式 B2C 基本流程图

8.6　团购

近几年来，团购作为终端消费品购买的一种新模式越来越为人们所青睐。与传统的产品供给模式不同，团购模式中，消费者通过组团大大增加了与供应商议价的能力，从而以更为优惠的价格获得物美价廉的产品和服务。目前，大多数团购均通过网络开展和实现，是电子商务的一种新型模式，业界学者们形象地称之为C2B。

8.6.1 团购的含义

团购是电子商务的新型模式之一，被定义为C2B模式，即customers to business。通俗而言，团购就是团体购物，是指众多的消费者将其对同一产品或服务的需求联合起来，加大其与商家的议价能力，以求得最优购买价格的一种购物方式。团购改变了传统的商务模式，其含义包括以下几个要点：第一，团购是众多消费者需求的联合，消费者之间可以是相识的也可以是互不相识的；第二，消费者的这种联合可以是自发的，也可以是由某个人或组织进行召集的，比如说目前常见的团长组织开团；第三，虽然团购对产品或服务的需求量较大，有时甚至超过单次批发的需求量，但是团购的需求量是单个消费者消费需求的加总，而不是单一企业对产品的批量需求。

团购是电子商务买方市场的产物，消费者需求的联合使商品的生产和消费由“推式”向“拉式”转变，卖家根据薄利多销、量大价优的原理，给出低于零售价的团购价格，从而使买卖双方的交易行为达成双赢。

8.6.2 团购的特点

从团购的定义可以看出，团购与B2B、B2C相比具有如下特点：

1. 团购可以有效降低消费者的交易成本

团购通过对消费需求的联合大大增加了购买方对供应方的议价能力，而卖家根据薄利多销、量大价优的原理，也愿意将产品以低于一般零售价格的团购价格卖给消费者，从而使消费者可以通过更优的价格享受同质的产品或服务。

2. 团购往往具有区域性的特征

团购的对象包括日用消费品、美容、摄影、娱乐服务、餐饮等，多数产品属于服务性产品，具有当地消费的特征。而团购的这一特征，使其可以为消费者提供更为安全、保障的服务，这包括交易的安全、售后服务的安全等。

3. 团购的支付方式更为灵活

在一般的B2C交易中，支付环节一般都采取一次性支付的方式，但是由于团购的对象更为广泛，而且具有区域性特征，因此，参团的销售商为了更好地吸引消费者，往往可以采取更为灵活的支付方式。当然，一次性支付是其中的方式之一；另外，分段支付也是团购支付中常见的一种方式，如对于一些服务产品的支付，消费者只需在网上预付服务价格的一定比例，到店消费时再付清余额；甚至团购的只是一种消费资格凭证，参团价格为零，所有的服务费用均是到店使用时结清，这更好地迎合了东方人的消费习惯。

4. 团购具有限时折扣销售的特征

在B2C中，卖家拥有固定的网店，持续销售同种产品或服务，但团购则不相同，团购中参团的产品或服务具有一定的开团时间和结束时间，结束时间的设置，可以根据已购买人数决定，也可以设置为某一具体的时间点，消费者只有在开团之后结束之前，才能以团购价格享受产品或服务，因此，团购具有限时折扣销售的特征。

5. 团购在一定程度上具有一次性网上销售特征

团购活动中，参团的商家可能是拥有固定网店的 B2C 卖家，但也可能是传统的产品或服务提供商对某种产品或服务的网上销售，可能仅限于某次具体的参团活动，参团结束后，该商家则继续通过传统方式进行产品或服务的销售，而不再涉及网上销售。当然，商家也可以根据自身销售需要通过再次参团的方式继续在网上销售其产品或服务。

8.6.3 团购的形式及一般流程

1. 团购的形式

目前，团购的主要形式大致分为以下几种：

1）自发行为的团购

自发行为的团购是指具有相同消费需求的消费者自行组织，联合购买某一商品或服务，以期获得更优惠的价格。例如，一些需要装修房子的消费者，通常会自发组织起来，与装修材料、家具供应商集体砍价，以求得到较大的折扣。但由于自发组织起来的消费者对产品相关信息的缺乏，因此与供应商谈判时往往处于劣势，这类团购能够获得的优惠一般不太理想。

2）职业团购行为

职业团购行为又称第三方团购，即由对产品或服务较为熟悉的第三方专业人士发起，消费者参与的一种团购形式。这是目前团购网站常用的方式，团长运用自身所掌握的产品或服务信息，与供应商进行谈判，谈判成功后在网站上进行开团，消费者按团购价格进行购买。这种方式往往能带给消费者更大的优惠承诺，但是由于团购网站的可信度参差不齐，因此，在选择这种方式进行团购时要慎防供应商“伪造”第三方专业人士的情况。

3）销售商自己组织的团购

这种团购方式是销售商用于产品推广或促销的一种手段，是由销售商发起的，主动让利于消费者的一种团购方式。最为常见的有房地产开发商或品牌建材家居企业通过自建的企业网站或第三方平台，自行组织的团购活动；以及淘宝平台的一些 B2C 卖家主动参与淘宝平台组织的聚划算活动等。

另外，我国快又多网还首创出分级团购的团购模式，在这种模式中，网民和商家可根据自身需求发起团购或团批，依据团购级别设定各级团购及团购价格，根据参团人数的多少决定团购的级别进而决定团购价格，从而为消费者提供与商家“砍价”的话语权。一般而言，参团的人数越多，团购级别越高，参团者所享受的价格越为优惠。但目前这种模式尚未得到充分推广和使用。

2. 团购的一般流程

团购的一般流程如图 8-5 所示。

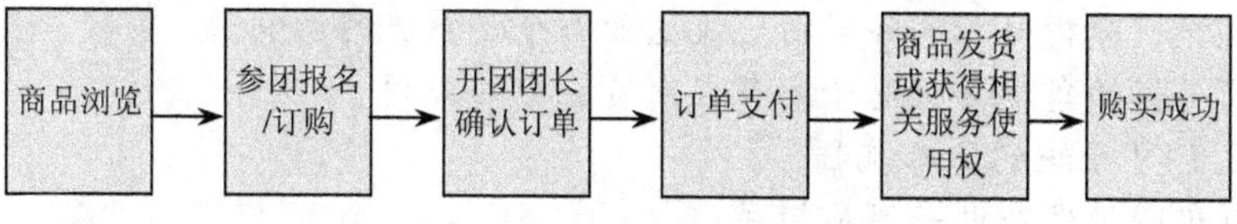

图 8-5　团购的一般流程

在实际的团购活动中，根据开团形式的不同，团购的流程可能会出现细微的差异。例如，如果是团长直接开团，则团购的流程与 B2C 流程相似，无须进行参团报名，只需要直接下单支付购买即可；而对于一些企业自发组织的团购，如某房地产开发商在其企业网站上发布对新开楼盘的团购信息，其往往需要参团者先进行参团报名或订购，待开团之后需再次通过现场签到等方式进行订购确认，消费者才能获得参团资格。

本章小结

商贸业的电子商务，包括零售业电子商务、批发业电子商务和物流业等。电子商务对商品流通业商流的影响，主要体现在地域限制突破、交易成本降低、交易效率提高三个方面；对物流的影响体现在要求更为快捷和广泛的物流服务，改变物流的运作方式，改变物流企业的经营形态，使第三方物流成为物流业的主要组织形式，促进物流基础设施的改善和物流技术与管理水平的提高；对信息流则要求信息具有更高的标准化程度，信息收集、传输和处理以及发送要实现智能化，作用模式能更好地适应网上经营活动；对于资金流，电子商务改变了支付的实现方式，同时也对保护网上交易资金安全和所有者权益提出新挑战。

电子商务在流通领域的应用，从两个角度进行分析，其一是在四个子系统中的应用，其二是在各交易环节中的应用。

EDI 满足电子商务信息传输及时、便捷和有效的要求，其以一定的标准格式，将各种单证（如票据、文件等）改变成依循标准的表格、规约等报文数据格式,进而通过网络实现数据在计算机之间的传输。EDI 系统包括 EDI 软件和硬件、通信网络和数据标准化，通过 EDI 客户端系统和 EDI 传输系统两个部分进行工作。一般的工作流程从采购订单的发送开始至最终根据订单的验货结束，大致可以分为七个步骤。

B2B、B2C、团购是电子商务的重要组成部分。其中 B2B 可称为批发业电子商务，主要表现为企业和企业之间的商务活动；B2C 和团购则是对接终端消费的商务模式。B2B 具有次数少、金额大，交易对象广泛和交易操作规范等特点，主要运营模式包括垂直 B2B 模式、水平 B2B 模式、自建 B2B 模式和关联行业 B2B 模式四类。B2C 是企业直接面向消费者的电子商务模式，与 B2B 相比，其交易次数频繁、交易金额小，交易对象是终端消费品，而且顾客稳定性相对较小，而目前主要的 B2C 模式包括企业自建模式和第三方平台模式两类。团购被定义为 C2B 模式，与前两种模式相比，团购具有以下特点：消费者交易成本的大大降低、消费对象往往具有区域性、支付方式非常灵活、同时体现了限时折扣和一次性网上销售的特征，团购包括自发行为的团购、职业团购行为、销售商自己组织的团购几种模式。

本章习题

1. 通过案例分析电子商务对商贸流通业四个子系统的影响。
2. 从商务链的角度分析电子商务在商贸业中的应用。
3. 简述 EDI 系统的基本流程。
4. 举例说明批发业电子商务模式。
5. 请分组讨论分析团购模式的优势和所面临的挑战，以及如何规范团购市场。
6. 请登录淘宝网（http://www.taobao.com），购买一件产品，画出注册及购买流程图，并讨论影响购买决策的相关因素。

第9章
金融业电子商务

引例 建设银行电子商务解决方案

中国建设银行正在尝试将传统的融资业务、资产负债业务、中间业务、信用卡业务、国际业务和批发零售等业务结合前沿的电子商务发展方向，建设自主的电子商务平台，创新业务发展模式，以电子支付为基本结算模式，以银行信用为担保，为企业客户和个人客户提供资金结算、清算、监管、托管等中间业务以及信贷融资等全方位一体化的金融解决方案。

中国建设银行电子银行和电子支付业务近两年取得长足发展，形成了包括网上银行、电话银行、手机银行等电子银行产品系列，构建了网上支付、电话支付、手机支付三位一体的电子支付结算体系。目前该行电子商务产品涵盖缴费支付、网上商城、大宗商品交易平台、网络信贷等领域：

① “缴费支付”提供全方位的缴费服务，包括缴纳手机费、电话费、水费、电费等各种日常生活费用，可以批量缴纳、预约缴纳。

② 中国建设银行网上商城依托于中国建设银行国际互联网站，云集众多商家，致力于为商户搭建营销展示平台和便捷结算通道，为客户营造快捷、安全、方便的购物环境。

③ “e 商贸通”是中国建设银行面向大宗交易市场客户的综合信息服务平台，该平台对内连接中国建设银行的核心业务系统和中国建设银行的各营业网点及电子银行渠道，组成贯通全行的信息交换平台；对外连接中国建设银行交易市场客户，为市场以及市场所属会员客户提供资金结算、清算、托管、贸易融资、信贷资金监管等服务。

④ 对公网络银行信贷业务是中国建设银行专门为网络交易平台上的电子商务客户提供融资服务的金融业务，通过银行与网络交易平台的合作，引入网络信用记录作为评价的重要依据，通过系统对接，实现贷款全流程的线上操作，使企业客户得到更简单、更快捷、更高效的服务。

国泰君安证券股份有限公司经纪业务服务平台

项目完成单位：国泰君安证券股份有限公司

项目简介：国泰君安证券股份有限公司开发的经纪业务服务平台，是面向国内大型券商开展经纪业务的集中交易系统，它将逐渐取代营业部使用的单营业部交易系统，实现证券公司从强势营业部向强势总部的经营理念转型，达到真正意义上的集中交易、集中报盘、集中清算、集中管理。经纪业务服务平台自 2003 年年初立项，同年 8 月 1 日正式启动，2004 年在第一家营业部成功上线，2005 年 11 月完成该公司 113 家营业部全面推广工作，历时 27 个月。项目组根据软件工程学的方法论，结合信息技术总部多年来在交易系统方面成功的管理、开发、推广和维护经验，制定了严谨、科学、可行的项目方案和实施计划，并对项目过程中的各环节加强管理，严格按计划稳步推进。期间历经了项目调研、原型设计和可行性测试、项目招标、需求编写和分析、系统设计、系统开发、系统部署、系统测试、系统试点、回归开发和测试、灾备建设、营业部网络改造、运行保障构架的建立、小规模试运行、大规模推广等多个环节，第一家实现超大规模券商集中交易，填补了国内空白，同时技术构架属国内首创，技术应用达到了国际先进水平，且平台运行安全可靠，是集中交易建设的成功典范，推动了国内券商集中交易的大发展。

同时，经纪业务服务平台作为公司的基础技术平台，在此基础上又开发和部署了承载全公司120万客户网上交易的集中网上交易系统和全客户资金第三方存管系统，有着良好的扩展性。目前，该系统在实际投入运行的近五年时间中，各运行指标健康，负载均匀、稳定，压力很小，总体运行情况良好，很好地实现了预期的技术构架设计要求，各营业部的前端业务反馈响应迅捷，客户反映良好，较好地支持了公司经纪业务的发展。

9.1　银行电子商务

银行电子商务是指采用数字化电子方式进行银行数据交换和开展银行业务的活动，是在因特网与传统信息技术相互结合的背景下产生的一种相互关联的动态银行活动。银行电子商务的实现和发展，使银行从手工操作的传统银行演变为高度自动化和现代化的电子银行。

9.1.1　电子银行

1．电子银行的概念

目前，针对电子银行存在狭义与广义的两种观点，其主要区别是对电子银行外延大小的认定不同。

根据国际清算银行的定义，电子银行业务泛指银行利用电子化网络通信技术从事与银行业相关的活动，包括电子银行业务和电子货币行为。电子银行提供产品和服务的方式包括商业POS机、ATM、电话自动应答服务系统、个人计算机、智能卡等。电子货币行为是与电子货币创造和应用有关的各种活动，电子货币的核心是“价值储存”和预先支付机制，通常以POS机、端对端互联设备以及因特网等开放型通信网络实施其功能。储值产品是基于各种卡的“电子钱包”和基于网络技术的“数字化现金”。我国大部分商业银行网站是将网上银行、电话银行、手机银行等作为电子银行服务的一个子项目而出现的。而狭义上的电子银行是指通过因特网方式向银行客户提供金融服务的银行机构或网站。这一层面上的定义则是将电子银行等同于网络银行。

在由中国银监会2006年颁布的《电子银行业务管理办法》中，将电子银行业务界定为：是指商业银行等银行业金融机构利用面向社会公众开放的通信通道或开放型公众网络，以及银行为特定自助服务设施或客户建立的专用网络，向客户提供的银行服务。电子银行业务包括利用计算机和互联网开展的银行业务（即网上银行业务），利用电话等声讯设备和电信网络开展的银行业务（即电话银行业务），利用移动电话和无线网络开展的银行业务（即手机银行业务），以及其他利用电子服务设备和网络，由客户通过自助服务方式完成金融交易的银行业务。

2．电子银行的服务体系

现代的电子银行服务体系就是采用各种计算机技术，通过各种电子资金转账系统将服务对象——企业、商户、广泛的大众、政府监管部门、往来银行业以及其他金融机构等多个群体连接起来，构成一个共享的金融信息网络。

根据银行对金融服务对象所处理信息的程度及服务内容的不同划分成三个层次：最

底层是面向往来金融机构、企业、商户和大众客户群体提供金融交易活动的基本业务体系；第二层是在交易信息基础上发展起来的新型金融服务与咨询体系；第三层是将所有金融信息汇总处理后，供银行监管部门进行决策的监控体系。

9.1.2 电子银行服务方式

银行提供的电子商务服务，不仅体现在金融基础环境建设和服务之中，亦体现在银行自身所提供的各种电子银行的服务形式之中。除了网络银行电子商务服务方式之外，还通过以下各种方式提供电子商务服务：

1. 电话银行系统

20 世纪 70 年代，美国西雅图第一国民银行推出了电话银行服务，随后各商业银行开始向零售商提供电话银行服务，但业务一直增长缓慢。90 年代以后，电话银行得到快速发展。

电话银行（telephone banking，TB）是指银行运用计算机技术、通信技术、语音处理技术和电话信号数字化技术等，在原有业务处理系统上，借助于公共电话网络，使客户通过电话办理银行业务或接受金融服务的银行服务渠道。电话银行是银行界为了克服客户自我服务系统（ATM 系统）和电子资金转账系统（POS 系统）不同程度地受安装地点和通信线路以及投资成本高等局限，进一步扩展服务范围、服务时间和服务对象，而提供的一项新型银行业务。电话银行的系统构成如图 9-1 所示。

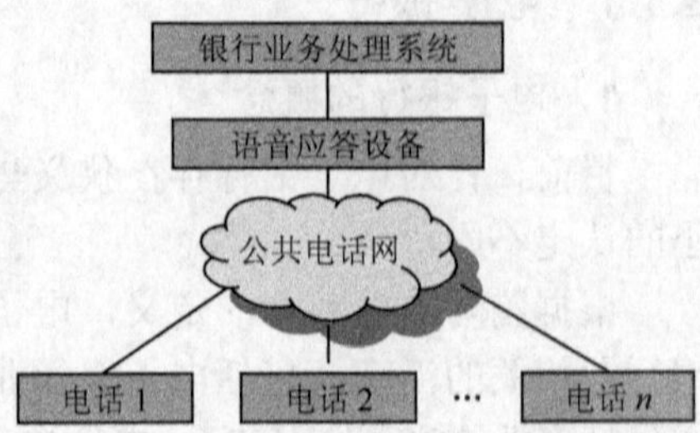

图 9-1 电话银行系统构成

电话银行主要提供以下功能：对私业务；公司业务；银行卡业务；股票、外币等投资业务。其性能好坏的关键在于语音应答设备。

2. 金融 Call Center

金融 Call Center，即呼叫中心，又称客户服务中心，就是利用当前金融机构的计算机技术和通信技术提供金融商业服务的系统。金融 Call Center 一般具有以下特征：

① 专业化服务。一般采用呼叫引导和呼叫提示功能，使有特定需求的客户被引导到自动语音服务或者最适合应答此类需要的业务代表或专家坐席，从而得到符合业务标准的专业化服务。

② 工作效率高，成本低。

③ 突破了时空限制。

④ 集成了多种金融服务方式。

金融 Call Center 在经历了初期的人工应答电话和基于计算机电话集成技术（CTI）的比较高级的服务时期之后，已经进入了目前的与 Web 协同的服务阶段。与 Web 协同应用，通过电子邮件、在线交谈等方式与呼叫中心联系。通过统一的历史联系记录、统一的商业智能分析，主动识别客户需求，提供自动营销服务。

3. 自助银行

世界上第一个完全意义上的自助银行（无人银行），是 1972 年 3 月美国俄亥俄州哥伦布市开设的横亨奇顿国民银行总行。1997 年初，中国银行上海市分行的无人银行在虹桥开发区诞生，是中国第一家现代化水准的无人银行。

自助银行是以自动取款/存款机为核心设备，以存折补登机、外币兑换机、查询机等为辅助设备的一系列银行专用自助设备，在没有银行工作人员直接服务的情况下，由客户自我操作相关设备，独立完成所需银行业务的计算机自动服务系统，以实现 24 小时或准 24 小时全方位金融电子化服务。

功能较为齐备的自助银行的配置包括：自动柜员机、自动出钞机、现金存款机、外币汇兑机、自动存折补登机、账户查询服务终端、公共事务交费服务机、电话银行、自动保管系统（保管箱）、夜间金库、多媒体查询系统、IC 卡圈存圈提机等。

4．POS 系统

电子资金转账系统（electronic funds transfer system，EFTS）是指将银行的计算机系统通过通信线路和设备与安装在特约商户（商店、宾馆等）营业柜台上的 POS（point of sale，销售点终端）相连接所构成的以方便客户持卡购物、旅游等消费为主要目的的系统。

电子资金转账系统的主要功能是提供电子付款服务，即当顾客在安装有 POS 的商户消费或购物时，不必付现金，只需用扣款卡启动商户柜台上的 POS，而直接将顾客在银行账户上的资金划拨到商户账户上，从而实现无现金消费。电子资金转账系统的使用，减少了全社会现金流通量，减轻了银行和商业机构的工作量，提高了资金的安全性，加快了资金的流通速度。

5．ATM 系统

ATM（automatic teller machine，自动柜员机）系统，也叫客户自我服务系统，或自助银行（self-service banking）系统。它是随着计算机技术、通信技术、银行电子化机具的不断发展和银行间竞争的加剧，在银行计算机系统由单机系统向网络化发展的过程中而推出的一种新型银行业务系统。

9.1.3　我国银行电子商务服务支持系统

1．银行综合业务系统

银行综合业务系统是商业银行处理各类业务（包括对公、储蓄、中间业务和 ATM、POS、电话银行、网络银行等电子银行业务），为客户提供方便、快捷服务的重要基础设施，也是商业银行管理信息系统信息采集的核心系统，是银行迎接挑战、参与竞争、开展金融创新的重要基础保障系统。

2．跨行业务与资金清算系统

跨行业务与资金清算系统是国民经济资金运动的大动脉，社会经济活动大多都要通过跨行业务与资金清算系统才能最终完成。

跨行业务与资金清算系统一般由政府授权的中央银行组织建设、运营和管理，由各家商业银行和金融机构共同参加。也可由中央银行授权的机构进行建设、运营和管理。这类系统几乎涉及一个国家或地区的所有银行或金融机构。因此，系统的结构复杂，集成了多种计算机系统、网络设备和通信协议，是一种典型的网间网。为了提高支付效率，要求货币管理当局在提高支付效率与降低支付风险之间进行权衡。跨行业务与资金清算系统涉及社会经济活动的正常进行，一般对系统的安全性和可靠性有很高的要求。

跨行业务与资金清算系统按所涉及的金融机构多少来划分，可分为行内系统和行际系统两种。我国各商业银行目前运行的电子汇兑系统都属于行内的跨行（跨不同分支机构）业务系统。而同城票据清算系统和人民银行 CNAPS 等都属于行际系统。

按系统所跨越的地理范围可分为同城票据清算系统和异地资金清算系统两种。同城票据清算是指同一城市各行（银行）处（办事处、分理处）之间相互代收、代付的票据，由人民银行建立票据交换所，定时、定点进行票据交换和资金清算的业务活动。同城票据清算从处理环节上看，涉及提出票据处理、票据交换与资金清算处理和提入票据处理三个环节。其中，提出票据处理和提入票据处理发生在各商业银行的营业柜台，由提出、提入行完成，而票据的交换和资金清算处理必须在人民银行票据交换所完成。

自动化票据清算系统是在计算机系统的控制下，采用票据清分机对参加清算的票据进行自动输入、清分和处理的票据清算系统。这种清算系统效率高、劳动强度低，适合于票据量大的大城市使用。目前已在我国的北京、广州、深圳、武汉、沈阳、上海、南京等 15 个城市投入使用。

3. 中国国家现代化支付系统

所谓支付（payment），是为清偿商品交换和劳务活动所引起的债权债务关系，由银行所提供的金融服务业务。支付本源于客户之间的经济交往活动，但由于银行“信用”中介的结果，演化为银行与客户、银行客户的开户银行之间的资金收付关系。而银行之间的资金收付交易，又必须经过银行的银行——政府授权的中央银行进行资金清算，才能最终完成支付的全过程。因此，支付全过程在两个层次完成：下层是商业银行与客户之间的资金支付与结算；上层是中央银行与商业银行之间的资金支付与清算。两个层次支付活动的全过程，将经济交往活动各方与商业银行、中央银行维系在一起，构成复杂的整体，称为支付系统（payment system）。支付系统存在于国民经济大系统之中，发挥着重要的经济“枢纽”作用。

在两个层次的支付活动中，银行与客户之间的支付与结算，是银行为客户提供多种金融服务的窗口，其特点是账户多、业务量大，涉及客户、银行双方权益，是支付系统的基础，称为支付服务系统。而中央银行与商业银行之间的支付与清算，则是政府授权的中央银行实施货币政策，监督、控制商业银行业务活动，控制国家货币发行，经理国库，管理外汇的重要手段，称为支付资金清算系统。两个层次的支付系统紧密相关，相辅相成，是国家稳定货币、稳定经济的重要间接调控手段。

现代化的支付系统一般都是建立在计算机网络基础之上，由计算机及各种金融机具组成计算机应用系统，由通信网络和建立在其上的各种支付应用系统组成。中国现代化支付系统（china national advanced system，CNAPS）是中国人民银行建设和管理的集金融支付服务、支付资金清算服务、支付信息管理和货币职能于一体的支付清算系统。它将商业银行为客户提供金融服务的下层支付服务系统与中央银行为商业银行提供支付资金清算服务的上层服务系统有机地结合在一起。

CNAPS 支持的应用系统包括小额批量电子支付系统（BEPS）、大额实时支付系统（HVPS）和金融管理信息系统（FMIS）。

大额实时支付系统处理同城和异地跨行之间和行内的大额贷记及紧急小额贷记支付业务，人民银行系统的贷记支付业务以及即时转账业务等。支付指令实时处理，全额清算资金。大额支付系统目前直接连接 1 500 多家金融机构，涉及 6 万多个银行分支机构；系统日均处理跨行支付业务 80 万多笔，金额达 20 000 亿元，每笔业务 1 min 内即可完成。

小额批量支付系统处理同城和异地纸凭证截留的商业银行跨行之间的定期借记支付业务，人民银行会计和国库部门办理的借记支付业务，以及每笔金额在规定起点以下的小额贷记支付业务。批量发送支付指令，轧差净额清算资金。小额支付系统按照 7×24 小时不间断运行模式，每天 16:00 时进行日切处理，即前一日 16:00 时至当日 16:00 时为小额支付系统的一个工作日。工作日可以根据管理的需要进行灵活调整。

小额支付系统与大额支付系统逻辑上作为相对独立的两个应用系统，物理上共享主机资源、通信资源、存储资源和基础数据资源。

支付管理信息系统（payment management information system，PMIS），是支付系统的辅助支持系统，集中管理支付系统的基础数据，负责行号、应用软件的下载，提供支付业务的查询查复和计费，以及统计监测等服务。

清算账户管理系统（SAPS）是支付系统的辅助支持系统，集中存储清算账户，处理支付业务的资金清算，并对清算账户进行管理。当地人民银行分（支）行负责管理所辖范围内所有清算账户（逻辑上分散），主要完成账户移植、开户、销户、账户监控、信息维护等工作。清算账户的资金清算则集中在国家处理中心（NPC）进行处理（“物理上集中”）。

4．全国银行卡信息交换系统

全国银行卡跨行信息交换系统是银行电子商务的重要支持系统。由于这类系统的支撑，才真正实现了银行电子商务活动的超时空，使跨行支付业务方便、快捷和真实。

全国银行卡跨行信息交换系统由中国银联管理的银行卡信息交换网和商业银行系统内银行卡信息交换网组成，形成一种树形结构的二级网络。全国银行卡信息交换总中心、18 个城市（区域）银行卡信息交换中心及各商业银行总行银行卡信息交换中心共同组成了银行卡跨行信息交换的主干网。

各商业银行系统内的银行卡信息交换网、各城市（区域）中心的区域内银行卡信息交换网构成了银行卡跨行信息交换的二级网络。地方性商业银行，如城市商业银行、农村信用联社，它们没有总行，直接通过城市（区域）银行卡信息交换中心接入银行卡跨行信息交换网络。

9.2　证券电子商务

证券这个在西方发达国家比较古老的行业，由于受传统习惯的影响，其电子商务的开展显得差异很大，尤其是在美国。我国的证券行业在电子化方面由于历史的短暂，而在一开始就站在了比较高的起点上，因而单从证券电子商务的开展来说，与西方发达国家已经相差无几。随着网络应用的日益普及，电子商务逐步从有形商品的交易领域进入到证券等无形商品的交易领域。本节在介绍证券电子商务基本概念的基础上，介绍中美证券电子商务的发展。

9.2.1　证券电子商务的特点及其内容

1．证券电子商务的概念

证券电子商务是指利用 Internet 完成证券交易的整个流程，在信息的采集、发布、传播、检索、交易撮合、货币支付、清算、交割等一系列过程中实现电子化，是证券行业通过因特网媒介为客户提供的一种全新商业服务，是一种信息无偿、交易有偿的网络服务。狭义上，可以把证券电子商务理解为以 Internet 为基础平台的网上证券交易。但从广义上来说，证券电子商务是利用先进的信息技术，依托 Internet、GSM 网、有线电视网、寻呼网等现代化的数字媒介，以在线方式开展传统证券市场上的各种业务，并在此过程中实现诸如在线路演、虚拟经纪人业务等一系列的业务创新。

2. 证券电子商务的特点

与其他有形商品的电子商务相比，证券电子商务相对减少了电子商务三大要素之一的物流要素，因此证券电子商务能够更快更好地实现。其特点主要体现在以下几个方面：

① 个性化：所有服务都可以精确地按照每个用户的要求进行定制。

② 低成本：证券电子商务的虚拟特性有效地降低了证券经纪商的基础运作成本。

③ 虚拟化：所有的交易与服务都可以通过 Web/Call Center/WAP 媒介进行，尤其是 WAP 的应用更加反映了证券电子商务网络时代的特性。

④ 服务成为竞争的重点：证券电子商务的竞争将在很大程度上依靠软性的服务，其跨越时空的能力将会使这种优势服务的能力无限放大。

⑤ 创新成为竞争优势的核心：由于股票期权、指数期货等衍生金融工具的广泛运用，使得投资方式全球化、复杂化，而网络高科技发展所呈现的非线性特征，使传统的证券投资模型难以反映金融创新的本质要求。因此，证券电子商务必须创造新的虚拟化模型，通过不同高科技公司之间的比较优势来实现最佳的投资利益。

3. 证券电子商务的主要内容

证券电子商务从本质上来说是证券业务的电子化，证券业务包括一级市场业务、二级市场业务及其他派生业务。所谓一级市场业务，主要是指证券公司帮助拟上市的公司进行公司设立、股票发行、上市，以及上市后增发新股或配股等业务。二级市场业务主要是指代理证券投资者买卖在交易所上市的证券。此外，投资银行、证券公司、投资顾问公司为上市公司开展资产重组和资产并购业务，为证券投资者进行投资咨询、理财业务等，也都属于证券业务。相应地，当人们采用信息技术手段，在数字化、网络化的媒介上实现上述业务过程时，就产生了不同的证券电子商务形态。其主要内容体现在以下几个方面的服务：

① 证券电子商务为企业及投资者提供投资理财的全方位服务，包括理财规划、交易、转账等服务。

② 为投资者提供国际经济分析、政策分析、企业经营管理分析、证券板块分析、证券静态动态分析等方面的分析和服务。

③ 以每日国内外经济信息、证券行情、证券代理买卖、投资咨询、服务对象的辅助决策分析、特别专题报告等方式为投资者提供的服务，以及外汇、期货等方面的辅助服务。

9.2.2　证券电子商务的发展

1. 美国证券网上交易市场竞争格局

美国的证券网上交易正式开始于 1995 年，当时以 Discover Brokerage Direct 公司为首的几家经纪商率先引进网上交易系统，允许客户通过 Internet 发出交易指令，开辟了证券网上交易的先河。短短十几年时间，提供网上交易服务的经纪商已有 160 多家，网上交易的账户数量达到 970 万个，网上证券交易的金额占整个证券交易量的 15.79%。

在证券网上交易业务的发展过程中，价格竞争引起的交易佣金的下降极大地刺激了客户的需求，推动了网上交易的迅速扩展，促成了这一市场的形成。"价格竞争"持续到 1998 年，在证券交易费用的下降已无更大余地的情况下，进入到第二阶段的信息差别化服务竞争。

在"信息差别化服务竞争"阶段，网上经纪商充分利用了网络具有的实时性和互动性特点，通过加强信息服务和充实商品品种来提高经纪业务的附加值，扩大服务范围，吸引客户：基于"数据挖掘"（data mining）技术，通过分析客户点击网站的频率和偏好，向客户提供个性化的投资建议；利用"开放型金融交易（open financial exchange，OFX）"技术，使得客户可在网上经纪商的网页上完成银行、证券、保险等一揽子金融业务，获得全面的金融服务。在"价格竞争"阶段，网上经纪商的价格优势对以美林为首的综合性券商的业务开展形成了巨大的冲击，但由于这一阶段网上经纪商通常不提供投资咨询服务，使得美林等综合类券商仍然可以以全面的客户咨询服务与网上经纪商形成了相对的市场分割，维持了自身的市场地位。而在"信息差别化服务竞争"阶段，网上经纪商利用网络的优势提供个性化、全面化的金融服务，侵蚀了综合类券商对这一市场的控制地位，弱化了以前形成的市场分割的界限，迫使以美林为代表的综合类券商开始在自己的客户范围内有限制地开展网上交易，强化自身的服务优势，避免在这一场全新的市场角逐中落伍。从"价格竞争"到"信息差别化服务竞争"，美国证券网上交易的初步成功为以后的发展奠定了良好的基础。

2．证券电子商务对美国股票市场的影响

1）网上交易在证券交易市场中占有愈来愈重要的地位

为了应对迅速增长的在线交易量，同时也为了抢占证券电子交易的市场份额，美国纽约证券交易所这家使用传统交易方式的交易所收购了群岛公司，该公司是美国首家完全意义上的电子证券交易市场，这项收购动作将有着 212 年悠久历史的纽交所转变为上市公司。几乎与此同时，纳斯达克市场宣布以 18.8 亿美元收购英国电子交易与经济服务公司极讯公司，根据收购协议，极讯公司的电子交易业务将与纳斯达克合并，纳斯达克随后将极讯公司旗下的经纪业务部门出售给私人资本运营公司银湖合伙人公司。2007 年美国纽约证交所将证券交易全部纳入电子化系统。这个在排斥电子交易系统公司达数年之久的大型交易所已融入电子商务的行列。

2）电子化交易使股票平均换手率逐年提高

美国证券市场交易的电子化使市场股票平均换手率逐年提高，在 NYSE 引入首个电子化交易系统 Direct+以前的 1995—2001 年，纽交所上市股票年平均换手率只有 60%左右，2002—2005 年，纽交所上市股票年平均换手率达到接近 100%，而在纽交所与电子交易商 Archipalego 完成合并后的 2006—2008 年 1 月，纽交所上市股票年平均换手率超过 150%。纽交所上市股票历年平均换手率变化情况如图 9-2 所示。

3）电子化交易使买卖委托笔数逐年增加而每笔委托数量、每笔成交数量逐年减少

纽约证券交易所集团公司经营两个证券交易所：纽约证券交易所（NYSE）和纽交

所 Arca 公司（NYSE Arca）。纽约证券交易所是世界上最大的、最具流动性的证券交易所，共有 2 762 家公司在此上市，总市值高达 23.9 万亿美元，其中有 450 家公司为非美国的公司，他们分别来自全球 47 个国家和地区，代表全球 9.2 万亿美元市场资本。纽约证券交易所为全球投资者买卖上市公司股票和其他证券提供了一个可靠、有序、高效的场所。纽交所 Arca 公司是美国第一家开放的、完全电子化的证券交易市场，在交易所交易基金和交易所上市证券的买卖方面处于领导地位。纽交所 Arca 公司是专门为那些尚未达到在纽约证券交易所上市要求的成长型公司上市和股票交易而设立的交易场所。纽交所 Arca 为客户提供了一个快速电子化的程序和开放、直接、匿名的交易平台。

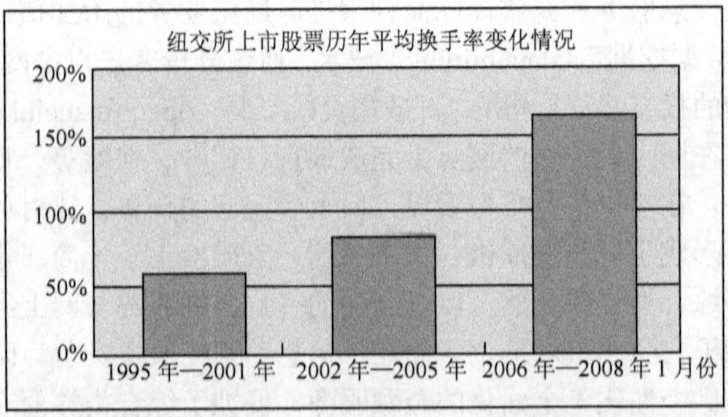

图 9-2　纽交所上市股票平均换手率变化情况

Arca 每交易日处理的委托数量逐年攀升，在市况波动的 2008 年 1 月，Arca 每日处理投资者委托达到高峰，峰值为超过 40 亿笔委托/天，而在 2006 年初，Arca 每日处理委托数量还不到 5 千万笔。电子化交易低廉的交易成本使投资者买卖委托笔数逐年增加，而每笔委托数量从 2002 年的平均 926 股下降至 2008 年的 508 股，下降幅度达到 45%；而每笔成交数量从 2002 年平均 1 375 股下降至 2008 年的 304 股，下降幅度达到 87%。另一方面，电子化交易的方便性也使委托撤单率大幅增加，目前 ARCA 市场的撤单率高达 90%。同时，交易的电子化使程序化交易盛行，据纽交所人员介绍，对冲基金一般占大市总交易量的 1/3 到 1/2，对冲基金活动日益频繁导致市场波动性上升。

3. 美国证券电子商务快速发展的主要原因

美国证券网上交易业务成功发展的原因，除了其先进的网络基础设施和较高的投资者素质外，本身的制度优势也是推动美国证券网上交易成功的重要原因。

1）佣金自由化制度促进了市场的发育

网上经纪商相对于传统经纪商的主要优势是低成本，通过交易环境的虚拟化，改变传统营业部完成交易所需要的基本因素，降低完成交易的处理费用。在市场发育初期，这一优势是最直接和最有吸引力的。

2）较低的行业进入壁垒刺激了市场的创新

美国实行券商注册制，任何符合 SEC 经纪——交易商监管条例的机构经注册后均可进入该行业，较低的行业进入壁垒使那些具有前瞻性眼光的投资者能较快地进入市场，开发市场。最大的因特网券商嘉信（Charles Schwab）在 1995 年对计算机网络的了解几乎为零，1997 年秋涉足因特网经纪，1998 年末其每周互联网经纪额已达 40 亿美元，占其总经纪量的一半以上，占全美互联网日经纪量的 30%，其客户总数高达 550 万，客户总资产为 1 443 亿美元，互联网年经纪额超过 2 000 亿美元。由于投资者的追捧，嘉信股票的市盈率高达 82 倍，而美林（Merrill Lynch）只有 18 倍。

3）金融综合化趋势促进了业务的深化

在 1999 年通过的《金融服务现代法案》正式宣布终结美国金融分业经营模式之前，美国金融业的融合趋势就已经显现。终结经营网上经纪商通过业务合作、兼并控股等多种方式同银行、保险建立了紧密的关系，虽然网上交易是业务重点，但网上经纪商打算将业务范围扩大到银行、保险和为消费者融资等方面，成为金融门户（financial portal）。金融门户是客户进入市场管理自己的资产和债务的起点，通过它可以在网上为客户提供一揽子金融服务，吸引客户，拓展自身的业务深化，从而在网上交易中获得更大的市场份额。竞争者包括银行、经纪商等金融机构，还包括网站、个人金融经理软件公司（如 Quicken、Microsoft Money）和其他机构（如 American Express、Smart-Money.com）。

4. 美国典型证券交易系统

在美国，独立电子交易系统和网络虚拟证券交易所是两类典型的证券交易系统。

1）独立电子交易系统

独立电子交易系统有别于证券交易所和柜台市场的“另类交易系统”。根据美国证券投资委员会（SEC）的定义，独立电子交易系统是指除证券投资所或证券商协会以外，不经过 SEC 注册登记，却能自动集中、显示、撮合或交叉执行证券投资的电子系统。证券投资者在独立电子交易系统内可自行报价、下单并执行交易。其中，有些系统的结构与证券投资相同，但与传统的集中证券投资有所不同。据统计，独立电子交易系统交易额在美国纳斯达克市场上的份额已经达到了 22%。

2）网络虚拟证券交易所

虚拟交易是指投资者不通过证券公司和证券交易所而直接在因特网上买卖股票，有点像模拟证券市场。网络虚拟交易所没有固定的场所，也没有营业机构，只有一些供投资者选择的互联网站或网上自动撮合系统。网络虚拟交易所交易很像是早期咖啡屋的证券投资，投资者和经纪商通过一对一、一对多或多对多的直面方式完成交易。

网络虚拟证券交易所有两种交易方式。一种是公告牌的方式，及证券投资者在网络虚拟交易所或其他站点上挂出公告牌，显示出自己的买卖意向，这是较低层次的网络交易，类似于早期一对一或一对多的证券投资谈判。例如，美国某证券公司的网站已获得证券市场监管机构的许可，可以在网络上开办公告牌，为投资者提供互相交易的场所。另一种是提供自动撮合系统的方式，投资者可以直接把订单输入到网络虚拟交易所的撮合系统。

9.2.3　我国证券电子商务的发展

1. 我国证券电子商务现状

在 1990 年成立沪、深证券交易所之后，到 1993 年，证券交易网络已基本覆盖我国大部分地区，同时实现了交易全程电子化和无纸化。目前，上海、深圳证券交易所交易撮合系统总容量达到日委托 6 000 万笔，成交 9 000 万笔，系统处理速度每秒 7 300 笔，峰值处理能力达到每秒 10 000 多笔，居国际证券市场领先水平。

上海、深圳证券交易所的双向 VSAT 卫星网、高速单向卫星数据广播网连接全国约 3 000 家证券营业部，为证券公司提供证券委托、行情、咨询等信息的传输通道。通过“十五”攻关项目的实施，实现了证券交易系统网络通信的“天地互为备份”，提高了证券系统的安全性和稳定性。

综合业务系统是证券市场信息系统的核心支撑平台，包含了证券撮合系统、清算系统、网络通信系统、客户交易服务系统、风险监控等一系列业务处理系统。其发展将引进与开发相结合，大胆创新，不断升级，在很多方面形成了自己的特色，在部分环节或指标上创造了世界第一。

证券公司的证券经营业务和公司内部管理业务已经实现电子化。证券公司交易系统呈现多样性，柜台交易、自助交易、固定电话交易、网上交易、移动电话交易、集中交易并存；传统的、有形的营业部网点交易与以网上交易为代表的虚拟交易并存互补。

证监会机关、36 个派出机构的电子化监管网络和系统已经建成运行，在提高协同监管效率、及时发现和化解证券市场风险方面发挥着重要作用。

2. 证券电子商务的支持系统——新一代交易系统

目前，中国大多数券商的交易模式是以营业部为主的分散方式，这不仅不利于券商的自身发展，也不利于业务的管理与竞争。为控制风险、提高投资效益和管理效益、增强竞争力，国内券商已纷纷从以营业部为主的分散交易模式向以总部为中心的集中交易模式过渡。集中交易包括数据集中、交易集中、清算集中等几个方面。

为了适应证券市场快速发展的需要，上证所历时五年自主创新开发了新一代交易系统，于 2006 年完成测试。上证所新一代交易系统引入了世界先进的理念，特别是引入了参与者交易业务单元（PBU）这一全球交易所共同采用的交易组织方式，不仅系统容量更大，而且能够支持几乎所有的交易品种和交易方式，为证券市场的进一步创新发展奠定了技术基础。

上证所新一代交易系统峰值订单撮合能力达到每秒 2 万笔，成交容量达到每天 6 300 万笔，交易品种容量为 1 万个。利用 PBU 概念及相关的先进技术手段，新一代交易系统实现了多市场、多品种、多时段、多交易机制等复杂的交易机制，除能够支持几乎所有的现货和衍生产品交易外，还以灵活的配置支持差异化交易模式，可配置多种交易模型，包括连续交易模型、集合竞价交易模型、报价驱动交易模型（做市商制度）、协商交易模型、OTC 交易模型以及其他非交易模型等，可支持多达 20 余种交易时段和产品状态，实现多样的订单类型，包括限价订单、市价订单、市价转限价、止损订单、冰山订单、协商订单等国际上通行的订单形式。PBU 具有丰富的权限控制能力，交易所和券商通过 PBU，可以控制到某个账号的买卖权限，极大地强化了风险控制能力。新一代交易系统还可以实现跨境业务的连接和支持会员业务的国际化。

3. 我国证券交易结算

证券买卖成交后，对买卖双方应收应付的证券和资金价款进行的核定计算，并完成证券由卖方向买方转移和对应的资金由买方向卖方转移的过程称为证券结算。我国的证券结算包括两个层次：交易所与券商之间的一级结算和券商与投资者之间的二级结算。

一级结算是在当日交易结束后，交易所和券商通过证券登记结算机构进行的资金清算与证券交割。这一结算过程是通过结算机构、上海和深圳交易所、券商及结算银行的计算机系统联网来完成的。

中国证券登记结算有限责任公司是我国法定的结算机构，实行法人结算制度，即证券经营机构、银行或其他获准经营证券业务的单位应以法人名义申请加入登记公司结算系统、成为结算系统参与人，开立结算账户后，开通资金结算业务，并与结算机构建立网络连接，形成一级结算网络。每个结算系统参与人以一个净额与登记结算公司进行资金结算。参与人自行完成与其下属分支机构间的资金结算。一级结算系统接收证券交易所全天的交易数据。结算系统首先对各券商申报的交易进行证券与资金的结算。结算数据传送至各券商，通过银行进行资金的清算。券商结算系统接收结算数据后，再经由其内部网与各营业部完成清算；各营业部再与投资者进行结算（即二级结算）。

二级结算是券商的营业部与投资者之间进行的资金结算和证券交割。包括两个环节：一个环节是营业部交易系统在向证券交易所申报投资者的委托前，对买入证券的委托，先从该资金账户冻结买入证券所需的资金额度（含各项费用）；如果是卖出证券委托，则从证券账户冻结相应数量的证券，然后再向交易所申报。另一个环节是，当营业部交易系统收到交易所的成交回报后，对买入证券的委托，把相应的委托数量增加到证券余额中；对卖出证券的委托，则把卖出证券所得的资金（扣除各项费用后）增加到资金账户的可用余额中。在经过了规定的交割期限（如现行的规定 A 股为 T+1）后，买入的证券才可以卖出。

9.3　保险电子商务

电子商务不仅拓宽了保险公司的营销渠道，更重要的是有助于提高保险公司的经营管理效率、降低经营成本和提升整体管理水平。本节主要介绍保险电子商务的特点和体系架构；保险电子商务平台；中国保险电子商务的应用模式及其发展。

9.3.1　保险电子商务的概念

1．保险电子商务的含义

保险电子商务指保险人或保险中介人利用计算机和网络技术所形成的对组织内部、客户关系的管理以及经营业务的部分或完全电子化的商务活动，是保险公司和保险中介机构以因特网为主要渠道开展保险业务活动的运营模式。其核心内容是保险企业建立网络化的经营管理体系，并通过因特网与客户交流信息，利用网络进行保险产品的宣传、核保、理赔、给付等一系列保险经营活动。

从狭义上讲，保险电子商务即网上保险，是指保险公司或新型的网上保险中介机构通过因特网为客户提供有关保险产品和服务的信息，并实现网上投保、承保等保险业务，直接完成保险产品的销售和服务，并由银行将保费划入保险公司。从广义上讲，保险电子商务还包括保险公司内部基于 Intranet 和 Internet 技术的经营管理活动，以及对公司员工和代理人的培训、保险公司之间、保险公司与公司股东、保险监管、税务、工商管理等机构之间的信息交流活动。

保险电子商务涉及保险公司、保险中介公司各类资源整合以及公司所有利用互联网（包括 Internet 与 Intranet）、无线技术、电话等信息技术手段进行电子化交易、电子化信息沟通、电子化管理的活动，贯穿公司经营管理的全过程。由于保险公司自身经营业务的特点是只有信息流和资金流，没有物流部分，所以，和其他金融服务行业一样，是更易于运用电子商务的行业之一。

2. 保险电子商务的特点

1）可实现保险经营的虚拟化和智能化

保险电子商务的最终目标是实现保险电子交易，利用电子商务的特性来优化公司的经营管理，通过电子商务网络实现投保、核保、给付、理赔等业务工作。保险公司可以通过网络来推销自己的产品和服务，投保人可以通过在网络上查询各个保险公司的险种、保费、保单利益以及公司的信誉状况等，做出适合的选择。保险公司设有专门的咨询设备和咨询人员，投保人有任何疑问，都可以通过电话或者 E-mail 进行咨询，决定投保时，可以通过网络进行保险邀约，填写电子保单，并将保费划入保险公司的银行账户。经保险公司核保之后即可得到与保险公司签订的电子保险合同。当被保险人发生保险事故，保险公司出险时，可以通过电子账户进行保险金额的给付。

2）简化交易，降低了成本

网上投保可以使保险人与投保人通过网络直接接洽，高效的信息获取方式降低了交易成本。据测算，在美国人工咨询成本为每人次五美元，而网上咨询的成本仅为每人次四美分。在传统的经纪人方式中，销售费用和经纪人的佣金费用占了投保人所缴保费的很大比例，从而增加了投保人支出。而网络保险销售方式可以减少以上费用的支出，从而使投保人受益。同时，由于网上推销不受时间、地域的限制，保险公司可以减少分支机构的设立，降低固定资产和人力的投入。因此，网络保险一方面减少了投保人支出，另一方面又削减了保险公司的成本，从而在根本上降低了成本。摩根斯坦利的一份研究报告表明：利用因特网分销渠道将能够减少成本，至少为承保人每年每份保单节省 10%～15%的费用。以不同渠道产生 100 美元保单收入的平均成本比较：通过互联网渠道的成本约为 50 美元，而通过直接销售、专门代理、独立代理渠道的成本分别为 97 美元、139 美元、142 美元。

3）使传统的保险活动无纸化

客户与保险公司之间通过网络进行交易，尽可能地采用电子单据、电子数据传送电子货币交割，实现无纸化交易，避免了传统保险活动中书写任务繁重而且不易保存、传递速度慢等弊端，实现了快速准确的双向式数据信息交流。

4）可为客户提供完备的信息和全方位服务

在电子商务环境中，保险公司可以方便快捷地为客户提供与其背景相适应的险种及费率等信息，可以通过网络与客户进行双向交流，回答客户提出的问题，甚至为客户设计保单，提供个性化服务等。客户也可以通过比较多家保险公司的险种和费率，方便快捷地选取一个最适合的险种。

5）可以排除中介环节对投保人隐私的知悉或侵犯

传统的投保方式，不可避免地在中介环节上知悉或有意无意地侵犯投保人的隐私。网上投保可以排除中介环节知悉投保人的隐私，使投保人感到安全。同时由于网上投保透明度高，投保人可以通过网络比较各种险种，自行计算保费，从而减少中介环节因利益驱动给投保人带来的风险。

3. 保险电子商务体系架构

目前，保险电子商务大致分为企业对消费者（B2C）和企业对企业（B2B）两种。其中，前者是保险公司对个人投保人或被保险人提供的电子商务平台，后者则是保险公司对企业客户提供的电子商务平台。

电子商务的基本运行环境是保险电子商务的支撑框架，保险公司的实质经营内容则是保险电子商务的核心。

保险电子商务体系将彻底打破传统保险业的市场架构，一个完整的保险电子商务体系是建立在因特网之上，并包括各大保险公司、保险中介机构、投保人、认证中心（CA）、银行、医院等合作伙伴，以及工商税收部门、保险监管机构、互联网服务提供商等相关政府管理部门和业务支持服务机构的一个综合网络体系。如图 9-3 所示。

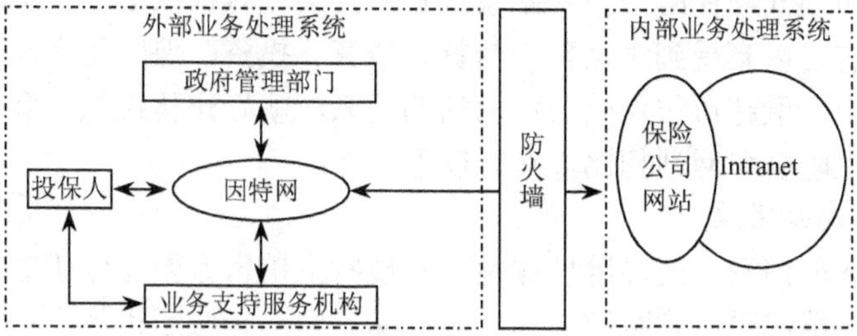

图 9-3　保险企业电子商务体系架构

网上保险交易系统包括网上直接投保系统、网上支付系统、网上自动报价系统、网上理赔系统、财务管理系统及相关的各种数据库系统等。要实现完全的保险电子商务，还需要与社会各个行业各个部门相应的数据库系统连接起来。如个人信用系统、个人医疗信息系统、车辆管理系统，以及各个行业各个标的物的身份认证系统等。

9.3.2　保险电子商务平台

1．保险电子商务直销平台

保险电子商务直销平台是由保险公司建立的电子商务直销平台，如中国人保、平安、华泰等保险公司网站，是一种典型的 B2C 电子商务模式，旨在宣传公司产品，提供联系方式，拓展公司销售渠道。其优点在于：

① 宣传公司及产品，有利于树立公司及产品形象，提高公司知名度。

② 提供产品销售渠道，可扩大销售规模，降低销售成本。如欧洲的丰泰保险公司和美国的 Progressive 保险公司。Progressive 公司甚至还提供了竞争对手的一些情况和数据，以方便顾客参考。

③ 保险公司通过电子商务对客户资料进行管理，方便同客户进行有效、迅速、明确的沟通，有利于保险公司检查保险标的风险状况、对客户防灾情况及时提出整改建议，督促保户改善防灾环境条件，减少保险公司的赔付。

④ 提供增值服务。如 AnnuityNet 保险公司的网站提供了指数连结年金保险，公司协助客户决定选择哪种基金进行投资，以便客户在保险期间内修改转换不同的基金。在保单有效期，客户也可以通过 Internet 直接影响保单，如改变地址、保单免赔额或一些控制风险的数据，还可以通过 Internet 提出索赔、追踪理赔进度等。

2．网上保险超市

网上保险超市给保险人和顾客提供了一个交易场所。众多保险人和顾客在这个超市中相互接触，让保险人能发现合适的顾客，让投保人能找到自己所需的险种。这种模式做到了以顾客为中心，使顾客选择权最大化。它可以提供来自不同保险公司的产品和价格，供客户进行比较。这种商务模式通常是由独立的商家提供一个电子商务服务平台，即中立的网上保险商城，在这个平台上各家保险公司、保险中介机构、保险相关机构都可以采用网上门店的形式来设立自己个性化的专卖柜台，比如 InsWeb、Quicken –Insurance、QuotesmitheHealthInsurance，运行这种商务模式已经有 4～5 年的经验。这种模式的投资回报来自于：销售许可权、交易推介费用、广告收入。

3．网上金融超市

网上金融超市模式与保险公司网站模式相似，给顾客提供了一个交易场所。在这个交易场所里，顾客可以享受到集储蓄、信贷、结算、投资、保险等多功能于一身的“一条龙”服务。网上金融超市与保险公司网站的关系，就好比传统超市和专卖店的关系。网上金融超市与保险公司网站相比，具有以下优点：

1）有利于提高知名度

保险公司在培养消费者的品牌忠诚性、实现网上销售方面比较困难。最适合在网上营销的产品是那些能够吸引到特定访问者的产品。网上金融超市为金融保险产品提供了标准化的网站，他们的目的是提高自己的知名度，成为网上金融和保险产品的标志，以培养消费者对品牌的忠诚。

2）有利于实现范围经济

网上金融超市经营范围比保险公司网站经营范围宽广，有利于实现范围经济。国内目前已有了这类网站的雏形，如和讯网（www.homeway.com.cn），首页设立了股市、外汇、期货、保险、地产等栏目，人们在进行投资组合时很有可能利用这个机会访问“和讯保险天地”来选择保险产品。另外，国内著名的平安保险 PA18 网站也具有一定的网上金融超市的功能。

9.3.3　中国保险电子商务应用模式

根据对多家保险公司的调研和总结，赛迪顾问将中国保险电子商务应用模式细分为以下几种（见图 9-4）。

从服务对象上看，保险电子商务主要分为面向企业客户的 B2B 模式、面向个人客户的 B2C 模式以及面向内部员工和营销员的 B2E（business to employee）模式。

从服务手段上看，我国保险电子商务主要分为网站模式和电话模式。

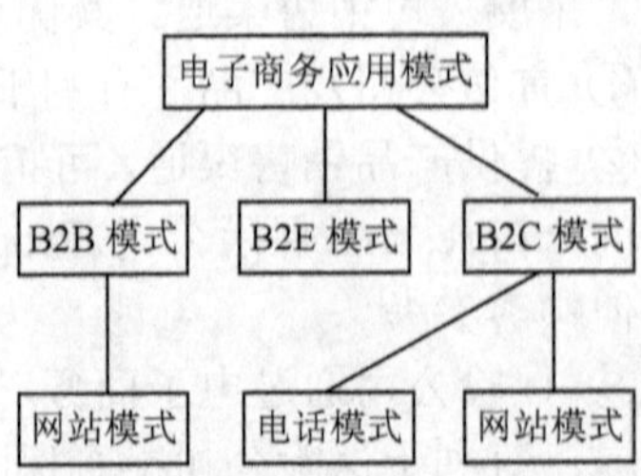

图 9-4　中国保险电子商务应用模式示意图

赛迪顾问认为，目前国内保险电子商务平台大致可以分为三类：第一类，由保险公司，如中国人保、平安、华泰等公司建立的电子商务直销平台。第二类，由专业保险电子商务应用服务供应商搭建的代理中介式交易平台。第三类，由保险行业协会或专业报社创立的公众信息服务平台。

国内保险业在电子商务应用方面虽然取得了较快的发展，但大部分保险公司还处于初期试用阶段。其主要功能一般局限于保险咨询、险种浏览、投保意向、网上投诉报案等。少数如泰康、太保等公司将自己的简单险种实行网上专卖，进行网上直销，并通过自己的网上门店开展客户服务、受理投诉等，有些保险公司还运用网站调查市场需求、管理客户资料、设计保险方案等。

9.3.4 保险电子商务的发展

1. 国外保险电子商务发展

国外保险电子商务的发展首推美国。在美国，几乎所有的保险公司都利用网络进行销售，他们在因特网上设立站点或主页开展宣传、咨询、营销和客户服务，决策人员利用因特网进行资料收集、统计分析、业务培训、流程改造、管理分析等。不少网络公司还将各大保险公司的各种保险产品集合起来，用户上网就可以进行比较，并作出自己的选择。1999 年美国仅有 0.2%的个人保单是在线销售的，到了 2005 年，美国来自于网上销售的保费收入占在线市场销售总额的 8%。

欧洲保险电子商务的发展势头也相当迅猛。2005 年，网上销售保险的保费收入在欧洲达到 60 亿美元，占在线市场销售总额的 4%。早在 1985 年，英国 DirectLine 便开始利用电话进行汽车投保。20 世纪末，随着因特网的普及，电话销售和网上车险产品销售已超过英国车险市场总业务量的 50%。现在，在英国投保车险，只要在家中点击鼠标进入著名的“英国网上汽车保险”网，填妥自己的个人信息，该网站便能在加盟的数百家从事车险业务的保险公司中挑选出若干最适合的公司供投保者选择，并且可以获得保险公司为用户的车量身定做的车辆保险报价。根据客户需要，还可以在网上签订保险合同，再通过在线支付手段付款。

电子商务帮助世界第二大再保险公司——瑞士再保险公司平均每年节省 7.5 亿瑞士法郎。自 1997 年开始，意大利 RAS 保险公司用微软（Microsoft）技术建立的一套造价为 110 万美元的保险网络营销服务系统，使得该公司月售保单数量提高了 10 倍。

2006 年，全球保险电子商务市场规模达到 1 735.6 亿美元（指通过网络、电话、无线移动平台等电子商务渠道的总收入），占整体保费收入的 4.6%，其中美国与欧洲市场占据了 71.9%的规模。现在美国几乎所有的保险公司都已上网经营，一些险种网上交易额已占到 30%～40%的市场份额。据美国著名的咨询公司安德森和美国寿险管理协会对全球 213 个寿险公司、资产管理师和互联网用户的最新调查，在未来 5 年的全球寿险新保单中，将有 16%～19%通过因特网销售。美国独立保险人协会发布的《21 世纪保险动向与预测报告》显示：今后 10 年内，在世界保险业务中，将有 31%的商业险种交易和 37%的个人险种交易通过因特网进行。

2. 我国保险电子商务的发展

与发达国家相比，我国的保险电子商务起步较晚。1997 年，我国第一个面向保险市场和保险公司内部信息化管理需求的保险行业中文专业网站——中国保险信息网（http://www.chinainsurance.com）诞生，该网涉及保险业的培训、咨询、销售、投诉等内容，2000 年 7 月 1 日更名为中国保险网。这是继英国出现“直播”保险公司、法国 A&A、AON 等发起组织全球保险网等一系列现象后，我国保险业在网络化方向的一项重大举措。同年 11 月 28 日，由中国保险信息网为新华人寿促成的国内第一份网上保险单，标志着我国保险业开始涉足网络的大门。[2]此后，中国保险网在主管部门、行业组织、保险公司和业内外人士的大力支持下，一直是国内规模最大、内容最丰富、最具权威性和影响力的保险行业综合网站，点击率始终为国内同类网站第一名，成为中国保险行业的电子信息窗口以及保险业内各方面的网上交流渠道，为推动国内保险业信息化发展做出了积极的贡献。

2000 年 3 月 9 号，国内推出首家电子商务保险网站——“网险”（www.orisk.net），该网站由太保北京分公司与朗络电子商务公司合作开发，真正实现了“网上投保”。2001

年3月，太平洋保险北京分公司与朗络合作开通了“网神”，推出了30余个险种，当月保费达到99万元，让业界看到了保险业网上营销的巨大魅力。为了解决网上支付问题，朗络公司与国内外数家银行建立了广泛的业务联系，顾客可以使用中国银行长城信用卡、中国工商银行牡丹信用卡、建行龙卡以及VISA、Mastercard、AE等信用卡在网上实现支付。

在保险电子商务领域走在前列的是平安保险和泰康人寿。平安保险投入2亿元打造综合金融理财网站PA18，为客户提供集保险、银行、证券、信托、理财顾问和增值服务于一体的综合性服务。“泰康在线”（www.taikang.com）是国内第一个由寿险公司投资建设的、真正实现在线投保的网站，也是国内首家通过保险类CA认证的网站。

2001年5月15日，平安保险正式启动货运险网上交易系统，第一张网上货运险保单在杭州签发。这是我国第一个货运险网上交易多功能平台，标志着中国货运保险正式步入网络时代。2001年9月，泰康人寿完成了国内第一例网上保险理赔案，保险从签单到理赔实现了全程电子商务。现在几乎所有的国内保险公司都开通了自己的网站。同时，外资保险公司登陆内地，也纷纷创办自己的保险网站，许多由个人创办的保险网站也开始在我国出现。如中美合资寿险公司招商信诺人寿保险公司凭借其在亚太保险市场的经验，以电话营销作为主要销售渠道，利用500人的电话销售队伍，在2005年就已实现新单销售4.7万件。

2006－2007年中国保险电子商务市场开始爆发，其中2007年电子商务保费规模同比增长230.3%。随着互联网技术的不断完善，电子商务一定会为中国保险业写上新的一页。

3. 我国保险电子商务的特点

赛迪顾问2007—2008年中国保险行业电子商务市场研究年度报告认为，我国保险电子商务呈现出以下主要特点：

1）保险电子商务保费规模较小，但市场潜力巨大

中国保险电子商务仍处于发展初期，各保险公司的电子商务保费收入在公司整体保费收入中的占比很小，而美国仅在电销、网销的保费收入就占到总保费的20%以上，并且仍在高速发展之中。对比说明中国保险电子商务市场有充分的发展空间，市场潜力巨大。

此外，由于中国保险电子商务保费规模小，电子商务渠道的战略价值还没有完全体现出来，在渠道的资源配置方面，容易被忽视。因此，保险电子商务目前需要各公司领导给予充分重视，并给予切实的扶持措施。

2）保险电子商务运营管理模式向集中化发展

目前，越来越多的保险公司开始关注电子商务渠道的建设，且平台的运营管理模式体现出了集中化趋势，因为集中的运营管理模式更符合电子商务本身跨区域、跨平台的技术特征。而且，集中化的管理能够给客户提供统一的服务，展现统一的品牌形象。中国平安是在保险电子商务领域内较早实现集中化的企业，并取得了良好成效。在保险行业以外，招商银行、海尔集团、携程网等企业也都采用类似的集中化发展策略。

3）电子商务渠道适合于分散型业务或分散型客户

电子商务在保险行业更适合拓展分散型业务和分散型客户。其特点是：需求分散、服务各异，单均保费少、保单量大。电子商务渠道既可以解决传统代理人客户服务精力有限的问题，也可以解决投入产出比较低的问题。电子商务平台为客户提供的自助式服务，既方便了客户，也节省了业务员所需投入的精力，使得业务员有可能面向团体客户投入更多的精力。

本章小结

本章主要介绍银行电子商务、证券电子商务和保险电子商务的基本概念，运作模式及其发展现状和特点。

银行电子商务是指采用数字化电子方式进行银行数据交换和开展银行业务的活动，是在因特网与传统信息技术相互结合背景下产生的一种相互关联的动态银行活动。银行实现电子商务的载体是电子银行。

电子银行是指商业银行等银行业金融机构利用面向社会公众开放的通信通道或开放型公众网络，以及银行为特定自助服务设施或客户建立的专用网络，向客户提供的银行服务。电子银行提供服务的主要方式：网络银行、电话银行系统、金融 Call Center、自助银行、POS 系统、ATM 系统等。

证券电子商务是指利用 Internet 完成证券交易的整个流程，在信息的采集、发布、传播、检索、交易撮合、货币支付、清算、交割等一系列过程中实现电子化，是证券行业通过因特网媒介为客户提供的一种全新商业服务，是一种信息无偿、交易有偿的网络服务。

证券电子商务从本质上来说是证券业务的电子化，证券业务包括一级市场业务、二级市场业务及其他派生业务。

保险电子商务指保险人或保险中介人利用计算机技术和网络技术所形成的对组织内部、客户关系的管理以及经营业务的部分或完全电子化的商务活动。

一个完整的保险电子商务体系是建立在因特网之上，并包括各大保险公司、保险中介机构、投保人、认证中心（CA）、银行、医院等合作伙伴，以及工商税收部门、保险监管机构、互联网服务提供商等相关政府管理部门和业务支持服务机构的一个综合网络体系。

目前的保险电子商务平台主要有保险电子商务直销平台、网上保险超市和网上金融超市。从服务对象上看，保险电子商务主要分为面向企业客户的 B2B 模式、面向个人客户的 B2C 模式以及面向内部员工和营销员的 B2E 模式。从服务手段上看，我国保险电子商务主要分为网站模式和电话模式。

本章习题

1. 针对章首案例一，搜索我国银行电子商务发展的代表事件，以说明银行电子商务的发展近况。
2. 根据章首案例二，说明券商电子交易系统的主要特点。
3. 什么是银行电子商务?主要有哪些特点?
4. 银行开展电子商务的主要方式是什么?
5. 证券电子商务有哪些特点?
6. 我国新一代证券交易系统有哪些主要功能和优点?
7. 目前保险电子商务主要有哪几种形式?
8. 保险电子商务与传统保险相比有哪些特点?
9. 试述如何发展中国保险电子商务。

第 10 章

旅游、中介、服务电子商务

引例 携程旅行网

携程旅行网（www.ctrip.com）是中国领先的在线旅行服务公司，创立于 1999 年，总部设在中国上海。携程旅行网向超过五千余万注册会员提供包括酒店预订、机票预订、度假预订、商旅管理、高铁代购以及旅游资讯在内的全方位旅行服务。携程旅行网目前已在北京、广州、深圳、成都、杭州、厦门、青岛、南京、武汉、沈阳、南通、三亚等 12 个城市设立分公司，员工超过 10 000 人。

携程旅行网发展历程如下所述：

1999 年 10 月，携程旅行网开通。

2000 年 11 月，并构北京现代运通订房中心。

2002 年 03 月，并购北京海岸航空服务有限公司。

2004 年 09 月，与招商银行联合推出国内首张双币种旅行信用卡。

2004 年 12 月，斥资 2 000 万美元建造现代化在线旅行技术服务中心。

2007 年 05 月，推出国内首张商旅精英信用卡——中行携程卡。

2008 年 12 月，携程南通呼叫服务中心正式启动。

2010 年 5 月 8 日，拥有超过 1.2 万个呼叫席位的携程信息技术大楼在江苏南通经济技术开发区正式落成，该区由此成为目前世界上最大的旅游业呼叫中心。

2011 年 1 月 21 日，宣布正式成立重庆分公司，并全力进军重庆旅游市场，大力拓展以重庆为出发地和目的地的旅游业务。携程是第一个在重庆成立分公司的在线旅游企业。

携程旅行网商旅服务提供的商旅服务主要有以下几项：

① 酒店预订：携程旅行网拥有中国领先的酒店预订服务中心，为会员提供即时预订服务，合作酒店超过 32 000 家，遍布全球 138 个国家和地区的 5 900 余个城市，有 2 000 余家酒店保留房。

② 机票预订：携程旅行网拥有全国联网的机票预订、配送和各大机场的现场服务系统，为会员提供国际和国内机票的查询预订服务。目前，携程旅行网的机票预订已覆盖国内和国际各大航空公司的航线和航班，实现国内 50 多个城市市内免费送票，实现异地机票，本地预订、异地取送。机票直客预订量和电子机票预订量均在同行中名列前茅，业务量连续两年保持 3 位数的增长率，成为中国领先的机票预订服务中心。

③ 休闲度假：携程网倡导自由享受与深度体验的度假休闲方式，为会员提供自由行、团队游、半自助、巴士游、自驾游、油轮、自由行 PASS、签证、用车等全系列度假产品服务。其中，自由行产品依托充足的行业资源，提供丰富多样的酒店、航班、轮船、火车、专线巴士等搭配完善的配套服务，现已成为业内自由行的领军者；海外团队游产品摒弃传统团队走马观花的形式，以合理的行程安排和深入的旅行体验为特色，正在逐步引领团队游行业新标准。

④ 旅游资讯服务：旅游资讯是为会员提供的附加服务。由线上交互式网站信息与线下旅行丛书、杂志形成立体式资讯组合。

⑤ VIP 服务：携程在全国 15 个知名旅游城市拥有 3 000 多家特约商户，覆盖各地特色餐饮、酒吧、娱乐、健身、购物等生活各方面，VIP 会员可享受低至 5 折消费优惠。

携程旅行网具有自身的服务特色，对于商旅客户来说，服务特色表现在：

① 按企业的需求定制。

② 有效的出差费用管理。

③ 随时随地享受服务。

对于休闲旅游者来说，服务特色表现在：

① 完全个性服务。

② 信息使用全面化。

③ 旅行、交友、娱乐并重。

携程旅行网的竞争优势体现在以下两个方面：

第一，优质的服务：携程网依托强大的技术能力，建立了先进的服务系统，近 4 000 位专业人员 24 小时为客户提供无微不至的服务。并以国际先进的六西格玛标准控制服务流程，确保客户的旅程高枕无忧。

第二，实惠的价格：信息规模化和资源规模化是携程旅行网的核心优势之一。拥有亚洲旅行业首屈一指的呼叫中心，与全球 134 个国家和地区的 28 000 余家酒店建立长期稳定的合作关系，其机票预订网络已覆盖国际国内绝大多数航线，其规模化的运营降低了运营成本，进而有着更实惠的价格。

携程旅行网将有资质的酒店、机票代理机构、旅行社提供的旅游服务信息汇集于互联网平台供用户查阅，同时帮助用户通过互联网与上述酒店、机票代理机构、旅行社联系并预订相关旅游服务项目。对用户预订的旅游服务项目中出现的瑕疵等问题，携程旅行网并不承担责任，但携程旅行网将尽力协助用户与相关旅游服务项目提供商进行协商，不能协商解决的，用户可以向消费者协会投诉或通过法律途径解决。携程旅行网严格保障用户隐私权，对上网用户的个人信息保密，未经上网用户同意不得向他人泄露，但法律另有规定的除外。用户自愿注册个人信息，用户在注册时提供的所有信息，都是基于自愿，用户有权在任何时候拒绝提供这些信息。注册个人信息的用户同意携程旅行网对这些信息进行善意利用。携程旅行网使用目前业界高可靠性的服务器软件，支持安全加密协议。

10.1 旅游电子商务

互联网的兴起给旅游业带来了新的契机，网络的交互性、实时性、丰富性和便捷性等优势促使传统旅游业迅速融入网络旅游的浪潮。旅游爱好者通过网络获取旅游信息的期望值不断增强，通过网络查询信息，进行酒店、机票预订和购买支付旅游产品已成为一种时尚。

旅游业作为我国最早也是最需要与国际接轨的行业，是很早实施信息化建设的行业。我国对旅游信息化的规划与建设给予了高度的重视，2000 年开始实施的金旅工程是国内 18 个金字工程之一，是我国旅游业参与国际市场竞争的重要手段，是国家信息化工作在旅游部门的具体体现，是国家信息网络系统的一个组成部分。电子商务代表着旅游业未来贸易方式的发展方向，旅游业的生产和消费特点决定了旅游业最能够体现电子信息网络的优越性，也是最适合开展电子商务的产业之一。

1. 旅游电子商务的定义

当今旅游电子商务的核心就是为旅游者和旅游企业提供一个信息交流和产品促销的网络平台。国内著名的电子商务咨询公司艾瑞咨询指出："旅游电子商务是指通过现代网络信息技术手段实现旅游商务活动各环节的电子化，包括通过网络发布、交流旅游基本信息和旅游商务信息，以电子手段进行旅游宣传促销、开展旅游售前售后服务；进行电子旅游交易；也包括旅游企业内部流程的电子化及管理信息系统的应用等。” 世界旅游组织在其出版物 *E - Business for Tourism* 中指出：“旅游电子商务就是通过先进的信息技术手段改进旅游机构内部和对外的连通性（connectivity），即改进旅游企业之间、旅游企业与上游供应商之间、旅游企业与旅游者之间的交流和交易，改进旅游企业内部业务流程，增进知识共享。”可以认为，旅游电子商务的主要应用体现在旅游信息的网络宣传、旅游产品的在线销售、旅游企业的网络化管理、旅游网站的管理运营及推广、旅游目的地营销、旅游行业管理等多个方面。

在分析已有研究成果的基础上，可以将旅游电子商务定义为：旅游电子商务是指通过现代网络信息技术手段实现旅游商务活动各环节的电子化，包括通过网络发布、交流旅游基本信息和旅游商务信息，以电子手段进行旅游宣传促销、开展旅游售前售后服务，进行电子旅游交易；也包括旅游企业内部流程的电子化及管理信息系统的应用等。

2．旅游业发展电子商务的优势

由于旅游产业的特殊性，特别适合于发展电子商务，所以电子商务与旅游业结合是一种必然趋势，旅游电子商务的发展有其存在的必要性和可行性。

首先，互联网作为信息聚集和发布的有力平台能够迎合旅游行业的信息密集型需要。在旅游业中，旅游信息涉及面广、信息量大，是典型的信息密集型产业，旅游者和旅行社在经营旅游线路过程中需要掌握旅游目的地信息、酒店住宿信息、道路交通信息、餐饮特色信息、民俗风情信息、天气信息等，仅仅对于住宿酒店就要掌握酒店星级、地理位置、房间类型、住宿价格、服务水平等信息。海量的信息需要现代化的管理，旅游企业利用先进的管理软件对各类信息进行分类，有序地收集、整理和组织管理，才能适应现代旅游企业快速应对旅游市场的要求。旅游信息通过网络进行发布解决了旅游企业广泛传播信息的难题，旅游信息宣传的成本大大地降低了，旅游者在互联网上能够轻松地查询到国内外的各种旅游信息，消除了传统旅游业中地域的局限性，实现了旅游信息的共享。这正是互联网的优势之所在。

艾瑞咨询的调研数据显示，2010 年中国在线旅游预订用户了解旅游产品使用最多的途径是旅游预订类网站，如携程、艺龙，使用该类网站了解旅游产品的占比为 67.4%。使用旅游搜索引擎如去哪儿、酷讯的占比为 53.4%，使用综合搜索引擎如百度、谷歌的占比为 45.3%。艾瑞咨询分析认为，目前使用旅游预订类网站了解旅游产品仍是主流。艾瑞咨询预计，使用搜索引擎来了解相关产品的在线旅游预订用户会逐渐增多，而社区和点评类网站上的真实体验的交流信息也将受到更多用户的关注。未来中国在线旅游预订用户获取旅游产品信息的途径将多元化发展，用户了解旅游产品信息将更加便捷。

另外，旅游产品不像其他有形的产品能够观赏、触摸甚至试用，电子商务正是通过非面对面的网络化的信息传递让顾客了解产品，唤起游客的购买欲望。随着信息技术的发展，旅游信息可以以声音、图片、动画、视频等各种方式传递给游客，增强了游客的感性认识，弥补了传统旅游业所不能给予客户的认知，为游客提供了“身临其境”的体验机会。全新的旅游体验，培养和壮大了潜在的游客群。因此，旅游电子商务使无形的旅游产品慢慢变得“有形”起来，旅游者对互联网上旅游信息的需求正为旅游企业的信息传播提供了目标客户群，从而使得旅游电子商务迅速崛起。

其次，旅游电子商务能够规避传统行业发展电子商务的物流和支付难题。旅游业是服务型产业，旅游企业在服务中完成旅游产品的销售，旅游者的亲身体验是旅游过程中必不可少的，因此相对于电子商务的其他行业，旅游电子商务规避了旅游产品的物流障碍，旅游产品的目的地消费性使得旅游电子商务基本不存在物流问题。

以旅游中飞机票的购买为例，在传统方式下购买机票后需要送票。而为了适应旅游电子商务的发展，普通纸质机票已逐渐被电子机票（electric ticket）所取代，它将旅客信息存储在订座系统的电子客票数据库内，即将普通纸质机票的票面内容显示在订座、离港系统终端上。电子客票并不是“无票”，而是在系统中生成电子机票联，乘客只需凭有效证件到机场确认后就可以领取登机牌。资料显示，目前发达国家电子机票出票量约占40%，美国约占60%。国际航协（IATA）在雅加达宣布，从2008年6月1日起，全球航班将100%实现电子客票。

在传统的酒店运营方式中，游客可以通过电话等方式进行预订，无须先付款，可以在入住酒店后再付款。此流程可以很方便地嫁接到互联网上。旅游活动中的预订后再消费的运营模式可以有效地规避电子支付的瓶颈，是旅游电子商务优越性的体现。

最后，电子商务平台的特性能较好地解决满足旅游者个体化需求与实现旅游业运作规模优势的矛盾。旅游服务活动具有多种鲜明的特点：跨行业、跨地区、时间连续和空间散布、想象推销、动态不稳定等。因此，旅游业既离不开信息网络的技术支持，又能充分体现信息网络的应用价值，旅游业与电子商务有天然的适应性。

3. 旅游电子商务网站的分类

1）*在线旅游服务商*

该类企业从成立之初便立足互联网，自身没有旅游资源（如酒店、旅游景点），单纯提供旅游代理服务，主要靠签约的下游旅游供应商（如航空公司、酒店）分成获得收入。国外以 Expedia.com 和 Travelocity.com 为代表，国内则以携程旅行网和艺龙旅行网为典型，这四家都是纳斯达克上市公司，并且该类企业目前占市场主导地位。其基本特点为：

① 成立之初便立足互联网。

② 自身没有旅游资源。

③ 单纯提供旅游代理服务。

④ 靠签约的下游旅游供应商（如航空公司、酒店）分成获得收入。

2）*传统旅游服务提供商线上分支*

传统旅游服务提供商多为传统旅行社或旅游公司，这类企业自身或者合作者掌控了丰富的旅游资源，线上业务为其传统旅游服务在互联网上的延伸。港中旅旗下芒果网、中青旅旗下遨游网、康辉和国旅集团等众多境内外大型旅游企业纷纷抢滩网上旅游市场。除了上面直接投资进入的旅游巨头外，几乎国内所有大旅行社也都准备以不同模式进入这个市场。其基本特点为：

① 传统旅行社或旅游公司。

② 掌控丰富的旅游资源。

③ 传统旅游服务在互联网上的延伸。

3）*在线旅店预订服务商*

在线旅店预订服务商指的是在多个城市开设连锁旅店的经济型酒店于互联网上建立的酒店预订网站，基本上只提供自身酒店的预订服务。国外以 Hotels.com 为代表网站，国内则以 Motel168.com（莫泰 168 连锁旅店）为代表。其基本特点为：

① 开设连锁旅店的经济型酒店。

② 提供自身酒店的预订服务。

4）传统航空公司自营

随着信息化的深入发展，中国民航系统传统的纸质机票于 2006 年 10 月正式废除，电子客票时代全面到来，传统航空公司已经做好逐步引导机票销售网络化的准备。在这个方面，国际行业巨头远远地走在了中国航空公司前头。国外最大的三家 AMABEUS、GALILEO 和 ABACUS，早在 1996 年就已在北京、上海、广州设立办事处。WTO 规定，2005 年开始，中国向国外的订座系统进行开放，这已经意味着国内的很多在线旅游企业都要面临全球在线旅游企业的激烈竞争。其基本特点为：

① 传统航空公司。

② 机票预订。

5）在线旅游搜索引擎

在线旅游搜索引擎方面，成立于 2005 年 6 月的去哪儿旅游搜索（Qunar.com），是目前中国旅游搜索市场的领跑者。Qunar.com 是将酒店、机票代理机构、旅行社提供的旅游服务信息汇集于互联网平台，利用其世界领先的数据搜索技术，进行价格比较及信息分类，为消费者提供最佳出行参考，使他们享受更多选择、更低价格的旅游。“去哪儿”作为旅游搜索引擎，并不提供任何机票、酒店等预订服务，其所做的工作就是帮助用户快速搜索各个网站报价，并选取最适合的网站，将用户带往相关旅游服务提供商。其基本特点为：

① 汇集酒店、机票代理机构、旅行社提供的旅游服务信息。

② 不提供任何机票、酒店等预订服务。

4．旅游电子商务的应用主体

旅游电子商务的应用范围非常广泛，参与的主体也是众多的。根据当今旅游电子商务的主要应用及主要服务对象，将旅游电子商务的应用主体主要分成五类，分别为旅游者、旅游企业、专业旅游电子商务服务商、旅游行业管理者、旅游研究与策划机构。

1）旅游者

旅游者是旅游业服务的对象，是旅游产品销售的对象，是旅游电子商务的重要组成部分。广大的旅游消费群体组成了旅游电子商务的应用主体，旅游者的需求是旅游电子商务发展核心推动力之一。旅游者通过互联网查询和对比酒店价格、查询和对比航空机票价格、查找旅游目的地等各种相关信息编制旅行计划。艾瑞 iUserTracker 的监测数据同时显示，2008、2009 年旅游网站的用户覆盖人数相对 2006、2007 年呈现出较大幅度的上升趋势。艾瑞分析认为，当有更多居民选择休闲旅游时，他们对价格的敏感、对消费的理性都会促使网络旅游平台访问量的提升，因为互联网是最全面的信息集合平台，有最方便的产品比较工具，如搜索、论坛等，是最便捷的预订方式，有最广泛的分享网络，这些因素都加速了旅游者的消费行为从线下向线上转移，包括获取信息、产品比较、预订以及旅游经历的分享，网站成为旅游服务不可缺少的渠道及平台。

在互联网上，旅游者不仅是旅游信息的获取者，同时逐步发展成了旅游信息的发布和传播者，旅游者可将自己的亲身体验、自己的活动图片和视频发布到互联网上，与广大网民分享，进行经验交流。

2）旅游企业

企业是旅游产品的组织和发布商，是旅游电子商务主要应用者之一。旅游企业的电子商务应用主要体现在旅游企业内部的网络化管理和旅游企业网络平台的宣传与促销上。传统的旅游企业主要包括酒店宾馆、旅行社、旅游景区景点、航空公司、餐饮企业等，旅游企业借助互联网平台传递自身产品的同时还获取了大量的旅游市场信息，为自身的产品组织、销售渠道、客户管理、运营策略、发展方向提供了有力依据。

旅游企业的互联网应用可以是多方面的，最普遍的是建立自己的旅游网站，作为企业宣传和促销产品的网络平台。

"九寨沟风景名胜区网"是旅游景区企业网站，被评为2006年度中国十大优秀景区网站。旅游企业可将自己的旅游产品提交给专业的旅游电子商务服务商进行代理销售，最典型的体现在于航空机票代理和酒店客房预订两个旅游产品。

以中青旅、国旅为代表的传统旅游企业也纷纷尝试网上旅游服务，提供网上订房订票服务。这主要是由于中国互联网用户的快速增加以及与旅游市场目标客户的高度吻合，极大地刺激了传统的旅游公司，他们也纷纷开展了网上订票业务，把互联网线上营销和线下营销有效地结合起来，通过整合营销服务，从而更快、更有效率地满足顾客的需求。

3）*专业旅游电子商务服务商*

旅游电子商务服务商是指运用互联网技术，建立起旅游商品的交易平台，通过网站的运营吸引广大旅游者访问，为众多旅游企业提供旅游产品的展示和预订的电子商务平台。专业旅游电子商务服务商向旅游者提供免费服务，提供了酒店查询及预订服务、旅游线路详细介绍和预订、机票信息快速查询和预订，同时还有许多旅游辅助信息查询，如天气预报、外汇牌价、电子地图、旅游常识等。专业旅游电子商务平台是旅游信息的汇集地，无论是旅游产品的信息还是旅游服务信息都应有尽有，为旅游者节省了搜索旅游信息的时间和精力，因此吸引了大批旅游者访问。

携程网就是中国专业旅游电子商务服务商的代表之一，网站提供了在中国旅游的各种信息，汇集了国内旅游企业的众多旅游产品。2010年，中国在线旅行预订市场的竞争格局中，携程占据51.6%的市场份额，相比2009年54.6%下降了3个百分点，但依然处于绝对领先的位置；艺龙、号码百事通和芒果网位于第二阵营，市场份额分别为8.7%、8.0%和6.7%；其次是12580，市场份额为5.3%，汇通天下作为上海世博会指定的订房业务承办方，同时依托其自有的B2B资源，助其在2010年获得4.4%的市场份额。

4）*旅游行业管理者*

旅游行业管理者主要是指各级政府部门（如各省市旅游局）和非营利组织（如各地旅游协会），负责旅游行业规范、发展规划、诚信机制的制定等事宜。旅游行业管理者主要管理的对象涉及旅行社、旅游景区景点、旅游饭店、导游旅游产品价格、旅游者等。目的是加强对企业网站和商务网站旅游业务的规范和引导，维护市场秩序，维护旅游者权益，保证旅游服务的质量。

目前，我国国家旅游局和各地旅游部门都已经建立政府网站。旅游部门的政府网站定位于为旅游业和旅游者提供权威的旅游资讯信息，宣传政府旅游业管理的法规政策，成为国家和地区旅游目的地形象宣传的主干渠道。

5）*旅游研究与策划机构*

旅游研究与策划机构主要由各地的科研院所来承担，主要负责旅游景区和旅游项目的规划、创意策划及相关设计工作；开展旅游新产品开发的策划设计和旅游市场调查及产品效益研究；根据旅游产业及旅游市场需求开展应用性课题研究，并及时向政府和有关部门提出开发建议和方案。

5．我国旅游电子商务存在的问题

1）经营模式雷同，竞争力不强

缺乏明确的市场细分，集中在大致相同的经营模式，是目前旅游网站的一大问题。旅游网站主营的电子商务业务有机票、酒店、旅行团预订三大项，每个旅游网站都有。不管是商务旅游者，还是自助旅游者，只要是国内的消费者，不管旅游者是否有能力上网，都把其定位为目标顾客，其信息、产品更是“老少皆宜”。网站设计出统一的全面解决方案希望能够占领全部的市场份额，而不顾不同层次的细分市场的不同层次需求，结果是旅游网站的供给与使用者个性化需求未能实现无缝对接，方向混乱、目标不清、促销乏力，难以获得市场。

电子商务的特点和功能优势在这些网站上几乎体现不出来。绝大多数属于信息发布型网站（尽管有极少数网站可以纳入直销型网站或其他类型），还处于电子商务的低级阶段。而且，网站信息更新缓慢，在线交易冷淡，无法吸引游客。此外，我国旅游网站尚处在向动态交互性信息服务的过渡中，还未出现通过网络提供个性化的旅游产品和服务，而旅游电子商务网站个性化服务急需建立。这是因为网站面临的访问者多种多样，不同的访问者的喜好、文化背景、年龄、职业及经济能力是不一样的，所以在旅游过程中的需求也不一样，如果网站的信息没有针对性，访问者只是被动地接受信息，很难引起访问者的旅游欲望。网站个性化服务设计的目的是使每一个访问者都能在网站上找到其感兴趣的信息，从而引起旅游的欲望。

实际上，未来的旅游电子商务市场中，增值服务将成为制胜关键。由于在网络世界中人们具有无限的选择权利，所以网上的竞争日益激烈，旅游网站向网民推出的服务项目越来越多。比如说，年关之际，中国旅游商务热线与广州市饮食服务集团合作，开展网上元宵销售配送服务。中国旅游资讯网推出“网上课堂”，把网络与旅游、时尚紧密结合起来，将娱乐性和知识性融为一体。由此可见，网站单单具有技术和信息优势，仍无法保证能在网络旅游市场中成为最后赢家，谁能提供更多的增值服务，谁才能掌握制胜关键。

2）盈利模式存在缺陷

首先，旅游电子商务网站目标定位不准，思路不清。当初国内各大旅游网站最初的目标是做旅游门户网站，希望靠广告盈利，用平面媒体的盈利思维模式来处理网络媒体。大家都明白，现在媒体生存和发展主要依靠广告，于是推而广之，以为网站也可以通过广告盈利，网站广告只是旅游网站盈利的一小部分，如著名的艺龙网站整个收入构成中网络广告仅约占 20%。依照这种目标定位和思维去经营旅游电子商务，失利似乎是必然的。所以，随着“网络泡沫”的破灭，旅游网站也不可避免地陷入困境。

其次，过分强调技术，对盈利的商业模式缺乏深入研究。在“网络经济”大放异彩的年代，似乎网络与高科技是肇始者，却将技术运用和技术本身倒置，使本来可以顺利发展的旅游电子商务走了弯路。

再次，过于追求时尚、与传统产业脱节也是旅游电子商务失利的又一原因。网络是个新生事物，用它去为旅游业服务，当然更为“时尚”。于是，在旅游这个追求时尚的产业内，把运用网络也作为一种产业。网络开始在中国初显生机时，国内先后出现了华夏旅游网、中国旅游资讯网等网站，这些旅游类网站一般都提供旅游资讯、订票、酒店预订、线路预订等服务。携程网在当时及时转向，通过收购当时国内最大的订房中心和北京最大的票务中心，形成了酒店和机票的主营业务，实现了初步盈利，并成为中国旅游业时尚。但许多网站想独辟蹊径，抛弃传统。第一家在美国纳斯达克上市的公司，经过一番“风光”之后，才发现电子商务原来是在做企业，不盈利是不行的。这可以从旅游电子商务“网络泡沫”最后走出来的“携程网”、“青旅在线”等得到反证。背离传统，不切实际的转变模式使得一些企业走向衰败。

最后，整个网络环境也是产生旅游电子商务盈利问题的原因之一。网络本身是个新生事物，客户认知程度还比较低，更多是停留在这个新事物的表象上，于是当时的 “注意力经济”、“眼球经济”盛行，能吸引住客户，聚拢人气。但实际上，企业还必须让客户有实际的消费行为，不能只停留在观看、浏览阶段。还有，旅游电子商务的从业者对传统预订营销了解不深，在具有盈利能力的业务上用力不多，所以，在当时旅游网站甚至对酒店预订和预订量不屑一顾，丢弃传统业务和市场可能也是电子商务盈利存在问题的直接原因。与此同时，互联网冲浪者最初对电子商务的关注也正由表及里，更在乎通过互联网能够给自己办成什么事、带来多少实惠。现如今网络普及，网络的实用性方面也没有达到客户满意的程度，而且电子商务在安全、支付、法律制度、网络速度等方面还没有完全达到充分运用的条件，这些都在客观上制约了旅游电子商务的成功。

10.2 中介电子商务

尽管电子商务使厂商之间的距离、厂商与消费者之间的距离缩短，但是电子商务并不能消灭中间商，而是产生了新的中间商——电子中介，电子中介就是为电子商务活动提供交易平台和服务的第三方机构。电子中介能够极大地降低交易成本，缩短供应链，提高整个社会的效率。电子中介的介入，使商业竞争更加激烈，竞争的形式由过去的价格竞争，过渡到质量和服务竞争。在电子商务环境下，传统中介的作用被弱化，新型中介的作用则被强化。可以说，随着互联网的快速发展，依托 Internet 平台多渠道、高效率地发展中介电子商务，是电子商务成功的关键。因此，市场中介不会消失，只能越发展，结构越复杂，功能越强大，企业和消费者对其依赖性越大。

1. 中介电子商务的功能

网上中介型企业间电子商务的最基本功能有以下四个方面：

1）为企业间的网上交易提供买卖双方的信息服务

买方或者卖方只要注册后就可以在网上发布自己的采购信息，或者发布企业产品出售的信息，并根据发布信息来选取企业自己潜在的供应商或者是客户。网上发布的信息一般是图片或者文字信息，随着带宽增加，发布的信息将越来越丰富。

2）提供附加信息服务

即为企业提供企业需要的相关经营信息，如行业信息、市场动态。为买卖双方提供网上交易沟通渠道，如网上谈判室、商务电子邮件等。例如，阿里巴巴可以根据客户的需求，定期将客户关心的买卖信息发送给客户。

3）提供与交易配套的服务

提供网上签订合同服务，网上支付服务等实现网上交易的服务。例如，“相约”中国网站可以根据客户的需要，帮助客户申请报关和联系认证等贸易服务。

4）提供客户管理功能

为企业提供网上交易管理，包括企业的合同、交易记录、企业的客户资料等信息的托管服务。当然这些属于企业的保密资料，但对于中小型企业来说有安全保密的托管服务机构是非常必要的而且是可以接受的。

2. 中介电子商务的业务类型

按中介电子商务网站的功能，中介电子商务模式可以进一步分成几种不同的类型：

1）市场交易

市场交易在 B2B 市场上越来越普遍。MetalSite 或者 ChemConnect 世界化工交易所就是范例。在这种交换模式下，经纪人根据货物的价值向买主收取佣金。定价方式可以是一种简单的开盘/购买、开盘/协商购买，或者拍卖底价/竞标。

2）商业贸易社区

商业贸易社区是 VerticalNet 率先提出的概念，即作为特定市场的基本综合信息源和对话源的网站。VerticalNet 社区包括购物导读、供应商目录、产品目录、每日产业新闻评论，以及招聘信息及分类。另外，VerticalNet 网站还为 B2B 信息交流、增补目前的贸易展示以及商业合作等活动提供了一个平台。

3）购买者集合

由 Accompany 公司首创的购买者集合模式，是指通过互联网，把个体购买者组成集团，这样他们就可以享受到与批量购买的大组织一样的好处。在每个交易中，买主只需支付少量费用。

4）经销商

经销商是大量产品制造商、批发商、零售商之间的联系纽带，通过商品目录进行运作。B2B 模式越来越普遍。经销商方便了特约经销商和贸易伙伴之间的贸易。对于买家来说，其加快了周转速度，降低了购买成本，促进了批发业务。B2B 商务模式为买家提供了最优惠的报价——报价、配送方式和替代品均因买家的不同而不同——交易效率也随之提高了。对于经销商来说，B2B 商务模式可以取代经销商进行报价、处理订单、跟踪订单履行情况，从而降低了销售费用，提高了应变能力，减少了劳动力。

5）虚拟商城

虚拟商城中云集了众多在线经销商。一般来说，经销商必须向虚拟商城缴纳一定的会员费、每月列表费和交易佣金（如 Yahoo 网上商店规定的有关条款）。虚拟商城模式与大众化门户网站相结合时效果最佳。另外，高级虚拟商城还为客户提供自动化交易服务和关系营销渠道。

6）后中介商

后中介商联系买家与在线经销商，提供金融解决方案和质量保证。后中介商也是一种虚拟商城，但它可以进行交易，订单追踪，提供提单和托收服务。后中介公司通过保证消费者获得满意的服务，保护消费者。后中介公司也收取一定的会员费和交易佣金。HotDispatch 和 Amazon 公司的 Shops 就属于这种模式。

7）拍卖经纪人

拍卖经纪人为卖主（个人或经销商）提供拍卖服务的站点。经纪人收取佣金，佣金一般按交易额的一定比例收取。拍卖时，卖主定出底价，买主经过竞标，出价最高者将获得该商品。拍卖活动有不同的供货和竞标规则。eBay、AuctionNet 就属于这种模式。

8）反向拍卖经纪商

反向拍卖是“由买主自己开价”的商务模式，又称“按需拍卖”和“按需购物”。潜在的买主对某项拍卖品提出最后的（有时是可更改的）报价，然后由经纪人决定是否成交。有时，经纪人的佣金是竞标价和成交价之间的差价，也可能收取一定的手续费。反向拍卖经常用于汽车或机票等高价位的商品。

9）分类广告

分类广告包括待售商店或求购商品列表，多由地方新闻报刊承办。既可能有统一定价，也可能无统一定价。在这种模式中，无论成交与否，都要收取一定的版面费。

10）搜索代理

搜索代理用来查询最惠价格，或者买主需要的某种特种服务，或者罕见信息的代理商（即智能软件，或者“机器人”）。

10.3 电子商务服务业

电子商务服务业以计算机网络为基础工具，以营造商务环境、促进商务活动为基本功能，是传统商务服务在计算机网络技术条件下的创新和转型，是基于网络的新兴商务服务形态。

1. 电子商务服务业的兴起

电子商务服务业是随着电子商务的发展而兴起的，是电子商务应用的规模不断扩大、影响不断深化的结果。如果说起初企业要应用电子商务就必须自己从事注册域名、购买（或者租用）服务器、购买虚拟主机、制作网页等工作，那么电子商务服务业的兴起则意味着这一切都可以通过专业化的电子商务服务平台来完成；如果说起初网上商店要开通网上支付就必须与各家银行分别洽谈、签约而且未必成功，那么电子商务服务业的兴起则意味着只要与一家网上支付平台合作就可以了。电子商务服务业的兴起，标志着电子商务领域的专业化水平有了质的飞跃。在我国，这个阶段开始形成的时间大致是 2003 年前后。一直领军我国电子商务服务业的中小企业电子商务平台——阿里巴巴（alibaba.com）从这一年开始盈利。

从现代服务业的角度看，电子商务服务业以互联网等计算机网络为基础工具，以营造商务环境、促进商务活动为基本功能，是传统商务服务在信息技术——特别是计算机网络技术条件下的创新和转型，是基于网络的新兴商务服务形态，位于现代服务业的中心位置。电子商务服务业营造商务环境、促进商务活动的作用，来自于通过技术进步及相应的制度进步降低商务成本，也来自于对商务模式创新和商业生态的积极作用：

① 基于网络优势，降低交易前的商务信息搜寻和发布成本，降低交易中和交易后的商务成交成本和交割成本——特别是无形商品。

② 基于电子商务服务商的规模化、专业化，降低单个电子商务应用者的应用成本，如人力资源成本等。

③ 基于信息的聚合、积累和挖掘，降低与交易风险相关的商务成本。

④ 基于电子商务服务平台所营造的良好环境，促进商务模式创新和商业生态的培育和构建。

2003 年以来，我国电子商务服务业快速成长，涌现出众多面向企业特别是中小企业的综合性电子商务服务网站，如阿里巴巴（alibaba.com）、慧聪网（hc360.com）等；超过 2 000 家的行业性电子商务服务网站，如中国化工网（chemnet.com）、中国化纤信息网（ccf.com.cn）等；面向个人的电子商务服务网站，如淘宝网（taobao.com）、eBay 易趣（eachnet.com）等；以及提供支付、认证、信用和现代物流信息服务的电子商务服务网站；如支付宝（alipay.com）、中国金融认证中心（cfca.com.cn）等。电子商务服务网站的规模迅速扩大，截至 2005 年底，阿里巴巴网站会员数超过 1 100 万、收入超过 10 亿元，慧聪网网站会员数接近 200。

2．电子商务服务业的体系

《电子商务发展“十一五”规划》首次正式提出电子商务服务业的概念，强调大力发展电子商务服务业，形成国民经济发展新的增长点。什么是电子商务服务业？如果将“电子商务应用”与“电子商务服务”比作市场经济中的需求与供给，那么前者是指一个个具体的机构和个人如何运用电子商务方式实现商务目标，如采购、销售或获取商务信息等；后者是指如何提供一定的服务以满足这些需求，如域名注册、虚拟主机、商务信息、认证和支付等服务。所有提供电子商务服务的企业的集合就是电子商务服务业，或称电子商务服务产业、电子商务服务行业。

可以在两种既密切相关又有所区别的意义上使用“电子商务服务业”的概念：一是指一切为电子商务应用服务的企业的集合，如提供电子商务咨询服务的企业；二是指一切通过网络或采用电子商务方式提供服务的企业的集合，如网上医疗企业。前者以电子商务为服务目的，后者以电子商务为服务工具。可以将后者称为“网基服务业”，即基于网络或电子商务方式的服务业。

按照前一种概念，电子商务服务业涉及机构和个人的商务、工作和生活的各个环节、层面和范围。对于电子商务应用，要提供全面、强大的电子商务应用支持服务，包括网络、硬件和软件等技术支持，也包括营销推广、应用集成、信用、支付、物流和咨询等全方位的商务服务。具体来说，电子商务服务业分为两个层次：基础层和应用层。

① 处于电子商务服务业基础层的是交通运输业、金融业和电信业。在基础层面上生产整个社会商务活动所需的中介性服务产品，这些产品无论是在传统作业的情况下还是在电子商务的环境下都没有改变其根本的属性。从电子商务产生以来所总结以及需要解决的基础性问题（如物流、支付等）大都产生于这一基础层面。因此，这一层面是构成电子商务服务业的磐石。

② 处于电子商务服务业应用层的是提供电子商务服务的行业，如 Internet 接入服务业、 Internet 上的信息提供服务业、信息咨询业、基于 Internet 的商品销售和拍卖业、信息和网络系统集成业等。

对于面向企业的电子商务服务业，可以按照以下方式进行划分：

① 按行业范围划分，可以分为综合性电子商务服务和行业性电子商务服务。前者不区分行业，为所有行业厂商和所有产品、服务提供交易服务，如阿里巴巴、慧聪网等；后者专注于某一行业或产品、服务，如中国化工网等。

② 按交易环节划分，可以分为全程交易服务和专项交易服务。前者为交易全程提供交易服务，后者专注于某一个交易环节，如市场调查、采购、分销或售后等。

此外，还可以按服务对象（是厂商还是个人消费者）、交易品（是有形的还是无形的）、服务媒介（是线上还是线下）、地域（是地方还是全球）等划分。

电子商务服务平台是电子商务服务业的核心，也是电子商务服务业越来越重要的表现形式。按服务类型划分，电子商务服务平台大致分为三种类型：

① 电子商务交易服务平台：提供网络营销、网上销售、网上采购和交易信息发布等交易服务，如阿里巴巴、慧聪网等。

② 电子商务业务服务平台：提供基于网络的研发设计、现代物流、财务管理、人力资源、管理咨询和技能培训等服务，如金算盘全程电子商务平台等。

③ 电子商务技术服务平台：提供网络基础设施和技术支持，以及基于网络的信息处理、数据托管和应用系统等IT外包服务，如中国万网等。

电子商务服务平台在为电子商务应用提供服务的同时，也改变了电子商务应用的方式和形态。企业电子商务因此正在从“网站时代”——网站是企业电子商务应用的主流，进入“平台时代”——平台成为电子商务应用的主流，以及渐露头角的“生态时代”——基于电子商务平台的商业生态。

3. 电子商务服务业的发展趋势

电子商务服务业已经并将继续促进我国电子商务快速发展，并呈以下发展趋势：

① 电子商务服务平台规模进一步扩大，将出现更多的百万会员数量级的电子商务服务平台，从而进一步强化电子商务服务平台的规模效应和网络效应，进一步提高电子商务服务平台的生存能力和服务能力。

② 电子商务服务平台的服务模式进一步创新。在电子商务服务环节上，从交易前向交易中和交易后延伸，发展在线成交和交割服务；在电子商务服务范围上，从外部市场交易向企业内部运营渗透，通过在线软件和信息系统服务（如在线ASP、CRM和财务管理）为企业提供全面IT运营服务；在电子商务服务功能上，将有越来越多的信用、认证、支付和现代物流等服务集成于电子商务服务平台上，从而进一步提高整个电子商务服务业的服务水平。

本章小结

电子商务与旅游业的结合是一种必然趋势，本章介绍了旅游电子商务的概念、网站类型、应用主体以及我国旅游电子商务运营过程中存在的问题。

电子中介就是为电子商务活动提供交易平台和服务的第三方机构。本章介绍了中介电子商务的产生、功能及其业务类型等内容。

电子商务服务业以计算机网络为基础工具，以营造商务环境、促进商务活动为基本功能，是传统商务服务在计算机网络技术条件下的创新和转型，是基于网络的新兴商务服务形态。本章介绍了电子商务服务业的、兴起电子商务服务业的体系和电子商务服务业的发展趋势。

本章习题

1. 旅游电子商务可以划分为哪些类型？举例说明。
2. 中介电子商务的功能有哪些？
3. 电子商务服务业可以划分为哪几个层次？

第11章

生产领域电子商务

引例 中石油“能源一号”网站

随着我国企业物资采购工作的巨大变革，企业物资采购由计划经济时期的统购统分模式，目前已逐步进入以电子商务为标志的网上集中采购与招投标并存阶段。中国石油天然气公司（下称“中国石油集团”）党组、中国石油天然气公司股份有限公司（下称“中国石油”）积极推进电子商务的发展。2001 年以来，中国石油电子商务从无到有，交易方式和交易手段不断完善，从 2001 年搭建了电子商务平台“能源一号”网，到 2010 年累计实现网上交易量近 2000 亿元。电子采购成本降低率达到 3%以上，从生产供应商直接采购率达到 60%以上，“能源一号”网上集中采购达到总采购额 30%以上，通过总部与地区公司两级信息平台上网采购率达到 90%以上。多年来的电子商务实践，不但取得了良好的经济效益，为提高公司经营效率和效益、树立国际大公司形象做出了重要贡献，而且逐步形成了物资采购公开、透明的机制。推动了传统的思维方式、经营理念和经营方式的转变。电子商务以技术创新带动体制创新和管理创新，已经成为中国石油变革管理流程的一项标志性工程。中石油电子商务发展为新一轮的市场化科技化的发展浪潮奠定了基础，取得了可喜成绩，主要有：实现物资采购与电子商务业务的归口管理；实行物资“公开、公平、公正”的阳光采购；创建了提升物资采购与物流管理水平的电子交易平台；对三类物资普遍实行超市化管理；紧抓关键环节管理，注重成本核算。

“能源一号”网站会员分电子采购会员和电子市场会员两类。电子采购会员包括电子采购买方会员（即中国石油下属各采购单位）和电子采购卖方会员（即中国石油电子商务部招标入围供应商）。电子市场会员包括电子市场买方会员（中国石油下属各采购单位、中国石油各销售板块采购商）和电子市场卖方会员（中国石油各销售板块所属销售公司、中国石油各地区公司招标入围的 II 类物资供应商、I 类物资供应商）。电子市场中的 I 类物资供应商只能销售准许经营的物资品种。电子市场中的供应商也可以在电子市场中以买方的身份进行采购。

网站功能主要包括电子采购系统和电子市场系统。电子采购系统是专门为各企业用户实现战略采购，改善订单管理程序，扩大市场接触面，降低销售行政成本而建立的连接买卖双方的高效安全的 B2B 交易平台。用户通过互联网就可以登录能源一号网实现交易的全过程。电子采购系统包括目录式采购、网上招标采购、谈价议价采购、英式反向拍卖等，为用户提供全方位的采购环境与服务。电子市场为买卖双方提供准确、齐全、及时的产品信息和便捷、安全、可靠的网上交易，能源一号网电子市场有固定目录价格和动态交易两大交易模式，动态交易包括拍卖、反向拍卖询价、撮合等交易机制。其中，面向买方的功能包括查阅产品目录、查找产品信息、询价、进行反向拍卖、参与谈判、下订单、生成合同、管理结算单等；面向卖方的功能包括建立和更新产品信息、进行拍卖、参与谈判、管理订单、确认合同等。

请通过对能源一号网站（http://www.energyahead.com）的访问和调查回答下列问题：

1. 能源一号网站与中国石油的关系如何？
2. 能源一号网站电子交易平台的主要特点是什么？
3. 能源一号网站如何处理采购方、供应方与交易平台的关系？

11.1　制造业电子商务

制造业电子商务指从事产品制造的企业，在为社会提供生产和生活所需的工业品与生活消费品的过程中所从事的电子商务活动。近 20 多年来，在政府的大力扶持引导下，依托国内的资源优势，中国制造业得到了迅速发展，企业信息化建设大大加快了制造业电子商务发展的步伐。

11.1.1　制造业电子商务发展的现状

随着电子商务和信息技术的应用，电子商务使许多跨国公司能够将主要精力集中于新产品的研发和市场营销上，通过虚拟制造的模式，凭借先进的信息通信技术，以其独有的核心能力及资源配置来实现制造业的全球化。电子商务的发展使制造业的全球化趋势日益加速，营销、研究与开发活动更加简捷与快速，同时大大减少了国际制造企业在东道国的各种投资与建设，甚至无须在国外建立分支机构也能达到全球化的目标。制造业电子商务以 B2B 模式为主，通过重视利用信息技术、加强企业内部信息化建设和加强对工艺、生产流程、管理流程的改造带来生产的迅速发展。

我国制造业在信息化建设中取得了长足的进步，绝大多数企业在不同程度上实施了信息化项目，为制造业进一步的电子商务系统建设奠定了良好的基础。制造企业通过实施电子商务发展战略可以优化价值链，提高核心竞争力，创造更多的经济效益和社会效益。2004 年，国家信息化测评中心和互联网周刊发布了“中国企业信息化 500 强”的调查结果。在这“500 强”中有 400 家以上属于制造业企业，说明制造业信息化是中国企业信息化建设的主旋律。这 400 多家企业涵盖了钢铁、汽车、石化、电子电器、食品饮料、服装、制药、烟草等行业，主要是特大型或大型制造企业。制造业电子商务应用前景非常广阔，2011 年 10 月 18 日，中国商务部发布的《电子商务“十二五”发展指导意见》明确提出，到 2015 年，中国规模以上企业应用电子商务比率将达 80%以上。中国电子商务市场的发展在稳步前行，据艾瑞咨询统计，2010 年中国电子商务市场交易额达到 45 000 亿元，同比增值达到 33.5%，其中 B2B 市场仍是总交易额的构成主体。

11.1.2　制造业电子商务发展的特点

1．全球制造向纵深发展

制造企业通过实施电子商务，在产品和业务都不断拓展海外市场、全球化发展的成本大大降低的同时，市场效率也得到了巨大提升。从 20 世纪 80 年代开始，由于信息技术革命，管理思想与方法发生了根本性的变化，企业组织形式也发生了变化，这些变化在跨国公司，特别是制造业跨国公司中得到了很好的发展与发挥，并将成为新型全球化方式而发展下去。电子商务的无国界特性更有利于制造企业广泛利用别国的生产设施与技术力量，在不拥有生产设施与制造技术所有权的情况下，制造出最终产品，并进行全球销售。

2．生产模式先进化

电子商务与先进制造生产模式相结合，是制造企业在当代市场保持竞争力的有效手段。电子商务是先进的现代商务模式，而敏捷制造、精益生产等是先进的制造生产模式，两者的有机结合必然产生巨大的收益，从而改变整个经济系统的运行规则。制造企业必须引入现代化生产管理方式，ERP、CRM、SCM 都体现了先进的管理思想，集中反映在对外部需求的敏捷性和对物料需求的准确性。这些系统的实施必然要求企业改变与之不相适应的业务流程。

3. 制造业生产服务化

制造企业通过电子商务使其从传统的生产企业向生产服务型企业发展。利用先进的制造生产模式和电子商务系统将传统制造转换为集生产制造、技术开发、营销服务为一体的生产服务型企业。由单纯的生产制造通过企业流程再造和电子商务的采用，在生产制造的同时融入生产流通服务、生产金融服务、生产信息服务、生产经营服务、生产研发服务、生产环境服务、生产教育服务等以服务为导向的生产制造模式。随着工业化进程的加快，近年来中国生产性服务业也得到一定发展，但是从总体上看水平还不够高。与发达国家相比，无论是在总量规模、效益水平方面，还是在服务能力、服务范围方面，依然存在较大差距，甚至低于俄罗斯、印度、巴西等新型的经济体。

4. 制造业电子商务发展的阶段化

制造业电子商务由信息化建设逐步深化并进入电子商务成熟阶段。电子商务作为一种新的商务模式，是一个逐渐发展的过程，而不是一个一蹴而就的过程。制造业电子商务发展最初通过信息化建设，引入各种先进的信息技术和软件，加强信息系统建设、发展网络系统、引入电子商务，从不同的方面改善生产作业系统和生产管理系统，从加强和完善管理信息系统出发逐步推行 MRPII、ERP 及制造业电子商务系统，使企业的电子商务战略能够分阶段稳步实施。制造企业根据业务发展需要，根据渐进性原则，制定具体的电子商务的发展目标与规划，参照国内外企业电子商务发展的经验，选择适合自己的商务模式，由浅入深，逐步进入电子商务发展的成熟阶段。

11.1.3 制造业电子商务应用模式

制造业实施电子商务需要进行正确的电子商务市场定位，选择适合自己产品特点与市场发展的模式尤为重要。根据制造企业生产销售的特点，制造企业电子商务是以 B2B 模式为主的电子商务业务发展模式。B2B 电子商务是在上下游企业之间从事的网络商务活动，其典型特征是从上游商家采购原材料和零配件，并向下游商家供货和分销。B2B 交易的交易额巨大，在全球化市场的背景下，从事国际间进出口贸易的企业采纳 B2B 电子商务方式进行交易的业务越来越广泛。图 11-1 显示了制造业 B2B 电子商务的基本模式。

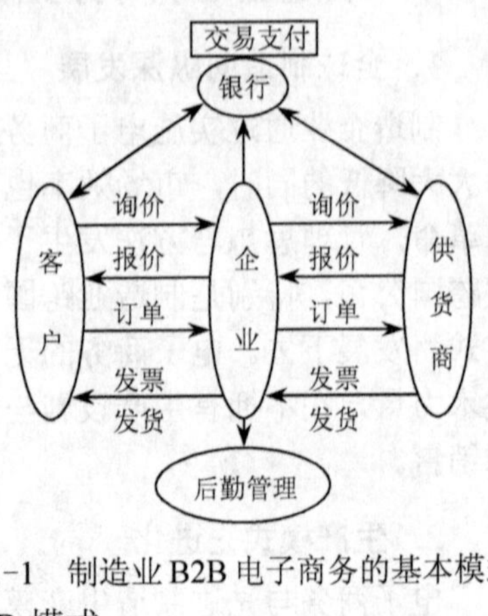

图 11-1　制造业 B2B 电子商务的基本模式

依据不同的市场定位和交易方关系，制造企业电子商务市场模式一般有五种方式：以买方为主导的采购市场模式、以卖方为主导的销售市场模式、供应链整合模式、综合 B2B 市场模式、行业 B2B 模式。

1. 采购市场模式

采购市场模式一般是由行业主导企业或企业联盟建立的买方市场平台，这种由行业主导企业或业界巨擘联合组成的大型电子交易市场形成了买方主导的采购市场。这类交易平台中，买方占据市场主导地位，市场建立的目的是为行业主导企业提供生产制造所需各种原材料和零配件，因此该市场模式的顶端一般是一个或几个大的买家，下端是众多的零件供应商。从交易的方式来看，主要是卖方来满足买方的单向交易。行业企业形成战略联盟，战略联盟中的企业最有可能首先在共同采购上进行合作。例如，在汽车制造产业中，汽车制造商为了实现全球的广域网络采购，要分离许多零部件生产协作配套厂，使它们成为供应商，从而减少低利润的企业，精简公司的投资，通过电子商务平台，汽车制造商与上游供应商（汽车部件供应商、零件供应商、原材料供应商）组成一个有效的上游零部件产品供应链。汽车制造商将致力于汽车的设计和研发，几乎不生产汽车部件，而是将供应商送来的汽车部件进行最后组装，然后打上自己的品牌。又如，美国汽车业三巨头共同出资组建合资公司，通过网上交易，统筹三大母公司的零部件采购业务。目前，已经有越来越多的中国汽车零部件企业开始进入跨国汽车公司全球采购的视线范围。

2. 销售市场模式

销售市场模式一般由制造企业建立独立的电子商务交易平台，公司电子商务平台的建立是为了在更大程度上扩大其市场范围，吸引更多的客户来购买自身的产品。构建起这一市场的制造企业往往处于行业领导地位，产品在市场中具有较高的市场占有率，企业为便于产品的销售和分销商的管理而建立电子商务交易系统。从交易的方式来看，主要是买方来满足卖方的单向交易。

3. 供应链整合模式

供应链整合电子商务模式是以信息流、商流、资金流和物流“四流”协同为目标的供应链运作，它改变了许多电子商务平台专注于卖家立场的现状，全面考虑买卖双方的交易需求。商家可通过交易引擎实现包括信息流、资金流和物流的电子商务交易，形成一个完整的电子商务链，帮助企业发现商机、把握商机，最终实现安全交易，顺利完成商流活动。通过供应链整合，供应链各个节点的精细配合使 B2B 电子商务交易能更有效地节约流通费用，促使商流费用、物流费用、信息流费用和资金流费用的全面降低。我国著名的家电制造企业海尔集团建立了一个虚拟化的电子市场，通过这个电子虚拟市场（E-marketplace）将最终客户、经销商、制造厂商和配套厂商的信息系统连接在一起。优化供应链取代公司的部分制造业，变推动销售的模式为拉动销售模式，大大提高了企业的核心竞争力。

4. 综合 B2B 市场模式

对于一些产业集中度较低的食品业、印刷业、礼品业等行业以及规模较小的中小型制造企业，其产品销售和原材料采购一般都具有交易额较少、交易频次较多的特点，它们适合选择以第三方中介提供的平台进行信息沟通并达成交易，这类电子商务平台面对的是众多的买方企业和卖方企业，为这些企业提供服务。阿里巴巴（www.alibaba.com）是国内乃至全球最大的 B2B 电子商务服务商，是目前最好的综合类 B2B 服务提供商，在内贸与外贸方面都有不错的表现。其主要服务为中国供应商会员服务与诚信通会员服务，分别针对外贸与内贸。主要收入也来源于这两项服务，据称这两项服务收入分别占到了总收入的约 70%与约 30%。据阿里巴巴官方公布的 2011 年上半年财报显示，截至 2011 年上半年，阿里巴巴诚信通付费会员存量达 69 万。十几年来，中国 B2B 电子商务行业得到了迅速的发展，图 11-2 显示了 2008 年中国 B2B 电子商务服务市场品牌格局，从中可以看出，几家大型 B2B 电子商务网站市场集中度非常高，阿里巴巴、环球资源网等几家网站占据了大部分的 B2B 市场，它们为各类制造业企业提供了方便快捷的信息沟通及电子商务交易平台。

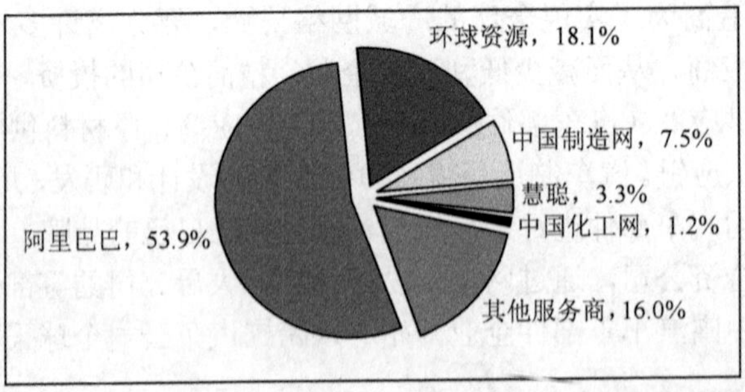

图 11-2　2008 年中国 B2B 电子商务服务市场品牌格局

5．行业 B2B 模式

一些中小制造企业为实现企业之间的交流、交易、合作和资源共享，倾向于产业链体系的共建，越来越多企业借助一些行业垂直类电子商务网站平台建立企业之间的联系和合作。行业垂直类网站总体可分为 20 几个大类，这些网站大多分布在浙江、广东等制造业企业密集的省份，行业垂直类电子商务网站分布较多的城市有杭州、北京、上海、成都、大连等，杭州是行业垂直类电子商务网站最发达的地区，有一半以上的该类网站分布在这个地区。行业垂直类网站中，市场占有率较高的网站有中国化工网、我的钢铁网、中国水泥网、中国服装网、中国食品产业网、全球纺织网、全球五金网、建材第一网、锦程物流网等。中国化工网、我的钢铁网等行业垂直类 B2B 网站的年纯利润都能够达到几千万元以上，这是仅次于阿里巴巴与环球资源网的数字，远远超越了其他综合类 B2B 网站。行业化的、精细化的电子商务平台是挖掘行业用户价值的重要手段，也是中小制造业企业重要的合作伙伴，行业电子商务的发展模式是制造业电子商务发展的主导模式之一。这些行业 B2B 电子商务企业在各自的行业和领域逐步成为行业电子商务发展的引导者。

11.1.4　制造业电子商务链应用结构模式

制造业进行电子商务应用主要是以 B2B 为主，以电子商务链为核心进行各个环节的应用，制造业产业链上下游企业及为电子商务实现提供支持的各部门在电子商务链各个环节中分别承担着各自的重要角色，如图 11-3 所示。制造企业通过电子商务网站承担着电子商务链中沟通与展示、谈判与签约的功能，是信息流和商流的主体；而银行与金融机构承担着支付结算功能，是资金流的主体；物流服务企业或部门承担着物流配送的功能，是物流的主体；CA 中心认证机构担负着信用保证功能，是信用流的主体。制造企业的客户通过制造企业电子商务系统的电子销售平台实现交易功能，制造企业供应商通过电子采购平台向企业提供原材料，在交易过程中，遵循电子商务链上信息流、信用流、商流、资金流和物流的逻辑处理流程，得到相应的服务。

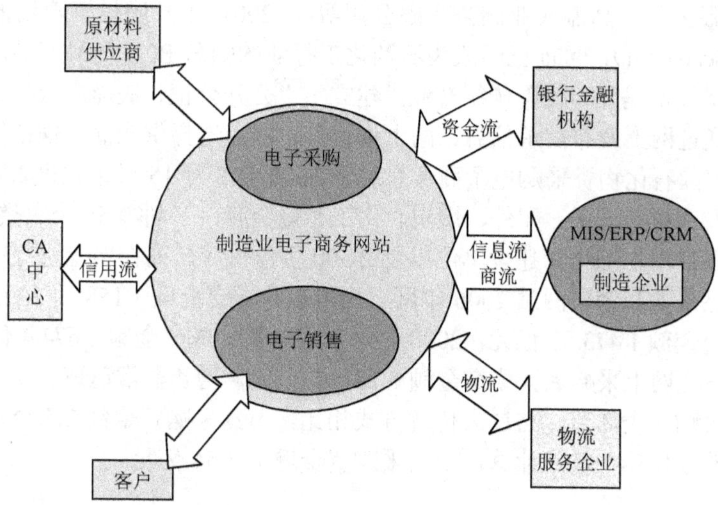

图 11-3　制造业电子商务链应用结构模式

11.2　能源电子商务

能源电子商务是指从事石油、煤炭、电力、天然气等能源生产和开发，为社会生产和人民生活提供能源和动力的企业所从事的电子商务活动。一般来讲，能源企业规模巨大，对生产生活的影响力非常大，其产品都是关系国计民生的重要产品，可以说是一国经济中最重要的行业。因为社会影响巨大，所以能源企业在我国大多属于国有性质或国家资本控股的企业，同时也往往具有较强的垄断特性。

11.2.1　中国能源电子商务的发展

在网络经济飞速发展的今天，如何根据行业自身特点选择适合的应用模式开展 B2B 电子商务，决定了今后电子商务在我国能源行业的发展潜力与趋势。随着中国经济的快速增长，人民生活水平的不断提高，国内市场对能源行业的产品、设备及技术的需求急剧扩大，交易量、交易额也随之膨胀。我国是一个能源生产大国，同时也是能源消费大国，而能源产品交易具有很强的时效性和国际性。实践证明，通过以电子数据信息流通方式为基础，集产品供货商、商务活动、交易活动、金融活动和其他相关服务为一体的电子商务能够更好地实现这一任务。

1．石油天然气行业电子商务发展状况

石油天然气行业是一个传统的垂直行业，90%以上的商务活动是在企业与企业之间完成的，几乎完全是一个 B2B 的行业。我国石油天然气行业以中石油、中石化和中海油三个企业为主，电子商务的应用对这些企业削减成本提高竞争实力起到了越来越重要的作用。电子商务在石油天然气行业中的勘探与生产、炼油、销售三大领域均能发挥重要作用。目前，中石油、中石化和中海油三大公司均不同程度地在采购和销售领域引入了电子商务。

中海油在初步建成的采购网站上开始钢材采购试点，实现了管材网上库存管理和总公司办公用品的网上采购管理。由中国石油天然气集团公司、中国石油天然气股份有限公司、香港和记黄埔有限公司、高盛（亚洲）有限公司等在 2001 年共同投资建设的能源一号网（www.energyahead.com），目前已经成为石油化工行业的知名 B2B 交易网站。中国石化利用先进信息网络技术提升和改善传统产业，建立了“公开公正、快捷高效”的物资采购电子商务系统，通过网上发布需求信息、网上询比价、网上选择供应商，规范采购流程，实现阳光交易。中国石化物资采购电子商务系统于 2000 年 8 月 15 日正式投入运行，目前网上采购物资涉及钢材、设备、配件、煤炭、化工、贵金属、三剂等 56 个大类 8 万余品种，中国石化集团各油田、炼化和建设单位以及 2 500 多家供应厂商在网上进行采购交易，中石化其石油产品采购和销售网站 2006 年网上采购累计成交金额 1 158.34 亿元，2007 年网上采购累计成交金额 1 473.55 亿元，2008 年网上采购累计成交金额 1 674.4 亿元，到 2009 年 2 月底，中石化网上采购累计成交金额 6 181.47 亿元，增长非常迅速。据物资装备部门统计，单网上采购这个环节，与过去传统方式相比，节约采购资金约 2.5 个百分点。按照网上累计采购额 6 181.47 亿元计算，节约采购资金近 154.54 亿元。

2. 煤炭行业电子商务发展状况

煤炭企业是煤炭市场竞争的主体，煤炭市场又是煤炭企业生存发展的基本条件。传统煤炭的运销由于煤炭产销企业在时间和空间上存在着难以克服的障碍，所波及部门众多，从煤炭生产企业、煤运站、煤运总公司及其分公司到交通运输部门，层层上报、层层审批，手续繁复。煤炭交易的环节烦琐，而且各家不一给统一管理造成很大困难，也存在灰色交易的隐患。电子商务的发展使煤炭产销之间的直接沟通成为可能。中国焦化网由山西焦化协会和焦炭联盟主办，是全球第一个拥有独立国际域名及若干实名的完整的焦炭行业大型中英文门户网站。中国煤炭运销协会创办的中国煤炭市场网已经建成了一个集运销、生产信息收集、网上办公、电子商务、信息发布和企业生产管理于一体的煤炭行业综合性、垂直型网络平台，注册会员遍及全国各大煤炭企业、电力、冶金、化工、石化等重要行业，共计 4 000 多家。其为全国煤炭订货会服务的“网上订货系统”在 2001 年烟台煤炭订货会上订货量就已达 3.5 亿吨；2002 年厦门煤炭订货会上网上订货量超过 5.5 亿吨。由山西省煤炭工业局、山西省煤炭销售集团三方主办的“山西中太煤炭电子交易市场”自 2007 年 4 月正式运行以来交易量迅速增长，到当年 8 月，日交易量突破 10 万吨，日交易金额 2 500 万元，交易商已突破 300 家，该市场是国内煤炭行业内第一家同时具备电子交易与撮合系统、银行保证金结算与监管系统、指定仓库与交收系统的大型电子交易平台，能满足不同的交货方式，不同运输方式下的现货交易和合同交易的大型煤炭交易市场。

3. 电力行业电子商务发展状况

继 2002 年我国电力行业启动市场化改革之后，作为电力行业主导者的国家电力公司在“十五”规划中提出：依靠科技进步，搞好电力信息化，推进电力企业现代化进程，从而拉开了电力信息化的帷幕，电力行业的电子商务应用渐显端倪。电力行业的电子商务在 20 世纪 90 年代后期起步，经过十多年的建设，电子商务得到一定发展。电力行业本身就是一个完整的供应链行业，上下游企业之间的商务活动以及电力调度，正在越来越多地应用电子商务。电力行业是一个资金密集型和技术密集型行业，企业的物资与设备采购不仅面广而且量大，如电力行业的采购，包括煤炭燃料的采购、电力设备的采购、电力物资的采购等。招标和投标是电力行业一个很重要的电子商务应用领域。近年来，涉及电力电子商务的网站有 20 多个，其中很多都注重电力设备和物资的招标投标商务活动，如国家电力商务网现有几千会员单位，年交易额上百亿元。由于采用电子商务，电力行业平均节约采购资金 20%。国电商务网（http://www.powerec.net）与全球领先的个性化电子商务应用系统供应商合作，采用国际先进水平的电子商务技术，开发了符合电力行业特点的电子商务平台，它的职能和服务就是为国际和国内电力、电子、能源、机械制造等电力相关生产企业提供电子化商务及交易，及时发布国家和地方大中型电力基本建设项目、国际金融组织和外国政府在华贷款电力项目信息。国电物资商务网（http://www.gdmec.net）是“国电物资管理信息系统”有机的组成部分，是国电集团和所属基层单位进行招标和采购的电子商务平台和集团内各个单位与外部供应商进行信息交换的窗口。国电物资商务网建立“公平、公正、公开”的网上环境，实现企业物资网上无障碍招标与采购，实现网上招标、网上超市、询价采购、竞价采购、协议采购等多种交易模式。目前已有 1 000 余家电力行业相关企业通过该网站进行招投标项目的商业运作。

11.2.2　能源企业电子商务应用模式

我国现有能源企业格局基本形成了国家控股企业为主、各级各类民营能源公司为辅的局面。其中，煤炭行业较为分散，而电力和石油天然气行业集中度非常高，基本是国家控制。能源产品从生产到消费，需要涉及五类主体：能源原料及设备供应企业、能源生产企业、能源输送企业、能源调度部门和能源用户。能源企业从能源的开发和生产、能源生产物资供应、能源输送、能源销售形成了能源产业链条，产业链的上下游企业之间进行电子商务的应用。能源企业产业链上的电子商务应用主要表现为以下三类：

1．能源企业内部的电子商务应用

能源企业内部的电子商务应用最明显的表现是能源企业信息化建设。能源企业信息化建设以 ERP、OA 等管理信息系统的使用为主，能源企业资源管理系统（ERP）、生产管理系统（MIS）、办公自动化系统（OA）等在能源企业中逐渐占据重要地位。实现基于企业基本数据库的生产流程控制、办公自动化、科学高效管理和企业自身资源的协调运作。通过生产管理系统和企业资源计划项目的实施，企业能够对资金进行统一调度，实现对财务、人力资源信息的实时监测与控制，达到降低成本的目标。

2．面向供应商的电子商务应用

能源企业的运营离不开相应的供应伙伴，能源生产设备采购、能源生产原材料供应、能源输送等都需要相关企业的支持与配合，尤其是发电企业需要电煤等原料供应，这些都可以利用电子采购来实现。浏览各大能源企业的网站，不难发现项目招标信息占据了很大的比例。

3．面向能源客户的电子商务应用

能源行业属于垄断行业，无论是我国国内还是在国外，能源业都是各国重点控制的行业，但经济的全球化也给能源行业带来了巨大的影响。能源产品面向几乎所有国民经济领域，随着经济的波动，其产品价格波动剧烈，降低销售成本、提高服务质量使得能源企业越来越多地依赖于网络来实现。

11.2.3　能源行业电子商务链应用结构模式

能源行业进行电子商务应用同样需要以电子商务链为核心进行各个环节的应用，能源产业链上下游企业及为电子商务实现提供支持的各部门在电子商务链各个环节中分别承担着各自的重要角色，如图 11-4 所示。能源企业依托内部电子商务系统和电子商务网站承担着电子商务链中沟通与展示、谈判与签约的功能，是信息流和商流的主体，而银行与金融机构、物流服务企业或部门、CA 中心认证机构分别承担着支付结算功能、物流配送的功能、信用保证功能，实现资金流、物流、信用流环节。能源生产企业的原材料和设备供应商通过能源电子商务系统的电子采购平台实现交易功能，能源产品客户通过能源电子商务系统的电子销售平台实现交易功能，两者遵循电子商务链上信息流、信用流、商流、资金流和物流的逻辑处理流程，得到相应的服务。

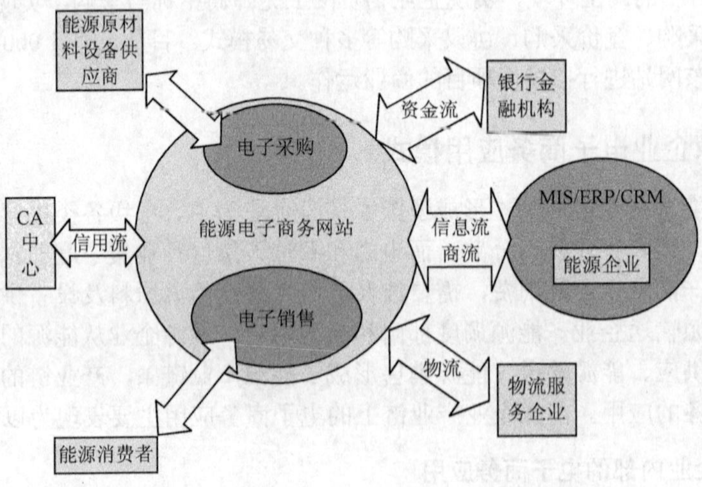

图 11-4　能源行业电子商务链应用结构模式

11.3　农业电子商务

开展农业电子商务是实现以信息化带动农业工业化、发展现代农业、开拓国内外市场的有效途径。在我国，农业生产是典型的分散经营模式，农产品交易有一定的特殊性。科学合理的农业电子商务发展与应用对于不断深化解决我国“三农”问题具有重要意义。

11.3.1　农业电子商务发展状况

农业电子商务是指电子商务在农业生产、农业信息交流、农产品贸易、流通和营销方面的应用。农业电子商务是基于互联网的商务活动，其核心内容是信息的相互沟通和交流，农业电子商务的目标是实现低成本、高效率的农产品生产和交易。农业电子商务就是通过建立农业信息平台、农产品购销网络和交易平台实现农产品产供销各环节数字化的交易、拍卖、支付、配送等服务。

1. 国外农业电子商务发展现状

经济发展状况和互联网普及程度对农业电子商务的发展有较大的影响，不同国家和地区的农业电子商务发展表现出了不同的特色。在美国，建立的是以政府为主导的农产品市场信息体系，其农产品市场信息的收集、发布的整个过程及人员都由农业部统一管理，市场信息的运行统一采用农业部颁发的分级标准、格式和规范的术语，以保障市场信息的准确化和标准化。德国通过政府的强力推动和大力参与推进农业信息化发展，利用在农村地区较普及的广播、电话、电视等通信技术逐步发展成为目前较为完善的农业信息处理系统。韩国农业应用电子商务也比较成功，农产品市场信息由国家行业管理部门和生产者组织收集通过完善的信息渠道传播给各级各类相关部门、企业和农户。综合来看，发达国家凭借高度发达的信息化水平，使得农产品供求双方都能获得充分的信息，同时政府根据收集的信息对市场提供指导和监管，我国发展农业信息化建设和农业电子商务对此值得借鉴。

2. 国内农业电子商务发展状况

相对发达国家而言，中国农业信息化的发展起步较晚，但发展的势头很好。20 世纪 80 年代以来，中国开展了系统工程、决策支持系统、地理信息系统等技术应用于农业方面的研究，已取得一批重要成果，有些已达到国际先进水平。“十五”时期全国各省级农业部门、97%的地（市）和 80%的县级农业部门都设有信息管理和服务机构，64%的乡镇设立了信息服务站，发展了 20 多万人的农村信息员队伍，初步建立起从中央到地方的农业信息工作体系。全国已有 4 万个农业产业化龙头企业，17 万个农村合作中介组织，61 万个行政村，95 万个农业生产经营大户，240 万个农村经纪人，可以通过信息网络和其他有效形式接受农业部门的信息服务。多年来，我国政府一贯积极实施惠农信息化项目，在“村村通电话工程”、“金农工程”、“科技下乡”、“全国文化信息资源共享工程”、“农业科技 110 信息服务”、 “三电合一”、“信息下乡”、“农村综合信息服务工程”以及农村信息化培训工作等信息化项目的带动下，农村信息基础设施建设进一步加强，涉农信息资源整合取得新的进展，基层电子政务向农村延伸不断加快，信息技术在农民增产增收中发挥着越来越明显的作用，农村信息化建设取得了长足进展，涌现出了许多好的做法和典型，建立了一批成绩突出的综合信息服务站，形成了一支活跃在基层、事迹感人的农村信息员队伍，为信息惠农、信息富农做出了重要贡献。天津、陕西等地多层次的农业信息服务网络不断完善，吉林、宁夏、河北、安徽、江苏等地区开通了农村服务热线。全国涉农网站超过 6 000 个。部分地区利用信息技术促进了农业增长方式转变。目前，国内不少农产品批发市场，为扩大产品销售，通过与部级、省级农业信息网联网，面向全省、全国乃至全球发布信息。在信息采集方面，早在 2001 年底已在种植业、畜牧、水产、农垦、农机、乡镇企业、农业科技教育、农产品市场等领域形成了一批自下而上的共 33 条信息采集系统，定期采集农村政策、生产动态、市场供求、价格、科技、灾害、疫情、农民收入等信息。这些信息采集系统都已建立了信息指标体系和采集报送制度，并相应建立了比较稳定的信息采集点，配备了人员和设备。目前，农业部初步建立了信息发布制度，明确了以农业部信息中心、中国农业影视中心、农民日报、中国农村杂志和中央农业广播电视学校为主体的信息发布窗口。全国有 27 个省级农业部门制定了信息发布的规章制度。

农产品网上交易也有了长足发展：2007 年山东寿光蔬菜网上交易额已经超过 200 亿元，国内首家苹果现货电子交易市场——山东烟台栖霞苹果电子交易市场正式投入使用并开市交易，整个苹果电子交易市场的年交易额可达到200亿元以上，北京新华国信科贸公司建设的中国粮油食品信息网、深圳市中农网、郑州华粮科技股份有限公司主办的中华粮网、上海圣慧信息技术有限公司建立的国际大蒜贸易网等一批农业、农产品网站针对农业企业以及行业电子商务的特点，提供了丰富的、功能强大的农业信息平台和B2B电子商务平台，为客户提供网络信息服务和商务服务，实现了粮食信息传播和交易的电子化，大大降低了交易成本，提高了企业运营效率。农业电子商务的全程化服务，有力地促进了农业产业结构的优化调整，改善了农业生产经营中的薄弱环节。工信部等五部委在其制定的《农业农村信息化行动计划（2010—2012年）》中提出，到2012年，选择300家农业龙头企业、农产品批发市场、连锁超市开展试点，建立重点农产品质量可追溯体系，引导特色农产品交易与电子商务融合，培育一批年交易额超过5亿元的农产品电子商务交易平台。可见，将信息化及电子商务转化为农村改革发展新的动力是我国未来几年“三农”发展的重要手段。

11.3.2 农业电子商务应用模式

我国是农业大国，在农业生产方面，我们与发达国家的差距主要体现在科技应用、规模化、集约化、综合化生产和管理水平等方面。开展农业电子商务是实现以信息化带动农业工业化、发展现代农业、开拓国内外市场的有效途径。在我国，农业生产是典型的分散经营模式，农产品交易具有一定的特殊性，农产品具有产品交易不规范、交易流通环节较多、交易信息对称性差、产品交易频次高、交易量大、产品价格波动大、市场变化快、农产品的季节性强、区域性分布等特点。农业电子商务的应用也必须适应农产品交易的这些特点，因而农业电子商务模式也较灵活多样。我国农业电子商务的发展在实践中形成了如下电子商务模式：

1. 农业信息服务模式

农业信息服务模式是以政府或行业组织为主体建立农业信息服务网络为农业生产和农产品销售提供服务和提供信息。通过短信服务平台、互联网以及国家农业部在全国推广的“三电合一”建设项目建立农业信息服务网络体系，面向“三农”提供信息服务，及时、准确地将农业政策、科技信息和市场信息送到千家万户，促进农业和农村经济的全面发展。帮助他们调整农业生产结构，优化产品质量，最终达到促进流通、增加收入的目的。

2. 农民经纪人模式

以农业企业、农业组织或掌握农业信息技术的个人为代表的农民经纪人，作为分散经营的农户的电子商务代理人，对内联系、指导、组织或代理农户的网上经营，对外通过互联网发布和推广农产品和服务。农民经纪人通过对农户提供的农产品和服务进行组织和协调，成为农户与农业电子商务的中间桥梁。由于我国农村信息化条件的落后，农民一家一户进行信息交流的成本是相当大的，这种模式可以有效地解决农民上网难和缺少技术条件的问题，使分散的农户生产和销售变得相对集中，加强了信息的服务能力，使参与者能得到比较全面的相关交易信息，在一定程度上消除信息的不对称性。

3. 电子商店模式

农产品电子商店模式是农户组织或小型农业企业通过建立自己的网站或借助农业电子商务门户网站提供的网站平台，在互联网上展示自己的产品和服务信息，在网上推销自己的产品或服务，利用电子商务技术从事商品批发、零售业务，提供商品在线订货和在线服务等基本功能。农产品电子商店模式投资小、成本低、运营简便灵活，对设备、人员和技术的要求都较低，适合于农业合作社、农村联产承包户或小型农业企业等小型农业组织。

4. 电子商场模式

农产品电子商场模式是针对农产品生产和服务的地域性特点显著，以区域服务为中心，通过区域“龙头”企业或农业组织建立的电子商务平台，作为区域农产品的门户网站，整合当地农产品批发市场和各种农业资源，实现农业销售、加工、生产一体化经营，形成网上农产品和农业服务的批发零售市场，下联广大农户、上联国内外市场，具有开拓市场，带动生产，深化加工，延展农产品销售空间和时间，增加农产品附加价值等综合功能。

5. 电子市场模式

农产品电子市场模式旨在建立大型综合网上交易市场，这种由大型农业企业或农业行业组织创办的包含农产品交易的综合网上交易市场，可通过购买、出售、拍卖等方式交易水产品、肉类、蔬菜、面类、大米等众多商品，以 B2B 经营为主要模式，销售方是生产者、农协、经济联合会、批发商等，购买方是中间批发商、零售店、量贩店、加工业者等，服务面向全国乃至全球。农产品电子市场模式下可以建立农产品电子交易所、农产品综合交易市场等大型农产品交易平台，具有完善和强大的交易功能，各类农产品信息公开，信息标准统一，价格透明，交易双方通过互联网即可实现实时交易，大大削减了中间流通费用。

11.3.3　农业电子商务链应用结构模式

建立以电子商务链为核心的结构体系可以有效实现农产品和服务的电子商务应用，包括各农户、农业企业、农村合作社和农民经济人等的农业组织是农产品和服务的提供者，通过农业信息服务平台可以得到丰富的农业生产、经营信息；包括电子商店、电子商场和电子市场在内的农产品电子商务平台承担着电子商务链中沟通与展示、谈判与签约的功能，展示、发布农业产品和服务信息，并实现最终交易，是信息流和商流的主体，如图 11-5 所示。在农业组织内部，农户与农业企业、农民经济人、农业合作社可以展开多种形式的合作，通过委托代理关系的建立寻求最佳合作模式。银行与金融机承担着支付结算功能，是资金流的主体，物流服务企业或部门承担着物流配送的功能，是物流的主体；CA 中心认证机构担负着信用保证功能，是信用流的主体。农产品中间商可以通过农产品电子商务平台从事农产品的批发、零售业务，并实现交易功能；农产品消费者通过农产品电子商店或电子商场购买自己所需要的产品和服务，并通过电子商务平台得到信息流、信用流、商流、资金流和物流各环节的服务。

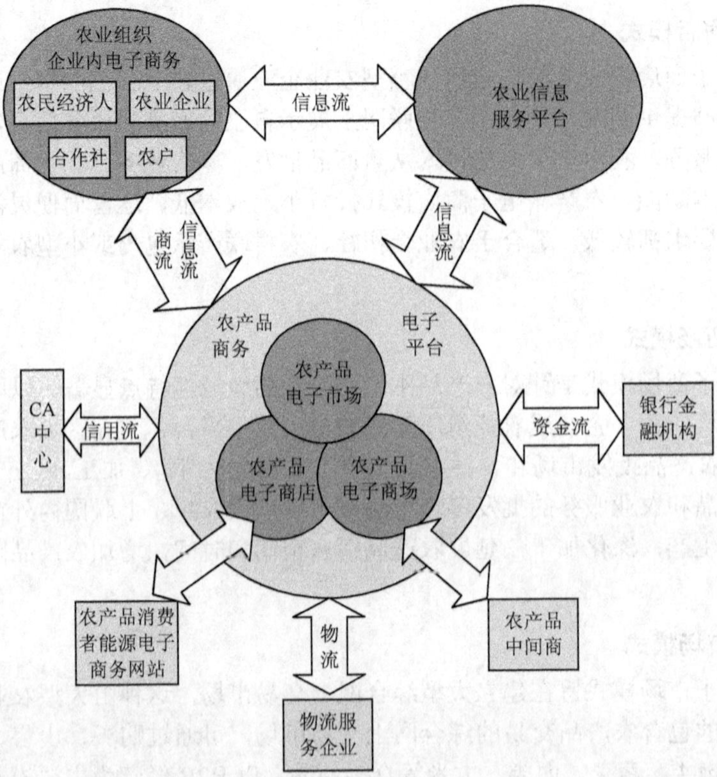

图 11-5　农业电子商务链应用结构模式

11.4　建筑业电子商务

建筑业电子商务是建筑业企业通过系统化应用各种电子工具和信息技术来从事的商务活动。国家统计局于 2003 年 5 月颁布了新制订的《三次产业划分规定》，在我国的国民经济核算体系和标准产业分类法中，建筑业被划定在第二产业的范围之内，属于“狭义建筑业”的范畴，包括房屋和土木工程建筑业、建筑安装业、建筑装饰业、其他建筑业。建筑业的电子商务是以项目（建筑产品）为核心的、将主要项目参与方联结在一起的复杂的电子交易系统，它包括建筑项目的招投标管理、建筑材料采购、工程监理、建筑生产过程、物流环节、金融保险等环节。

11.4.1　建筑业电子商务的发展状况

建筑业电子商务的应用在国外一些发达国家不断深化和完善，许多建筑项目一开始就立足于互联网，在设计与策划阶段，利用网络进行业主、咨询设计之间的信息交流与沟通。在招标阶段，业主和咨询单位利用网络进行招标，施工单位通过网络招标报价。在施工阶段，承包商、建筑师、顾问咨询工程师利用以互联网为平台的项目管理信息系统和专项技术软件实现施工过程信息化管理。在竣工验收阶段，各类竣工资料自动生成储存。但是由于建筑业是一个特殊的产业，建筑业的生产作业过程和交易过程极其复杂，涉及的部门和领域众多，因而建筑业电子商务的发展不论在国内还是在国外都相对滞后于电子商务在其他领域的发展。英国建筑业杂志在 2000 年的调查中预测：到 2005 年，英国建筑业中大约 50%的商业交易将是基于电子商务的应用，但是这种期望在一年后降低到了 22%，事实证明就目前电子商务在这一领域的应用状况来看，不论是在欧洲还是在美国，这个数字仍然是过于乐观。意大利学者 Nicola Costantino 和美国学者 Roberto Pietroforte 在一份关于美国和意大利建筑市场中电子商务采纳度的研究中对 460 家主要的美国建筑类企业和 111 家意大利主要的建筑类企业调查中发现，在这些企业中，有 65%～74%能够通过电子邮件与供应商交流信息，有 51%～59%的企业在规划和使用管理信息系统，38%～40%的企业在线购买大量标准化的产品，而规划和使用电子交易系统的企业仅占到约 28%，而这些应用更多的还是在非建筑施工企业中，可见电子商务在建筑业中的应用还仅仅是起步阶段。

我国建筑业电子商务应用具有类似的特点，建筑产品及服务的范围很广，生产行为和交易行为相互渗透，完成一项交易的持续时间长，涉及的交易方多，交易过程复杂，房屋和土木工程建筑业、建筑安装业的电子商务应用水平相对较低，我国建筑业电子商务发展同样要滞后于其他领域。一些大型企业已设立了自己的网站或网页，能利用计算机技术进行各项计算作业和辅助管理工作，如办公自动化系统、招投标系统、设计计算系统、项目管理系统等，初步实现了企业的信息化管理。但多数施工企业的信息化程度还比较低，很大一部分工作还依靠手工，信息基础平台不健全，应用专业软件的范围较窄，主要集中在财务、预算软件上。还有一些企业由于基层的管理还较为混乱，对工程施工中的各种成本浪费和不正当行为尚缺乏有效的管理措施。根据《北京建筑发展报告 2008》北京市 2007 年施工总承包和专业承包企业年末在用计算机数量为 80 458 台，同比增长 12.4%；拥有网站数量为 442 个，同比增长 9.4%；电子商务采购金额为 2 215.2 万元，同比增长 59.5 倍。从专业类别上看，房屋和土木工程建筑企业拥有的计算机数量和网站数量为最多，分别为 53 830 台和 181 个，占比分别为 66.9%和 40.9%；而建筑装饰业企业电子商务采购金额以 98.1%的比例占据绝对主导地位。从这些数据中可以看出，经过近二十年的发展，我国的建筑业信息化建设已经有了一定的发展，但电子商务的应用还只是在局部领域。我国政府高度重视建筑业电子商务的应用，组织建设了一批重点网站和系统，如建设部的“中国工程建设和建筑业信息网”，各省市建设行政主管部门设立的地方管理网站，“中国建筑资讯网”等专业的建筑网站，北京市建委建筑业管理处的网上资质管理系统、招投标信息的发布系统等。建筑建材行业面向消费市场的电子商务发展也非常迅速，2009 年中国家居建材类电子商务网站销售额达到 176.7 亿元，2010 年达到 228.5 亿元。在公共资源领域，如工商、税务等部门已在国家信息化“三金”工程的平台下实现了年检、报税等网上办公。这些建筑业信息化基础建设和电子政务建设的不断完善将为施工企业的信息化和建筑业电子商务的应用提供一个较为良好的外部环境。

11.4.2　建筑业电子商务发展战略

1．企业内部网络信息化建设

建筑业电子商务系统建设首先要进行内部网络信息化建设，搭建企业信息网络平台，实现办公自动化。主要包括基于 Internet 的数据库、应用服务器、WEB 服务器、Internet 应用开发工具包和 E-mail 服务器等硬件设施、目录管理、客户名录管理、文档管理等软件模块。主要完成以下业务：建立动态 Web 站点，建立新闻中心、邮件中心、广告服务、搜索引擎、文档管理等。通过信息化使企业内信息共享，信息流通方便快捷，及时完成企业和工商、税务、社保、业主、监理、分包等之间的资料传输，节约成本，提高企业的对外运转效率。

2．企业管理信息系统建设

在信息网络平台基础上进行管理信息系统的建设，包括企业管理与办公室自动化、招投标、施工管理与技术、质量与安全等方面。工程项目建设采用网上虚拟工作室作为项目人员间沟通的主要手段，并部分业务采用电子商务。对工程项目建立网站，与建筑部件、产品、材料供应商进行联结，使业主、设计、施工、监理等部门能够通过电子商务实现协同工作。管理信息系统不只是计算机的应用，关键是要有各类管理软件组成的子系统的支持。如以财务管理、经营计划、人力资源、客户关系管理等为核心的经营管理信息系统；以计划进度控制、估算与费用控制、采购管理和材料控制、质量控制、费用／进度综合监测、设计管理、采购管理、施工管理、合同管理、项目财务管理、项目电子文档管理系统、项目管理信息协同平台等为核心的综合项目管理系统；提高方案优化和工程设计水平，提高设计信息共享与复用性的工程设计集成化系统。通过这些软件的应用实现整个企业层面和项目层面管理的规范化、标准化、系统化，提高施工企业在市场上的竞争力。

3．建立企业电子商务系统

大型建筑企业可以自建 B2B 电子商务网站，网站中设置采购管理系统、招投标管理系统、销售管理系统等功能用于实现与供应商、分包商以及各种客户的联系和交易，电子商务系统要能够与自己的管理信息系统对接，从而大大降低企业的采购和营运成本，充分体现电子商务的优越性。建筑装饰企业还可建立 B2C 客户销售站点以缩短销售渠道，节约销售成本。中小型建筑企业可以通过建立行业联盟共同组建电子商务网站，或借助行业网站平台来实施电子商务。

4．建立行业联盟

由于建筑业的行业特殊性以及我国建筑业的产业结构特点，建筑业间供应链关系错综复杂，一个项目中建筑企业需要与工程设计公司、分包商、工程监理公司、政府管理部门、业主等多种主体发生联系，如图 11-6 所示。通常情况下，根据工程项目的变化，建设项目各参与方均与很多家企业合作，一个项目的成败影响着所有的参与者，因而需要企业整合自己的供应链关系，参与合作伙伴的生产或设计过程，协助合作伙伴制定生产计划，与合作伙伴建立一种长期的、互惠互利的战略合作关系。建筑企业利用电子商务系统与合作方进行系统对接，通过电子商务强大的协调机制，凝造自己的核心能力，集中精力去巩固和发展自己的核心能力和核心业务，利用自己的资源优势做好本企业能创造特殊价值的关键业务，谋求一种双赢或多赢的目标。

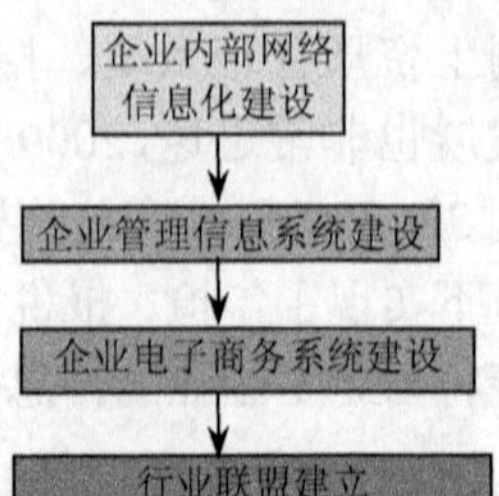

图 11-6　建筑企业电子商务发展战略

11.4.3　建筑业电子商务链应用结构模式

建筑业进行以电子商务链为核心的应用，结构上较其他行业要相对复杂，建筑业中各企业在项目中分担不同职能和分工，共同完成项目，产业链上下游关系交叉较多，各参与方借助电子商务平台实现信息流、信用流、商流、资金流及物流的传递，如图 11-7 所示。建筑企业依托内部电子商务系统、联盟企业的电子商务系统和电子商务网站承担着电子商务链中沟通与展示、谈判与签约的功能，与联盟企业一起成为信息流与商流的主体；银行与金融机承担着支付结算功能，是资金流的主体，物流服务企业或部门承担着物流配送的功能，是物流的主体；CA 中心认证机构担负着信用保证功能，是信用流的主体。建筑业原材料和设备供应商通过建筑业电子商务系统的电子采购平台实现交易功能，项目业主通过建筑业电子商务系统的电子销售平台实现交易功能，两者遵循电子商务链上信息流、信用流、商流、资金流和物流的逻辑处理流程，得到相应环节的服务。

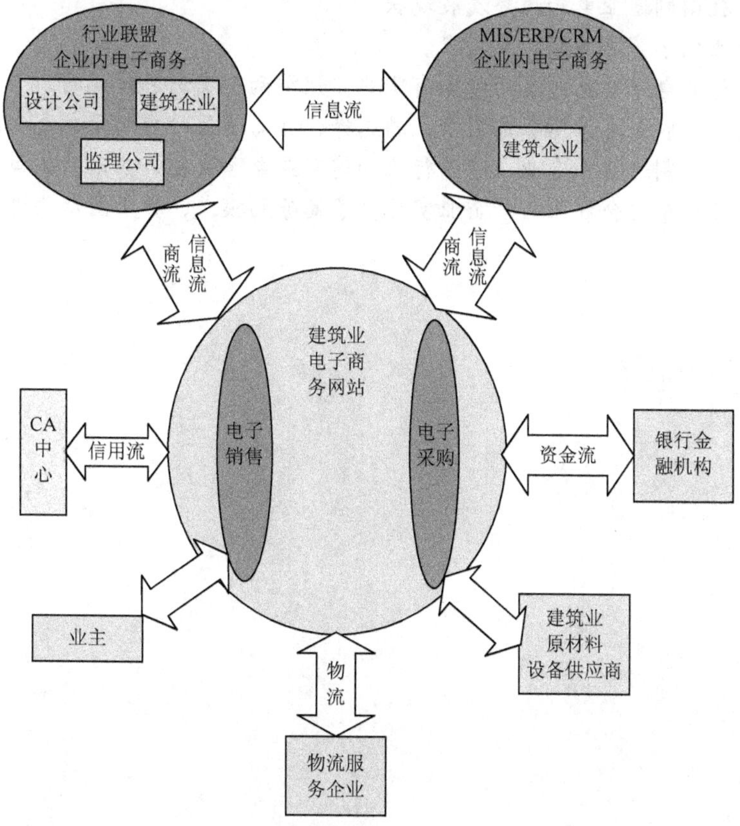

图 11-7　建筑业电子商务链应用结构模式

本章小结

生产领域电子商务的应用模式主要是企业与企业之间的电子商务，制造业、能源行业、农业和建筑业由于行业特点的差别，无论是电子商务发展应用的成熟度还是电子商务发展应用的模式上都有较大的区别和差异。在交易过程中，各方都遵循着时间、质量、成本、服务和环境的原则，交易各方企业具有共同的目标，即让最终消费者满意，为顾客创造价值。制造业电子商务的应用主要为B2B模式，企业间的电子商务会给交易各方带来时间的节约、成本的降低，和效益的提高。能源行业电子商务发展应结合能源行业垄断性的特点，在内部电子商务基础上建立面向供应商和面向客户的电子商务系统。农业产品和服务的生产和销售具有经营分散、信息沟通复杂的特点，通过建立各种农业组织将分散的农户和农业企业联结起来，通过信息代理、交易代理等方式分层次实现电子商务应用。建筑业交易流程复杂，每项交易涉及部门较多，可以通过建筑企业与行业联盟企业的多方合作实现采购和销售的电子商务应用。

本章习题

1. 简述我国制造业电子商务发展现状。
2. 制造业电子商务的模式及特点。
3. 能源行业电子商务发展的特点有哪些，试举两个案例进行说明。
4. 如何进行农业电子商务应用模式的选择，并简述几种应用模式之间的关系。
5. 比较分析制造业、农业、能源行业和建筑业电子商务链应用结构模式。
6. 请设计一个适合农业生产企业实施电子商务的模式，并以图示法进行说明。

第 12 章 移动电子商务

引例 移动电子商务成二次突破重要领地

苹果的 iPhone 和 iPad 彻底改变移动应用方式，加上移动支付业务日趋成熟，移动应用令电商垂涎十分。淘宝网日前宣布 2011 年为淘宝开放年，将在卖家、买家业务、无线和物流等领域全面深度开放，引入第三方开放者、企业和服务商，共同推进电子商务生态圈高速健康发展。

可以说，无线淘宝开放平台的推出，既是大淘宝移动互联网新蓝海扩容的战略方向彰显，更是当下日益爆发的移动生活趋势的呼应。在此前，凡客诚品正式对外宣布推出手机凡客网和手机客户端产品。凡客诚品相关负责人表示，布局移动电子商务是凡客诚品 2011 年的一项重大部署，旨在挖掘移动互联网市场，进一步拓展和延伸用户，全面实现其跨平台服务战略。

另外，国内 B2C 巨头之一京东商城于 2 月 17 日正式发布了苹果 iPhone 手机客户端软件，除了实现下单、查询等常用功能，还能实现线下与线上的比价功能。而据了解，老牌电子商务公司当当网、卓越亚马逊网也早已布局无线电子商务。卓越亚马逊网总裁王汉华表示，2011 年，电子商务公司主拼移动应用。目前，卓越亚马逊已对移动购物做了充足的技术储备和试点。由此可见，需求“二次突破”，移动应用已经成为电子商务巨头们在 2011 年的必争之地。

12.1 移动电子商务概述

移动电子商务是互联网、移动通信技术和手持终端技术等发展的必然产物，是网络经济发展的新增长点。掌握移动电子商务的概念和特点是学好移动电子商务的根本。

12.1.1 移动电子商务的定义

移动电子商务（M-commerce）又称移动商务，从字面意义上来理解，就是“移动+商务”，移动是手段，商务是目的。本质上，移动电子商务归属电子商务（E-commerce）的类别，是电子商务的一个新的分支，是电子商务的延伸和扩展。移动电子商务是在移动通信网、互联网、IT 和手持终端设备技术推动下产生的一种新的商务模式，对企业的交易方式、业务经营、移动终端用户的生活方式等众多方面都会产生巨大的影响。

狭义的移动电子商务是指涉及货币类交易的商务模式，广义的移动电子商务则是指通过移动设备随时随地获得的一切服务。本书所讲的移动电子商务通常指广义的移动电子商务。可以从技术角度、商务角度和用户角度来分析移动电子商务的模式和内容。

从技术角度来看，移动电子商务不仅是技术的创新，也是一种企业管理模式的创新。依托手机、个人数字助理 （PDA）、呼机和笔记本式计算机等移动通信设备，通过将移动通信网和因特网有机结合，移动电子商务突破了互联网的局限，更加直接、高效地进行信息互动，扩大了电子商务的领域，节省了人力成本，使企业不仅能够及时把握市场动态和动向，还消除了时间和地域的限制，使随时随地的信息传输和商业交易成为可能。

从商务角度来看，移动电子商务是商业模式的创新。移动电子商务是通过移动通信网络进行数据传输，并且利用手机、PDA 等移动终端开展各种商业经营活动的一种新的电子商务模式。移动电子商务是与商务活动主体最贴近的一类电子商务模式，它将各种商务业务流程从有线向无线转移和完善，把人们带入一个无时不在、无处不在的移动商务世界，是一种新的突破。

从用户角度来看，移动电子商务就是给消费提供便利的服务。通过与移动终端的通信，可以在第一时间准确地与对象进行沟通，使用户更多地脱离设备网络环境的束缚，最大限度地驰骋于自由的商务空间。对于个体消费者来说，移动电子商务可以使他们方便地购买娱乐信息内容，包括图片、铃声、游戏、赛事成绩等；对于企业用户来说，移动电子商务可以为他们提供快速、便捷的信息服务，应用于内部办公、外部服务、信息发布及定向宣传等。

具体来讲，移动电子商务的应用层次如图 12-1 所示。

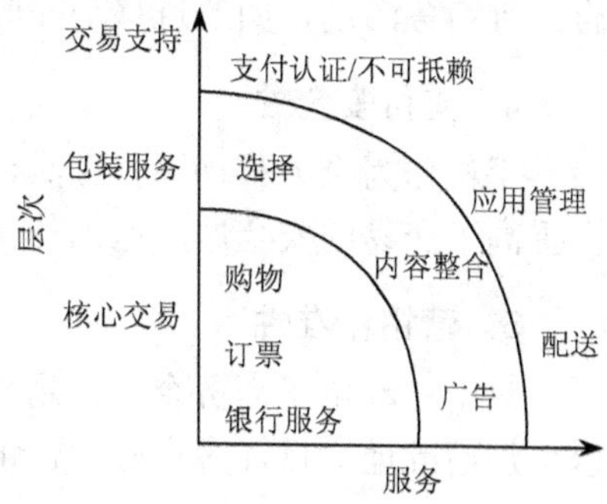

图 12-1　移动电子商务的应用层次

移动电子商务的核心交易是移动电子商务的商家向最终用户提供的核心服务，亦即狭义的移动电子商务服务，如购买演出票、电影票、书，进行手机银行交易，手机下载收费软件等。

移动电子商务的包装服务提供商业活动的环境，包括广告、营销、内容整合和搜索服务等对核心交易活动起帮助作用的服务。

移动电子商务的交易支持服务是支持交易活动所必需的业务流程，如安全认证、支付和配送等。

综上所述，所谓移动电子商务是对通过移动通讯网络进行数据传输，并且利用移动终端开展各种商业经营活动的一种电子商务模式。

12.1.2　移动电子商务的特点

电子商务较之传统的商业模式更加方便、灵活、高效，而移动电子商务的这一特性更加突出。移动电子商务可以实现在任何时间、任何地点，以任何的方式完成商务交易。因此，移动电子商务具备以下特点：

1．泛在性

基于移动终端（手机、PDA、笔记本式计算机等）的移动电子商务与基于固定终端的电子商务相比，其最大优势是无论消费者处于什么位置、在什么时间，都能为其随时随地提供商务活动，真正实现任何人、在任何时间、任何地点得到整个网络的信息和贴身服务。

但是，移动电子商务并不局限于通过移动通信网提供的服务，还包括通过移动终端提供的所有服务。例如，利用移动终端以非在线方式听歌，利用无线射频技术（RFID）的非接触移动支付。

2．个性化

移动终端设备是用户私人的物品，用户可根据自己的需求和喜好来定制移动电子商务的子类服务和信息，并可根据需要灵活选择访问和支付方法，设置个性化的信息格式。结合移动电子商务的定位性，服务提供商可以主动提供区域服务给用户，令用户体验一个全新的商务环境。此外，终端设备的多样化也决定了其服务的个性化。

3. 便捷性

移动电子商务通过可以随身携带的移动终端实现。移动终端操作简单简便、响应时间短，可一键上网，支付灵活，较传统网络更为便利。用户可以根据不同情况通过多种方式进行付费，如可使用通信账户支付、手机银行支付或者第三方支付工具支付等。此外，用户不必总是坐在计算机前，不仅可以在移动状态下，也可以在旅行、开会、社交等场合进行商务活动，如通过移动即时通讯、手机邮箱等传递信息，提高了人们的效率。

4. 支付安全性

手机作为个人移动通信工具，可以通过身份认证等制度避免虚假信息，在最大限度上提高了交易的安全性，这也使得移动电子商务交易能够更加安全、可靠。

5. 营销精准性

对于移动电子商务企业，用户对于手机的随身携带性和较高的使用黏性使得企业可以更加精准地对目标客户进行营销推广和服务关怀。

12.2 移动电子商务的技术基础

无线通信技术是移动电子商务发展的技术基础，对移动电子商务的发展起着重要的作用。只有深入了解无线通信技术的基本构成，才能理解移动电子商务系统应用的模式和体系结构。

12.2.1 移动通信技术

1. 第一代移动通信技术

第一代移动通信技术（1G）始于 20 世纪 70 年代，主要采用模拟技术和频分多址（frequency division multiple access，FDMA）技术。第一代移动通信技术有很多不足之处，比如容量有限、制式太多、互不兼容、保密性差、通话质量不高、不能提供数据业务、不能提供自动漫游等。由于受到传输带宽的限制，第一代移动通信技术不能进行移动通信的长途漫游，只能是一种区域性的移动通信系统。第一代移动通信技术有多种制式，我国主要采用的是 ATCS。

2. 第二代移动通信技术

第二代移动通信技术（2G）出现于 20 世纪 80 年代末，基于以 GSM 为代表的时分多址（time division multiple access，TDMA）和码分多址（code division multiple access，CDMA）数字技术，主要用于话音传输和支持电路交换。我国两种技术均采用。

第二代移动通信技术的主要业务是语音，其主要特性是提供数字化的话音业务及低速数据业务。第二代移动通信技术克服了模拟移动通信系统的弱点，话音质量、保密性能得到很大的提高，并可进行省内、省际自动漫游。尽管语音通信仍占主导地位，但是短信、数据传输的需求强劲。

3. 通用分组无线技术

通用分组无线技术（general packet radio service，GPRS）是 GSM 移动电话用户可用的一种移动数据业务。由于第二代移动通信系统带宽有限，随着数据业务的需求越来越多，最初的 GSM 网的传输速率 9.6 kbit/s 已经不能满足数据业务的需求，直接升级到 3G 是不现实的，不能有效地保护现有投资，因此通过增加相应的功能实体和对现有的基站系统进行部分改造来实现分组交换。GPRS 可以让多个用户共享某些固定的信道资源，信道资源既可以被话音占用，也可以被 GPRS 数据业务占用，从而可以提高信道资源的利用率。GPRS 是 2.5 代移动通信技术，能让用户永远在线。GPRS 的实时功能可以传输如新闻标题、比赛成绩、交通路况等数据业务。

4. 第三代移动通信技术

第三代移动通信技术（3G）是指将无线通信与互联网等多媒体通信紧密结合的新一代移动通信系统。3G 的传输速率最低为 384 kbit/s，最高为 2 Mbit/s。高速数据传输和宽带多媒体服务是 3G 的一个主要特点，可提供更高的通信速率，不仅能传输话音，还能传输数据，使无线网络更适合于图像、音乐、视频等多媒体数据的传输，从而为用户提供更为丰富的信息服务。如提供快捷、方便的网页浏览、电话会议、电子商务等服务。

国际电信联盟（ITU）确定 3G 通信的三大主流无线接口标准分别是 WCDMA（宽频分码多重存取），CDMA2000（多载波分复用扩频调制）和 TDS-CDMA（时分同步码分多址接入）。其中，WCDMA 标准主要起源于欧洲和日本，该系统在现有的 GSM 网络上使用；CDMA2000 系统主要是由美国高通北美公司为主导提出的；TD-SCDMA 标准是中国提出的 3G 标准。目前，中国的 3G 牌照由中国移动、中国联通和中国电信三家持有，提供的 3G 网络分别是 TD-SCDMA、WCDMA 和 CDMA2000。

5. 第四代移动通信技术

第四代移动通信技术（4G）是多功能集成的宽带移动通信系统。4G 集 3G 与 WLAN 于一体，能够传输高质量视频图像，它的图像传输质量与高清晰度电视不相上下。4G 系统能够以 100 Mbit/s 的速度下载，上传的速度也能达到 20 Mbit/s，并能够满足几乎所有用户对于无线服务的要求，可实现三维图像高质量传输。

4G 系统应体现移动与无线接入网及 IP 网络不断融合的发展趋势，是一个全 IP 的网络。4G 系统在业务上、功能上、频带上都与 3G 系统不同，其将在不同的固定和无线平台及跨越不同频带的网络运行中提供无线服务，比 3G 移动通信更接近于个人通信。

12.2.2　短距离无线通信技术

1. 无线局域网技术

无线局域网（wireless local area network，WLAN）在国外也称无线保真（wireless fidelity，WIFI），是利用无线通信技术在一定的局部范围内建立的网络，是计算机网络与无线通信技术相结合的产物。它以无线多址信道作为传输媒介，提供传统有线局域网（local area network，LAN）的功能，从而使网络的构建和终端的移动更加灵活，能够使用户真正实现随时、随地、随意的宽带网络接入。WLAN 作为有线局域网络的延伸，被各团体、企事业单位广泛地采用以构建办公网络。

2. 高性能无线局域网

高性能无线局域网（HiperLAN）是基于无线局域网的多媒体应用解决方案。HiperLAN 由传统的 LAN 演变而来，支持多媒体数据业务和异步数据业务。欧洲电信标准协会（ETSI）正在制定 HiperLAN 标准，并将该标准作为“宽带无线接入网”计划的组成部分。所制定的标准有四个：HiperLAN1、HiperLAN2、HiperLink 和 HiperAccess；其中 HiperLAN1 和 HiperLAN2 用于高速无线 LAN 接入，HiperLink 用于室内无线主干系统，HiperAccess 用于室外对有线通信设施提供固定接入。

3．蓝牙技术

蓝牙技术（bluetooth）是在 1998 年 5 月，由爱立信、诺基亚、东芝、IBM 和英特尔公司等五家著名厂商，在联合开展短距离无线通信技术的标准化活动时提出的。蓝牙是一种低成本、低功率、短距离的无线通信技术，是当今市场上支持范围最广泛、功能最丰富且安全的无线标准。蓝牙技术将是网络中各种外围设备接口的统一桥梁，它消除了设备之间的连线，取而代之以无线连接，省去了传统的电线。它可以使移动电话、个人计算机、PDA、便携式计算机、打印机及其他计算机设备以最高数据传输速率 1 Mbit/s 在 10 m 以内实现无线连接。

4．红外技术

红外（infrared）技术是通过红外线传输数据的一种无线通信技术。红外技术不需要实体连线，简单易用且实现成本较低，因而广泛应用于小型移动设备互换数据和电器设备的控制中，例如笔记本式计算机，PDA，移动电话，玩具、电视机、空调器的遥控，数据收集器，打印机和其他携带式电子装置等。1993 年，成立了红外数据协会（Infrared Data Association，IrDA），以建立统一的红外数据通信标准。1994 年，发表了第一个 IrDA 标准 IrDA 1.0。

12.2.3　无线通信协议

1．WAP 协议

WAP 是一种无线通信协议，是在数字移动电话、互联网或其他个人数字助理机、计算机应用乃至未来的信息家电之间进行通讯的全球性开放标准。这一标准的诞生是 WAP 论坛成员努力的结果。WAP 论坛是于 1997 年 6 月由诺基亚、爱立信、摩托罗拉和 Phone.com 共同成立的。

它的提出和发展是基于在移动中接入 Internet 的需要，是移动通信与互联网结合的第一阶段性产物。其功能是：只要使用具有 WAP 功能的手机，连接到一个与 Internet 相连的 WAP 网关，就可以像桌面用户一样浏览网上的信息。

WAP 是一个开放式的标准协议，可以把网络上的信息传送到移动电话或其他无线通讯终端上。通过 WAP，手机可以随时随地、方便快捷地接入互联网，利用无线通讯终端来获取互联网或企业内部网上的信息和各种服务，真正实现无线上网。

WAP 定义了一套软硬件的接口，可以使人们像使用 PC 一样使用移动电话收发电子邮件及浏览 Internet。同时，WAP 提供了一种应用开发和运行环境，能够支持当前最流行的嵌入式操作系统。WAP 可以支持目前使用的绝大多数无线设备，包括移动电话、FLEX 寻呼机、双向无线电通信设备等。在传输网络上，WAP 也可以支持目前的各种移动网络，如 GSM、CDMA、PHS 等。

2．IPv6 和 IPv9

IPv6 是下一版本的互联网协议（Internet protocol，IP），它是由 IETF 工程任务小组设计的用来替代 IPv4（现行的 IP）协议的一种新的 IP 协议。 它的提出最初是因为随着互联网的迅速发展，IPv4 定义的有限地址空间将被耗尽，地址空间的不足必将妨碍互联网的进一步发展。为了扩大地址空间，拟通过 IPv6 重新定义地址空间。IPv6 采用 128 位地址长度，最多有 2^{128-1} 个地址，几乎可以不受限制地提供地址。按保守方法估算 IPv6 实际可分配的地址，整个地球的每平方米面积上仍可分配 1 000 多个地址。在 IPv6 的设计过程中，除了一劳永逸地解决了地址短缺问题以外，还考虑了在 IPv4 中解决不好的其他问题，主要有端到端 IP 连接、服务质量、安全性、多播、移动性、即插即用等。

IPv9 协议是指用 0～9 的阿拉伯数字作为网络虚拟的 IP 地址，并将十进制作为文本的表示方法，即一种便于找到网上用户的使用方法；为提高效率和方便终端用户，其中有一部分地址可直接作为域名使用；同时，由于采用了将原有计算机网、有线广播电视网和电信网的业务进行分类编码，因此又称"新一代安全可靠信息综合网协议"。IPv9 是中国提出的，拥有自主知识产权，由于采用十进制技术，能分配的地址量是 IPv6 的八倍。IPv9 协议已用于我国提出的十进制网络中。十进制网络是指采用十进制算法和表示方法，将各种采用十进制算法的计算机进行相互连接，从而达到计算机相互通信和数据传输的目的。十进制网络是可以与现有网络实现互通的一个崭新的网络。为了区分于现有的网络，又称"新一代安全可靠信息综合网"。

12.2.4　移动电子商务系统的体系结构

移动电子商务涉及三个大的模块的构建，一是移动终端，二是无线通信网络，三是无线应用平台。图 12-2 是一个典型的移动电子商务应用模型。

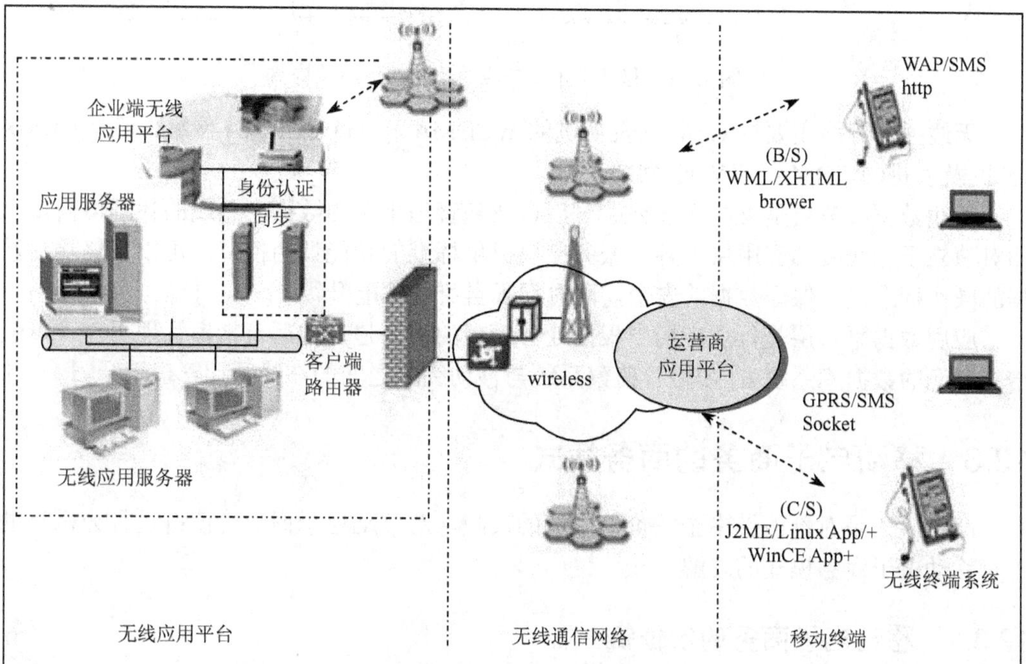

图 12-2　典型的移动电子商务应用模型

根据图 12-2 所示的移动电子商务应用的网络模型，可以进一步抽象出移动电子商务的系统体系结构，如图 12-3 所示。

从图 12-3 可知，移动商务应用系统可以分为四层：终端应用层、无线数据服务层（一般指企业端服务器）、业务管理平台层（一般指企业端业务管理平台和数据仓库，如政府城市管理中心的业务管理平台及数据库），还包括一个常常被用户忽略的空中的无线通信网络。

终端应用层一般包括三个子层：行业应用功能模块（应用软件），一般支持流行的 B/S 结构和 C/S 结构访问方式；移动终端操作系统；移动终端硬件平台。从体系结构看，终端应用层基本就是一台浓缩了的计算机。

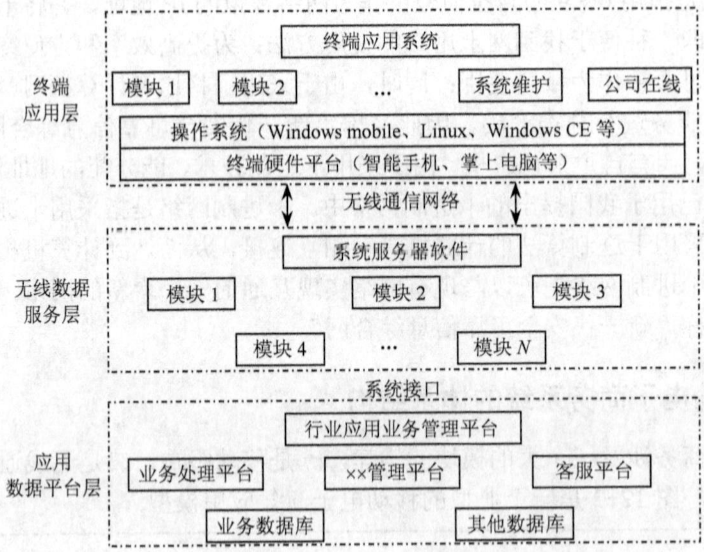

图 12-3 移动电子商务应用系统的体系结构

无线通信网络主要指 GSM 网及演进的 WCDMA 和 TD-SCDMA 网络，还有 CDMA 1X 网及演进的 CDMA EVDO 网络。

无线数据服务层是支持无线终端对后台业务管理平台的数据库系统的代理访问，它相对独立于无线终端应用层，各个服务模块提供标准的功能调用接口，可以将终端对数据的操作标准化，保证数据的安全，同时便于自身的功能升级。

应用数据平台层是行业应用中根据业务管理的需要建设的后台指挥管理平台（一般带有自己的数据库系统），如城管监察系统与移动终端之间的在线互动管理平台。

12.3 移动电子商务的商务模式

商务模式是对价值链中企业价值创造的反映。对移动电子商务价值链进行分析有助于对移动电子商务模式的理解。

12.3.1 移动电子商务的价值链

价值链是哈佛大学商学院迈克尔·波特于 1985 年在《竞争优势》一书中提出的概念。波特认为，“每一个企业都是在设计、生产、销售、发送和辅助其产品的过程中进行种种活动的集合体。所有这些活动可以用一个价值链来表明。”即企业的价值创造是通过一系列活动构成的，这些活动可分为基本活动和辅助活动两类，基本活动包括内部后勤、生产作业、外部后勤、市场和销售、服务等；而辅助活动则包括采购、技术开发、人力资源管理和企业基础设施等。

价值链在经济活动中是无处不在的。上下游关联的企业与企业之间存在行业价值链，企业内部各业务单元的联系构成了企业的价值链，企业内部各业务单元之间也存在着价值链联结。移动商务价值链就是直接或间接地通过各种移动平台进行产品或服务的创造、生产、传递和维持，从而获取利润的过程中所形成的价值传递链式结构。移动电子商务参与者就是价值链环节中的一部分，其作用于整体价值链并通过链中的环节实现价值获取。

自 20 世纪 80 年代中期移动技术出现以来，移动技术主要经历了三次标志性的变革——模拟技术、数字技术和无线网络技术。移动商务的价值链也相应分为三代：第一代移动电子商务价值链、第二代移动电子商务价值链和第三代移动电子商务价值链。

1．第一代移动电子商务价值链

第一代移动电子商务价值链是指 20 世纪 80 年代中期，移动技术刚出现，移动网络功能比较单一，基本上只能为用户提供语音业务，价值链也比较简单，主要由无线服务提供商、终端设备制造商、中间服务提供商和用户四部分组成，如图 12-4 所示。

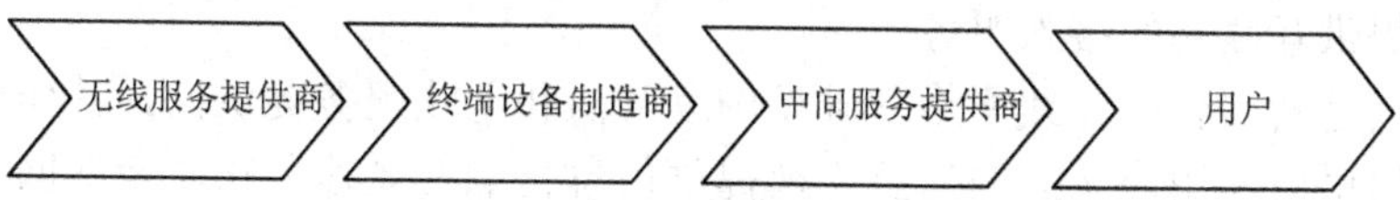

图 12-4　第一代移动电子商务价值链

2．第二代移动电子商务价值链

第二代移动电子商务价值链是指 20 世纪 90 年代初期和中期，随着数字技术出现，移动网络的带宽显著提高，在传统的语音业务基础上提供一定的数据增值业务，相应的移动电子商务价值链也发生了极大的变化。如图 12-5 所示，第二代移动电子商务价值链包括内容服务提供商、无线服务提供商、终端平台与应用程序提供商、用户和基础设施服务提供商五部分内容。

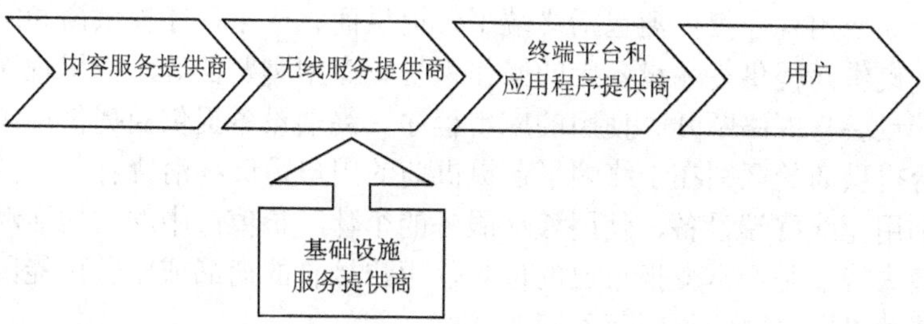

图 12-5　第二代移动电子商务价值链

3．第三代移动电子商务价值链

第三代移动电子商务价值链是指 20 世纪末，移动通信迈入 3G 时代，与之对应的价值链。这个阶段，移动网络不仅可以提供语音服务，而且可以提供基于多媒体数据的各种服务，其价值链也更加复杂。如图 12-6 所示，第三代移动电子商务价值链主要包括内容和应用服务提供商、门户和接入服务提供商、无线网络运营商、支持性服务提供商、终端平台和应用程序提供商、用户六部分内容。

内容和应用服务提供商指依托网络运营商和其他接入服务基础，制作和提供大量具体的移动服务内容的商家。内容和应用服务提供商并不提供除内容外的其他服务。具体的服务有：新闻、音乐、游戏、微博、天气预报、移动即时通讯、移动证券、定位和位置服务等。

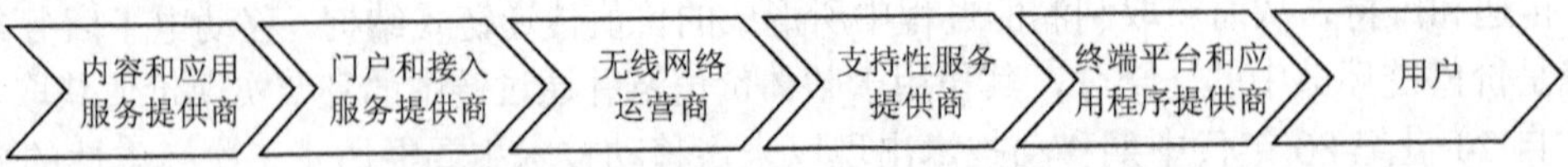

图 12-6　第三代移动电子商务价值链

门户和接入服务提供商包括门户网络运营商和互联网服务提供商。其作用是在内容和应用服务提供商和无线网络运营商之间搭建一个互通的桥梁，为内容和应用服务提供商提供内容介入无线网络的接口，保证其顺利进入无线网络传输系统，最终到达移动用户。门户网络运营商为用户提供无线网络接入点，让用户方便地获得内容和应用服务提供商提供的各种移动产品和服务。互联网服务提供商指将网络硬件和应用程序整合在一起，为用户提供互联网的接入服务。

无线网络运营商包括无线网络基础设施运营商和无线服务提供商。其作用是为内容和应用服务提供商和用户之间的信息交换提供信息传输的高速公路。无线网络基础设施运营商提供网络基础设施建设和维护。无线服务提供商通过从无线网络运营商处租用或者购买一定网络通信能力为移动用户提供各种类型的服务。

支持性服务提供商包括平台服务提供商和付费、安全等服务提供商。其作用是为无线网络运营商提供各种支持性服务，例如：基础设施制造、付费支持、安全支持等。平台服务提供商主要包括基础设施制造商和应用程序开发商，这主要在网络平台级。基础设施制造商为无线网络运营商提供各种无线网络传输设备等；应用程序开发商为无线网络运营商开发各种建立无线通信网络所必需的应用程序。付费和安全等服务提供商主要包括安全保证、付费支持等支持性服务提供商。

终端平台和应用程序提供商包括终端平台提供商、应用程序提供商和终端设备提供商。终端平台提供商提供终端设备上的操作系统、微型浏览器等。应用程序提供商主要提供一些终端设备与网络断开时使用的应用程序。终端设备提供商提供移动终端设备，其与终端平台提供商的区别在于终端平台提供商的用户是最终消费者。

用户指利用无线终端设备，使用移动服务的个体。价值链中的一切活动均由用户引发。用户的最大特点是经常变换自己的位置，用户接收的商品或服务可能因为时间、地点及其使用移动终端情况的不同而不同。

12.3.2　我国的移动电子商务价值链

在我国，终端厂商和电信运营商为移动电子商务平台的建设提供了网络基础及应用接口；软件提供商丰富了平台应用，通过定位、支付等功能的实现使移动电子商务能够更顺畅地进行信息和资金的交换；平台服务提供商、金融及支付服务商、物流商为移动电子商务平台提供商品信息展示、资金划拨、仓储与运输等服务，在移动电子商务平台前端，为消费者和电子商务企业进行交易提供服务。我国的移动电子商务价值链如图 12-7 所示。

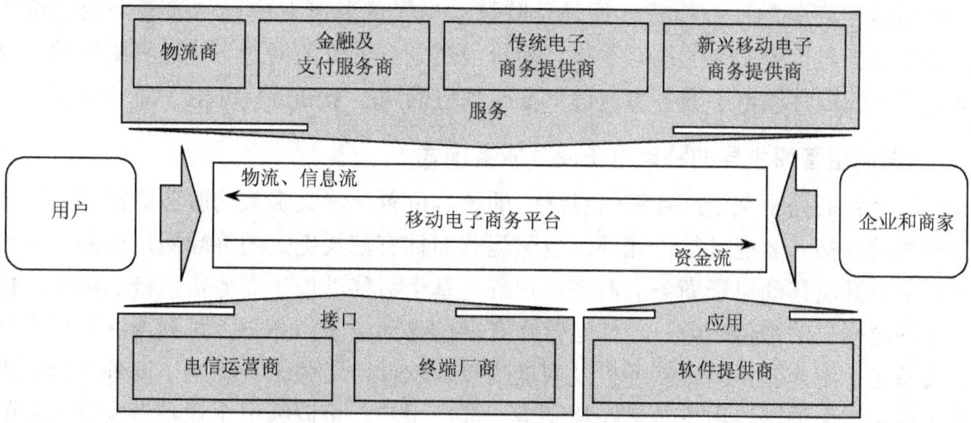

图 12-7　我国的移动电子商务价值链

终端厂商：移动电子商务的硬件接口，对于提升用户体验具有重要作用。移动电子商务的用户体验在很大程度上取决于终端产品的硬件配置和处理能力，大屏幕、全键盘、高信息处理能力的手机终端，可大大提高用户应用移动互联网进行电子商务的便捷性。

电信运营商：处于移动电子商务产业中信息交汇的核心地位。电信运营商拥有移动电子商务末端的所有用户资源，任何移动电子商务的应用服务均需通过电信运营商的信息通道进行，电信运营商因其在移动电子商务产业链中位置的特殊性，在移动电子商务产业发展中发挥着极其重要的作用。

金融及支付服务商：对资金链具有天然控制力。商务活动中，所有资金的流动最终都要通过金融机构进行划转和结算，因此在移动电子商务活动中，银行、银联等金融机构有着天然的资金链控制优势。在实际的电子商务活动过程中，第三方支付平台确保了资金支付的安全性和合理性，其在移动电子商务产业支付环节中同样具有重要作用和现实意义。

移动电子商务提供商：目前，淘宝网、当当网和卓越亚马逊等传统电子商务企业已经完成了在移动电子商务的布局。传统电子商务提供商在 PC 端电子商务积累了成熟的运营经验，在整个移动电子商务产业链各主体中具有最为成熟的电子商务服务体系。新兴移动电子商务提供商中，立购网、爱购商城等，已经通过运营模式的创新，在移动电子商务细分市场中得到了良好的发展。

软件提供商：为移动电子商务平台服务提供信息及应用入口。近年来崛起的 UCWeb 等移动互联网浏览器软件，已经在移动互联网发挥了门户网站式的重要作用。未来，相应的软件提供商将形成对用户信息及应用入口的有效控制，移动电子商务服务平台将更多地依靠软件提供商提供用户进入的通道。

12.3.3　我国移动电子商务的商务模式

商务模式又称商业模式、经营模式或业务模式，是企业运营业务、创造利润的模式，主要指企业如何在与其他实体的合作过程中创造价值并实现利润。移动电子商务的商务模式就是指在现有的移动通信技术条件下，相关的经济实体如何通过运用特定的商务模式活动创造、实现商业价值，并获得商业利润。

移动电子商务的商务模式本质是反映移动电子商务产业中具体的某个企业价值创造、价值维护与价值实现的核心逻辑，而价值链是分析价值创造、传递和实现的工具。因此，可从我国移动电子商务价值链中参与角色的角度来分析移动电子商务模式。

1. 电信运营商主导的移动电子商务服务模式

电信运营商处于整个产业链信息交汇的核心位置，绝大多数的服务均需要通过电信运营商的网络接入才能进行；此外，电信运营商拥有规模庞大的终端用户资源，这些用户资源都是开展移动电子商务的潜在用户群。基于对移动电子商务价值链的控制，以及对自身终端用户的增值服务，电信运营商开展的移动电子商务中，可利用终端厂商和软件提供商在上游为其提供定制手机及内嵌的接入软件，增强了移动电子商务平台的入口建设。规模庞大的网络用户及潜在移动电子商务用户，可以吸引企业和商家以入驻的方式丰富移动电子商务平台的产品线及内容，物流商提供相关的货物运输、商品仓储和配送服务。移动电子商务平台的建设方面，电信运营商负责平台内容、用户服务和交易服务，对入驻商户进行管理，并为消费者提供信誉保障。

小资料

中国移动旗下的广东移动商城

广东移动商城通过商家招标的方式，为手机网络购物用户和商家提供移动电子商务平台，提供生活信息查询，应用程序购买与下载，箱包、数码家电和图书音像等商品的购买，可通过手机实现在线支付。

2. 传统电子商务提供商主导模式

传统电子商务提供商通过在 PC 端的多年发展，已经具备开展移动电子商务所需的基础服务能力和运营经验。传统电子商务提供商主导的移动电子商务主要采取了“品牌+运营”的服务模式，在这一服务模式下，传统电子商务提供商原有的货物渠道、商品仓储物流及配送等后台服务体系均未发生本质变化，移动互联网可以看做是其 PC 端传统电子商务服务的手机端入口。传统电子商务提供商通常会在用户接口处通过与终端厂商和软件提供商的合作，定制相关匹配的终端机，或者为手机终端设计用于进行移动电子商务的特定应用程序。

小资料

手机淘宝网和手机当当网

手机版淘宝于 2008 年 2 月开始上线，消费者通过手机即可登录手机版淘宝，同时可以用手机支付宝付款购物。手机淘宝网可以实现注册、登录、收藏、浏览、搜索商品和支付等功能。目前，手机淘宝网是中国最大的移动购物服务提供商和个人移动交易平台，业务跨越 C2C、B2C 两大类，其在线物品超过两亿件，并利用支付宝实现了手机在线支付。

手机当当网于 2006 年投入实际运营。2007 年，手机当当网推出自主研发的跨平台搜索产品——图书短信比价系统；2009 年 9 月，手机当当网购买功能上线。手机当当网立足移动电子商务 B2C，是当当网的手机门户网站。手机当当网未来将与当当网形成协同性优势，二者在商品渠道、客户信息、后台处理、库管物流等方面实现资源共享。手机当当网将依托当当网在 PC 端的优势，着力打造移动电子商务领域领先的 B2C 品牌。

3．软件提供商主导模式

移动电子商务巨大的市场前景同样吸引着如用友等的传统应用软件企业，他们也正在加快进入移动电子商务的步伐。软件提供商主导的移动电子商务，目前以 B2B2C 的发展模式为主。软件提供商通过原有的软件客户资源和移动电子商务管理软件的优势，吸引移动电子商务商户入驻其搭建的移动电子商务平台，通过整合这些商户资源，为移动电子商务用户提供商品和信息等服务，服务的切入着眼于对移动电子商务商户运营多样性需求的满足。

小资料

用友移动商街

移动商街是北京用友移动商务科技有限公司运营的虚拟移动电子商务平台，于 2007 年 4 月成立，是一个由消费者与商家聚集形成的虚拟商业中心。在移动商街，会员可通过手机获得及时有用的消费和生活服务信息，比较、选择和消费，了解商家并参与互动，享受折扣、奖品和积分回报等实惠。入驻的商家可通过移动商街进行市场营销、产品推广和形象展示，为会员提供商业服务，促进销售，并可实现移动交易和支付，节省成本。截至 2009 年底，入驻用友移动商街的企业和商家已经达到了 80 万家，手机注册会员数量超过 570 万，年营收规模为千万量级。

4．新兴移动电子商务提供商主导模式

中国移动电子商务发展的过程中，一些由新兴移动电子商务提供商搭建的商务平台迅速崛起，在服务与运营模式上不断创新。由新兴移动电子商务提供商主导的移动电子商务服务模式，专注于对移动互联网的电子商务服务，专注于手机端购物平台及其运作模式的探索，具有与传统电子商务平台不同的成长特点，对移动电子商务用户需求和服务特点有较好的理解与把握。

小资料

立　购　网

立购网创立于 2009 年 8 月，是致力于手机用户快捷购物和智能购物的移动电子商务平台，专注于将手机的便利和效率分享给更多人。立购网购物平台所售商品均来自于传统电子商务平台，经营理念为“上一家立购，就等于同时上了数十家国内最好的网上商城”，目标用户定位于不能方便接触 PC 端网络并有网络购物需求的手机互联网用户。经过半年多的发展，立购网即已初具规模。立购网销售的所有商品，均来自于传统电子商务平台，商品类型包括数码产品、手机和服饰等电子商务热销的实物商品。立购网已经与全国几十家 PC 端传统电子商务平台取得了合作，立购网所销售的商品也已经达到了数十万种。

12.4　移动电子商务的应用

移动商务的应用领域相当广泛，按照应用主体，可将移动电子商务的应用分为面向个人应用和面向政府、企业应用两类。

12.4.1　个人应用

目前，在国内个人领域应用比较多的移动电子商务主要有以下几种：

1. 移动信息服务

移动信息服务是指通过短消息或移动门户网站向用户提供信息服务的一种形式。信息可通过短消息或多媒体信息（又称彩信）的方式提供，即通过短消息服务或多媒体信息服务获得移动信息服务。移动信息服务的获取可利用移动终端搜索短消息或 WAP 站点搜索引擎系统，以实时获取用户所需的 Web、WAP 站点的各种信息，也可按用户的个性化需求定制相关移动信息服务。

2. 移动娱乐

移动娱乐是指通过移动终端，为用户提供休闲和精神娱乐享受的移动应用产品或服务。主要的移动娱乐服务有移动音乐、移动游戏、移动阅读、移动视频和移动社区等。

移动音乐主要是指应用在手机客户端的音乐应用，具体表现形式为彩铃、铃声、全曲下载、在线收听四种主要应用。

移动游戏是指用户使用手机终端，通过移动网络进行专门适配手机的单机游戏和网络游戏。

移动阅读是指通过移动终端以多样化的阅读形式向用户提供各类电子书内容，包括图书、杂志、漫画等，用户可以在前端上选择感兴趣的内容在线阅读，也可请求下载之后离线阅读。

移动视频是指通过移动网络和移动终端为移动用户传送视频内容的新型移动业务。移动视频为移动用户分享他们的经历和情感、获得信息和娱乐及与他人交流提供了新的通信方式和业务享受。

移动社区是指使用移动终端登录 SNS 网站的应用，既包括单独针对移动终端开发的 SNS 网站，也包括传统互联网的 SNS 网站在移动终端上的使用拓展。

3. 移动即时通信

移动即时通信（mobile instant message，MIM）是指通过手机等移动终端，为用户提供即时沟通服务的业务。国内 MIM 的市场竞争非常激烈，主要的 MIM 工具有手机 QQ、中国移动飞信、手机 MSN、手机阿里旺旺等。目前，手机 QQ 的用户使用率最高，达到了 83.5%，其次是中国移动飞信 50.5%，手机 MSN 为 19.5%，手机阿里旺旺为 6.7%，手机 skype 为 2.8%等。

4. 移动电邮

移动电邮业务是指用户通过手机终端收发电子邮件。这是一种把用户在邮件服务器上的邮件，通过端到端加密的方式，主动实时地推送给移动终端的业务形式。用户可以利用移动终端随时随地接收、回复、转发和撰写包括文本、图像、声音、视频片段等一种或多种媒体内容的电子邮件的业务形式。

5. 移动支付

移动支付又称手机支付，就是允许用户使用手机、PDA、移动 PC 等移动终端对所消费的商品或服务进行账务支付的一种服务方式。从本质上讲，移动支付就是将移动网络与金融系统结合，把移动通信网络作为实现手机支付的工具和手段，为用户提供商品交易、缴费、银行账号管理等金融服务的业务。

6．移动搜索

移动搜索是指以移动设备为终端，进行对普遍互联网的搜索，从而实现高速、准确的获取信息资源。主要实现方式有两种，一种是使用 WAP 接入搜索 WAP/Web，一种是 3G 直接搜索 Web 内容。随着科技的高速发展，信息的迅速膨胀，手机已经成为信息传递的主要设备之一。

7．移动证券

移动证券是指通过移动通信终端为股民提供的证券应用服务，包括实时行情、在线交易及专业的股市资讯，方便用户随时随地把握证券市场脉搏。主要内容包括：

① 实时行情：提供个股及基金、债券的实时行情查询，以及强大的图表分析功能（走势图、日/周/月等 K 线图）。操作简便，同时提供自选股等个性化管理功能。

② 股市资讯：为用户提供及时、全面、权威的财经资讯、个股点评、大盘分析，汇聚名家策略、要闻分析、热点透视、潜力股推荐、投资组合等权威资讯。

③ 在线交易：通过移动终端进行各种证券品种的在线交易、查询等。

12.4.2　政府和企业应用

政府和企业应用移动电子商务，主要是指借助移动通信终端，帮助政府和企业与最终用户及内部员工之间进行实时信息沟通，为政府和企业提供一个在任何时间和任何地点进行政务和商务活动的机会。移动电子商务已在政府众多部门和众多行业的企业中得到了应用。举例说明如下：

1．移动办公（OA）

公文处理：可使用手机查看待办公文、审阅流程、转批、搜索、催办、工作委托、签批处理等功能，只要客户原有的 OA 中有的功能，手机上均可以实现。

移动邮箱：可通过手机上自带的邮件客户端，或使用移动办公客户端中自有的邮件功能，使手机具备写邮件、收件箱、已发邮件、草稿箱、已删除邮件、附件查看等功能。

展现类功能：可在手机上实现公告通知、通讯录查询、日程安排等。

信息推送：当用户收到新消息时，移动办公服务器会主动推送该消息给用户，保证信息流转的畅通。

其他功能：如会议管理、出差管理、费用报销等，可以按照客户要求适配到手机终端进行展现和操作。

2．电子政务

高级政务应用：移动办公、短信政务应用、电视电话会议、电子政务应用服务平台等。

便民亲民服务：门户网站建设和保障、综合服务热线、政务彩铃、短信政务应用、网上直播服务、电子政务应用服务平台等。

电子政务监管：短信应用、全球眼视频监控应用、数据监控等。

3．移动报税

1）针对税务领导

数据采集报送：税务机关领导可以通过手机请求针对某一阶段的纳税情况进行统计

和汇总，以方便进行浏览和查阅。

决策参考：可以通过手机查看一些最新的资讯或政策，以帮助进行规划和决策。

领导专栏：可通过手机访问企业应用系统中的领导专栏部分。

2）针对税务人员

纳税人查询：税务工作人员可以通过手机查询指定纳税人的相关信息。

纳税催缴：对于纳税人有滞纳的情况，可以通过短信或者电话的方式进行催缴。

移动稽查：可以远程对企业的财务及运营等工作进行检查和监督，针对违法违规行为可依法对其进行处罚。

发票核定：远程核定发票是否真实有效。

3）针对纳税人

手机申报：纳税人不必到指定的申报点现场，使用手机就能够完成税务的申报。

纳税情况查询：纳税人可以通过手机查询自己的纳税情况。

4. 移动保险

产品信息查询：远程查询最新的保险产品信息。

保单信息查询：远程查询已受理的保单信息。

移动保险行销：远程把保险产品卖给消费者，完成业务受理流程。

现场理赔：现场核实情况后，直接进行理赔的相关流程。

业务代表自助服务：业务代表登录系统进行查询、修改等操作。

团队管理：远程进行个险、团险、银保、保费、财务、营运和行政人事的管理。

客户随身服务：客户登录系统进行咨询、查询等操作。

5. 移动物流

任务指派：远程指派新的任务或者根据任务的优先级进行任务调整。

任务反馈：任务状态变更时可及时反馈。

货物状态查询：远程查询货物当前状态，及时了解业务情况。

出入库管理：远程发起货物出入库申请，并走在线审批流程。

货物盘点：可盘点库房中的货物当前情况，实时了解最新信息。

电子地图：可查阅电子地图，查询行车路线。

目标地点定位：可从电子地图上定位目标地点，并进行路线导航。

6. 移动销售

1）销售现场

查询客户信息：实时查询企业数据库中的客户信息，随时了解对方资料，为销售工作带来帮助。

订单录入：第一时间就能进行订单的录入和上报，数据直接归档进入企业业务系统，业务流程更简洁。

订单查询：实时查询企业系统中的各类订单，便于外出时了解订单信息，也方便领导管理。

价格查询：实时查询相关产品、业务、服务的价格资料，便于为用户提供准确无误的价格信息。

货源信息：查询货品、供货商等各种资料信息，不在公司也能安排订货、备货事宜。

客户签收：在现场买卖成功后，客户可通过数字签名对交易进行确认，确保交易的合法性。

电子导航：利用移动营销集成的电子地图导航系统，销售人员即便在陌生地区也可迅速上门，快速展开销售业务。

上报定位数据：利用移动营销集成的移动定位系统，实时向总部系统上报定位数据，便于公司进行销售调度。

条码、票据打印：移动营销解决方案支持手机和条码、打印机等终端设备的连接，可在现场进行条码和票据的打印。

2）仓库现场

收货管理：定制化的收货表单管理，可在货物到达后第一时间完成收货信息统计，并自动上传至企业系统归档。

货物流转：对于货物流转过程中的信息管理，方便公司系统记录货物的最新流转情况，进行统一的物流管理。

货物位置：对货物存放地点、摆放场所等信息的统计，使货物相关管理者能随时知道货物的相关信息。

货物信息：货物来源、重量、批次、包装等各方面的信息，实时登记并上传，方便仓储的物资管理。

货物调度：对于货物调度的现场管理，可将货物调度的对象、数量、物品信息、调度人员等实时记录到系统数据库。

配送管理：对货物配送的全方位监督管理，包括配送物品名称、数量、配送人、配送时间、配送对象等信息。

3）销售经理

价格查询：可实时查询最新的产品价格，便于根据企业最新的决策进行跨地域的快速业务拓展。

销售报表：按照区域、全国、日、月、年等不同信息进行销售报表呈报，销售经理和领导层可实时了解公司销售情况，及早发现问题并解决。

客户管理：对客户资料的全方位管理，便于总结客户对象的需求特点，做出对应的销售策略，推动销售工作开展。

销售分析：利用现有销售的各方面数据信息，进行快速高效的销售分析，结果可同步到相关领导人员，推进下一步工作展开。

资源调度：手机实时监控各地销售情况和库存，随时根据市场的客观情况进行货物和配套资源的调度，达成销售配置最优化。

销售计划：可在手机上制定销售计划，上报领导，并通知下属职员，快速高效地完成计划沟通和指令下达。

内部数据传递：对于销售数据、销售人员资料、各地经销代理信息、上下游供货问题、行业和产业最新资讯等各种数据实时传递。

销售代理管理：对经销商、代理商、销售直营店、专卖店、终端零售商等进行实时管理，管理表单可根据企业实际情况进行定制。

7. 移动新闻采编

一线采编应用：基于智能手机终端实现文字、图片、音频、视频等多媒体新闻稿件的采集、编辑、初加工、传送、签发等功能，实现手机发稿功能；实现前方记者与后方编辑部的互动功能；实现手机发稿和其他发稿手段的统一管理。

后台编审应用：基于智能手机终端可实现移动编审、快速响应、无线互动等功能。

公众服务应用：对于公众用户可提供移动阅读、新闻内容移动查询、手机要闻速递和群众报料等功能。

扩展功能：基于智能手机终端可提供电子地图功能，进而实现 GPS 定位和导航功能；可提供远程获取和共享数据的功能；可提供本地数据存储功能；还可以提供统一推送功能，让新闻采编人员可以在第一时间内进行现场新闻采访或得知稿件的拒签。

12.5 移动电子商务的发展

随着移动通信技术的发展及移动电子商务市场成熟，无论是国外移动电子商务还是国内移动电子商务，都呈现出了快速的发展势头。

12.5.1 国外移动电子商务的发展

Juniper research 预测 2014 年全球移动电子商务交易额将达到 6 300 亿美元。新一代的移动电子商务终端平台 iphone 与 itouch 用户数的增速也大大超过了之前的流行互联网应用，新型的明星终端也以不可思议的速度刷新着用户新增记录。未来巨大的承载业务终端数也预示着爆发性的商机。并且，全球前 50 的移动电子商务公司在数字内容上面的收入占到了 54%，划定了未来移动电子商务投资的最佳范围。

1. 日本

日本是世界上最早提供 3G 业务的国家之一。日本政府于 2000 年颁发 3G 牌照并于同年颁发 3G 许可证，获得许可证的移动运营商为 NTT DoCoMo、KDDI 和软银公司。在此后数年中，运营商、制造厂商和服务提供商纷纷推出应用最新技术的 3G 业务和终端，有力地促进了 3G 乃至整个移动通信产业的飞速发展。

截至 2009 年 8 月，日本 3G 用户数已达 1.036 亿，占手机用户总数的 94.8%，这也是目前世界上 3G 比例最高的市场，大大超过了欧美的普及水平。3G 业务还推动了无线数据服务的快速涌现，在日本运营商于 1998—2009 年间推出的主要无线数据服务中，约 2/3 都是在 3G 部署后推出的。与此同时，3G 也使运营商的数据收入得到显著增长。伴随 3G 的发展，运营商的数据收入得到显著增长。

据市场研究公司 Research and Markets 发布的《日本——电信、移动、宽带和预测报告》称，日本超过 99%的移动用户使用 3G 服务。报告指出，经过 10 年的运营，日本 1.2 亿移动用户中超过 99%都用上了 3G 业务。日本在 2010 年成为全球第四个部署 LTE（Long Term Evolution，长期演进）3.9G 技术的国家，且由日本最大移动运营商 NTT DoCoMo 部署。

日本的移动数据业务收入约占全球 40%的份额，接近 1/3 的日本人使用移动互联网业务，其中 80%在 3G 终端上使用移动互联网业务。日本移动运营商提供的主要移动互联网业务包括移动搜索、移动音乐、移动社交网及 UGC、移动商务与 NFC 应用、移动电视、基于位置的服务和移动广告等。下面介绍一些主要业务的发展状况。

1）移动搜索

日本的移动搜索业务在2006年之前还限制在运营商的官方网站内，2006年之后，KDDI与 Google 的合作打开了移动搜索业务发展的新局面。2006 年中，KDDI 与 Google 签订合作协议，在其 EZWeb 移动门户上放置了 Google 搜索框。此后，通过 EZWeb 提交的搜索请求增加了三倍，接近 75%的搜索请求直接指向互联网网站和非官方移动互联网网站。

2）位置导航

通过在手机上输入始发地与目的地，导航芯片将会帮用户找到位置，并推荐多条线路，包括时间、路线所花掉的费用、线路交通状况等，并且在不同的地点配有相应的额外服务，例如选择不同的线路产生多少二氧化碳的排量，以及选择餐厅会有匹配的打折券等。

Navitime 是提供此服务的佼佼者，它已成为日本三大运营商最倚重的增值服务收入来源之一，至今已在五个国家、超过一百个城市推出服务，现已拥有 400 万用户。

3）移动社交网络

与移动音乐和游戏相比，移动社交网络的使用量相对较小，但市场前景很可观。根据 Pakuten Research/Mitsubishi Research Institute 的调查，2007 年 2 月，日本移动用户对移动 SNS 的关注度为 48.5%。在没有开始使用 SNS 的用户中，有 11.8%的用户对此非常感兴趣。在 SNS 的活跃用户中，平均每月登录的次数为 30.8。

Mobage-town 是一个捆绑了免费游戏、社交网络功能及虚拟社区功能的移动互联网网站，只在移动网上运营。Mobage-town 自从 2006 年 2 月开放以来，用户数呈爆炸式增长，现已超过 1 300 万，平均每月的页面浏览量超过 150 亿次。

4）报纸在线阅读

从事数字内容技术开发的 YAPPA 于 2005 年推出了世界上第一份电子报纸。在 3G 时代，通过与运营商和制造商的合作，YAPPA 在电子出版领域的强大实力得以充分展现。YAPPA 为 iPhone 定制的电子报纸阅读应用可以随时为消费者提供最新报纸内容的电子版，现已成为日本最时髦的无线应用服务之一，约 50%的 iPhone 用户下载了这一应用并通过其服务每天浏览电子报纸。此外，YAPPA 还与日本最大的广告公司电通广告公司合作推出 MAGASTORE 业务以提供手机图书阅读服务。

5）移动商务和拍卖

日本的在线购物和拍卖市场起步较晚，但发展速度较快，用户的认知度也比较高，有 41%～48%的移动互联网用户使用过该项业务。十几岁到二十几岁的女性较倾向于使用该业务。2006 年移动拍卖的成交量为 1 295 亿日元，占到了通过手机在线购买成交量的 1/2。统计表明，接近 70%的用户通过手机支付来对物品和拍卖品进行付费。

6）移动广告

在日本市场，由于三大移动运营商 DoCoMo、KDDI、SoftBank 早在 2002 年前后就介入了移动广告市场，因此日本的移动广告市场已经发展得相对成熟，移动运营商已经从中获得了一定的收益。日本移动广告市场从 2004 年开始呈现快速增长的势头，2006 年达到 450 亿日元，是互联网广告收入的 12%。随着移动搜索业务的发展，基于搜索的广告业务开始起步，并将超过传统的移动标志广告和文本广告，2007 年移动搜索广告占全部广告收入的 14%。

7）移动视频

日本手机无线移动电视台 BeeTV 是由 Avex 和 NTT Docomo 合资成立的手机专用频道，手机用户只需月缴 315 日元即可观看“戏剧”、“音乐”、“谈话节目”、“卡通”、“综艺”、“movie blog”等八大类节目，现 BeeTV 已提供多达 21 种节目供收视用户随选即放，已超过 200 万手机用户加入收视行列。BeeTV 拥有独占的节目内容和不靠广告营利的媒体，新商业型态已受到广泛注意和讨论。

2．韩国

韩国也是全球 3G 业务发展最快的市场之一。2005 年后，韩国移动通信市场将维持年平均 1.30%的低增长率，到 2009 年达到 4 090 万户，移动电话普及率为 83.10%。韩国政府一贯大力支持信息产业的发展，其良好的市场环境、产业链上下各方的紧密合作使其移动电子商务产业得以蓬勃发展。2007 年，韩国移动数据业务市场规模达到 38 870 亿韩元，平均年复合增长率达到 20%。

截至 2008 年 11 月底，韩国 3G 用户数量约为 1 586 万，占移动通信用户总数的 34.95%，比欧美国家 28%的平均水平高出许多。2010 年 9 月 10 日开始，韩国电信更实施“无限数据服务”，每月交纳 55 000 韩元（相当于人民币 320 元左右）以上的智能手机用户，可随时随地且不限量地使用无线网络，扩大 3G 用户覆盖面。

据韩国电信监管机构的统计，截至 2011 年 10 月底，韩国智能手机用户数达到 2 000 万，占该国手机用户总数的 40%。不论是语音市场的增值业务（如彩铃业务），还是手机电视、手机音乐、手机游戏和手机定位等 3G 数据业务，在韩国都发展得有声有色。

3．美国

美国移动电子商务渗透率较高，手机应用多样与资费的灵活促使其快速发展。2009 年，美国手机上网用户到 7 000 万，占总人口的 35%，其总消费额为 150 亿。美国市场研究公司 Forrester 于 2011 年 6 月发布报告称，美国移动商务市场将迎来爆发，市场规模将从 2010 年的 30 亿美元增长到 2016 年的 310 亿美元。

美国在移动电子商务的虚拟物品和服务的购买上较发达，其大部分业务主要集中在购买手机软件、音乐、游戏、使用 GPS 定位服务等。美国移动电子商务发展迅速主要得益于智能终端的广泛使用及多样化的应用软件，灵活的资费选择也为业务的发展提供了便宜、经济的内容通道。如苹果公司提供的智能化终端 iphone 和其 Applestore、iTunes 给用户提供了各种各样的软件应用、音乐下载、游戏、GPS 定位服务等。

4．欧洲

移动电子商务在欧洲国家的发展迅速。欧洲目前手机上网人数已经超过 4 500 万，预计 2014 年将达到 1.3 亿。2009 年，欧洲国家的移动电子商务的营业额达到了 880 亿美元，其中 390 亿美元是来自于手机订票业务，比如火车、公交、电影和戏票，以及泊车票据，还包括一些新的应用领域如移动博彩。在博彩业务上，方便的参与渠道为欧洲博彩带来了每年 600 万欧元的收入。

欧洲移动电子商务发展迅速主要得益于 NFC 移动支付系统的完善，以及各个票务博彩领域移动支付的快速普及。如西门子移动与某博彩公司合作开发出赛马博彩专用 UMTS 平台，使用户能通过移动设备来进行博彩下注活动，做到数字下注和实时赛场状况和结果传输。

12.5.2　中国移动电子商务的发展

近年来，国家连续出台有利政策，加大对移动电子商务实施的支持力度。各地纷纷开展移动电子商务试点工程，推进区域移动电子商务的建设，为移动电子商务的发展创造了良好的政策环境，我国移动电子商务得到了迅猛发展。

据 CNNIC 的数据，截至 2011 年 6 月，我国手机网民规模为 3.18 亿，较 2010 年底增加了 1 494 万人。手机网民在总体网民中的比例达 65.5%，成为中国网民的重要组成部分。中国电子商务研究中心发布的《2010 年度中国电子商务市场数据监测报告》显示，截至 2010 年 12 月，中国移动电子商务实物交易规模达到 26 亿元，同比增长 370%，保持了快速增长的趋势。

根据艾瑞咨询的研究，我国移动电子商务的发展主要呈现三个特点和三个风险。

特点 1：中国移动电子商务市场未来 2～3 年将步入快速发展时期。

随着未来中国手机用户数量和手机上网网民数量进一步增长等因素的影响，移动电子商务的潜在用户规模将持续扩大。而手机终端性能的不断提高、智能手机比例的逐步扩大和应用服务内容的不断丰富，也将使移动电子商务的应用环境不断改善、商务服务体系更加完善，这将促使规模庞大的潜在用户群体向移动电子商务服务进行渗透。更为重要的是，传统电子商务的发展已经为移动电子商务发展奠定了良好的基础。在 PC 端，传统电子商务经过 10 多年的发展，已经解决了商家信用、货款支付等用户普遍关心的交易问题，电子商务在中国消费者中已经成为了一种时尚和重要的消费习惯。用户基于对电子商务的了解，可以快速实现对移动电子商务的认可和接受。随着移动电子商务应用意识和习惯在社会中的培养，移动电子商务服务将成为移动互联网用户生活中普遍使用的服务，中国移动电子商务用户规模将在未来 2～3 年迎来快速增长的阶段。未来 2～3 年内，中国移动电子商务用户规模年增长率将维持在 70%以上，实物交易用户规模同比增长率保持在 120%以上，实物交易规模年增长率最高将达到 400%。

特点 2：传统电子商务提供商和电信运营商等布局移动电子商务热情高涨，市场活跃度激增。

传统电子商务提供商、电信运营商等纷纷宣布进军移动电子商务，新兴移动电子商务提供商也在各个细分市场中快速崛起，显示了移动电子商务受到市场普遍看好的热烈局面。电信运营商、新兴移动电子商务提供商，尤其是传统电子商务提供商进入移动电子商务业务领域，为移动电子商务提供了更加丰富的商品，改变了原有信息发布和单一虚拟物品购买的格局，打开了移动电子商务发展的活跃局面，市场活跃度激增，这将对催发市场人气、做大市场产生重要促进作用。2008 年 2 月，淘宝网开通了其移动电子商务平台手机淘宝；2009 年下半年，当当网在其手机购物平台提供了在线下单的功能；同期，电信运营商中国移动广东公司开通了广东移动商城；2009 年 12 月，掌上亚马逊上线，卓越宣布进军移动电子商务；2010 年 3 月，京东商城开通了手机京东网，开始布局移动互联网的商务平台。此外，新兴的移动电子商务提供商立购网、爱购商城和钱库网也纷纷推出了移动电子商务平台。

特点 3：当前中国移动电子商务市场以 B2C 为主，C2C 和 B2B 市场还远未成熟。

网络购物是我国移动电子商务活动的主要内容，品牌保证是手机用户普遍关心的核心问题，因此 B2C 的商务形式正契合当前移动电子商务用户需求的特点。而囿于手机端屏幕的大小，商品展示空间有限，商家与用户信息的充分沟通也存在一定困难，C2C 商务模式的发展还有待应用条件的进一步改善。通常，在手机端进行电子商务大多出于即时性和娱乐性的需求，由于企业间交易更为复杂，以及交易金额较大，而受限移动支付及市场发展起步等原因，B2B 类电子商务还需要等待市场条件更加成熟。因此，当前中国移动电子商务市场以 B2C 为主，C2C 和 B2B 市场还远未成熟。通过手机淘宝网的交易状况来看，交易规模主要以 B2C 为主，C2C 的交易规模较小，而其他类型的移动电子商务平台中，手机当当和掌上亚马逊等均为 B2C 的发展模式。

风险 1：用户的移动电子商务习惯需要进一步培养。

2009 年，中国手机终端用户数量和移动互联网网民用户规模都大幅增长，但移动电子商务用户数量仅为 3 668.4 万，用户规模还不足以支撑整个移动电子商务行业的发展。中国移动电子商务发展的根本动力来自于市场的有效需求。就中国当前移动电子商务的消费习惯而言，手机网民电子商务的意识正处于培育期，消费习惯还未养成。未来 1～2 年，随着 PC 端网购用户向手机互联网的渗透、移动互联网应用环境的不断改善，以及移动电子商务平台服务的丰富性逐步提高，移动互联网网民的电子商务意识将逐步增强。

风险 2：产业链整合需要进一步规范和梳理。

移动电子商务是一个新兴的市场领域，产业链整合作为移动电子商务发展的一个长期趋势，合作形式已经由原有的上下游的链状合作逐渐过渡到网状合作的阶段，而不同的参与主体都在适应和找寻在产业链中新的角色和定位。加上政府在监管和政策制定等方面存在一定的滞后，整个产业尤其是一些创新性的服务模式发展才刚起步。其中最为突出的就是制约移动电子商务发展的移动支付发展，艾瑞认为在市场前景较大的新产业发展早期，政府应该承担更多的推动责任，在管理上进行有效的规范监管和支持，助力促进市场稳定健康的发展。

风险 3：移动电子商务服务缺乏成熟的商业模式。

由于用户属性和消费行为的不同，移动电子商务发展并不能照搬传统电子商务的运营模式，但就目前中国移动电子商务发展的现状而言，在移动电子商务平台的建设方面，还没有出现一个较为成熟的商业模式。

本章小结

移动电子商务是互联网、移动通信技术和其他技术发展的必然产物。移动电子商务的发展，推动移动电子商务的产业价值链和商务模式的发展，为个人用户和企业用户提供了多方面的应用服务。在移动电子商务的发展过程中，日本、韩国、美国和欧洲等国家和地区走在了世界的前列，我国的移动电子商务也取得了迅猛发展。

本章习题

1. 移动电子商务的定义和特点是什么？
2. 我国移动电子商务的商务模式主要有哪几种？
3. 移动电子商务有哪些具体应用？
4. 试论述中国移动电子商务的发展前景。

参 考 文 献

[1] 李琪．电子商务概论[M]．2 版．北京：高等教育出版社，2009．

[2] 陈国青．把玩数据于指尖[EB/OL]．http://www.cioinsight.com.cn/html/sy/2007/09/420.html．

[3] 农村电子商务正在集中爆发[EB/OL]．2011-12-22. http://www.58seo.cn/Html/?3966.html．

[4] 鲁耀斌，邓朝华，陈致豫．移动商务的应用模式与采纳研究[M]．北京：科学出版社，2008．

[5] 王友成．中国消费需求的现状及关联因素分析[J]．商场现代化，2007（28）．

[6] 李琪．电子商务是人类的新生产力[EB/OL].中联商务网，2000. http://articles.e-works.net.cn/eb/Article5264_1.htm．

[7] 钢铁市场新兴生产力：电子商务[EB/OL]. 中国研磨网，2010. http://www.yanmo.net/zx_view.asp?NewsID=48740.

[8] 向欣．美国的电子商务及其对流通领域的影响[J]．信息与电脑，1999（9）：34-36．

[9] 李琪. 消费领域电子商务需求分析[EB/OL]. 中联商务网，2000. http://articles.e-works.net.cn/Articles/465/Article5573_3.htm.

[10] 中华人民共和国商务部．商务部关于“十二五”期间促进旧货业发展的指导意见[EB/OL]. 2011. http://www.mofcom.gov.cn/aarticle/b/d/201112/20111207893474.html.

[11] 张思光，张延君．电子商务概论[M]．北京：清华大学出版社，2011．

[12] 董晓华，何俊辉．电子商务概论[M]．重庆：重庆大学出版社，2009．

[13] 张润彤，王力波．电子商务基础教程[M]．北京：首都经济贸易大学出版社，2003．

[14] 张润彤．电子商务概论[M]．2 版．北京：电子工业出版社，2009．

[15] 李琪．电子商务概论[M]．北京：高等教育出版社，2009．

[16] 杨坚争．电子商务法教程[M]．2 版．北京：高等教育出版社，2007．

[17] 秦成德．电子商务法[M]．重庆：重庆大学出版社，2004．

[18] 王纪平．电子商务法律法规[M]．北京：清华大学出版社，2002．

[19] 王利明．电子商务法研究[M]．北京：中国法制出版社，2003．

[20] 吴弘．电子商务发展的法律研究[M]．上海：上海交通大学出版社，2006．

[21] 张仙锋，孙庆兰．电子商务案例分析与比较[M]．西安：西安交通大学出版社，2010．

[22] 辞海编辑部．辞海[M]．上海：上海辞书出版社，1980．

[23] 韩淑梅．现代经济管理全书[M]．北京：企业管理出版社，1995．

[24] 何盛明，刘西乾，沈云．财经大辞典[M]．北京：中国财政经济出版社，1990．

[25] 黄运武，刘淦清．商务大辞典[M]．北京：中国对外经济贸易出版社，1997．

[26] 李凤鸣，企业风险管理[J]．审计与经济研究，2003．

[27] 李琪，中国电子商务[M]．成都：西南财经大学出版社，1997．

[28] 李琪，等，电子商务图解[M]．北京：高等教育出版社，2001．

[29] 奈特．风险、不确定性和利润[M]．芝加哥大学出版社，1921．

[30] 石晓军，陈殿左[M]．信用治理：文化、流程与工具[M]．北京：机械工业出版社，2004.
[31] 王同亿．语言大典[M]．北京：三环出版社，1990.
[32] 谢威文．只有错误的沟通，没有错误的顾客[N]．粤港信息日报，2003-9-22.
[33] 许彩国．中国商业大辞典[M]．上海：同济大学出版社，1991.
[34] 张宽海，李良华．网上支付与结算[M]．北京：高等教育出版社，2007.
[35] 宋玲，姚世全．第三方电子支付探索与实践[M]．北京：中国标准出版社，2008.
[36] 杨天剑，等．电子商务系统分析与设计[M]．北京：北京邮电大学出版社，2007.
[37] 厉小军．电子商务系统设计与实现[M]．北京：机械工业出版社，2007.
[38] 刘克强．电子交易与支付[M]．北京：人民邮电出版社，2007.
[39] 覃征．电子商务导论[M]．北京：人民邮电出版社，2002.
[40] 闫强，胡桃，吕延杰．电子商务安全管理[M]．北京：机械工业出版社，2007.
[41] 张爱菊．电子商务安全技术[M]．北京：清华大学出版社，2006.
[42] 洪国彬，等．电子商务安全与管理[M]．北京：清华大学出版社，2008.
[43] 魏修建.电子商务物流管理[M]. 重庆：重庆大学出版社，2008.
[44] 李琪.电子商务概论[M]. 北京：高等教育出版社，2004.
[45] 高明波.物流管理信息系统[M]. 北京：北京对外经济贸易大学出版社，2008.
[46] 夏丽华.物流管理信息系统[M]. 广州：华南理工大学出版社，2005.
[47] 黄辉，林略.物流学导论[M]. 重庆：重庆大学出版社，2008.
[48] 陈建斌.电子商务与现代物流[M]. 北京：中国经济出版社，2008.
[49] 中国标准化与信息分类编码研究所. EDI 系统标准化总体规范[R]，2001.
[50] 李琪. 电子商务导论[M]. 北京：电子工业出版社，2010.
[51] 张京，庞引巧.电子商务挑战传统银行[J].经济论坛，2004(18):94.
[52] 中国工商银行香港分行调研小组. 网上银行的发展及对传统银行业的影响[J].城市金融论坛，2000(9):57-61.
[53] 马怀玉，杨凌云，李新月.银行业电子商务应用探讨[J].金融理论与实践，2002(3):23-25.
[54] 姚萍. 论电子商务与银行业的经营方式创新[J]. 西南民族大学学报：人文社科版，2005(12):144-146.
[55] 汪家麔，王平. 美国网上证券交易系统评析[J].福州大学学报：哲学社会科学版，2002 (1).
[56] Yesky. NASDAQ 的电子交易系统（ECNs）[EB/OL].2000-10-23. http://news.chinabyte.com/150/132150.shtml.
[57] 程剑鸣. 网络金融应用[M] .北京：清华大学出版社，2005.
[58] 王中. 纽交所：电子化战略启航[EB/OL].2006-10-30. http://news.ciw.com.cn/info/20061030112440.shtml.
[59] 爵也. 证券电子商务的市场前景[J].互联网世界，2001.
[60] 朱永强. 美国证券电子商务现状和发展趋势[EB/OL]. http://cnw.com.cn/weekly/htm2001/20010521_44767.shtml, 2001.5.21.
[61] 玛琳·欧哈拉. 转型中的美国证券交易市场[J]. 银行家，2006(5-7).
[62] 霍学文. 现代证券市场电子化[J]. 银行家，2003(3).
[63] 张卫东. 证券电子化：未来证券业的战略制高点[J].金融电子化，2001(8).
[64] 蔡伟彬. 制度变化与技术创新对美国证券市场交易特点的影响[J]. 深交所，

2008(4).
[65] 孟辉. 网上交易模式选择[J]. 资本市场杂志，2001(7).
[66] 吕成文. 我国保险电子商务的策略分析[J]. 湖南财经高等专科学校学报，2008(5).
[67] 邓艳华. 我国保险业电子商务发展策略研究[J]. 时代金融，2007(6).
[68] 孙华金. 论电子商务在我国保险业中的运用[J]. 江苏商论，2005(11).
[69] 黄业勇，潘梦夏. 谈我国保险电子商务体系的建设[J]. 金融电子化，2006(10).
[70] 庄再雷. 保险电子商务在中国的发展状况[J]. 新西部，2008(3).
[71] 倪莉莉. 浅谈保险电子商务[J]. 淮南师范学院学报，2006(4).
[72] 刘殿兰. 电子商务在我国保险业中的应用与发展前景[J]. 科技创业月刊，2006(4).
[73] 陈华敏. 基于电子商务下的网络保险业发展浅析[J]. 金卡工程：经济与法，2008(6).
[74] 张祖平. 保险公司经营的电子商务化[J]. 电子商务，2007(02).
[75] 黄业勇. 网络保险产品开发研究[J]. 金融电子化，2008(9).
[76] 王赫一. 中国保险业电子商务发展的可行性与必要性[J]. 吉林金融研究，2005(7).
[77] 李旸. 保险电子商务研究初探[J]. 商业经济，2007(8).
[78] 刘波. 保险电子商务是保险业持续发展的重要动力[J]. 山西财政税务专科学校学报，2007(5).
[79] 田吉生，赵萍. 保险电子商务推广研究[J]. 中国保险，2007(2).
[80] 徐小雨. 我国发展网络保险的优劣势分析[J]. 广西金融研究，2007(7).
[81] 雷醒. 保险电子商务的机遇分析[J]. 商场现代化，2008(20).
[82] 石头. 保险电子商务 谁来把蛋糕做大?[J]. 电子商务世界，2006(10).
[83] 艾昊. 浅谈我国保险业电子商务发展的应对策略[J]. 内蒙古科技与经济，2005(24).
[84] 王智洋，孟力. 保险电子商务存在的问题及解决对策[J]. 天津经济，2006(7).
[85] 王艳. 保险业电子商务发展的机遇与挑战[J]. 北方经贸，2008(6).
[86] 常金良，郑毅. 浅析我国保险业电子商务发展中的问题与对策[J]. 现代商业，2007(14).
[87] 赛迪顾问. 2007—2008 年中国保险行业电子商务市场研究年度报告[EB/OL].2008-05. http://www.ccidconsulting.com/event/2008/2008hlw.
[88] 赛迪顾问. 2008 中国保险电子商务高峰论坛现场文字直播[EB/OL].2008-05-22. http://www.ccidconsulting.com/event/2008/2008hlw/media.asp.
[89] 杜文才.旅游电子商务[M].北京：清华大学出版社，2006.
[90] 章牧.旅游电子商务[M].北京：中国水利水电出版社，2008.
[91] 杨路明，巫宁. 现代旅游电子商务教程[M]. 北京：电子工业出版社，2004.
[92] 朱桂平.我国旅游电子商务发展存在的问题及策略[J]. 市场论坛，2006（9）.
[93] 司林胜. 电子商务案例分析[M].重庆：重庆大学出版社，2005.
[94] 艾瑞网.http://search.iresearch.cn/38/20110829/148541.shtml.
[95] 梁春晓.电子商务服务业的体系、兴起和发展.互联网实验室. 2006 年 12 月 19 日 .
[96] 梁春晓. 大力发展电子商务服务业，形成国民经济新的增长点，国务院发展研究中心信息网：http://gjdzsw.drcnet.com.cn/DocView.aspx?docId=1636647&leafId=14481&chnId=1070，2007.07.
[97] 广西财经学院计信系.9.1 电子商务与中介业的发展.电子商务概论课程网站：http://221.7.132.134:8080/dzsw/th3_kj.asp?ar_id=163.
[98] 李琪. 电子商务导论[M]. 北京：机械工业出版社，2010.
[99] 谷文辉，韦俊仲. 中国制造业电子商务应用研究[J] 江苏商论，2007（1）.

[100] 赖茂生，傅湘铃. 电子商务与竞争策略[M]. 北京：机械工业出版社，2004.
[101] 洪兰，吴公社.制造企业电子商务系统规划设计[J].中国机电工业，2005(6):81.
[102] 朱延东.我国传统制造型企业电子商务策略研究[J].企业管理，2005(4):23-24.
[103] 国电物资商务网. http://www.gdmec.net.
[104] 国家电力商务网. http://www.powerec.net.
[105] 中石油能源一号网站. http://www.energyahead.com.
[106] 山西中太煤炭电子交易市场. http://www.excoal.com.cn.
[107] 中国农业信息网. http://www.agri.gov.cn.
[108] 建设部. 中国建筑业改革与发展研究报告. 2003-11.
[109] 建设部. 2003—2008 年全国建筑业信息化发展规划纲要. 2003-11.
[110] Nicola Costantino, Roberto Pietroforte, THE ADOPTION RATE OF E-COMMERCE IN THE U.S. AND ITALIAN CONSTRUCTION MARKETS: SOME REASONS FOR ITS VARIABILITY，ITcon Vol. 11(2006), Costantino et Pietroforte: 103-111.
[111] 北京市建设委员会. 2008 北京建筑业发展年度报告[R]. 2008-06.
[112] 中国石油天然气集团公司副总经理、中国石油天然气股份有限公司高级副总裁段文德谈中国石油电子商务，“能源一号”网，石油石化电子商务与物资采购，2006 年 10 月.
[113] “十一五”时期全国农业信息体系建设规划 http://www.e-gov.org.cn/ziliaoku/zhengfuguihua/200712/81777.html.
[114] 李伟克，林仁惠，李树，美法两国农业市场信息系统建设简介[J]. 计算机与农业，2003（12）.
[115] 吕廷杰. 移动电子商务[M]. 北京：电子工业出版社，2011.
[116] IPv9 标准工作组. http://www.em777.net/dnss.htm.
[117] 曾庆群. 移动商务决策行为及其价值形成研究（D）. 武汉：华中科技大学，2010.
[118] 移动商务模式分析. http://www.ccw.com.cn/cio/research/qiye/htm2006/20060322_108JF.asp.
[119] 中国联通. http://www.chinaunicom.com/hyyy/jjfa/file2.html.
[120] 中国电信. http://sn.ct10000.com/biz/product/infoservice/product_infoservice_cont7.jsp.
[121] 艾瑞咨询. 2010 年中国移动电子商务市场研究报告.
[122] 国金证券. 移动电子商务将开创网络商务新时代.
[123] 日本 3G 启示：跟随移动互联网前进[EB/OL]. http://tech.163.com/09/1023/00/5M94A790000915BE.html.
[124] 上海情报服务平台. 日本 3G 与移动互联网发展现状与趋势[EB/OL]. http://www.istis.sh.cn/list/list.aspx?id=6390.
[125] 移动互联网向韩国看齐[EB/OL]. http://news.163.com/10/1016/04/6J3E5LPU00014AED.html.
[126] 2005—2009 年韩国移动通信市场调研[EB/OL]. http://detail.china.alibaba.com/buyer/offerdetail/274992005.html.
[127] 韩国 3G 发展经历多重挑战 用户比例已超欧美[EB/OL]. http://tech.qq.com/a/20090104/000163.htm.
[128] 苏婉. 3G 环境下交易类移动商务用户接受模型及实证研究（D）. 吉林大学，2010.